让 我 们  一 起 追 寻

致命卡特尔

卡特尔

纳粹德国的化学工业巨兽

IG FARBEN AND THE MAKING OF HITLER'S WAR MACHINE

〔英〕迪尔米德·杰弗里斯 —— 著　　宋公仆 —— 译

社会科学文献出版社
SOCIAL SCIENCES ACADEMIC PRESS (CHINA)

献给劳拉和乔

目 录

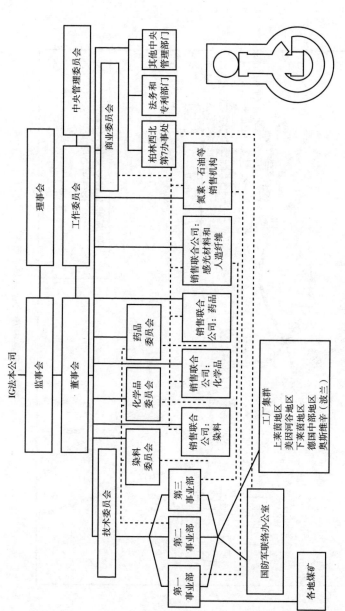

IG 法本公司企业结构图

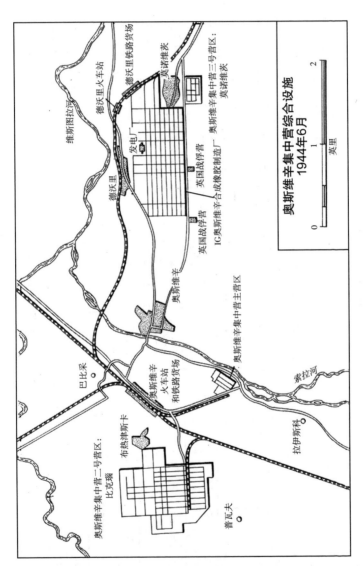

奥斯维辛集中营综合设施平面图

（图中标注）

维斯图拉河
德沃里火车站
德沃里铁路货场
莫诺维茨
奥斯维辛集中营三号营区：莫诺维茨
德沃里
发电厂
英国战俘营
IG奥斯维辛合成橡胶制造厂 奥斯维辛集中营二号营区：莫诺维茨
奥斯维辛
巴比采
奥斯维辛集中营主营区
奥斯维辛火车站和铁路货场
奥斯维辛集中营主营区
索拉河
拉伊斯科
布热津斯卡
普瓦夫
奥斯维辛集中营二号营区：比克瑙

奥斯维辛集中营综合设施
1944年6月
0   1   2
英里

序　言[1]

法庭的情况人们早已熟知。出席此次庭审的大多数人已经
在新闻影片上看到过审判大厅的样子，在广播中听到过对它的
描述，或者在报纸和画刊上读到过它的信息。毕竟就在 12 个
月之前，历史上最著名的那场审判就是在这里一锤定音的，受
到传唤的 21 名第三帝国的军政首脑坐在被告席上，为他们所
犯下的罪行受审，这是一次史无前例的审判，人们当时甚至要
制定一系列新的法律来界定这些罪行。当然，这些战犯现在都
已经不在这里了；他们中的有些人选择了自杀，有些人被执行
了死刑，也有人被判处了终身监禁，不过，其中还有三个人最
终被无罪释放——但是所有这些人的名字至今还在这栋建筑里
回荡，他们会被永远钉在历史的耻辱柱上：戈林（Göring）、
赫斯（Hess）、施佩尔（Speer）、绍克尔（Sauckel）、邓尼茨
（Dönitz）、里宾特洛甫（Ribbentrop）、施特莱歇（Streicher）、
弗兰克（Frank）、约德尔（Jodl）、凯特尔（Keitel）、罗森堡
（Rosenberg）、沙赫特（Schacht）、卡尔滕布鲁纳
（Kaltenbrunner）……

现在，纽伦堡（Nuremberg）的司法宫（Palace of Justice）
又将迎来另外一场审判，这是一场全新的大戏，就像此前那场
知名度更高的审判一样，它也要解决许多战争遗留下的重要问
题，因此，至少在开庭的第一天，它吸引了与之前那场审判几

乎同样多的关注。

2   庭审现场座无虚席。300 名观众把旁听席挤得水泄不通，新闻报道席的竞争非常激烈，记者们最后不得不以抽签的方式分配席位，运气不佳者只能站在法庭外的走廊上，通过楼道中的扩音器收听整个庭审过程。

法庭的墙壁上安装着木质护墙板，留在审判室中的记者们注视着法庭里每个人的一举一动。在上午的大部分时间里，最忙碌的是那些庭审中的"配角"：法院工作人员、书记员、翻译、技术员和战犯法庭的宪兵。这些人将在未来的数月中保障整个审判工作的顺利进行。虽然严格来说，他们所有人并没有必要在此时此刻同时出现在法庭上，但是每逢重大案件，在法庭上露面已经变成了一种传统，甚至他们都为此找好了借口——他们要忙前忙后准备各种文件和设备，这是他们出现在这里的正当理由。

在法庭的最前面，四名表情严肃、头发灰白的法官坐在一张很高的长条木桌后面。其中一人正在用黑色法袍擦拭眼镜；另一人在一张黄纸上草草记录着笔记。另外两个人在窃窃私语，也许是在谈论那张"长条木桌"的离奇过往。两年前，当美国陆军第一步兵师（U.S. Army's First Infantry Division）的士兵们刚刚进驻这里时，有几个星期他们曾把这张桌子当作吧台使用。在曾经悬挂希特勒肖像的位置，他们挂上了拉娜·特纳（Lana Turner）的照片，照片上的这位电影明星穿着一件非常性感的紧身毛衣。现在，主审法官背后旗杆上的那面巨大的星条旗，是这座审判大厅中唯一的装饰。

在法庭的中央，是辩护方的 60 名律师和检控方的十几名男女检察官，他们分别围坐在各自一方的桌子周围。每张桌面上都堆满了文件和法律书籍。他们很熟悉这样的环境，表现得自如且专业，若无其事地调整着耳机，整理着文件，丝毫没有流露出紧张或急切的情绪。

在他们身后是 23 名被告人，被告人坐在被划分为两层的被告席上，被告席的高度与法官的位置齐平，正对着法官们的视线。被告人中有两位在写纸条，但是大多数人都茫然而愤懑地四下张望着，似乎仍然无法相信他们身陷囹圄。当天早些时候，他们被带出牢房，沿着连接监狱和法院大楼的走廊排队前行。

随后的两小时里，他们是在烦琐的法律程序中度过的。首先，在正式介绍法官时，被告人全部要起立，他们要与这些将会决定自己命运的人相向而立。接着，被告人律师代表极力要求推迟审判，理由是辩护方没有足够的时间和资源为庭审进行充分准备，虽然善于雄辩，但是他毫无成功的希望。当这一提议被否决后，一名法庭工作人员从他们中间经过，将一支带长柄的麦克风递到被告席上。按照要求，被告人要对他们各自所受到的指控做出回答。他们被问道，是否已经收到过德文版起诉书的副本并且阅读了其中内容？如果已经读过，他们是否认罪？被告席上的每一个人都回答"无罪"，还有一二个人在回答时语气中带着对法庭的轻蔑。除了被告人之外，在场的其他所有人都希望真正的诉讼能够马上开始。

在检控方席位上，一位制服笔挺的军官站起身来，当他穿过大厅走向法庭中央的讲台时，一阵低语声在旁听席上荡漾开来，声音中充满了某种期待。一名书记员抬头看了看墙上的钟表，然后将时间记录下来。此时正是 1947 年 8 月 27 日临近正午的时刻。

"请允许我开始陈述。"

就在特尔福德·泰勒（Telford Taylor）将军等待法庭慢慢安静下来时，他的目光扫过对面被告席上那些男人的面孔。被告人都比他年长，绝大多数已到中年，他们衣着保守，身穿正装打着领带。虽然他们已经被关押了几个月，甚至有些人的脸色明显泛着几分牢狱生活所特有的苍白，但是在泰勒眼里，他们仍然散发着一种被冒犯了的权威感。如果他们不是出现在法庭上，人们也许会把他们当作市政官员，并会请求耽搁他们几分钟，给他们拍一张留念的合影。泰勒很清楚，他的发言内容和陈述方式将决定这些人的命运。他由衷希望这些人能够厄运缠身。为了能够把这些人送上法庭，他在此前付出了巨大的努力：仅仅是安排和准备庭审的相关事宜就耗费了数月时间；他在寻找证据和证人的过程中受挫不断；他翻阅了数千页晦涩难懂的德语技术档案，从中筛选出有价值的文件；此外，他还阅读了数百份报告，一桩桩骇人听闻的罪行都记录在上面。随着调查的一步步深入，他越来越无法抑制心中的愤怒，对于 IG 法本公司的这些大佬，他已经不抱任何同情。

他把目光重新投向法官，继续说道：

> 在经过细致调查和深思熟虑之后，我向法庭提出了本案中的各项重要指控。根据起诉书，这些人将被指控对人类现代史上这场最残酷和最具灾难性的战争的爆发负有主要责任。他们所犯下的罪行包括种族奴役、掠夺和谋杀。这些罪行极为可怕，以至于没有人能够为他们开脱。他们犯下这些罪行既不是因为疏忽，也不是因为报复，更不是因为他们对自己肩头的责任缺少深刻且正当的认识。在本

案中，我们看不到丝毫感情因素，所有罪恶的发生既不是因为爱，也不是因为恨……

让我们看一眼身边的这个世界，它已经在战争中变得面目全非，不再是人类曾经向往的乐土。大地上布满了可怕的伤痕，我们依然能够听到它在愤怒咆哮；无论身居何地，人们触目可及的只有废墟，人类仿佛正生存在炼狱之中。这个世纪的前50年已经成为历史上的一个黑暗时代；在其中绝大多数年份里，人们都在经历战争、受到威胁，或者置身于战后的创痛中，今天，只要抬起头，就在你我身边，我们就可以看到镇压、暴力或战争遗留下的证据。那么我们所有人，包括被告席上的诸位，是否都是被这个可怕的时代所伤害的无辜的人呢？真的没有人应该为这些破坏和痛苦负责吗？

我们不可以把这一切简化成一个哲学论题，或者仅是长叹一声。遗忘或原谅也许是诱人的选项，但是这样做将不可挽回地背离我们的责任。上帝交给我们这个世界，是让我们把它建造得更加文明繁荣，而不是要我们把它变成眼下这样臭气熏天的一片废土。今天已不再是蒙昧的时代，战争不再被看作天降的惩戒，或者是人类无法抗拒的命运。那么我们就会发现，这里提出的所有问题，其答案就在人性之中，那里暗藏着人类的种种弱点，只有直面并揭露我们灵魂中的这些阴暗，我们才有机会最终克服它们……

这些人被指控有罪，他们犯罪并不是因为他们心中燃起了怒火或突然受到了诱惑；他们并不是那种因为一时疏忽或行为失检而铸成大错的小人物。没有人能够因为一时兴起就构建出如此庞大的战争机器，也没有人能够因为片刻的躁怒就建造起一座奥斯维辛工厂。这些人所做的，全都经过了深思熟虑，我在这里大胆推测，如果同样的机会再次出现，他们依然会重蹈覆辙。毫无疑问，被告人会不择手段地达到目的，他们的行为始终都是那样冷酷无情……

5   当泰勒将军的发言在法庭上响起时，他铿锵有力的话语让在场的观众鸦雀无声。旁听席上的人们来自不同的国家，有不同的背景，在很多问题上他们的观点并不一致。其中一些人是泰勒将军此前在纽伦堡战犯法庭工作时的专业同行，他们暂时放下手头的工作，甚至都没有来得及去纽伦堡大饭店（Grand Hotel）用餐，他们坐在旁听席上，就是想亲眼看看这位来自美国的新任首席检察官将如何处理这桩棘手的案子。① 其他人则长途跋涉数百甚至数千公里来到这里。甚至还有一辆从柏林开出的专列，载着由英国、法国和美国军事当局组成的庞大代表团专程前来。此外还有更多人来自伦敦、巴黎和华盛顿：他们是法律观察员和公务员，需要定期为他们的政治领导人撰写

---

① 1946 年 10 月，当罗伯特·杰克逊（Robert Jackson）法官返回美国数月之后，泰勒作为杰克逊的继任者，被正式任命为纽伦堡战犯法庭的美国首席检察官。杰克逊法官之所以返回美国，是因为著名的四国国际军事法庭（Four-Power International Military Tribunal）对戈林等纳粹元凶的审理已经结案。此前，泰勒一直在战犯法庭中协助杰克逊法官工作；此后，所有在纽伦堡进行的起诉（包括 IG 法本公司案）都是由美国司法机构独立完成的——由美国法官采用国际战争法主持这些案件的审理。其他占领国——苏联、英国和法国——或者在它们的控制区设立了自己的战争罪行法庭，或者委托美国法庭代为审理。

并发送最新的报告。① 这些外国人在数量上甚至超过了到场的德国人——这些德国人是被告人的亲属和朋友，也有一两个是被告人此前的同事和雇员，这些人鼓足勇气来到法庭，他们想以这种方式表达对被告人的支持。除此之外，法庭里就再也没有被告人的同胞了。

　　考虑到所指控罪名的严重程度，德国人竟会对这次审判表现得如此冷淡，这似乎也有些不近人情。泰勒在法庭上对被告人提出了如下指控——"策划、准备、发动和实施侵略战争与入侵他国""侵吞与掠夺公共和私有财产""奴役劳工和实施大屠杀"，这些也正是起诉书中所列出来的部分标题。那么被告人到底做了什么？泰勒在陈述中提到的这些关键词已经吊足了听众的胃口。但是，战后幸存的德国人早就已经对进一步检讨和反省失去了兴趣。在法庭之外，纽伦堡的大街上——其实整个德国的情况也都差不多——人们真正感兴趣的是清理废墟、寻找食物、追查失踪的亲属，而不是另一起精心安排的控诉，以德国人的名义对战争罪行进行清算。如果非要普通德国人说些什么，大多数人就会把这些事情统统推到希特勒和他的纳粹权贵身上，或者只是耸耸肩，表示他们此前对那些暴行一无所知。12 个月之前，就在纽伦堡法院，国际社会已经对戈林和其他战犯一一定罪。难道这还不够吗？如果美国人非要追究另一伙纳粹分子的罪行，没有人能够阻拦他们，但是也没有人愿意被卷入更多的诉讼程序。每一次审判都将重新勾起人们那些带有自责和羞耻的回忆，甚至会引发有关集体责任的争论。

6

---

　　① 没有来自莫斯科的听众——苏联检察官与西方同事在纽伦堡特别法庭上精诚合作的美好时光已经一去不复返了。甚至我们还会看到，昔日盟国之间日益冷淡的关系将在 IG 法本公司案的审理过程中发挥重要作用。

为什么要把这群人送上法庭？胆大妄为的怀疑论者会如此发问。他们聚在这座城市几近倾颓的地下室酒馆（Keller）里，一边抱怨着定量配给的替代啤酒，一边大发议论。在德国人的印象里，IG 法本公司这个名字过去几乎就是德国工业引以为傲的象征，但是这个名字本身并不能被当作犯罪的证据。这家企业的管理者、科学家和技术人员都曾享有极高的地位，但是检控方不能因此就宣称他们有罪。如果他们在战争期间曾经为了国家利益而努力工作，那么他们的所作所为并不比那些同样怀着爱国心的英国人和美国人罪过更大。众所周知，有些被告人曾经为人类在化学和医学上的巨大进步做出过贡献。如果就此认为这些人曾经对过去数年的战争进程发挥过个人影响，或者曾经直接参与了纳粹政权的丑恶暴行，这种观点同样是荒谬的。同盟国可以对党卫军和盖世太保，甚至对德国国防军提出这样的指控；但是把矛头指向普通的企业家和科学家，这却完全是另外一回事儿——他们当时所做的只是为国家和企业尽责，而且很可能是被迫才这样做的。美国人难道不应该把力量和精力集中在布尔什维克身上吗？苏联才是现在真正的威胁。

关于公众舆论，充耳所闻都是对检控方团队的强烈反对，反对的理由也都是老生常谈；在最初的几周里，泰勒将军先是在自己团队里听到这些理由，之后的几个月，同样的说辞他又会从被告人的辩护人那里再听一遍。但是泰勒和他的同事们深信，他们对坐在被告席上的那些人有着更深的认识，他们能够洞悉那些人的本性。他们远不是谦逊的商人，这 23 名被告人连同他们所控制的庞大企业都是纳粹事业得以成功的基础。作为德国这家最伟大的工业企业的领导者，他们明知故犯、心甘情愿地将企业的各种资源和专业知识交到阿道夫·希特勒和他的党羽手中，任由独裁者支配。最终结果就是将整个世界拖入灾难，因此他们负有无可推卸的责任。

当泰勒将军停下来喝水的时候，他的几个同事低头扫了一眼开场白的下一段文字。如果说泰勒的发言中有一段能够直指这桩案件的核心，总结出被告人的动机、意图和罪责，以及将他们绳之以法的必要性，那就全在这一段话里了。泰勒证明，被告人的头脑中只有一个目标：

> 把德意志民族变成一部军事机器，让它成为战争引擎的一部分，这部机器的威力是如此强大而恐怖，通过无情的威胁——如果有必要就通过战争——德国把它的意志和统治强加给整个欧洲，并且在未来也将强加到世界上每一个民族身上。在这个狂妄而罪恶的冒险计划中，在座的每一位被告人都是主要的热心参与者。在他们的参与下，自由之火被扑灭了，德国人民被置于第三帝国骇人听闻的暴政之下。这个政权的目标就是要让整个民族变得野蛮，让每一个人心中充满仇恨。他们调集国家的全部资源，施展令人敬畏的才华，锻造出用于征服的工具和武器，将德意志的恐怖散布世界。正是他们织就了笼罩在整个欧洲上空的死亡黑幔。

这段话的余音在纽伦堡的司法宫中长久回荡，60年时间过去了，人们几乎从每一个能够想到的角度对第三帝国进行了研究和审视，并且创造出丰硕的成果，其中既有学术性的分析，也有非学术性的评价。然而值得注意的是，众多研究之间依然留有空白，纳粹德国历史中的某些部分随着时光的流逝被忽视、掩盖和扭曲了。对 IG 法本公司的研究就是这些空白之一。60 年以前，美国的战犯法庭首席检察官站在四位法官面前，指控这家私营化学公司的 23 名高管对希特勒和纳粹政权造成的灾难负有不可推卸的责任。就像泰勒所说的，他们正是"那些让战争成为可能的人……那些将《我的奋斗》（*Mein Kampf*）中不切实际的幻想变为现实的魔术师"。即便考虑到这种说法含有修辞上的夸张，泰勒的这句话也是令人震惊的断言，足以让它流传百年。但是现实未能如此。除了专业历史学家组成的学术圈，以及某些由个人组成的日渐缩小的群体之外——这些人因为各种私人原因而对 IG 法本公司留有记忆——今天已经很少有人对 IG 法本公司有实质性的了解了。人们不清楚它到底做过些什么（IG 法本公司的德语名称是"Interessen Gemeinschaft Farbenindustrie Aktiengesellschaft"的缩写"IG Farben"，可以被大致翻译为"染料工业利益共同体股份有限公司"），也不清楚它的主要管理者为什么会成为被告人出现在纽伦堡战犯法庭上。那些对第三帝国历史感兴趣的人也许听说过这家公司的一些往事，比如它曾经为希特勒提供过财政支持，或者它生产的合成燃料和人造橡胶使德国军队横扫欧洲，又或者它大量使用奴工，并且与奥斯维辛集中营的恐怖屠杀有关。但是还有很多与 IG 法本公司相关的历史被人们遗忘或忽略了——它独特的起源和非凡的演变，它在战前对德国巨大的政治和经济意义，它具有强大的科技创新能力和冷酷无情的商业做派，以及最重要的一点，它为什么会缓慢但不可避免地走向道德破产的境地。

　　IG 法本公司已经成为过去式，也许这并不让人感到惊讶。这家曾经像今天的微软公司（Microsoft）一样全球驰名的企业，它的生命在 1945 年底戛然而止（但是它直到 2003 年才彻底消失，有关原因后文会进一步说明）。当人们对纳粹德国的评判大多集中在希特勒和他的直接下属身上时；集中在第二次世界大战的政治和军事领域上时；当然还有集中在纳粹大屠杀那一桩桩可怕的暴行上时，有些事情也许就会被搁置一旁，但是这样一来就势必造成巨大的缺憾。今天回过头来重新回顾 IG 法本公司的故事，仍然富有意义并且发人深省（也许有人会这样说，这家企业是如此的不同寻常），泰勒将军在纽伦堡战犯法庭上的发言中也是如此陈述的。IG 法本公司的历史应当被所有人牢记。

　　20 世纪 30 年代，IG 法本公司的发展正处于战前的巅峰时期，没有人敢设想，它耀眼的星光在某一天会黯然失色，或者如此庞大的企业有一天会被人彻底遗忘。当时，它就像是一个强健的巨人，或者是一只巨型章鱼，不断扩张商业版图，触手早已伸向世界上每一个主要国家。它支配着全球的化学工业，这是一片意义深远且无所不包的处女地——化学工业是 20 世纪最重要的经济、政治和科学领域之一。通过子公司、控股公司和海外合作伙伴，IG 法本公司构筑起一个错综复杂的商业网络，进而控制了世界上一系列最重要商品的生产和销售。它的产品种类包罗万象，包括药品、中间化学品、染料、炸药、摄影胶片、化肥、轻金属、燃料、塑料、人造纤维、合成橡胶、录音磁带、涂料、农药、灯泡、汽车轮胎、安全火柴、洗涤剂和清洁用品、毒气等，此外还有很多很多。虽然它只是——仅仅是——世界上第四大工业联合体［排在美国的通用汽车公司（General Motors）、美国钢铁公司（U. S. Steel）和标准石油公司（Standard Oil）之后］，但它是欧洲最大的企业，同时也是德国最具战略价值的企业，以至于魏玛共和国总理古斯塔夫·施特雷泽曼（Gustav Stresemann）曾经公开宣称："如果失去了煤炭和 IG 法本公司，我就无从制定对外政策。"

但是，除了积极扩张的资本故事，这里还有更多有关 IG 法本公司的传奇要讲。曾几何时，这家公司的高管们是这个世界上最聪明、最有影响力和创新力的企业家。它的科学家们曾经屡次获得诺贝尔奖，并且因为对医学科学的巨大贡献，以及将研究成果转化为产品最终造福社会，为他们赢得了全球声誉。当经济环境许可时，IG 法本公司的几十万工人拥有最好的培训和最高的薪酬，他们是欧洲最熟练的劳动者，公司为他们提供设施齐全的宿舍，资助工人乐队和图书馆，补贴工人学校和医疗设施。IG 法本公司的厂房和实验室让其他发达国家的化学家们心生羡慕，它乐善好施的形象在世界任何地方都同样耀眼。简而言之，IG 法本公司既强大又富有远见，是德国高效和成就的象征，是这个国家企业发展、科学创新和技术进步的光辉典范。

既然这家公司曾经如此辉煌，那么为何它又落得如此下场？它的管理者们到底做了什么，使他们遭到指控，成为纳粹政权残暴罪行的直接共犯？就像泰勒将军所说的，如果没有被告人紧密的配合，"希特勒和他的党徒根本就不可能在德国夺取并巩固他们的权力，而第三帝国也完全不敢发动战争"。如果纽伦堡的起诉书是可信的，那么我们就可以看到，这种关系使 IG 法本公司及其经理人与纳粹元首和他的小圈子一样，应该对 20 世纪中叶席卷欧洲的这场灾难承担罪责。被告人真的像检控方所指控的那样犯有战争罪行吗？是否因为在一个竞争激烈的行业，IG 法本公司的管理者在历经多年的拼搏之后形成了一种自私自利的心态，在这种心态的控制下他们变得残酷无情，在贪婪和野心的驱使下这些人与纳粹建立了一个道德堕落的同盟？又或者是，这些人只不过是行事鲁莽但怀有爱国热忱的企业家，不慎卷入了超出他们控制能力的事件中，他们只不过是犯了盲目轻信的错误，没想到与纳粹政权的合作会有如此大的风险，会超过他们为公司和国家所带来的好处？

　　回答这些问题的最好方法，就是从这家联合企业的发展史中寻找答案，只有这样才能全面理解创建和管理 IG 法本公司的大人物们的真实意图和种种行为，才能真正搞清楚他们的企业是如何和为什么会走向巅峰又坠落谷底的。IG 法本公司起源于 19 世纪，当时激烈的国内和国际竞争铸就了德国新兴化学工业称霸全球的雄心，然后它迎来了黄金时代，在合成化学方面取得了决定性的科技突破，这让人类仿佛拥有了能够制造一切的能力，接着它与纳粹政权建立起致命联盟，迈向第二次世界大战，最后走向战犯审判。这是一个非同寻常的故事，其中有很多令人意想不到的波折，这个故事其实在不断提醒着我们，关于不可靠的人性和人类自身的弱点，以及一个民族如何出卖了它自己的灵魂的事实。此外，它还包含了一个直接而明确的警告，它告诫我们要留意企业与政府之间的亲密关系，当政治目标与追求利润纠缠在一起时，这种关系将很可能酿成大祸。

第 1 章　从珀金的紫色染料到杜伊斯贝格的药片

有趣的是，这个注定要在满目疮痍的德国、要在灰暗的色调中结束的故事，最初竟是从丝绸上发现的一抹鲜艳色彩开始的。IG 法本公司的起源可以追溯到 1856 年，一位年轻的英国大学生在复活节期间的一次偶然发现。就在那一刻，在一间能够俯瞰伦敦码头的小阁楼里，这个学习化学专业的少年在他漫无目的的假期实验中，将此前 70 年人类在科学、社会和技术上的发展全都凝结在了一起，创造出一个崭新的产业。

到 19 世纪中期，有机化学已经发展成一门充满活力的学科。[1] 此前，它曾一度被人嘲笑为古怪的炼金术士和业余爱好者的消遣项目，但是自从工业革命以来，有机化学已经成为社会变革的巨大引擎——战争、政治动荡及经济、哲学、科学和技术等领域的新思想——上的重要齿轮。在那个时代，新一代的科学家已经开始利用富有创新性的系统研究手段，去探索他们周围世界的基本问题。现代工业化学起源于人们的求知欲，这种求知欲最初只是一种学术上的兴趣，一种想要知道日常物质是由什么所组成的简单愿望，但是很快它就演变成一场马拉松，人们开始努力通过人工手段去复制这些相同的物质。早在伦敦阁楼上的事情发生之前，欧洲的老牌大学和新式技术研究所的实验室就已经在进行实验，实验的目的是揭示各种物质的化学成分，而在此之前这些物质在人们眼中似乎一直是这个世界的固有材料。探索精神指向哪里，哪里就会涌现出更多的创业者。对许多行业先驱来说，科学带来了丰厚的奖励——一系列新发现都具有实际的应用价值和巨大的商业潜力。

威廉·亨利·珀金（William Henry Perkin）原本不太可能是这股热潮的受益者。[2]1856 年，他还只是皇家化学学院（Royal College for Chemistry）一名 18 岁的大学生，作为对公众不安情绪的回应，这所学院最近才刚刚在伦敦创办——人们一直在担心，英国很可能会在一个重要的新兴科学领域落后于它在欧洲的竞争对手。在顺利完成学校的基础课程之后，珀金引起了该校年轻的德籍院长奥古斯特·威廉·冯·霍夫曼（August Wilhelm von Hofmann）的注意。[3]霍夫曼是一位能够启迪学生的良师，当年他在著名的吉森大学（University of Giessen）化学系求学时，就已经在心底种下了要探究科学奥秘的种子，因此，他也总是留意寻找那些在纯实验室研究方面具有天赋的学生。霍夫曼注意到珀金的爱好，就请他帮忙做一些自己感兴趣的项目。

其中有一个项目是尝试寻找一种可以制造奎宁（Quinine）的方法，奎宁是秘鲁金鸡纳树树皮中的活性物质，人们使用它已经有超过 250 年的历史，它一直是治疗马来热（malarial fever）——我们通常称为疟疾（ague）——的最有效的药物。[4]由于金鸡纳树皮昂贵且很难获得——这种树只能在其南美洲的原产地繁茂生长——因此，几十年来，人工合成奎宁一直是雄心勃勃的化学家们的目标。霍夫曼确信答案就在煤焦油（coal tar）里。煤焦油是一种有毒的黑色黏稠物质，是煤气灯的副产品，当煤在真空中燃烧时就会形成煤焦油。四分之一个世纪以来，科学家们一直在研究煤焦油的浑浊特性，他们发现煤焦油中充满了有趣的化学物质，但是离完全了解它还差得很远。然而，霍夫曼知道它的一种衍生物——石脑油（naphtha）——在结晶之后，其化学方程式与奎宁惊人的相似。虽然他自己一直没有能把这种想法成功地转变为现实，但是他相信，只要有足够的耐心就一定可以从这些结构相似的煤焦油化学物里得到正确的结果。于是，当霍夫曼准备在复活节回德国休假时，他把这个问题作为一项有趣的假期作业留给了自己年轻的助手。

珀金把任务带回了家，他在伦敦东区家中的顶楼搭建了一个临时实验室。房间的陈设非常简单，里面只摆着一张小桌子和几个架子，上面放置着他的基本设备，虽然可以透过窗户看外面的风景（闲暇时，他可以观看附近铁路线上来往的火车），但是几乎没有什么东西可以让他分心。他把烧杯、试管和少量化学试剂放在一起，开始着手工作。

珀金在第一次尝试制造奎宁时，使用了一种叫作烯丙基-甲苯胺（allyl-toluidine）的煤焦油衍生物，这种物质和石脑油一样，其化学成分与著名的奎宁非常接近。利用氧化和蒸馏这两个标准的实验室步骤，珀金试图改变烯丙基-甲苯胺的分子结构，通过添加氧和去除氢（以水的形式）使其与奎宁的化学分子式相同。他的实验失败了。他没有制造出无色的药品，却得到了一种红色粉末。珀金感到有些沮丧，于是尝试使用苯胺（aniline）取代烯丙基-甲苯胺，这是另一种煤焦油衍生物[是由德国化学家费迪南德·弗里德利普·伦格（Ferdinand Friedlieb Runge）在大约 20 年前发现的]，他认为这种物质可能更易氧化或蒸馏。这次尝试仍然以失败告终，但是在化学反应后留下了一种黑色的残留物，当他试图在水中清洗试管时，那些试管都变成了醒目的紫色。出于好奇，他找来一小块没用的丝绸，然后用这些实验残留物将这块绸布染成了紫色。[5] 其实，珀金并不需要这样做；化学家们在研究煤焦油化学品的时候，偶尔也会发现各种奇怪的颜色，但是在大多数情况下他们都会选择忽略。不过丝绸上鲜亮的色彩和光泽引起了珀金的兴趣。一个疑问突然出现在他的脑海里：这种化合物有可能成为一种新式的人造染料吗？日子一天天过去，在经过很多次洗涤之后，他那块染满紫色的绸布始终没有褪色。珀金决定大量生产这种染料，并且向一位专业染料生产商征求意见。他从哥哥托马斯·珀金（Thomas Perkin）的朋友那里得到了珀斯（Perth）一家信誉良好的染料厂商的联系方式，随后就给那家公司寄去了样品。1856 年 6 月 12 日，那家公司的老板罗伯特·普拉尔（Robert Pullar）回信说：

14

　　如果您的发现不会让商品变得太贵，那么它无疑会是多年来最有价值的染料之一。这种颜色可以用于各种商品，而且它一定会大受欢迎，此前为了获得紫色的布料，人们只能使用昂贵的棉纱，因为紫色染料根本无法快速让丝绸上色。我给您［原文如此］随信寄去我们在棉布上染制的最好的紫色丁香图案——这在英国仅有我们一家公司可以做到，但即便如此染色的速度也无法做到很快，而且根本不能媲美您的产品，当它暴露在空气中时就会出现褪色。如果用于丝绸，这种染料始终无法达到均匀的着色效果。[6]

普拉尔的兴奋是可以理解的。不经意间，珀金发现了一种能够制造最抢手染料的方法——它所染出的颜色，正是象征着皇帝、红衣主教和国王高贵地位的紫色。① 但更重要的是，他似乎找到了一种全新的制造工艺，一种可以大批量生产染料的方法，它不仅可以保证产品的质量整齐划一，同时还可以降低生产的成本和风险。传统上，染料只能从动物身上或者植物中获取，即使是那些最流行和最常用的颜色，比如原产于黎凡特茜草根的土耳其红、克里特岛百合花的藏红花黄、印度靛蓝植物的深蓝色，这些颜色的提取过程都异常艰难。[7] 例如，为了得到宝贵的红色染料，茜草必须经历多达 20 步的分离工序，而为了让靛蓝植物释放出色彩，要经历长达数个星期复杂而烦琐的发酵过程。只要是能够减少这些工作的艰苦，任何创新都必定会受到欢迎。

15　　当然，偶然获得一个有趣的发现是一回事，把它变成一个在商业上成功的企业则完全是另外一回事。从珀斯传来的消息让人激动不已，同时也提出了一个明确的建议，那就是珀金应该考虑自己制造新的染料，但是他当时只有 18 岁，没有任何商业经验，对复杂的染料行业更是一无所知。尽管如此，他还是下定决心进行尝试。1856 年 8 月，珀金为自己的方法申请了专利，他拜访了罗伯特·普拉尔，寻求建议和精神上的支持，然后他走遍全国，向那些被深深吸引的科学家和潜在的赞

① 当罗马皇帝开始效仿恺撒大帝（Julius Caesar），养成了身穿皇家紫袍的习惯时，他们对骨螺（murex mollusk）的供应开始进行严格管制——骨螺是紫色染料的原料。1464 年，梵蒂冈对胭脂虫也颁布了类似的禁令；因为只有胭脂虫被压碎的外壳可以提供教皇保罗二世（Pope Paul Ⅱ）钟爱的主教紫色（cardinals' purple）。

助者们展示他的发明。珀金一再尝试从将信将疑的银行家那里筹集资金，在经历了几个月的挫折之后，最终他说服父亲和哥哥拿出所有的积蓄，全都投入他的染料项目中。1857 年 6 月，他们在哈罗（Harrow）的格林福德格林（Greenford Green）创立了一家小厂，到当年末，第一批苯胺紫染料上市了。

即便非常顺利地生产产品，但是仍然可能遇到其他可怕的问题。为了不让这种新颜色被看作俗艳或过时的，珀金决定以法语词"淡紫色"（mauve）来为它命名，称其为苯胺紫（mauveine），之所以这样做，有一部分原因是希望借助其法语中的含义让人们联想到巴黎迷人的高级时装。

幸运的是，苯胺紫的出现正好踏对了时尚流行的节拍。1857 年夏天，拿破仑三世（Napoleon Ⅲ）年轻的妻子欧仁妮皇后（Empress Eugénie）开始对淡紫色情有独钟，因为她觉得这种颜色会使她的眼睛显得更美。虽然她所穿的丝绸礼服实际上是采用里昂（Lyon）生产的天然染料（从稀有地衣中提取，耗资巨大）染色，但是她掀起了一场时尚革命。由于这位法国皇后是维多利亚女王（Queen Victoria）的好友，时常为女王提供时尚方面的建议，这就使这种新风尚很快跨越了海峡。1858 年 1 月，当维多利亚女王考虑在女儿婚礼上的着装时，她很自然地想到了欧仁妮最喜爱的颜色。在婚礼结束几天之后，《伦敦新闻画报》（*Illustrated London News*）不出所料地夸赞了她的衣着搭配："女王陛下的裙摆和裙身是由华丽的淡紫色（丁香色）天鹅绒制成的，上面镶有三排蕾丝；她佩戴着钻石镶嵌的胸花和著名的光明之山（Koh-i-noor）胸针；衬裙采用了淡紫色和银色的丝光条纹布（moiré antique），镶着深色荷叶边的霍尼顿（Honiton）蕾丝。"[8]女王的服饰引发了英国

16 民众的爱国热忱，他们也纷纷投身到这场狂热的淡紫色潮流中。几周之内，伦敦的每一场盛大活动，还有各个舞厅里都充满了紫色的绸缎，上流社会富家小姐们的礼服式样登上了报纸，然后传到别处，每一位追求时尚的年轻女性纷纷开始效仿。裁缝、手套制造商和雨伞制造商接到了无数订购淡紫色产品的订单。他们把这些要求转达给染色工，因为没有其他人可以求助（只有法国皇后才消费得起来自稀有地衣的紫色染料，但是对于普通人来说它实在是太贵了），珀金的公司获得了丰厚的利润。

这种新型染料取得巨大成功的消息穿越英吉利海峡又回到了欧洲大陆，在那里，淡紫色的风潮再度兴起，而且比此前更加强烈。遗憾的是，虽然珀金在英国取得了这种染料的专利，并且从中赚得盆满钵满，但他忘了在国外申请专利。当初为了提高人们对这一项目的兴趣，他在环游英国的途中天真地公开了太多化学工艺方面的信息。当相关细节开始出现在科学期刊上时，欧洲大陆的染料生产商们抓住了机会。1858 年，在淡紫色首次出现在伦敦街头不到一年的时间里，他们中的一些人已经开始进行自己的苯胺实验了。虽然珀金因为自己的发现开始得到欧洲科学界的广泛认可，并且获得了他应得的奖章和荣誉，但是人们开始清楚地看到，合成染料这个曾经被关在魔瓶里的精灵已经被释放出来了。

如果说 1845 年奥古斯特·冯·霍夫曼被任命为皇家化学学院院长，是含蓄地承认了德国在科学领域的领先地位，那么他在 1865 年回国则成为一个明确的信号——尽管珀金取得了成就——表明他的国家打算保持已有的这种优势。[9]霍夫曼告诉他的朋友，他之所以接受去柏林担任新的教授职务，一方面是因为对方承诺为他提供一个全新的实验室——单纯了建造这座实验室就已经投入了巨资；另一方面，同伦敦皇家化学学院中一些思想保守者的斗争让他心灰意冷（他们要求霍夫曼的学生们把精力和才华用于矿业和农业这些发展缓慢的传统领域，这一再成为霍夫曼与保守派之间斗争的焦点），因此他一直渴望得到一个更加和睦温馨的工作环境。如今，他在德国终于如愿以偿。这个国家在政治和经济上充满了活力。1834 年，德意志 39 个独立邦国中的绝大多数已经加入了一个单一的关税同盟，也就是德意志关税同盟（Zollverein），从那时起，这个国家的最终统一就成了大势所趋。虽然德国直到 1871 年才正式实现这一目标，但是从实际上讲，当时德意志已经可以被看作一个国家了。与许多新兴国家一样，它渴望在政治和经济上有所作为。上百项晦涩难懂的条约和法律曾经被用于管理各邦贸易，如今它们正逐步得到精简——与英国和法国相比，这种法律环境一直在阻碍着德国工业的发展。一种新的创业精神正在形成，德国正准备充分利用它的诸多商业优势。

　　其中最重要的一点是它对科技人才的储备。[10]在欧洲范围内，当时的德国科学家无疑是训练有素的一批翘楚。在超过一代人的时间里，马尔堡、哥廷根、海德堡、吉森、柏林、慕尼黑、多尔帕特、基尔等地的大学和技术学院一直把科学——特别是化学——作为课程设置的重心。这些学校培养了数以百计的毕业生，他们受到社会的极大欢迎。国家重视他们的才能，希望他们有朝一日能够帮助德国屹立于工业化国家之林，并且占据应有的地位。在此期间，这个庞大的人才库也为德国制造商带来了巨大的好处，他们参与研发创新技术，同时催生了全

17

新的产业模式和商业机遇。① 合成染料行业也顺理成章地成为这股浪潮的有机组成部分。

当有关威廉·珀金发明紫色染料的新闻传遍欧洲的时候，实际上是法国人率先做出了反应〔一位名叫韦尔金（Verguin）的科学家制造出一种被称为品红（magenta）的紫红色苯胺染料〕，在接下来十年的大部分时间里，关于是否应该把染色科学当作专业研究领域的疑问在英吉利海峡两岸引起了反复讨论。新的颜色层出不穷——曼彻斯特棕（Manchester brown）、麦格达拉红（Magdala red）、珀金绿（Perkin's green）、尼克尔森蓝（Nicholson's blue）——就连奥古斯特·冯·霍夫曼也在伦敦的最后几年中投身这项竞赛，他发明了霍夫曼紫（Hofmann's violet），而且更重要的是，他分析了所有苯胺染料共有的复杂分子结构。而他的同胞们将从这项工作中获得大量长期利益。年轻的德国化学家们为这一新兴科学而着迷，他们纷纷涌向伦敦、曼彻斯特和巴黎，去学习其中的奥秘。当他们回国之后，就直接投入等待他们多时的企业家的怀抱。

长期以来，德国纺织品制造商一直不满于英、法两国在天然染料制造业中的主导地位，这是因为他们被迫要为天然染料支付高昂的价格。[11]现在，鲁尔区能够提供充足而廉价的煤炭，配合新式的苯胺化学手段，以及政治统一对经济的推动，德国商人看到了逆转这种局面的机会。利用煤焦油生产染料的企业如雨后春笋般在各地涌现。到 1876 年，英国有 6 家主要的合成染料企业，法国有 5 家，而德国有 17 家。这个欧洲最年轻

---

① 可以从以下事实中看出德国教育有多大优势：1876 年，也就是珀金发现苯胺紫 20 年之后，整个美国只有 11 名有机化学专业的研究生。

的国家已经掌握了主动权。

大多数成功的德国染料企业都选择在靠近莱茵河及其支流的地方建厂，而不是靠近它们最主要的客户——德国国内的纺织品生产商（纺织企业遍布全国）。因为染料是一种体积小、价值高的商品，它的成品可以很容易地通过铁路或马车运送到任何地方，增加的成本微乎其微。与此同时，制造商很快就发现，即便只是生产少量的染料，也需要消耗大量的淡水、酸、碱、盐、燃料、硫化铁和煤焦油，这些东西要么从产地运到工厂，要么就地解决。值得庆幸的是，德国最长的通航河网可以满足厂商的需求，他们既可以通过莱茵河运送那些沉重的原材料，又可以将这条河作为天然水源。许多新的染料制造商都精明地意识到，任何靠近河流的企业将会比那些地理位置不那么优越的公司更有优势。就这样，在 1863 年，弗里德里希·拜耳公司（Friedrich Bayer and Company）开始在北莱茵地区的巴门（Barmen）——科隆附近的一座小镇——投产，然后其又在埃伯菲尔德（Elberfeld）设厂。几个月之后卡勒公司（Kalle and Company）在美因河口（莱茵河支流）的比布里希（Biebrich）开设了工厂，利奥波德和卡塞拉公司（Leopold and Cassella）设立在美因河畔的法兰克福（Frankfurt am Main），迈斯特、卢修斯和布鲁宁（Meister，Lucius and Bruning）三位企业家在赫希斯特（Hoechst）建立了他们的工厂，后来这家企业就以这座小城的名字来命名。

当然也有一些例外，最著名的是由卡尔·马提乌斯（Carl Martius）和保罗·门德尔松－巴托尔迪（Paul Mendelssohn-Bartholdy）于 1867 年在柏林附近的鲁梅尔斯堡（Rummelsburg）创立的爱克发公司（Agfa，德语 Aktiengesellschaft für

19

Anilinfabrikation 的缩写，即苯胺制造股份公司）。[12] 马提乌斯曾经在伦敦跟随奥古斯特·冯·霍夫曼学习化学，后来他与曼彻斯特的一家染料制造商合作，开发出属于自己的染料配方——马提乌斯黄（Martius yellow）。巴托尔迪是作曲家费利克斯·门德尔松（Felix Mendelssohn）的儿子，他的家庭为创办爱克发公司投入了大量资金。这两位合伙人对柏林都有很深的感情，因此他们在为公司选址时没有过多考虑经济上的因素。

在宽阔的莱茵河岸边有一座名为路德维希港（Ludwigshafen）的河港小镇，德国最大的染料企业之一就坐落于此。这家企业的创始人是弗里德里希·恩格尔霍恩（Friedrich Engelhorn），他比任何人都更能体现出这一新兴行业中的创业活力。恩格尔霍恩于 1821 年 7 月出生于曼海姆（Mannheim），是当地一位酿酒师的第四个孩子，他几乎没有接受过正规教育。在文法学校短暂学习过几年后，他就成为当地一名金匠的学徒，他的家人自然而然地认为这将会是他的职业归宿。虽然他于 1846 年在曼海姆建立了一个小作坊，但是很快就将它关掉了。由于业务原因，他经常受师父派遣去各地出差，这让他开阔了眼界。他看到德国不断发展的工业化将创造出更多的机会，于是恩格尔霍恩决定抓住这一机遇。他创办的第一家大型企业成立于 1848 年，是一家生产和销售瓶装煤油的公司；不到三年时间，他就包揽了当地的公共煤气照明业务。因此，当珀金发明合成染料的消息传到德国时，恩格尔霍恩立刻决定将业务重心转向煤焦油染料这个有利可图的新领域，此时他已经占据了非常有利的地理位置。1860 年，恩格尔霍恩与两位合伙人开始在煤气厂附近的一块土地上建立自己的苯胺工厂。五年之后，由于竞争和需求的同步增长，恩格尔霍恩再次扩大了这家工厂的生产规模，同时也引入了更多的投资者和资本。此时，他对合成染料业务已经有了足够的了解，充分认识到原材料高昂的运输成本和保证充足供水的必要性。　20由于在曼海姆找不到合适的地方，恩格尔霍恩决定将工厂迁往莱茵河西岸的路德维希港。与莱茵河沿岸的许多其他城镇一样，路德维希港的政府已经意识到了新兴工业的就业潜力，它为染料企业提供慷慨的补贴和廉价的土地。由此，恩格尔霍恩最终建立了日后将在组建 IG 法本公司过程中发挥主导作用的企业。这家公司的正式名称是巴登苯胺和苏打制造厂（Badische Aniline & Soda Fabrik）——此外，它还有另外一个广为人知的名字，人们称它为巴斯夫（BASF）。

这家公司很快就蓬勃发展起来。路德维希港工厂开业不到两年，就已经推出了超过 80 种不同的产品。不可否认，最初的大多数产品几乎都是在山寨模仿其他厂商的染料配方——就像许多德国合成染料先驱一样，恩格尔霍恩利用了德国混乱的专利法——但是很快巴斯夫就开始投资自己研发，它聘请了大量科研人员，并且投身到一场全行业的竞争中。人们都在寻找能够合成茜红色和靛蓝色的方法，这是当时市场上最有商业价值的两种天然染料。虽然在 1856 年成功合成苯胺紫之后，一大批苯胺染料被相继发明出来，无论在色调的纯度还是色泽的亮度方面它们也都表现得相当出色，但是与天然染料相比，许多合成染料看上去仍然显得不够自然。因此，如果能够开发出一种可以准确复制，甚至进一步提升传统染料纯正色调的化学合成工艺，它必定会价值连城。

茜红色让巴斯夫交上了好运。[13] 1868 年，柏林的两名研究生卡尔·克雷伯（Carl Graebe）和卡尔·利伯曼（Carl Liebermann）研制出一套用于合成染料的复杂工艺，其中他们使用了化学物质溴（bromine）作为催化剂，随后他们开始向各大生产商推销这套染料制造方法。大多数厂商都把这两个年轻人拒之门外，因为溴的价格非常高，人们根本无法把它用于工业生产。但是巴斯夫的恩格尔霍恩没有这样做，他把这两位年轻科学家和他们的想法推荐到公司新任命的技术总监海因里希·卡洛（Heinrich Caro）那里，后者很快就找到了解决方案——用廉价的硫酸来代替溴。通过这种方法制造出来的颜色被称作茜素红（alizarin red），它比昂贵的传统染料拥有更大的优势——它的色差更小、着色更快、应用更简便——短短十年之内它就摧毁了古老的茜草染料业。茜素红染料意味着巨大的利润，这一点对于巴斯夫而言非常关键。巴斯夫为这一整套工艺在美国、法国和英国都申请了专利，讽刺的是，它在英国与珀金公司（Perkin and Sons）签订了联合生产协议。这项发明有助于保证公司的长期财务安全。

　　但是茜素红的成功，也前所未有地暴露出德国专利制度中的问题。虽然随着统一的临近，各种规则正在日趋合理，但是德国各邦仍然在使用不同的专利法，而这些法规中充满了让人可钻的漏洞。实际上，模棱两可的规定使同行之间的互相抄袭成为可能，这又导致了许多旷日持久且基本上无法解决的争执，因为人们根本无从查证很多成功发明的最初源头和确切时间。比如赫希斯特公司，它也拒绝使用昂贵的溴化过程来合成茜草染料，并且在巴斯夫不知情的情况下，一直在开发自己的解决方案。很显然，赫希斯特的科学家独立提出了采用硫酸这种廉价催化剂的想法，虽然双方围绕提出这一想法的准确时间和方式进行了激烈的争论，但是巴斯夫最终还是无法阻止赫希斯特搭上合成茜素这趟能够快速捞钱的列车。

　　其他公司也竞相效仿，其中最著名的是位于埃伯菲尔德的弗里德里希·拜耳公司，德国历史最悠久的合成染料企业。拜耳公司在经历了全行业的乐观开局之后，突然发现自己的盈利能力正在受到激烈竞争的严重打击，多亏它抓住了合成茜素问世的机会，才得以重整旗鼓。虽然这家公司没有取得巴斯夫或赫希斯特那样显著的成功，但是当一个好配方出现时，它同样能够钻专利法的空子。海因里希·卡洛灵光乍现，采用硫酸充当催化剂的故事人尽皆知，而且这种方法很容易复制。拜耳借助其他大型生产商的营销势头，尽可能多地生产这款新型染料，一举扭转了颓势。虽然获得的利润并不丰厚，但是这笔钱足够让它生存下去，同时还可以招募自己的研发团队——培养自己的科研力量对于公司的长远发展至关重要，这一点是公司创始人弗里德里希·拜耳和约翰·维斯考特（Johann Weskott）后来才意识到的。

　　当然，每一家德国合成染料企业都面临着同样激烈的竞争，其中有很多公司难以应对这种挑战。拜耳公司所在的埃伯菲尔德及周边地区，当时集中了大批生产合成染料的初创企业，其中有十几家公司还曾一度前景无限，但是最终都在成立后的头十年里相继宣告破产。不过，生存的重压让幸存者更加富有活力，它们对消费者的需求非常敏感，会更为主动地开发新产品，寻找更好的制造方法。这反过来又使它们变得更强大、更高效、更凶猛——尤其是相对于它们的外国竞争对手而言。那些欧洲老牌工业国家的化学企业（那里的投资者有更多低风险的投资机会）缺少必要的灵活性，它们很难筹措资

22

金，而且在技术上缺少原创性，往往难以跟上德国科学技术发展的步伐。最终，这一切的后果开始显现。在 19 世纪 70 年代早期，像巴斯夫、赫希斯特这样的企业，甚至是在困境中苦苦挣扎的拜耳公司，都纷纷从英国和法国手中抢走对合成染料工业的控制权，并且以明显的优势遥遥领先。

几乎可以肯定，德国在其他领域所取得的成功也让他们变得更有信心。1870 年，在克虏伯钢铁和军备制造公司（Krupp steel and armaments）先进的新式火炮帮助下，普鲁士军队在色当（Sedan）彻底击败了拿破仑三世的法军，轰击了临时的巴黎共和政府并迫使它屈服，最终迎来了普法战争的圆满结束。1871 年，战争的胜利最终促成了德意志第二帝国的建立，四个王国、五个大公国、七个公国，三个自由城市和阿尔萨斯-洛林（Alsace-Lorraine）领地联合在一起，由霍亨索伦家族的威廉一世皇帝（Hohenzollern Kaiser Wilhelm I）和他的首相奥托·冯·俾斯麦领导。商业在战后迅速走向繁荣，创造出更多的就业机会、更多的市场需求和更多的投资资本。虽然由于整体性的结构调整，在 1873 年出现了暂时的经济低迷，但是"一个民族、一位君主、一个帝国（Ein Volk，ein Kaiser，ein Reich）"显现出巨大的价值：这个统一的，经济上充满活力的国家已经成为一股不容忽视的力量。

在这个崭新的国家，对于化学工业的弄潮儿来说——他们操控着最前沿和最具创新力的产业——国家的统一让他们倍感振奋，毫无疑问，油然而生的民族自豪感激发出他们更强烈的冒险欲望；而国外的竞争对手则更为谨慎，他们对这种冒险避之不及。事实证明，他们的大胆行动对合成染料行业的发展产生了至关重要的影响。仅仅用了十几年的时间，德国的合成染料制造商就从一穷二白发展成为整个行业的领导者。现在，他们的继任者已经做好了准备，这些富有远见和科学智慧的人们认识到，染料只是一个开始，从那些相同的基础化合物中还可以诞生更多前人难以想象的惊人发现。

对于一个有朝一日会被描述为"世界上最伟大的工业家"的人来说，弗里德里希·卡尔·杜伊斯贝格（Friedrich Carl Duisberg）的出身显然有些过于卑微，杜伊斯贝格一家住在巴门的海肯豪斯大街（Heckinghauser Strasse in Barmen），他的父亲节俭而保守，家里的两台织布机是这个家庭主要的收入来源。[14]他们当时为裁缝加工服装上的装饰丝带，这门生意利润微薄，小卡尔的母亲威廉明妮（Wilhelmine）不得不靠售卖牛奶来补贴家用。自打 1861 年 9 月 29 日小卡尔出生以来，他的生活就被框定在这种勤俭朴素的生活中。他在当地学校上学，尽职尽责地完成家务，始终保持着低调的做派，在沉默寡言中顺从着那个似乎早已注定的命运——兜售廉价饰带和乳制品似乎就是他日后的出路。但是在他十几岁时，他在中学开设的科学课上接受了人生中第一次科学启蒙，从此恍然大悟。从那一刻起，他意识到自己的未来在其他方向：他要成为一名化学家。

老杜伊斯贝格却不这样想。他决定让儿子到 14 岁就退学，回家从事饰带生意，他坚持认为，科学所提出的那些昂贵而荒谬的观念全都应该抛诸脑后。卡尔一次次与父亲争论，但是无法改变他固执的想法。幸运的是，威廉明妮比自己的丈夫更有眼光。她对化学知之甚少，甚至不知道卡尔的爱好会指向何方（她对药剂师这种职业有些模糊的认识），但是她很明智，知道如果孩子想要有更好的前程，就必须继续接受教育。她站在了卡尔的一边，经过多次激烈的争吵，最终她连哄带骗地说服了顽固的丈夫。

卡尔很清楚，自己无法从家庭获得太多物质上的支持，于是他怀着极大的热情全身心地投入工作中，特别是在细节上精益求精，这成为他日后职业生涯中的个人标记。他 16 岁就拿到了高中文凭，随后很快又完成了埃伯菲尔德技术学院（Elberfeld Technical College）的化学基础课程，最终进入哥廷根大学（Göttingen University）学习了一年。在 12 个月的时间里，他设法完成了其他学生 3 年才能学完的课程，并以创纪录的速度完成了他的毕业论文。直到这时，他才发现自己没有资格取得学位，因为他没有通过拉丁语这门必修课的考试。一气之下，他转到耶拿（Jena）的一所大学，投身当时著名化学家安东·戈伊特（Anton Geuther）的门下。戈伊特坚持让这名活跃的学生稍微放慢些速度，多花点时间掌握基本的实验操作技术。杜伊斯贝格心急如焚，不过他并没有耽误太多时间，1882年 6 月 14 日他获得了博士学位，时年 20 岁。

虽然卡尔·杜伊斯贝格自身条件非常出色，但是在经济上他仍然要依靠自己固执的父亲，他清楚自己必须找到工作。他开始在科学期刊和商业杂志上寻找广告，同时向每一个他能想到的学术机构及与化学相关的企业寄去求职信。但是当时德国大学的化学专业毕业生已经远远供大于求，这让卡尔的求职努力变得徒劳无功，此时留给他的只有一条出路。当他得到克雷菲尔德（Krefeld）食品检验局文书助理的职位时（很难找到比这更没有前途的工作了），他很认真地考虑过是否要接受这份工作，这意味着他已经陷入了绝望。导师安东·戈伊特非常同情他的处境，告诉他可以留在大学实验室帮忙，这样他就能够负担阁楼的房租和日常的伙食费。卡尔接受了老师的好意，他想在找到一份合适的工作之前，能让自己的实验技能保持熟练。但是几个月之后，杜伊斯贝格彻底失去了耐心。他开始担心，也许自己没有服过兵役会让潜在的雇主望而却步。他与导师大吵一架，导师认为他是在浪费时间，于是他怒气冲冲地离开了学校，成了巴伐利亚第一步兵团（First Bavarian Regiment）的一名志愿兵。1883 年 9 月，也就是 12 个月之后，他又回到了海肯豪斯大街，再次失业。他对父亲的抱怨充耳不闻，全身心投入最后一轮疯狂的求职申请中。长时间的等待会让很多意志薄弱者最终放弃，但是卡尔·杜伊斯贝格迎来了转机。当地一家染料企业愿意与他见面。

　　弗里德里希·拜耳公司凭借着茜素红的成功又在行业中度过了十多个春秋，但是现在这种染料的受欢迎程度已经接近了极限，竞争比以前更加残酷，业内专家甚至公开猜测拜耳公司是否能够继续生存下去。1881 年，弗里德里希·拜耳和约翰·维斯考特相继去世，拜耳的女婿卡尔·伦普夫（Carl Rumpff）接管了公司。岳父死后，伦普夫的首要任务就是向公众出售公司的股票，以筹集一部分急需的资金——在此过程中，公司有了一个新的名字：前身为弗里德里希·拜耳公司的染料制造厂（Farbenfabriken vormals Friedrich Bayer & Co.）。但是伦普夫知道，解决商业问题的唯一办法是吸引顶尖的科研人才。在德国的就业市场上，也许的确有一些高素质的化学专业毕业生没有物尽其用，但是绝大多数都是平庸之辈，而对于没有强大科研传统的公司来说，它们很难发现或吸引到合适的人才。于是伦普夫在招聘中尝试了一种新方法。他的做法是通过为期一年的博士后奖学金资助三名年轻的化学专业毕业生，让他们到斯特拉斯堡大学（Strasbourg University）研究新的染料配方。一年之后，如果他们能够证明自己的实力，就可以带着研究成果加入公司，成为拜耳的正式员工。

随着他的这种想法逐渐传开，他很快就被满怀希望的申请者的来信淹没了。其中有一封信是巴门本地一位22岁的化学家写来的，他的学历很高，刚刚服完兵役返回家乡。[15]实际上，这个年轻人此前就曾经向拜耳公司申请过职位，但是被拒绝了。[①] 能否重新考虑一下他？伦普夫被字里行间绝望的语气所打动，他邀请杜伊斯贝格前来面试——然后，他为这位年轻人提供了奖学金。

当杜伊斯贝格第一次接到分派的任务，他的内心一定充满了犹豫——寻找一种与靛蓝相当的合成染料。靛蓝是一种非常受欢迎的天然染料，几十年来一直令化学家心动不已。但是每一次人工合成靛蓝的尝试——至少能够实现批量生产——都以失败告终。一些科学家甚至开玩笑说，这是不可能的，合成靛蓝是化学家永远也得不到的"圣杯"（Grail）。尽管如此，也许杜伊斯贝格把这项任务看作对他性格的考验，这位刚刚加入拜耳公司的青年怀着坚定的信念着手这项工作。没有人因为杜伊斯贝格未能合成靛蓝而感到惊讶，但是他的决心一定给他的新老板留下了深刻的印象。1884年9月29日，杜伊斯贝格在他23岁生日那天，高兴地告诉父亲，他已经得到了一份体面

---

① 1882年5月，杜伊斯贝格曾写信给伦普夫说："不幸的是，如果一个人没有一定的专业经验，他很难被聘为化学研究员。我最大的愿望是在化工企业，或者更准确地说，是在染料行业工作，因此，我想冒昧地请求您给予我支持，以实现这一目标。"事实上，杜伊斯贝格愿意在任何一个化学行业工作。

的工作，年薪相当可观，有 2100 马克。此后不久，他开始追求卡尔·伦普夫的侄女，有一段时间，他的生活似乎已经达到了圆满。

但是杜伊斯贝格很快就认识到，要在竞争残酷的德国合成染料行业取得成功，一个化学家需要的不仅仅是科学的头脑、勤奋的工作态度和良好的人际关系，他还必须很好地掌握这个行业中那些复杂、隐晦的规则和专利流程，以及冷酷无情的商业作风。他在埃伯菲尔德开始工作后不久（他最早的实验室位于染料部厕所后面的一个小房间里），就得到了证实自己的机会。他被要求复制出一种被称作刚果红（Congo red）的配方，这是一种广受欢迎的新型猩红色染料。实际上早在一年之前，拜耳公司的另一位科学家就已经制成了这种颜色，但是这个人违反合同悄悄离开了公司，自己为这项发明申请了专利，并且把专利权卖给了拜耳的一个竞争对手。员工的背叛和错失赚钱良机激怒了伦普夫，他让杜伊斯贝格去寻找替代方案。德国专利法有一个独特之处，只要能够采用一种不同的制造方法，它允许企业仿制竞争对手的产品。发明家们当然知道这一点，他们会尽其所能，对生产过程中尽可能多的工序流程及其不同组合申请专利，以阻止未来可能出现的模仿者。但是有时候他们也会忽略一些东西，这就让竞争者有了可乘之机。正如可以想象的那样，法院通常会被要求解决这些专利纠纷，理想的情况是，任何潜在的模仿者都会尝试找到一种与原始方法截然不同的制造方案。如果他们成功地做到了这一点，并且能够让法院相信其工艺具有创新性，那么就能获得巨大的经济回报。否则，罚款和诉讼费用将让这些企业难以承受。

杜伊斯贝格非常幸运。一连几个星期，他尝试了很多种合

27

成刚果红的方法，但是一直没有进展。有一天他发现，此前的一次实验中（他把实验用的试管都小心翼翼地贴上了标签，保存在柜子里）遗留下的泥状棕色残留物变成了鲜红色。根据笔记重复实验，他意识到自己发现的物质在化学成分上与刚果红完全一致，并且他的方法足够独特，拜耳公司的律师们能够回击所有对它的侵权指控。但是在法庭判决之前，杜伊斯贝格就巧妙地说服了对方，因为昂贵的法律诉讼对它们任何一方都没有好处，如果两家企业能够分享专利、共同垄断这种染料的生产，那才是对双方最有利的结果。事实上，这两家企业真的建立起一个小范围的垄断联盟（minicartel），这是杜伊斯贝格将要完成的许多类似交易中的第一个，也预示着未来将会有规模更大的联合企业出现。

在随后的三年里，他又利用其他两种颜色重复了这种做法，逐渐地为拜耳带来了充足的资金，解决了公司的短期财务问题。伦普夫和他的董事们很快就意识到，他们找到了一位少有的既有科学天赋又有商业才能的化学家。为了表彰他的成就，同时也是极力防止他把才华带走为别人效力，伦普夫和董事会任命杜伊斯贝格全权负责公司所有的研发和专利计划，甚至还聘用了几位新雇员在他的指导下工作。杜伊斯贝格现在拥有了进行创造性思考的机会，让他能够去寻找新的商机。这是一项令人振奋的工作，对于一个几年前还在写信求职的年轻人来说，他还不太确定该如何去做。但是他在这个行业中的短暂经历已经教会他一件事：这个行业的发展空间已经很小，竞争实在太过激烈；是时候该放下单一的染料制造，去做点儿别的事情了。

28 　　最有前景的发展方向似乎是制药业。多年来，德国科学家在奥古斯特·冯·霍夫曼的基础上，一直在研究煤焦油衍生物的医用价值。煤焦油衍生物的化学成分与奎宁等天然药品非常接近，但是这些实验大多以失败告终。直到 1884 年，欧根·卢修斯（Eugen Lucius）和阿道夫·布鲁宁（Adolf Bruning）拥有的赫希斯特染料公司利用一名研究生的科研成果，生产一款以苯胺为基础的退烧药——安替比林（Antipyrine）。虽然安替比林会对胃部产生严重的副作用，这导致它很快就退出了市场，但是它在商业上取得了短暂的成功，并且引发大量效仿者出现。比如在两年之后，位于比普利西的染料企业卡勒公司就开始销售一种基于煤焦油衍生物乙酰苯胺（acetanilide）的类似药品。然而在它正式推出之前，卡勒公司必须解决一个重大的商业问题。乙酰苯胺已经被人们广泛使用，卡勒公司根本无法为它申请专利。德国国内的每一家合成染料企业都会在生产过程中使用乙酰苯胺作为中间体（intermediate）。如果卡勒公司把乙酰苯胺作为一种极有前景的新药推向市场，许多竞争对手也会如法炮制，那么独家专营的好处就丧失了。于是该公司想出了一个新奇的解决方案。它为这款产品创造出一个令人过目不忘的全新品牌名称——退热冰（Antifebrine），然后巧妙地将这个名称注册为受保护的商标。[16]

　　当时，执业药剂师（与那些沿街叫卖狗皮膏药的江湖郎中不同）销售的药物都有通用的化学名称，类似的描述也会出现在各种医学刊物上，医生能够通过阅读杂志了解到新的治疗方法。很自然地，医生在填写处方时会使用相同的通用名称，然后交由药剂师自行决定从哪个化学药品供应商那里获得这些药物。这种做法让药剂师可以货比三家，得到价格最划算的药品，同时也有助于减轻病人的药费负担。但是退热冰的出现破坏了这种透明的交易机制。正如其制造商所希望的那样，

29 医生们发现这个被广泛宣传的新品牌比该药的通用化学名称乙酰苯胺更容易记住，于是开始把它写在处方上。由于必须严格遵照医嘱，药剂师们很快发现，卡勒公司是"退热冰"这一品牌的唯一拥有者，他们只能从这家公司订购此款药品，同时他们无权从其他供应商那里购买等效的乙酰苯胺——尽管这两种东西的成分完全一致，而且乙酰苯胺非常容易买到，价格也要便宜得多——这令药剂师们大为恼火。很自然的，一旦对该药建立了有效的垄断，卡勒公司就立刻提高价格，坐享其成。

对卡尔·杜伊斯贝格来说，雇主让他去寻找新的商业领域，卡勒公司广为人知的成功令他有所触动。他和他的分析团队坐在一起，进行了一场头脑风暴。拜耳当然也可以同样富有创造力。就在这个时候，他想起了在埃伯菲尔德工厂后面堆积着3万千克被称作对硝基酚（paranitrophenol）的化学废料。这是生产合成染料的另一种副产品，其成分与乙酰苯胺相似，他开始猜测这种物质是否也具有同样的退烧功效。杜伊斯贝格询问奥斯卡·欣斯贝格（Oskar Hinsberg），看他是否能够从中制出点什么。欣斯贝格是另一位接受过拜耳赞助的研究生，伦普夫当时把他也一同招进了公司。几周之后，欣斯贝格带来了非凡的成果。他制造出一种叫作乙酰乙氧基苯胺（acetophenetidine）的物质。它有望成为比乙酰苯胺更有效的退烧药，而且它还有更大的优势，这种物质似乎没有太多有害的副作用。[1] 杜伊斯

---

[1] 在使用了几年之后，医生们开始注意到，当患者大量或者连续服用乙酰苯胺（退热冰）时，这款药物几乎同前一代产品安替比林一样会造成患者胃部的不良反应，甚至导致一部分病人的皮肤出现令人担忧的蓝色。结果证明，拜耳生产的乙酰乙氧基苯胺（非那西丁）也有同样的一些问题，但是它们的症状没有那么明显。正是凭借这一微小的优势，拜耳公司宣称，非那西丁比其他任何一种竞品都更为安全。

贝格急切地要抓住这次机会。在对工厂周围的志愿者进行了几次简单的试验之后，他说服了伦普夫和拜耳公司董事会（现在越来越对他言听计从），决定将这种化合物作为药品正式推向市场。他对卡勒公司巧妙的处方营销法记忆犹新，于是他给这种药品也取了一个让人过目不忘的名字——非那西丁（Phenacetin），并且把它注册为商标。[17]

非那西丁是一款跨时代的产品，是新兴的制药行业推出的第一款真正的重磅产品。制药产业的价值在今天已经高达数十亿美元，而非那西丁是这个产业生产和销售的所有药品的真正先驱。然而，那些受好奇心驱使的无私的科学家和学者们在这款药物的开发中没有起到任何作用。非那西丁是纯粹的工业化产物，是由追求利润的制造商发明和销售的，生产它的唯一目的就是赚钱。当然，它也确实为制造商带来了巨大的回报。1888 年，在非那西丁上市后仅几个月，欧洲和北美就遭受了大流感的侵袭，人们急需能够退烧的方法。非那西丁是为数不多的有效药品之一，拜耳公司因此大赚了一笔。甚至它产能全开也无法满足源源不断的订单。把一家染料制造厂转型成为制药企业也并非易事，人们从公司厂区的一个临时仓库里找到了数百个被丢弃的啤酒瓶，第一批药品就被灌装到这些瓶子里。但是杜伊斯贝格如今要肩负更重大的使命，他对这些小问题不屑一顾。这一年的晚些时候，拜耳公司的科学家们又研发出另一种有利可图的药物——一种叫作"索佛那"（Sulfonal）的镇静剂，它后来发展成为更新型的镇静剂"曲砜那"（Trional）。每一款新产品都为公司带来了丰厚的利润，同时也巩固了杜伊斯贝格的声誉和地位。

当卡尔·伦普夫于 1890 年去世时，董事会做出了毫无悬

30

念的选择，将公司的实际控制权交给了伦普夫的宠儿杜伊斯贝格。[18]拜耳公司仍然在生产染料，与此同时它也开始涉足其他化工产品，如油漆和洗涤剂，但是从此之后，它的核心业务基本都集中在了药品上。杜伊斯贝格设立了独立的制药部门，投资 150 万马克（这在当时是一笔巨款）为他不断壮大的研究团队建立了最先进的实验室。此前，这些科学家在埃伯菲尔德没有固定的工作场所，他们被迫在任何能找到的闲置空间中开展研究——走廊、浴室，甚至在一个旧木棚里——现在他们搬进了一栋现代化的三层楼房，建筑设施豪华，里面装配了各种最新式的科研设备、煤气和自来水，还有消除有毒气体的高效通风系统。对公司里许多年长的化学研究员来说——他们还记得有好几次当他们被人发现时已经瘫倒在长凳上不省人事——没有什么比这更能说明，他们的新主管对这个行业的高度复杂性有着深刻的理解。

在不到六年的时间里，杜伊斯贝格就改变了公司每况愈下的命运，使它摆脱了在德国化学工业中苦苦挣扎的落伍者的形象，让它走上了通向巅峰之路。[19]他迎娶了卡尔·伦普夫的侄女乔安娜（Joanna），搬进了位于埃伯菲尔德的豪华新家，房子里摆满了昂贵的家具和艺术品，杜伊斯贝格以此宣告了他的崛起。他对自己的四个孩子充满关爱和鼓励，而这是他当初没有从父亲那里得到过的。他的体重开始上升，这是肥胖的最初信号，后来肥胖成了他个人形象的一大特点。他留起浓密的胡子，穿上剪裁考究的服饰，对于一般的旁观者而言，他本人就像是事业有成、志得意满的新兴德国资产阶级的缩影。

但是实际上，杜伊斯贝格的工作时间长得惊人，他每天都要投入巨大精力去处理日常事务，包括各种备忘录、报告和会议，并且要求所有下属也同他一样工作。他雄心勃勃、精力充沛。他一边把越来越多的科学家招进埃伯菲尔德的实验室，敦促他们取得更大的成就，另一边又在规划着要为拜耳兴建一座全新的大型工厂，厂址选在科隆以北的勒沃库森（Leverkusen）。他知道，要确保公司能在全世界竞争最激烈的行业中立于不败之地，就必须开发出一系列引人注目的新产品，每一种产品都必须被高效地生产，通过富有想象力的营销，最终赚取尽可能高的利润。从现在开始，从车间到会议室，所有人都必须把这个简单的公式牢记在心。

　　当然，他不是此时唯一一个对未来有所规划的人。德国的染料产业挤满了雄心勃勃并积极进取的人，他们每个人都怀抱同样的愿望，想要减少或避开行业中极具破坏性的竞争。有些人追随拜耳进入了制药业，取得了不同程度的成功，另一些人则找到了完全不同的方向。以煤焦油为基础的科学研究奠定了德国化工行业所有的早期成就，现在事实证明它还具有非常广泛的商业应用前景，从油漆和印刷油墨到感光材料和清洁产品。但是，如果认为开展这些业务就意味着要退出染料的生产和销售，那就大错特错了，因为合成染料仍然是德国化学工业的核心业务。虽然利润空间受到严重挤压，但是只要有人能够设计出具有吸引力的新色系，就总能赚到钱。而且归根结底，染料制造过程中产生的化学物质是其他一切新产品的基础。此 32 外，巴斯夫——拜耳公司未来最强大的盟友之一——的科研人员当时就发现，传统的染料业务依然可以创造出新的惊喜。他们即将解决困扰整整一代化学家的难题。终于，有人揭开了靛蓝的神秘面纱。

　　天然靛蓝是从一种名叫木蓝（Indigofera tinctoria）的植物

中提取出来的，最早于 13 世纪从印度传到了欧洲。最初，它是一种罕见而且非常昂贵的颜色，更多出现在艺术家的调色板上，而不是在衣服上。但是到了 17 世纪，荷兰人和英国人展开对远东地区的大规模商业活动之后，靛蓝成为一种非常受欢迎的纺织染料。在 19 世纪初，靛蓝已经成为世界上贸易额最高的大宗商品之一——特别是英国，它通过对印度殖民地孟加拉领地（Bengali territories）及其周边数以千计的小种植园的控制，主导着靛蓝交易的供应和定价。[20]

当科学家发现，有一种方法能够复制出靛蓝的深蓝色光泽之后，德国的合成染料工业不可避免地向英国在靛蓝贸易中的暴利垄断地位发起了挑战。1880 年，一位名叫阿道夫·冯·拜耶尔（Adolf von Baeyer）的柏林化学家已经非常接近成功[他使用化学物质甲苯（toluene）作为基本材料]，他在小试管中得到了这种染料。在兴奋之余，他为这一方法申请了专利。有一段时间，人们确实将这件事看作突破性的进展。当拜耶尔开始四处寻找合作伙伴，对他的发现做进一步开发时，他与在巴斯夫工作的海因里希·卡洛之间的深厚友谊使这家公司在竞争中占据了先机——巴斯夫是最专业的先进染料制造商。巴斯夫公司提出，将一次性支付给他 10 万马克，并且承诺给他相关产品未来所有利润的 20%，拜耶尔最终同意加入这家公司。

这个在试管中有效的方法被证明是不可能用于工业生产的。而且，"小靛蓝"（little indigo）这种拜耶尔发明的物质只能被用于棉花，除此之外毫无用途，而且即便是用在棉花上，它的价格也过于昂贵。更成问题的是，"小靛蓝"带有臭味。染料发出的气味是如此难闻，以至于当人们接近它时会难以抑

33

制地感到恶心。三年之后，拜耶尔成功破解了天然靛蓝的完整化学结构，人们原以为可以借此更容易地找到一种合成靛蓝的方法，但是所有进一步的努力都走进了同一个死胡同。要合成靛蓝，就要投入大量化学原料，但是产量低得令人沮丧。

巴斯夫董事会的权力斗争阻碍了进一步的研究——在此期间，恩格尔霍恩的领导职务被专业的工业化学家海因里希·布伦克（Heinrich Brunck）取代——寻找人工靛蓝的工作直到1891 年才得以恢复。就在同一年，一个新的科学家团队终于找到了一种廉价制造邻氨基苯甲酸（anthranilic acid）的方法，这种化学物质是合成靛蓝的最基本成分之一。1894 年这种染料开始被小规模生产，当巴斯夫在路德维希港投入巨资兴建的新工厂正式投产之后，这种染料在 1897 年开始大批量生产。从 1856 年威廉·珀金开创性地发现淡紫色开始，到人们用化学方法合成靛蓝这种最绚丽的天然色彩并将它推向市场，前后总共花了 41 年的时间。

但是，如果说实现这一目标所付出的努力既多又昂贵（新建的生产设施总成本超过了 1800 万马克，这几乎相当于巴斯夫公司当时的股票市值），但它的商业收益增强了巴斯夫的信念，它认识到大力投资研发的好处。至少在短期之内，合成靛蓝成了巴斯夫的印钞机。在三年时间里，靛蓝占到了公司销售总额的四分之一。竞争虽然存在，但是比预想的要弱；德国的专利法变得更为严格，规模较小的染料制造商越来越难模仿行业巨头们所掌握的复杂科技。赫希斯特是少数几家拥有核心技术能力的公司之一，它设法开发出自己的靛蓝合成工艺。但是这两家竞争对手很快就达成协议，双方共同确定合成靛蓝染料的产量和售价，这有效地把所有新入局者都拒之门外——这也成为当时行业内一种越来越普遍的做法。几年之后，其他新的蓝色染料开始出现，但是靛蓝的主宰地位保持到了下一个世纪。实际上，天然靛蓝染料的生产者是唯一真正的输家。合成靛蓝的成功摧毁了英国主导的天然染料产业（organic industry）；印度的种植园数量在不到五年的时间里减少了三分之二，在当地造成了严重的失业和社会动荡，进而有人开始呼吁要征收报复性关税。由此导致了英德关系恶化，虽然只是暂时的，但是带来了长期的政治和经济后果。

这些事情在当时对巴斯夫来说都不重要。[21] 它忙于庆祝自己的成功。德意志帝国政府热衷于宣扬德国化学工业的成就，它在 1900 年邀请巴斯夫参加了当年在巴黎世界博览会上的国家馆展览。为了避免自吹自擂，在官方会刊的目录索引中单个的展品没有和它们的制造商关联在一起——但是，巴斯夫向所有人发放了精美的宣传手册，以确保每个人都知道该公司是许多最重要产品的生产厂家。当然，它确实有很多值得夸耀的地方。它除了是世界上最大的人造染料生产商之外（一只装满靛蓝染料的巨大水晶碗是这届世界博览会的获奖展品之一），它还生产了大量的重化学品和中间体——盐酸和硫酸、烧碱、液化氯，以及大量其他产品——几乎所有这些产品都是由巴斯夫的科学家采用全新工艺制造出来的。

对于那些规模较小、苦苦挣扎的英国、法国和美国的染料和化学工业制造商来说，这些小册子中的内容给它们带来了极大的不安。巴斯夫在手册中所列出的各项重要数据令它们印象深刻。比如说，竞争对手可以从中读到，巴斯夫在路德维希港的工厂占地 206 公顷，拥有 421 栋建筑，全长 42 公里的公司内部铁路网将每一栋建筑都连接起来，其中包括 223 个机车转

台和装卸点；公司拥有 6300 名核心雇员，其中有 146 名化学
研究员、75 名工程师和技术人员，以及一支由 433 人组成的
商业销售团队；它每年消耗 24.3 万吨煤、2000 万立方米淡
水、1200 万千克冰、近 1300 万立方米煤气（用于加热和照
明）和 1.32 亿千克各种各样的原材料。虽然这一连串数字让
人不寒而栗，但是与现实相比这些又几乎不值一提。事实上，
这只是来自一家公司的数据，而这家公司只不过是更为庞大的
工业基础设施中的一小部分罢了。巴斯夫不是唯一一家到巴黎
参展的德国化工企业；赫希斯特、拜耳、卡塞拉、爱克发
（卡尔·马提乌斯在柏林创办的染料公司），以及另外六家企
业也都参加了巴黎世界博览会，它们每家公司都有引人瞩目的
统计数字，这足以让它们夸耀自己在科学和制造方面所取得的
成就。实际上，其中有一家公司刚好推出了一款产品，这款产
品最终将进入全球几乎每一个家庭。

　　从古埃及人使用草药疗法，到 18 世纪 60 年代人们重新发
现柳树皮具有退烧的潜在功效，阿司匹林（Aspirin）发展背
后的全部故事已经在其他地方被详细讲述过了。可以这样说，
到了 19 世纪初，当科学家开始尝试破解有机物的化学成分时，
人们已经知道，在某些植物——如柳树、绣线菊和白杨树——
的叶子和树皮中含有一种叫作水杨苷（salicin）的活性物质。
这种物质有许多显著的特性，其中最重要的是它对人体温度的
抑制作用，顺理成章的，有一些化学家开始尝试将它从植物中
分离出来以用作药物。他们成功地做到了这一点，并且逐步学
会了如何将水杨苷进一步提纯并使之结晶，变成一种名为水杨
酸（salicylic acid）的合成等效剂。水杨酸结晶后，更加便于
病人服用。

35

遗憾的是，水杨酸对胃壁有腐蚀作用，服用后病人会出现极度不适（水杨苷也是如此）。虽然到 19 世纪末，它作为治疗风湿热（rheumatic fever）的特效药已经被医生证实功用，但是它从未真正成为一款在市场上畅销的药品，因为没有人能够降低它的副作用。1854 年，斯特拉斯堡的化学家查尔斯·格哈德（Charles Gerhardt）曾尝试提取水杨酸中的氢元素（氢元素是造成胃部刺激的罪魁祸首），然后用更为温和的乙酰基（acetyl group）替换它。但是实验的整个过程难以控制，他最后只得到一种形态粗糙且纯度不高的物质。尽管如此，格哈德仍然是采用化学方法成功合成乙酰水杨酸（acetylsalicylic acid）的第一人。当我们今天咽下一片阿司匹林时，我们真正在服用的东西正是这种叫作乙酰水杨酸，或者被称作 ASA 的化合物。遗憾的是，格哈德认为整个流程太过复杂，他决定搁置这项研究。在之后的十多年时间里，其他许多化学家都曾尝试改进他的方法，但是收效甚微。结果是，这种药就像是另一款功效不太稳定的退烧药一样，离开了人们的视线。

根据拜耳长期以来所公布的官方说法，有关阿司匹林的出现，接下来发生的事情非常简单。菲利克斯·霍夫曼（Felix Hoffmann）是拜耳公司的一位科学家，他的父亲患有严重的风湿病，一直在服用水杨酸来缓解病痛。由于药物导致胃部不适，他让儿子想办法减少药物的副作用。年轻的霍夫曼开始了他的任务，他尝试过各种配方，直到有一天他灵机一动，想出了把水杨酸与乙酰基结合。这种组合被证明是有效的，于是阿司匹林被发明了出来。

不过，真实的故事要复杂得多。[22]对水杨酸进行重新研究的想法实际上来自阿图尔·艾兴格林（Arthur Eichengrün）——霍夫曼在制药部门的上司。根据卡尔·杜伊斯贝格的书面指示——每一位加入拜耳的科学家都会在入职第一天就收到这份文件——艾兴格林为他年轻的研发团队设定了一系列目标。按照杜伊斯贝格给出的解释，科学家的任务是，

> 利用化学、制药学、生理学和医学等领域的各种文献，去寻找新的方法重制我们熟悉的药物，尤其是拥有专利的药品，同时从新的或者我们熟悉的物质中发现它们新的、在技术上可以利用的生理特性，这样拜耳就可以在生产和销售中吸收竞争对手的各项专长，并且将新的药物制剂推向市场。[23]

几乎可以肯定，艾兴格林曾叫霍夫曼到图书馆去研读医学文献——他也许就是在那里找到了查尔斯·格哈德写于 1854 年的试验记录。[①]

霍夫曼开始着手他的工作，很快——确切地说是在 1897 年 8 月 10 日——他在日记上记下了成功的化学方程式，并且指出他已经找到了一种制造乙酰水杨酸的方法，这种方法可以中和水杨酸的化学物质，正是它导致了患者因胃酸过多（acidity）而出现的反胃现象。这基本上就是格哈德在 40 年之前所做过的事情，但是霍夫曼的方法更简单、更有效。

---

① 有证据表明，阿图尔·艾兴格林曾在阿司匹林的研发过程中扮演过十分重要的角色，这段历史之所以没有被记录下来，是因为他是犹太人，在 20 世纪 30 年代中期他从拜耳公司的历史中被抹去了。该公司一直否认这种说法，但是 1943 年被纳粹关押在特莱西恩施塔特（Theresienstadt）集中营的艾兴格林让人们相信，他曾对阿司匹林的诞生做出过重大贡献。

　　到目前为止一切顺利，但是现在这种新物质必须交给公司的药理学部门进行测试。几周之后，阿图尔·艾兴格林出席了乙酰水杨酸的第一次评估会议，令他振奋的是，评估结果显示这种药剂非常有效。很显然，它应该进入下一个阶段，进行临床试验。但是，药理学部门的首席药理学家、思想保守的海因里希·德雷泽（Heinrich Dreser）有不同的看法。他宣称，水杨酸会导致心脏衰弱（一些医生也持有这种观点，因为当风湿病患者大剂量服用水杨酸后，有时会产生心动过速的症状），而乙酰水杨酸也会造成相同的后果。他拒绝批准这种新药进入临床测试阶段。

　　艾兴格林怒不可遏，但是德雷泽不为所动。他的精力完全放在了霍夫曼的另一项"新发现"上——这两项发现几乎是霍夫曼同时完成的。这是一种叫作二乙酰吗啡（diacetylmorphine）的物质（它是鸦片的一种衍生物），德雷泽认为它具有更大的商业潜力，既可以作为治疗咳嗽的药品，又可以作为一种有益健康的补品。① 事实上，拜耳工厂里试用过这种物质的志愿者们都非常喜欢它，为此德雷泽给它起了一个名字，以反映它给人们带来的英雄般的感觉。海洛因（Heroin）就这样诞生了，拜耳公司和霍夫曼也因此获得了一项奇特的殊荣：在两周之内，他们"发现"了阿司匹林这种医学上最有价值的物质，以及海洛因这种最致命的物质。[24] 不幸的是，要正式生产海洛因，需要进行相当漫长的准备工作，

38

---

① 跟乙酰水杨酸（ASA）一样，二乙酰吗啡在之前就已经被发现。1874年，英国化学家 C. R. 奥尔德·莱特（C. R. Alder Wright）在伦敦圣玛丽医院（St. Mary's Hospital）用鸦片衍生物做实验时制造出了这种物质。据推测，霍夫曼是在查阅旧的医学文献时看到了莱特的工作记录。

没有人再有精力放到霍夫曼的另外一个配方上。所以艾兴格林不得不主动采取行动。

他秘密安排柏林的一些医生进行试验，几周之后，艾兴格林就从他们那里收到了热情洋溢的评估报告。乙酰水杨酸不仅没有水杨酸的副作用，它还显示出另外一项显著的功效——它是一种多用途的镇痛药。艾兴格林立即把这些报告分发给实验室的工作人员。令人欣慰的是，卡尔·杜伊斯贝格也满怀希望地下令要重新组织一次完整的试验。人们对第二次试验的结果依然反应热烈，这使德雷泽不得不做出让步。按照公司的标准做法，乙酰水杨酸将被冠以一个令人难忘的品牌名称，然后投入量产。

1899 年，阿司匹林悄然问世，总共只有几百份样品被分发给德国各地的医生。[25] 但是它的销量增长很快。病人们说，从来没有像这样可以缓解他们病痛的东西。消息不胫而走，拜耳很快就拥有了一款非常畅销的产品。

当新世纪的黎明刚刚到来，创新发展已经让德国主要染料制造商牢牢控制了全球化学工业的关键技术和最大市场，它们竭尽全力保持自身优势，直到"IG 法本时代"它们的力量达到顶峰。[26] 就当时而言，它们之间的竞争一如既往的激烈，只要有可能，它们彼此侵占对方专业领域的欲望没有丝毫减少。比如，赫希斯特公司就模仿拜耳也进入了制药领域，于 1900 年发明了局部麻醉剂奴佛卡因（Novocain）；与此同时，这两家公司继续挑战巴斯夫在合成染料方面的领先地位。其他德国染料企业——在这里只简单列举几家，如爱克发、卡勒、卡塞拉和魏勒-特梅尔（Weiler-ter-Meer）——也仍然是强有力的竞争者，它们在一些新兴的商业领域取得了长足的进步，如在

39　　1898 年，爱克发开始生产 X 光的感光胶片，用于新出现的放射医学。总体来说，这些企业已经明显领先于它们的国外竞争对手——甚至当时最大的竞争对手也落后于德国公司。法国和英国的化工行业，曾经在 19 世纪中叶化学工业的起步阶段充满活力，但是在 50 年后陷入了可悲的境地。它们缺乏竞争力、效率低下、缺少主动性、管理不善，几乎全都处在被淘汰的边缘。

后来人们才认识到，这种令人遗憾的状态已经持续了很长时间。1906 年，在一篇纪念威廉·珀金发明淡紫色染料的文章中，《每日电讯报》（*Daily Telegraph*）尖刻地指出："我们已经丧失了我们的遗产，在这个由英国人所开创的科学工业的基础之上，由德国（Fatherland）统领的上层建筑已经建立起来了。"[27] 在政治领域，英国专利法的修订工作终于开始了，迄今为止，英国专利法未能确保外国公司在英国土地上受到法律的保护。① 然而，要真正理解德国化学工业取得领先地位的战略后果，人们还需要再等几年时间。

与此同时，莱茵河流域（Rhineland，也称莱茵兰）的化工巨头们正享受着他们的优越地位，只要一有机会，他们就会在外国竞争者的伤口上撒盐（特别是对英国企业）。[28] 比如在1900 年，巴斯夫的老板海因里希·布伦克就曾公开建议，所有的印度靛蓝生产者都应该改行去种粮食，这在伦敦激起了公愤。还有卡尔·杜伊斯贝格，他从不讳言自己的直率，他指出，英国无权抱怨德国在某一行业上的成功，因为它在其他许

①　因此，德国化学企业通常在获得英国的发明专利之后，仍然只在德国境内的工厂生产产品，然后再出口到英国。通过这种方式，它们就能防止创新技术落入潜在的英国竞争者手中。

多行业长期都处于相似的领先地位。毕竟，德国化学工业的蓬勃发展是因为日耳曼人吃苦耐劳和辛勤工作，英国人没有如此付出，因此他们在化学工业上落后并不是德国人的错。"人们需要拥有一种非凡的能力，才能够忍受无尽的煎熬和苦恼，不忘初心、坚持不懈，直到实现目标……"杜伊斯贝格说，"我们德国人的特殊之处在于，我们同时拥有努力工作和耐心等待这两种品质，即便尚未取得技术上的成功，我们也能以科学成果为乐。"

　　这份耐心所结出的果实开始横扫世界市场。在随后几年里，德国的化工企业生产的不再仅仅是染料和药品，一批引人瞩目的新产品开始涌现出来：肥皂、清洗剂、感光材料、印刷油墨、化肥、油漆、釉料、炸药、钢铁冶炼中的化学工艺（在这方面已经开始超越英国，并且远远超过法国），以及很多其他产品。德国正在成为一个经济和工业强国，这让竞争对手大惊失色。当化学工业与年轻的德意志帝国，以及支撑帝国的容克阶级（Junker class）日益增长的政治和军事野心结合在一起时，势必引起其他国家的深切忧虑。

第 2 章 黄金岁月

41   1947 年，当 IG 法本公司的高管们坐在纽伦堡司法宫的被告席上，他们无不是心潮澎湃、思绪万千，一桩桩旧事依然历历在目，正是这一连串的事件将他们最终带到了这里。在他们的记忆里，20 世纪的第一个十年是整个化学工业的黄金时代，那是一段相对平静的时期，似乎一切都有可能变成现实。虽然那时的国际环境正在恶化，好战的声音在欧洲各地响起，但是德国的工业化学家们有充分的理由保持乐观。他们的事业突飞猛进，越来越多的新产品把他们的企业推上了整个行业的主导位置。在外国竞争对手能够真正发起挑战之前，巴斯夫、拜耳、赫希斯特及其他德国公司会牢牢掌控着化学工业。

      他们要利用这个时机开发出更多超凡的技术，其中就有一项新发现将会对数百万人的生活产生重大影响。实际上，当年的创新并不仅仅是指新的科学或新的产品。德国化学工业在国际上飞速扩张、在国内激烈竞争、在制造流程中不断采用新的

42   方法，这让它变得更加敏锐，常常都能抛出复杂的问题。有时候，正是这些决定性的问题，会为产业的进一步发展和巩固指出意想不到的新道路。通过学习如何辨别和把握这些机遇，德国化工企业的领导者们在战略思维上变得更有经验，他们能够更好地在风险与收益之间找到平衡。他们的眼界也变得更加开阔，这让他们第一次充分意识到协同合作比单打独斗能够带来

更大的优势。

在 20 世纪来临之际，拜耳公司是化学工业中最有价值的企业。它生产的大多数药品都非常畅销，而它最新的发明之一阿司匹林更是在世界范围内取得了成功。[1]①虽然这款产品在推向市场时并不引人注目，但是很快就有成千上万的医生竞相订货。在最初的三年时间里，总共有多达 160 篇关于阿司匹林的科学论文被发表，它的功效在论文中被一再证实，这让阿司匹林的声誉日益提高。倡导使用阿司匹林的人发现，它并不是一种单一疗效的退烧药，它还能够有效地治疗其他病症，此处仅举几例，如头痛、牙痛、神经痛、偏头痛、普通感冒、流感、醉酒造成的不适、扁桃体炎和关节炎等。医生开出越来越多的处方，上面都写着阿司匹林的名字。

如何保持和进一步利用这种成功却并没有想象中那么简单。拜耳公司采取的第一步行动就是在世界范围内为阿司匹林申请专利，但是令卡尔·杜伊斯贝格大为震惊的是，这一申请在德国国内及欧洲大部分地区都遭到了拒绝。[2]官方认为，早在拜耳公司的菲利克斯·霍夫曼之前，查尔斯·格哈德和 19 世纪 50 年代以来的其他科学家已经发现了这种药物的化学配方。 43 在英国和美国这两个当时世界上最大的潜在市场，专利官员的态度反而没有那么苛刻，他们将利润丰厚的药品生产和销售专营权授予了拜耳——但是分别只到 1916 年和 1917 年。② 在其他地方，拜耳公司只能保住阿司匹林这个品牌名称。当然，杜

---

① 拜耳的其他顶级品牌非那西丁、索佛那、曲砜那和海洛因在市场上也广受欢迎。
② 在美国和英国，专利的有效期通常是 15~20 年，在这段时间内，专利持有者对产品有合法垄断权。

伊斯贝格很清楚，如果操作得当，一个品牌名称可能比一项专利更有价值。正如他从公司早期非那西丁的成功中所学到的，如果制造商能够把产品的名字深深印在消费者的脑海里，那么他们就会一次又一次地想起它，即便竞争对手的同类产品更有效更便宜，消费者也不会选择那款名称不同的产品。但是要在阿司匹林上达到同样的效果就比较困难了，因为国际医学界越来越担心滥用药物所造成的危害，他们开始反对任何为处方药做广告的企图。[3]

正当拜耳公司的市场营销专家想尽办法解决这个问题时，卡尔·杜伊斯贝格却在绞尽脑汁处理另外一个问题。拜耳在美国的业务一直交由它在纽约的子公司埃伯菲尔德染料制造公司（Farbenfabriken of Elberfeld Company）打理，埃伯菲尔德公司负责销售拜耳的染料和其他化工产品。从历史上看，美国子公司的业务曾经为拜耳贡献过不少利润，但是当它要转向药品行业时遇到了很大的阻力。虽然拜耳公司取得了非那西丁在美国的专利，但是高额的关税让这款药物成了走私者眼中的一块肥肉，他们可以在欧洲廉价购入这种药品，然后再把它大批量地投放到美国黑市上。拜耳曾经拿起法律武器进行反击，但是法院的禁令和侵权索赔依然无法弥补巨大的收入损失。这种情况在 1906 年变得更为糟糕，因为非那西丁的专利权正式过期，合法的美国竞争者也能够以低廉的价格销售这款药品了。

为了防止阿司匹林和其他产品重蹈覆辙，杜伊斯贝格于 1903 年启程前往美国，去寻找可行的解决方案。[4]如果拜耳公司的药品可以在美国而不是在德国生产，那么它们就可以合法地避开关税，这不仅会降低药品的市场销售价格，同时还会剥夺走私药品和主要竞争对手的价格优势。虽然杜伊斯贝格并不喜欢这样做，因为这很可能会削弱他手中的控制权——作为坚定的集权主义者，将业务交给一家半独立的美国分公司去运营，这种做法始终令他担忧，他担心这会给他带来"源源不断的愤怒和烦琐的工作"——但是除此之外，他也没有别的选择。 44

　　他在纽约州北部的伦斯勒（Rensselaer）找到了答案，那里有一家小型制造企业哈得孙河苯胺和染料工厂（Hudson River Aniline and Color Works），拜耳恰好拥有它的股份。这是一家经营不善的小型染料生产厂，但是优越的地理位置让它极具发展潜力。这家工厂所在的地区交通便利，此外还有另外一大优势，那就是在奥尔巴尼（Albany）附近有大量可以充作劳动力的德国移民。如果拜耳公司能够收购这家工厂的剩余股份，然后大举投资，兴建新的厂房并购置制药设备（他估计总共要花费约 20 万美元），那么拜耳将在美国拥有一个药品生产基地，并且为进一步扩张打下基础。杜伊斯贝格打消了心中的疑虑，达成了这笔交易。①

　　在返回德国之前，这位拜耳公司的老板还对美国工业进行了一次大范围的实地考察。6 其中的大多数见闻，并没有给他留下深刻的印象。美国的车间和厂房设施落后、装备陈旧，管理人员举止粗鲁、缺少良好的教育，也毫无雄心壮志。而对于像杜伊斯贝格这样一位对合理的劳资关系始终抱有成见的人来

---

① 随后的整个工程建设耗时达数年之久，但建成后的工厂被公认为美国最现代化和技术含量最高的工厂之一。当时，拜耳位于科隆附近的勒沃库森工厂也即将完工，虽然在规模上拜耳在伦斯勒的新工厂比勒沃库森工厂要小，但是它在建设过程中采用了同样严格的施工标准和技术规格，这不可避免地吸引了新兴的美国化学工业的觊觎目光。5

说，美国的工人似乎对争取工会权利表现得过于热衷，这一点更是令他感到不安。杜伊斯贝格返回纽约之后，就着手做回国的准备，其间在 1903 年 5 月 13 日，他受邀前往纽约化学协会（New York Chemical Society）进行演讲，去分享他的见解和观点。组织者预先认为，演讲内容无非是一些关于科技重要性的老生常谈；但是他们得到的是一场激烈的长篇演说。杜伊斯贝格以他一贯直率的方式告诉听众，劳工正在阻碍这个国家的经济发展，其结果是，美国人"不能胜任那种必要的精细而繁重的工作，无法将化学的科学原理转化为工业成果"。对于那些熟悉杜伊斯贝格的人来说，这样的观点与他长期以来的信念是一致的，即日耳曼人身上所具有的韧性对于化学创新是不可
45 或缺的；事实上，几年之后他也对英国人表达过类似的看法。但是他的这些话激怒了纽约的听众。当他演讲结束时，现场人群发出激烈的诘问和嘲笑声，杜伊斯贝格在一片嘘声中被赶下了讲台。当他终于在第二周搭上驶往欧洲的轮船时，当地的报纸宣布，他们很高兴看到他离去的背影。

不过总的来说，杜伊斯贝格认为这次美国之行非常成功。他不仅确保了公司在美国短期内的发展，并且为它日后的继续扩张奠定了基础。虽然他在纽约毫不客气地表达了自己的观点，但是美国的商业至少有一个方面给他留下了深刻印象：强大的美国工业"托拉斯"的力量，尤其是约翰·D. 洛克菲勒（John D. Rockefeller）的标准石油公司。这些企业规模庞大，它们可以通过协调定价和供货来减轻破坏性的竞争［虽然 1890 年的《谢尔曼反托拉斯法》（Sherman Antitrust Act）本应禁止这种事情的出现］，这无疑给杜伊斯贝格带来了启发，他对德国工业界的残酷竞争有着深刻的认识。在回家的航程中，

他陷入了深深的沉思。

六个月之后，他的这些思考被汇总成一份长达 58 页的备忘录，然后分别寄给了赫希斯特公司的负责人古斯塔夫·冯·布鲁宁（Gustav von Bruning）、巴斯夫公司的海因里希·布伦克和总部设在柏林的光化学企业爱克发公司的主要负责人弗朗茨·奥本海姆（Franz Oppenheim）。[7]杜伊斯贝格解释说，他的宏大愿景是立即将各家公司的销售、采购和研发部门按照美国式的做法进行合并，今后可能还会邀请其他较小的公司加入他们的行业联盟。他明确表示，该项提议的规模将远远超出此前各家公司之间偶尔围绕某些特定产品所达成的临时合作关系。每家公司都将保留公司的自主权，但是通过合作，它们能够限制竞争，因为竞争总是威胁到它们的盈利能力。

杜伊斯贝格相信，他的同行们会发现这是一项让人无法抗拒的提议。他们手中握有的某些较为成功的专利即将到期，核心的染料业务仍然是每家公司的主要收入来源，但是相关的技术创新似乎正在枯竭。如果能够集中各家公司的研究资源，他们就可以投入更多精力去寻找新的产品线，而联合销售可以控制市场供应并确定价格，这将使每一家公司都能受益。

冯·布鲁宁、布伦克和奥本海姆同意举行私人会谈讨论这项建议，时间和地点安排在 1904 年 2 月柏林的凯泽霍夫酒店（Kaiserhof Hotel），这让杜伊斯贝格非常高兴，他甚至曾一度期待自己的宏伟计划会结出丰硕的果实。在会谈中，虽然布伦克和奥本海姆对他的想法表示谨慎的欢迎，但是冯·布鲁宁坚决反对此项提议。对此，杜伊斯贝格深感困惑。[8]他无法理解，这么明显对所有人都有利的事情，赫希斯特的经理竟然会拒绝考虑。

同年 9 月，当他打开晨报时，谜底揭晓了。原来赫希斯特一直在与法兰克福的染料企业利奥波德-卡塞拉公司进行秘密谈判。双方的会谈结果离全面合并还差得很远，但是两家公司已经同意互换股票，并且在各个业务层面保持协商。这种安排被称为 Interessen Gemeinschaft，即利益共同体，两家公司的董事将进入对方的董事会，为他们的共同利益做出决策。另外两家较小的公司，卡勒公司和格里斯海姆电化学公司（Griesheim Elektron，一家在无机化学领域具有重要意义的染料企业），也计划稍后加入它们。

杜伊斯贝格担心自己将成为这个新的联合体在市场上的打击目标，并且对自己的受骗感到气愤，他立即与巴斯夫和爱克发公司重启谈判。其结果就是 1904 年 11 月底组成的 Dreibund，也就是三方同盟。[9] 这个同盟的组成方式与它的竞争对手类似，都采用了一种相对松散的安排，同盟内的各家公司保持独立，同时它们会在多个业务层面进行合作。[①] 虽然这距离杜伊斯贝格提出的全行业合并的宏大目标还有相当远的距离，但是它至少消除了一些长期以来困扰整个行业的竞争问题。更具实质性的合并要等待更为有利的时机。

次年 5 月，仿佛是为了印证杜伊斯贝格关于德国化工企业

---

① 从此以后，各家公司将以多种方式进行合作，例如，在重大的投资决策方面相互磋商，放弃某些产品线以支持同盟内效率最高的制造商，并且在特定的国外市场建立联合销售机制。不过，各家公司仍然在很多问题上存在分歧。例如，拜耳和爱克发都反对巴斯夫在贿赂问题上的态度，也就是向潜在客户"酌情付款"（discretionary payments），这种做法在行业内很常见。巴斯夫公司希望禁止这种做法，特别是在这种现象非常普遍的美国，但是其他两家公司反对这一动议，它们坚持认为立即取消这类回扣会损害销售，危及股东的利益。

要避免对抗、合作共赢的提议，拜耳公司刚好碰到了一个完全可以通过行业联盟来避免的问题。[10]该公司的律师发现，另外一家德国企业——冯海登化工厂（Chemische Fabrik von Heyden）一直在英国销售它们自己开发的乙酰水杨酸。当拜耳公司向伦敦法院提请保护其知识产权并起诉赔偿时，贾斯蒂斯·乔伊斯（Justice Joyce）法官维持了欧洲各国的原有观点——1898 年拜耳公司在英国提交的阿司匹林专利申请中对细节的描述有很多含糊不清的地方，以至于无法确定这款药物是一个全新的发明，或仅仅是对查尔斯·格哈德等人试验成果的改进。很显然，乔伊斯法官对这份专利文件非常恼火，认为它"存在大量不实之词并对人们造成误导……为了尽可能使专利内容模糊，申请人在表达上有意无意地进行了不严谨或错误的表述"，乔伊斯认为：

在提出本项专利申请之前，人们已经围绕乙酰水杨酸进行了长期的研究并发表了大量论文，我们不能对这些成果视而不见。如果有一个聪明人，他提出的某个方法只是与之前的做法略有不同——这就好像他采用了一种更有效的提纯工艺——然后就可以成功地宣称，是他发明了乙酰水杨酸这种新物质或化合物的生产方法，并且因此取得了有效专利。这将是一件让人感到不可思议的怪事，而这也会令我由衷感到遗憾。我认为，这并不是一种新的物质或化合物，我认为本案中的专利是无效的。

这项裁决意味着，从理论上讲，任何人都可以在大英帝国生产和销售乙酰水杨酸——这对卡尔·杜伊斯贝格来说就是一场噩梦，因为阿司匹林是他的公司最成功的出口产品。[①] 乔伊斯法官的话也表明了，国际社会对德国化学工业企业手中握有的商业秘密正表现出日益强烈的不安。为了防止国内竞争对手获得丝毫优势，德国企业已经习惯于将专利写得晦涩难懂，以使竞争对手难以仿制它们的产品。它们自己对这种习惯性操作感到非常适应，并且在必要时能够熟练地找到绕过它的方法，但是它们的国外竞争对手对这种做法充满了反感。不管乔伊斯是否有意为之，他的判决被誉为"反击的开始"，这是大卫和歌利亚之战的第一回合。

1907年，英国工业家对德国专利习惯的不满终于同英国政府的官方政策紧密地联系在了一起。他们通过对议会的大量游说和施压，贸易部长大卫·劳合·乔治（David Lloyd George）宣布要重新修订专利法。此后，在英国获得专利的商品必须在英国生产，这使英国制造商有机会对它们的制造过程一窥究竟，进而去发展新的技术和能力。如果该项专利在英国没有投入生产，特许权就有可能被撤销。劳合·乔治对这一决定的解释显然受到了乔伊斯裁决的影响：

> 大型的外国联合企业有一套非常有效的方法来摧毁英国的工业。它们先是大规模申请专利。比如化工产品，它们提出了人类智慧所能想到的每一种可能的配方，有些配

---

① 英国的制药企业并不具备马上生产乙酰水杨酸所需的技术能力，不过在1908年，市场上开始出现 Xara 和 Helicon 等英国品牌的同类药品。只是，这些产品还不能被称为阿司匹林，因为一直到1914年，这个名字在英国仍然是拜耳手中的一个商标。碰巧的是，英国产的同类药品质量很差，大多数消费者在接下来的几年里仍然坚持选择拜耳的产品。

方甚至是这些联合企业自己都没有尝试过的。虽然这些配方并没有在德国或其他地方生产过，但是这些联合企业以含糊不清的术语将它们列为专利，以便涵盖日后可能在英国出现的任何发明。[11]

　　他的这一发言受到了规模尚小的英国化工业的欢迎，同时也迫使德国企业要将部分产能转移到英国。1907 年，赫希斯特和巴斯夫在利物浦附近的埃尔斯米尔港（Ellesmere Port）共同建立了默西化工厂（Mersey Chemical Works），为英国市场生产靛蓝染料。[12]虽然这两家公司在德国国内分属不同的竞争联盟，但是它们仍旧保持着有利可图的靛蓝合作协议。实际上，默西化工厂的建立只是象征性地照顾一下英国人的感情，因为德国人严格限制了这家工厂的产量，它的产出远远无法满足英国当地的需求（到 1913 年，英国从德国进口的合成靛蓝仍然是国内生产的四倍），并且所有的利润都要回流到莱茵兰地区。尽管如此，这种表面性的举动还是让这些公司变得有恃无恐，它们恬不知耻地送给英国政府一桶染料，上面标有"英国制造"的字样。

　　虽然劳合·乔治的声明只涉及制造业，但是它反映了国际关系中一种更为广泛的不安情绪，以及欧洲其他国家对德国利益的普遍怀疑。[13]欧洲大陆在地缘政治上开始走向两极化。在德国，威廉二世皇帝（Kaiser Wilhelm Ⅱ）似乎已经放弃了俾斯麦时代在外交上灵活克制的政治策略，转而采取一种更加反复无常的好战态度，公众舆论也越来越多地认为，德国在经济和政治上并未得到应有的地位。英、法两个大国则认为，它们的安全明显受到了德国武力的威胁。在低级小报（yellow press）的煽动下，一种病态的沙文主义思想得到了发展——报刊上登载的都是关于德国军国主义及其扩张野心的耸人听闻的报道。当时最畅销的小说是厄斯金·奇尔德斯（Erskine Childers）的《沙岸之谜》（*The Riddle of the Sands*，1906 年）和威廉·勒奎（William Le Queux）的《德皇的间谍》（*Spies of the Kaiser*，1909 年），这些作品以德国密谋、策划和准备入侵为主要内容，在英国读者中引起了巨大的恐慌，而此时，德国在化学领域所具有的科技优势就超越了单纯的商业意义。①未来的任何一次冲突显然都将是工业化的较量。哪个国家能够利用手中的资源、技术和专业知识来武装和支撑战争机器，哪个国家就肯定能够在冲突中占据优势。

与此同时，即便单纯在商言商的话，拜耳也并不是唯一一家拥有重大项目的德国化工企业。其实，拜耳在三方同盟中的合作伙伴即将取得科学上的突破，这项新技术的价值堪比半个世纪前威廉·珀金所取得的成就。这项技术可以让人们把空气中的氮"固定住"，它将对和平与战争产生广泛的影响，并且对日后 IG 法本的发展至关重要。

回溯这项科学突破，它最初的起点其实是在 1898 年 6 月的一个晚上，英国科学促进会（British Association for the Advancement of Science）在布里斯托尔（Bristol）为会员们组织了一场讲座。[14] 如无意外，这次活动原本不会给人留下特别难忘的印象；它不过是学术界和科研人员所热衷的又一次定期聚会，让他们有机会聆听杰出的同事讲述他当前的工作，或者

---

① 英国人并不是唯一一受到通俗小说家丰富想象力影响的人群；德国也有散布威胁论的畅销书作者，如卡尔·艾森哈特（Karl Eisenhart）的小说《与英国决裂》（*The Reckoning with England*，1900 年）。

就某一个热门科学话题发表见解。尽管如此，讲座的内容还是相当有趣的。报告人是英国最著名的化学家之一，刚刚被授予爵位的威廉·克鲁克斯爵士（Sir William Crookes）。克鲁克斯以其兴趣广泛而闻名，他对纯科学、应用科学及更深奥的心理学都有研究，几年前他因为发现了铊（thallium）———一种新的金属元素——而名声大噪。从那时起，他的大部分精力都集中在两个艰深的研究领域：高度稀薄的气体与电的反应，以及"稀土"的化学成分——这些元素的化学性质是如此接近，以至于必须设计特殊的方法才能分离它们。当然，这些都是很重要的科学问题，总有一天他的研究会对人们理解铀（uranium）等放射性材料产生重要影响，但是在那天晚上一定会有人对他选择了一个更加容易理解的话题而感到高兴。他演讲的题目是氮（nitrogen），准确地说是关于氮的匮乏。

对于动植物而言，氮就像我们呼吸的空气一样必不可少。事实上，我们呼吸的空气中有 78% 是氮气。这种物质对农作物的生长至关重要。几千年前，农民就开始习惯性地在谷物和水稻作物周围种植豆类（豌豆和蚕豆），因为他们知道豆类可以为过度耕作的土壤补充养分。他们不知道的是，某些细菌，包括一些生活在这些植物上的细菌，可以吸收或"固定"空气中的氮气。正是通过这种方式，豆类作物帮助人们肥沃了土地，获得了丰收。粪便和动物骨骼也含有丰富的固态氮，把它们撒到田地里也会带来同样的好处。只是这些方法所提供的氮素相对较少。虽然在中世纪以后，氮素的供给仍然充足，但是随着时代发展和人口的增长，越来越多的土地被用来种植谷物，人们必须找到新的氮素来源。到了 19 世纪，全球人口激增，对粮食的需求达到了前所未有的水平，人们为了获取氮素

51

而展开了激烈的竞争，以至于英国人成群结队地前往欧洲大陆挖掘尸体，将骸骨磨碎后撒入农田以补充作物必需的养分。

英国"正在掠夺所有其他国家的肥沃土地"，著名的德国化学家尤斯图斯·冯·李比希（Justus von Liebig）写道。[15]"它已经翻遍了莱比锡、滑铁卢和克里米亚的战场。它已经从西西里的地下墓穴中带走了几代人的遗骨……［它］从其他国家的海边运走了相当于350万具尸体的肥料。它就像吸血鬼一样挂在欧洲的脖子上。"

当然，这种对肥料的渴望并不仅限于英国。[16]在中国，人类的粪便经常会被回收，然后用于稻田，尽管这种做法存在明显的健康风险。在19世纪的巴黎，每年有100万吨马粪被收集起来，用于法国首都周边的蔬菜农场。在美国，不断延伸的铁路网将成千上万根漂白过的牛骨运回东部的加工厂。

而世界上的其他地方，当时的情况还没有太糟。19世纪50年代早期，人们在秘鲁沿海的几个荒岛上发现了几百米厚的鸟粪，这是无数代海鸟排泄的粪便，其中的氮含量非常丰富。这一发现引发了一场非同寻常的出口贸易，2000万吨鸟粪被挖掘出来，然后运往那些急需肥料的工业化国家。到了1870年，这些海岛上的鸟粪储量也几乎消耗殆尽，以至于美国政府对美国冒险家和商船船员发出呼吁——要求他们占领所发现的任何富含鸟粪的岛屿（作为国家资源）——但是也没有产生多大的效果。人们将注意力转向了智利，世界上最后一个重要的硝酸盐（nitrates）产地。它的沙漠中蕴藏着丰富的硝石沉积物（硝酸钠，sodium nitrate），已经积累了数百万年。但是，即便这些沉积物已经在开采中，同时各种船争先恐后地绕过合恩角（Horn）将硝石运回欧洲，人们仍然对硝石耗尽之后的前景感到焦虑。

1898 年 6 月，当威廉·克鲁克斯爵士站到台上发表演讲时，他最大的担心正是这种恐惧。他对自己要说的话进行了长时间的思考，在此过程中他得出了一个令人震惊但不可避免的结论。有机氮的供应量迟早（他估计大约是 20 年）会难以满足人们对它的需求。正如他向那些越来越不安的听众解释的那样，这只会导致一种结果：除非能找到新的资源，否则整个世界——至少是工业化的西方国家——将面临饥饿。他接着说，氮"对人类文明的进步至关重要，除非我们能够在未来确保它的供应，否则，伟大的高加索人种（Caucasian）将不再是世界上最重要的种族，白种人将被那些不以面包为食的种族彻底消灭"。

虽然克鲁克斯的末日预言令人沮丧，但他是一位科学家，一个理性的人，他相信人类能够而且一定会找到解决办法；并且答案就隐藏在他投入了大量精力的那门学科中。"只有化学家能够拯救人类，"他说，"通过实验室，饥饿最终将会变成富足。"毕竟，任何人都不应该忘记，大自然已经为人类提供了丰富的氮素供应；它无处不在，氮素就在每个人呼吸的空气中。唯一的问题是人们如何能够利用它。

就在那些身份尊贵的听众被刚刚听到的东西弄得心神不安，跌跌撞撞地走入夜色的时候，克鲁克斯的言论已经登上了报纸，传向了更广阔的天地。一位国际知名化学家竟然做出这样可怕的预言，这让整个科学界都产生了巨大震动。多年来，科研工作者始终被氮素问题困扰——许多人都在尝试找到解决的办法，但是一直没有成功。而现在，克鲁克斯以一种不容忽视的方式向科学界提出了挑战。一定有办法可以让人从空气中

53

获取氮素。科学迎接这一挑战的时刻已经到了。

说起来容易，做起来难。每一个化学家都知道，大气中的氮（N_2）相对而言是一种惰性气体。它的两个氮原子紧密地结合在一起，几乎没有生物化学反应能够打破它。闪电偶尔会把两个氮原子间的化学键打开，然后氮会通过降雨补充到地球的生态循环中，但是在大多数情况下，氮素在化学上是难以获取的。19 世纪的科学家已经能够确定它的成分，但是没有找到"固定"它的方法。他们很清楚，要成功地合成某种物质，需要达到超乎寻常的压力条件，或者重现大型风暴中不可思议的电的力量，但在克鲁克斯发表演讲的时候，还没有人能够找到实现这两者的方法。

然而，到 1903 年，人们似乎取得了一些进展。[17]那一年在挪威，克里斯蒂安·伯克兰（Kristian Birkeland）和塞缪尔·埃德（Samuel Eyde）设计了电弧炉，通过电弧穿过空气来形成硝酸——实际上，这复制了自然界闪电对大气中氮的作用过程，只是其规模要小得多。此后，他们两人成立了一家公司，对这一方法进行工业化开发，他们吸引了来自欧洲各地的投资，其中巴斯夫公司也注入了少量资金，后者对合成硝酸盐的商业解决方案兴趣日益浓厚。但是，伯克兰和埃德的整个制造工艺需要消耗巨大的能量；它只有在电力充足而且价格极其低廉的地方才能发挥作用，即便如此，氮素的产量也非常低。虽然挪威水电集团（Norsk Hydro）接受了这个想法，并且在诺托登（Notodden）和留坎（Rjuken）建立了实验工厂，但是到 1908 年初，包括巴斯夫公司在内的大多数投资者都清楚，这种合成氮素的方法在经济上是不可行的。

成功合成氮素——被恰当地列入 20 世纪最重要科学的发

明创举之一——将落到德国科学家弗里茨·哈伯（Fritz Haber）的肩上。[18]1868 年，注定要走上化学研究之路的哈伯出生于布雷斯劳（Breslau）。哈伯的父亲是一位犹太商人，靠经营合成染料发了一笔小财，他一心想让儿子继承父业，但是这位父亲也相信，扎实的自然科学知识将为儿子日后在这个领域的成功打下基础。因此，小弗里茨接受的是典型的德国精英教育。他在柏林跟随威廉·珀金的前导师奥古斯特·威廉·冯·霍夫曼学习化学，然后他服过一段时间兵役，又在父亲的企业中短暂工作了一段时间（这使他们父子确信学术生活更适合弗里茨·哈伯），之后他进入了一些更知名的大学——海德堡大学、耶拿大学和苏黎世大学，并且开始在科学之路上不断前行。最后，他选择到卡尔斯鲁厄的理工学院（Technische Hochschule）工作，在接下来的 17 年中，他在这所学校担任教师、研究员，并且发表了许多化学方面的论文。

　　虽然他有犹太背景——或许正是因为这种背景——但哈伯让自己看上去完全就是一个容克贵族。他剃了光头，方正的额头上是一道决斗留下的疤痕；他喜欢穿军装式样的紧身外套，行为举止处处都显示着自己的优越感。他骄傲、固执、极度爱国，他看上去就像是一位完美的普鲁士人。但在这坚毅的外表之下隐藏着一个敏感的灵魂。哈伯热衷于阅读浪漫诗歌，也是一位多情的男人，并因此总是纠缠在复杂的关系中；在许多人眼里，他是一个忠实、热情和真诚的朋友。他还是一位出色的科学家，可以投入巨大的精力埋头于实验室去破解难题，乐于为寻找解决方案付出漫长的时间。

　　1908 年末，凭借着原创性思想者的声誉——以及在富有影响力的赞助人的支持下——哈伯赢得了一份称心如意的工作。他被任命为新成立的威廉皇帝研究所（Kaiser Wilhelm Institute）的化学研究所所长，这家新研究所位于柏林郊区的达勒姆（Dahlem）。整个研究机构是几个月前在德国皇帝的资助下建立起来的，其意图相当明确，就是要保持德国在科学领域的优势地位。哈伯被任命为化学研究所的负责人［阿尔伯特·爱因斯坦和马克斯·普朗克（Max Planck）也被任命在附近的其他研究所中担任类似的职务］，正是在这里，他接受了十多年前威廉·克鲁克斯爵士所发起的挑战。

当然，氮素问题对他来说并不新鲜。[19]像世界上其他许多化学家一样，他一直在绞尽脑汁寻找可能的解决办法。但是，当其他人把精力都专注于复制闪电的效果时，哈伯认为唯一现实的方案在于一个被称为氢化（hydrogenation）的过程，将空气中的氮气与氢气结合形成氨气（ammonia）。18世纪晚期，科学家就已经发现了氨气的化学成分，它由一个氮原子和三个氢原子组成，此后化学家们一直在尝试人工合成氨气，但是都没有成功。哈伯知道，如果能够实现这种合成，就能够以切实可行的固态形式提供氮素；氨可以与磷酸盐和钾肥结合用作肥料。但是他也认识到，要采用这样的方法就需要配合非常苛刻的化合环境，达到极高的温度和极大的压力——大约是海平面大气压的200倍。当时还没有人能够成功地做到这一点，但是哈伯要迎难而上。当他在达勒姆安顿下来之后，就在英国助手罗伯特·勒罗西尼奥尔（Robert Le Rossignol）的帮助下展开了工作。经过数周的实验，他们成功地设计出了一套合成工艺，但不幸的是，这种方法只产生了少量的氨，而且氨的形成过程需要耗费相当长的时间。一定是缺少某种东西——一种可以加速化学反应的催化剂。几个月时间过去了，经过不厌其烦地反复测试，哈伯终于找到了一种有效的物质，稀有金属锇（osmium），几天之后他又找到了第二种催化剂——铀。是时候把这个消息通报给自己的赞助人了。

在上一年的大部分时间里，哈伯的实验都得到了巴斯夫公司的资助。由于不看好挪威氮素项目的前景，巴斯夫公司在听说哈伯的项目之后，就立刻掉转了方向。现在，巴斯夫的总经理海因里希·布伦克急切地想要看到哈伯到底在做些什么，于是他让自己最欣赏的年轻技术专家卡尔·博施（Carl Bosch）陪同，出发前往达勒姆。[20] 当布伦克离开化学研究所时，哈伯的工作已经给他留下了极深的印象，同时他也对巨大的技术挑战感到忧心忡忡，毕竟这种方法在化学工业中还从没有过先例。他的那位年轻同事对此则表现得更为乐观。博施出身于科隆的商人家庭，1899 年他从莱比锡大学毕业之后就进入巴斯夫工作，在工作中他经常表现出敏锐的判断力和坚定的决心，现在他的这些特质对自己的老板发挥了影响。在返回路德维希港的路上，他说服布伦克继续资助哈伯的研究。如果这位科学家能够在实验室中设法合成氮，那就很可能会找到一种方法在工业上复制这一过程。毕竟，潜在的回报如此巨大，而且很可能会得到来自德国政府的资助——或许可以说服政府为日后巴斯夫的工厂建设提供补贴。

就这样，1909 年 7 月 1 日，卡尔·博施又和巴斯夫的催化反应专家阿利温·米塔什（Alywin Mittasch）一起，回到哈伯的实验室观看新一轮演示。[21] 但是事情并没有预想中那么顺利。一台重要的压力设备的部件发生了爆裂，人们花了差不多一天一夜的时间才把它修好。博施满怀沮丧地登上了返程的列车，但是米塔什留了下来，并且在第二天下午看到了不同寻常

56

的景象。哈伯的氢化设备开始工作，每分钟可以生产 70 滴氨水。至少在理论上，世界上最严重的问题之一已经被哈伯攻克了。现在唯一的挑战是如何将这位科学天才的非凡之举在工程上变为现实，将装满烧杯的液态氨转化为能够产生数千吨氨水的工业化生产流程。

巴斯夫公司迅速与哈伯达成了专利使用协议，并且完成了相应的专利申请，而实际生产问题似乎仍然难以解决，如今它已经变成了大家关注的焦点。这确实是一项非常艰巨的任务（一些公司董事甚至担心它是否能够完成），需要一个真正具有非凡才能的人来领导这项工作。海因里希·布伦克相信卡尔·博施是最合适的人选。虽然博施很年轻，只有 35 岁，但他正是那个具有特殊才能的人。博施不仅是一位杰出的化学家，还是一位训练有素的冶金工程师，即使是在这样一个技术密集型的行业里，一个人同时具有这两方面的经验也是非常罕见的。此外，他在支持哈伯的过程中已经表现出了自己的果断和远见，布伦克认为这些品质也至关重要。

在接下来的三年半时间里，卡尔·博施竭尽全力，没有辜负布伦克对他的期望。[22] 整个任务确实困难重重。哈伯的氢化过程需要依赖极端的压力和温度：人们要将他的实验仪器放大成能够承受这些极端条件的工业装置——而且，这个装置将来必须作为一个高效的大规模生产设备来运转——这带来了前所未有的技术和工程难题。博施和他的团队必须找到比锇和铀更便宜且更容易获得的催化剂，以加快氨水的合成过程——这是一项异常艰巨的工作，他们为此进行了 2000 多项实验——之后他们还开发出新型耐热合金，以防止设备发生爆炸。但是他们最大的问题是要建造一个可以实现哈伯氢化法的高压反应室。博施夜以继日地工作，他用钢材制成的样机最初看起来足够坚固。但是测试很快就表明，钢材中的碳与化合过程中所释放出的氢会发生严重反应，导致金属变脆，容易断裂。直到1911 年 2 月，在一场整个研发团队都参加的深夜啤酒聚会上——这是在无休止的工作安排中难得的放松机会——博施想出了一个办法，他要将整个氢化过程控制在一个巨大的双层钢铁容器中。铁并不含有碳元素，它不会受到氢的影响。博施意识到，如果用铁作为容器内胆来容纳反应物，他就可以将氢对容器钢制外壁的不良影响降到最低，同时将整个反应室中的大气压力提高到工艺要求的水平。之后，博施又做了进一步的创新，他在容器外壳上增加了若干小孔，允许任何通过铁质内胆上的焊点渗出的氢都能无害地消散到大气中。

这些都是重大的进步，但是即便如此，博施仍然需要与巴斯夫董事会中的一些人展开较量，因为这些人担心巨额投资会给公司带来风险。当布伦克在 1912 年底意外去世之后，博施不得不更加努力地争取，以保证项目继续下去。最终，他的愿景在莱茵河畔的奥帕（Oppau）变成了现实，这是一座全新的巨型工厂，距巴斯夫在路德维希港的总部只有几英里远。到1913 年初冬天，这个工厂开始投入使用，博施巨大的双层容器生产了数百吨用作肥料的合成氨。这是一项非凡的成就，是工业世界中无与伦比的工程和技术奇迹，它为博施赢得了整个科学界的巨大赞誉。不久之后，这种普遍的称赞将他的声望提高到了与弗里茨·哈伯几乎齐名的程度，他不懈工作所实现的化合过程现在被冠以他们两个人的名字。卡尔·博施的许多同行都宣称，他是一个创造奇迹的人，他的技术和决心消除了人们对发达国家终有一天可能面临饥饿的担忧。但是在短期内，

58

哈伯-博施法（Haber-Bosch process）却产生了其他更致命的后果。因为氮素的作用不仅仅是补充土壤的养分；它也是烈性炸药的关键成分，很快人们就会对这种特殊的物质产生巨大的需求。

德国化学工业在其相对短暂的成长历程中，一直与国家政治保持着距离。[23]这个行业中的许多领导者都是德国化学工业利益保护协会（Society for the Protection of the Interests of the German Chemical Industry）的成员，该协会竭力游说本国和外国政府采取积极的商业政策。一般来说，他们都是坚定的自由贸易和经济自由主义的信徒。他们对国家和国际事务的积极参与往往具有行业特性，范围仅限于专利立法、关税和对科研的财政支持等事务。然而，随着时间的推移，该行业的经济实力和影响力不断增强（例如，在1890~1913年，染料和药品的出口成为德国最大的外贸收入来源），面对当时的很多重大问题，他们也很难置身事外。

在地方上，由工人权利和工会制度所带来的挑战表现得尤为明显。[24]化工企业往往是大型雇主；数以万计的男性职工（当时这还是一个只属于男性的世界）在化工厂里工作——通常是在肮脏和危险的条件下，工人们几乎没有任何保护措施。由于对劳动力的需求，特别是对熟练工人的需求一直居高不下，这个行业的快速发展也带来了一定程度的工作保障。但是绝大多数人（1900年在巴斯夫这样的公司里大约有75%的人）都是不熟练或半熟练的工人。按照当时的标准，专业技工、工头和担任一定职务的人（他们都是签订了长期合同的人）的工资是相当高的，但是普通车间职工的收入并不高。在世纪之交，这一行业的平均日工资约为三马克，仅能勉强维持温饱，而且这是每周工作六天、每班 12 小时的工资。工人们通常在有毒、通风不好的环境中度过，周围都是危险的化学品和复杂的设备。事故伤害时有发生，令人痛心的死亡事故频发。工人们在工作中要接触各种潜在的有害物质，其长期后果在很大程度上也是未知的。虽然化工企业普遍遵守由国家监管部门制定的有限安全标准，但实际上这些标准存在着严重的不足，它们很少能够与这个不断发明新产品、开发复杂生产工艺的行业保持同步。

与此同时，化工企业的负责人也并非简单而贪婪的资本家，他们的目标并不是一门心思剥削劳工，他们并不想以牺牲员工的健康和福利为代价来实现利润的最大化。[25]他们中的大多数人是在基督教的慈善和公益传统中长大的，他们相信工人和公司之间存在着某些共同利益。在他们看来，雇主有义务提供工资和一定程度的社会福利，而雇员应该用勤奋、忠诚和努力工作来作为回报。因此，像拜耳、赫希斯特、巴斯夫这样的企业都在工厂附近兴建了工人住宅，它们向当地的学校和医院捐款，并且建立了职工图书馆、公共浴池和储蓄协会。他们偶尔还会为员工及其家属提供健康体检，虽然只检查些基础项目，但至少是免费的。

然而，当这一切与低工资、过分严苛的工厂纪律、令人难以忍受的危险工作环境等现实情况相比较时，企业所提供的那些福利看上去并没有显得多么慷慨，尤其是在它们背后往往还有企业自利的动机。各家公司都在极力避免劳资纠纷，它们把员工和企业紧紧地捆绑在一起，从而牵制有组织的工会活动。早在 1884 年，巴斯夫的董事会就曾经被政府企业监管委员会发布的一份批评性报告搞得心惊胆战，倒不是因为报告中提到

59

了严重的工厂安全问题，而是因为它对"社会和平"所造成的潜在威胁："如果这种官方文件落到社会主义鼓吹者的手中，它就会成为加剧阶级仇恨的不可估量的素材。"[26]如果提高安全规范，为工人提供一点健康保险就能够把工会挡在工厂门外，那么这些小恩小惠就是值得付出的代价。

到了世纪之交，德国的资本与劳工之间的关系开始发生变化：企业仅靠提供少许资助就能缓解普遍社会问题的日子即将结束。[27]多年来，左翼的社会民主党（SPD）一直是全国发展最快的政党，工会运动也开始显示出它的力量。化学工业和其他行业一样，无法在这些发展中独善其身。1900年出现的各种临时工人协会和委员会正在迅速壮大，当20世纪第一个十年临近尾声时，它们的力量强大到足以一再举行罢工。劳资双方就提高工资和改善劳动条件进行集体谈判，那些曾经以从容应对这些问题而自豪的企业如今也不得不就范。1903年，卡尔·杜伊斯贝格曾就劳工组织的危险性（如他所见）对美国人发表过演讲；几年之后，他和他的同事们在德国国内也面临着相似的困难局面。由于担心社会动荡会给他们的经营造成混乱，他们开始慢慢地且越来越多地参与日益复杂的国内政治斗争，公开支持维护工商业利益的保守派政治团体，如民族自由党（National Liberal Party），该党站在有产者和商业利益一边，它的口号是"维护德意志帝国"。这种政治参与不可避免地引起了社会民主运动的更多关注，而且，社会民主运动倾向于把化学工业提供的社会救助（到1912年，这类救助项目已经扩展到工人酒吧、剧院团体和它们赞助的其他文化活动）看作支撑资本主义制度和防止工会招募成员的策略。

整个德国社会也在分裂。[28]在1912年的帝国国会选举中，有 110 名社会主义者当选为议员——这是一个前所未有的数字，这让夹在专横的威廉二世（及其贵族军事顾问的小圈子）和帝国国会之间的贝特曼-霍尔维格（Bethmann-Hollweg）首相工作起来更加困难。威廉二世因为德国无法在"阳光下占有一席之地"，无法建立一个可以与英国、法国，甚至是俄国相匹敌的帝国而日益感到沮丧。对于贝特曼-霍尔维格来说，他对内乱的前景越来越感到担忧，也许为支持德皇的野心去进行一场短暂而激烈的战争，是避免国内发生严重政治危机的唯一办法。而现在，有很多商业界人士——甚至是像化学工业这种相当依赖出口的行业——也开始认同这样的观点。爱国热情、日耳曼理想被欧洲宿敌扼杀的感觉，以及对能够再次重演 1870 年色当大捷的期盼，如今在莱茵地区的拜耳、赫希斯特、爱克发、巴斯夫的董事会和实验室被公开表达出来，就像在波茨坦的贵族沙龙里、在柏林菩提树下大街的资产阶级咖啡馆里、在埃森（Essen）和汉堡（Hamburg）的工人阶级啤酒馆里一样。

61

那么，当战争已经临近，德国的化学工业又是一番什么景象呢?[29]当然，每一家公司都有各自的当务之急——拜耳公司的医药专利问题、巴斯夫生产氮素的工程问题——不过总的来说，它们比以往任何时候都要强大。它们通过组建两个强大的利益联盟来应对内部竞争，并且为今后更密切的合作播下了种子。虽然价格趋于平稳，但是它们仍然控制着全球 85% 以上的染料生产，并且继续向世界大量提供从涂料到感光制剂等其他产品。哈伯-博施制氮法充分证明了创新的重要性和化学工业蓬勃的生命力：赫希斯特公司的保罗·埃尔利希（Paul Ehrlich）研制了治疗梅毒的合成药物砷凡纳明（Salvarsan），这一发现为他赢得了诺贝尔奖，而拜耳公司正开始探索生产合成橡胶的新技术。这些公司已经逐步意识到，如果即将到来的冲突对它们不利，它们将会蒙受巨大的损失；如果德国能够战胜敌人，那么德国工业就会继续保有经济优势，而化学工业就会得到许多好处。虽然化学不像克虏伯这样的军工帝国，对战争的重要性那样明显，但是对于化工行业的人士而言（可能德国最高指挥部还没有意识到）显而易见的是，化学仍然可以发挥一些重要的战略作用。因此，在黄金岁月最后的和平阶段，他们悄悄地制定了自己的计划，试图将自己在潜在敌国中的金融资产伪装起来，他们还与西班牙、葡萄牙、美国及其他可能的中立国进行过协商（虽然事实证明这些准备很不充分），希望能够避开未来敌人对基本原材料的封锁。

　　1914 年 6 月 28 日，奥匈帝国皇储弗朗茨·斐迪南（Franz Ferdinand）大公在萨拉热窝遇刺，世界陷入了战争。

第 3 章　化学家的战争

在德国人的设想中，这本应是一次简短的战役，是 44 年前普鲁士对法国压倒性胜利的重现。[1]当德国皇帝的军队在 1914 年 8 月向西进发时，他们所接到的命令还是 1870 年在色当拟定的。"施利芬计划"〔以其主要提出者、已故的阿尔弗雷德·冯·施利芬（Alfred von Schlieffen）伯爵命名，他曾担任德国总参谋长至 1905 年〕的目标非常简单。使用少量兵力牵制俄国，而德军主力取道中立的比利时，以压倒性的进攻攻入法国，在其盟友能够提供有效援助之前将其一举击溃。届时，德国的全部兵力可以投入对俄作战，迅速将其击败，而英国将陷入孤立无援的境地，它只能向德国求和。

作为一份战争蓝图，"施利芬计划"大胆、清晰，但存在严重的缺陷。德国军方领导人盲目地相信，法国军队不会比上一代人更强，他们抵挡不了先进武器的毁灭性力量，几周之内就会投降。虽然这种乐观的态度最初看起来非常合理——布鲁 塞尔很快就沦陷了，巴黎很快也进入了打击范围——但是德国皇帝的将军们却严重低估了敌人的战争决心。在 1914 年 9 月的马恩河战役中，法军在一小支英国远征军的支持下，孤注一掷发起了反击，阻挡住了德国军队的前进步伐。几周之后，同样的事情在伊普尔（Ypres）战役再次发生，交战双方开始挖掘战壕，"施利芬计划"在泥泞的佛兰德斯破产了。

现在，迫在眉睫的消耗战对德军而言就是一场灾难。他们避免两线作战的企图已经失败，俄国人在东线步步紧逼，英国人则在西线赢得了动员时间，一场原计划在数周内结束的战争眼看着将要持续数年。虽然德国在开战之前已经做了精心准备，但是它预先储存的武器、弹药和装备仅能满足速战速决的需要。由于缺少应对长期作战的备选方案，严酷的现实已经让德军暴露在危险之中。德国是一个基础原材料非常匮乏的国家。硝酸盐、石油、金属和橡胶，所有这些用来维持工业生产或进行一场长期战争的关键物资，都只能从国外进口。而英国皇家海军控制着海上运输线，早在一个世纪以前，它就曾用同样的战略成功对付过拿破仑时期的法国——通过海上封锁，德国根本无法获得至关重要的资源。

有些人逐渐意识到，总参谋部（General Staff）的疏忽将造成严重的潜在后果，在这些先知先觉的智者当中，有一位精明的实业家。[①] 瓦尔特·冯·拉特瑙（Walter von Rathenau）是德国主要的商界领袖之一，他在欧洲数十家大公司中担任董事，也是电气巨头德国通用电气公司（A.E.G.）的负责人，他所提出的意见历来都很受重视。[2]在战争的第一周结束之前，他强行见到了德国皇帝的陆军部长（War Minister），埃里希·冯·法金汉（Erich von Falkenhayn）将军。拉特瑙毫不客气地警告他说，军队正在走向灾难。除非立即采取果断行动以保障

① 帝国陆军野战军需处处长（Field Munitions Service）路德维希·西格尔（Ludwig Sieger）中将在战争刚开始时就曾警告他的上级要节约使用弹药，但是他被冰冷地告知"军事行动不会持续太久"，根本没有必要执行这样的预防措施。

基本物资的持续供应，否则德国军队将无法继续作战。败局已定。

值得称赞的是，法金汉听取了拉特瑙的意见。虽然他对拉特瑙的悲观预测有所怀疑，但是他也没有完全沉浸在从西线传来的令人振奋的捷报中。法金汉决定两面下注，任命这位实业家负责管理一个新机构——战时资源局（War Raw Materials Office），并且责成拉特瑙对军需供应情况进行准确的调查。拉特瑙急忙组建了一支专家团队，他们发现德国正在面临资源危机，其严重程度甚至超出了所有人的预想，这令法金汉大为不安。他们询问了近千家从事军工生产的企业，根据得到的答复证实，原材料短缺是一场即将来临的灾难。如果战斗继续以目前的强度进行，那么在 6 个月之内，甚至更早，战略储备将完全耗尽。尤其令人担忧的是，制造火药必需的硝石及硝酸盐严重短缺。德国只能从大洋彼岸的智利获得这些物资，而长达数千公里的航线已经被敌人紧紧抓在手中。

起初，法金汉在最高指挥部的贵族同僚几乎没有什么人关注这些报告；德国在战场上取得的早期胜利让人们充满了必胜的信心，以至于拉特瑙这样一个平民（而且还是犹太人）的悲观预测，很容易被人看作一个置身战争之外的生意人在对远远超出其能力的作战事务指手画脚。将军们坚决表示，这些事情应该由军方负责，拉特瑙不要多管闲事。[3]直到马恩河战役，人们才惊恐地发现，也许这个犹太人是对的。拉特瑙的支持者迅速增多。既然拉特瑙如此富有远见，他自然也就成为解决这个问题的不二人选。拉特瑙被告知，官方会全力配合他，但是他必须保障国家的军需供应。拉特瑙提出了他的方案，从此之后化学工业占据了德国战争事务的核心位置。

拉特瑙做的第一件事就是邀请弗里茨·哈伯，他是德国当时最顶尖的学者之一，威廉皇帝研究所化学所所长，合成氨的发明者。[4]哈伯赞成在战时资源局下面设立一个新部门，专门负责管理化工产品的批量供应，同时他还建议拉特瑙招募卡尔·博施，合成氨的规模化生产使巴斯夫公司的这位年轻工程师获得了"奇迹创造者"的美名。

9 月下旬，当博施与德国陆军部的官员第一次会面时，后者对硝石危机的规模一无所知，并且天真地认为眼前的这个人能够想出一个化解危机的办法，这让博施颇为震惊。[5]最近几年，博施把大量精力放在了新建的奥帕工厂中，他几乎忘记了大多数人对工业化学的实际复杂性知之甚少。他当然知道在更广阔的世界里正在发生什么：他的许多关键技术人员被征召入伍，以至于他深爱的新工厂不得不暂时关闭。博施对火药问题也保持着高度警惕，他自己的判断是，火药短缺问题可能即将出现。不幸的是——正如他耐心地向身边的军人和公务员所解释的那样——虽然哈伯-博施法确实能生产以合成氨形式存在的硝酸盐，但是这种化合物必须经过进一步的转化，在它变成硝酸之后，才能用于制造炸药。这种转化的原理很好理解，但是要把它应用于大规模生产是一项艰巨的工程。他需要大量的资金、设备、材料和人员——尤其是那些从奥帕工厂征兵征走的员工。如果没有他们的专业知识，任何生产武器级硝酸的尝试都将化为泡影。此外，这一切都需要时间。他知道，留给他的时间并不宽裕，但是他也不可能在一夜之间就创造奇迹。甚至即便时间充足，他也无法保证整个工程一定就能成功。

陆军部官员同意了博施的要求，但是他们坚持让巴斯夫做出有约束力的承诺。[6]政府将向这家公司提供 600 万马克用以建设新工厂；而巴斯夫必须保证到 1915 年 5 月达到每月最低 5000 吨硝酸的产能。至少，那些比博施级别更高的董事会成员（包括一些曾经质疑向奥帕工厂投以巨资的人）为这笔交易感到高兴，并且郑重表示，他们希望这将促成一项"延至战后的永久性合作，使我们能够在未来向军队长期供货"。博施本人则远没有这么乐观。他知道自己的努力完全有可能失败，所以他要确保哈伯能够悄悄地把一份更清醒的评估报告交到更明智的部长手中。

事实上，陆军部的一些人对这次合作也心存怀疑。[7]当博施回到奥帕开始实施他的计划，要将德国最高指挥部从其短视的苦果中拯救出来时，陆军部的人也开始制订备选计划，以应对军火危机。政府要求立即实行严格的农用肥料配给制，全国上下都在寻找新的氮素来源，以补充日益减少的储量。在被占领的比利时安特卫普港，德国人在靠港船只的货舱里发现了 10 万吨智利硝石，这让局面暂时有所缓解；此外，德国人还向奥匈帝国伸手要了一些。但是，情况已经越发危险，仅仅在西线——现在是从北海海岸延伸到瑞士边境——空前激烈的战斗将会很快耗尽所有的火药库存。

如今，军事手段也在考虑之中。博施的项目依然充满不确定性，在这种情况下，战略的制定者们开始把希望和觊觎的目光投向了世界另一端的智利，它是天然硝石的主要产地。因为英国皇家海军的封锁才造成了硝石供应的困难，进而阻碍了德国赢得战争。那么，怎么做才可以重新打通这条重要的供应链条呢？

在长达数周难熬的日子里，这个大胆的设想似乎正在变成

67

现实。1914 年 11 月 4 日，柏林收到一条消息，即使是最悲观的官员也会感到振奋：就在几天之前，德国帝国海军的军舰在距离智利海岸不远的科罗纳尔（Coronel）与英国的一支主力舰队遭遇，并且在交战中取得了决定性的胜利。德国最高指挥部对这一消息欣喜若狂，因为这样看来，那条连接智利的重要贸易路线有可能被重新恢复。但是这种乐观情绪很快68 就消失了。一个月后，在福克兰群岛（Falkland Islands）附近的一次战斗中，英国皇家海军一雪前耻，扭转了此前的败局。德国重新获得智利硝石的最后希望彻底破灭了。现在，挡在德国军队和看似不可避免的灾难之间的，只有巴斯夫的卡尔·博施。

然而，奥帕的事情进展并不顺利。[8] 使用合成氨生产硝酸需要用到高压炉，博施必须从头设计和建造这一设备。他还必须找到新的催化剂，以提高整个合成过程的效率。为了加快进度，博施跳过了正常烦琐的实验阶段，直接去建造一套完整的生产工序，但是其中所涉及的全新的工程技术从未经受过试验检测。他很快发现，巴斯夫公司无法单独解决这些问题。部分厂房蓝图被送到了巴斯夫在化工行业的盟友那里，爱克发和拜耳也参与了这一项目。但是，时间在不知不觉中一点点流逝。每天都有令人沮丧的消息从佛兰德斯传来，战局依然胶着，双方在那里进行着激烈的战斗，试图拼尽全力将对方拖垮。来自南大西洋的消息令人失望，这在无形中又增添了一分压力，精神紧张的陆军部供需官们再次要求审阅奥帕工厂的工程进度报告。他们一遍又一遍地为同样的老问题发愁：博施真的能成功吗？他的设备何时才能建好？巴斯夫给出的答案也同样没有悬念：他们已经在快马加鞭，事情不能急于求成，假以时日就会成功，但是你得有足够的耐心。时间已经成为德国难以负担的奢侈品。必须找到另一种方法来打破战场上的僵局。

1915 年 4 月 22 日，英国远征军司令、陆军元帅约翰·弗伦奇（John French）爵士发电报给伦敦，带来了令人不安的消息：

在一阵猛烈的炮击之后，敌军于下午 5 时左右向法军阵地发起进攻……飞机报告称，看到在朗格马克（Langermarck）到比克斯乔特（Bixschoote）之间的德军战壕里，冒出了浓浓的黄烟。接下来发生的事情几乎难以描述。这些有毒气体的威力是如此巨大，以至于整条战线上的法国军队几乎无法采取任何行动。最开始，谁都无法想到到底发生了什么。烟雾遮盖了眼前的一切，数百人昏迷不醒或奄奄一息，一个小时之内，整个阵地就被彻底放弃了，同时被留在那里的还有大约 50 门火炮。9

将毒气作为现代战争中的进攻性武器，这是合成氨之父弗里茨·哈伯的创意。10 当时哈伯已经 46 岁，过了服兵役的年龄，而且作为犹太人，他没有资格参与后方预备役委员会（home front reserve commission）的工作。但是他渴望参与战争。他是《富尔达宣言》（Fulda manifesto）的首批签署者之一，这是一份由许多德国著名知识分子——阿尔伯特·爱因斯坦没有参与——签署的极具煽动性的文件，该宣言坚持认为，德国对这场战争没有责任，德国的军国主义是阻止德意志文明走向毁灭的唯一力量。当拉特瑙找到哈伯时，后者欣然同意在陆军部的指导下发挥他的才华，并且组建了相应的机构，即哈伯办公室（Bureau Haber），以促进化学学科和化学工业与德国军方的合作。哈伯在最高指挥部的主要联系人是马克斯·鲍尔（Max Bauer）少校——军方与工业界的联络员，一个富有影响力和神秘感的人，他与拜耳的卡尔·杜伊斯贝格及其他著名的工业家建立起牢固的个人联系。虽然鲍尔本人不是科学家，但是他对化学在新型军事材料开发中可能发挥的作用很感兴趣，并希望哈伯也能提出一些新的想法。当硝石危机进一步恶化，卡尔·博施还在奥帕工厂苦苦寻找解决方案的时候，哈伯开始研究不依赖硝酸盐的潜在武器。

氯气（chlorine gas）是一个显而易见的选项。[11]它是一种剧毒气体，一旦吸入人体，就会伤害口腔、鼻腔、咽喉等处的黏膜，造成窒息、失明，甚至死亡。尽管如此，氯气得到了人类的广泛应用。德国的化学工业，特别是巴斯夫公司——哈伯此前在合成氨项目中的合作伙伴——经常将氯气作为制造靛蓝和其他染料的中间化学品。由于战争中断了这些产品的出口，生产氯气的工厂闲置了大量产能，因此为军方生产足够数量的氯气毫无问题。当然，也有一些风险需要考虑。多年来，涉及氯气的工伤事故不胜枚举，行业内在使用它时都非常谨慎。因此，哈伯的研究工作相当危险（他在威廉皇帝研究所的一名助手就在一次实验室的高压罐爆炸中丧生），而且由于他的所有实验都是在极其保密的条件下进行的，这就让他面临更大的困难。但是渐渐地，他想出了一套切实可行且相当安全的施放氯气的方法，于是无论白天黑夜，都有高级军官从后门悄悄溜进研究所，去观看哈伯的实验演示。

　　他们如此谨慎，并不只是因为想要让氯气的施放达到出其不意的效果。在 1907 年的《海牙公约》（Hague Convention）中，已经明文禁止使用毒气，德国和所有第一次世界大战的其他参战国都是该公约的缔约国。相关条款规定："各缔约国，禁止使用专用于散布窒息性或有毒气体的投射物。"[12] 换句话说，文明世界实际上已经将毒气武器宣布为非法，对其进行部署违反了所有公认的现代战争准则。然而，危险的军事僵局让德国政府惊恐不已，它决定将这些令人不安的道德问题暂时先搁置在一边。

　　1915 年 4 月，弗里茨·哈伯叼着雪茄，穿着松松垮垮的军装，在一群热情的年轻研究员 [其中包括后来因发现核裂变而获得诺贝尔奖的科学家奥托·哈恩（Otto Hahn）] 的陪同下，来到了比利时的伊普尔前线。[13] 他们带来了大约 5000 份装在钢瓶中的液态氯气。在哈伯的监督下，士兵们在主战壕的壕沟边缘挖掘出又深又窄的凹槽，然后在上面堆叠三层沙袋，以保护钢瓶免受敌人炮击，之后又在凹槽中塞入装满草木灰（potash）和泥炭土（peat moss）的小麻袋，用来吸收可能出现的泄漏。随后，一支被称为"第 36 先遣队"（Pionierkommando 36）的特种小队（其中大部分人在路德维希港的巴斯夫工厂接受过秘密训练）在长度超过六公里的战线上摆好阵势，他们面对的是一个法国师。德国炮兵连续两天猛轰敌军的防线和后方城镇。然后在 4 月 22 日下午 5 点，特种小队接到了进攻的命令。在将粗笨的防毒面具分发给周围等待进攻的步兵之后，施放毒气的操作人员给自己也戴上了面罩，他们打开钢瓶阀门并观察了 10 分钟，一阵强烈的西风将厚厚的黄绿色烟雾吹至两军

71

之间的无人地带。

正如弗伦奇元帅在当晚发往伦敦的电报中所描述的那样，结果是毁灭性的。[14] 几秒钟之内，战壕里那些毫无防备的协约国士兵就已经痛苦难当，他们的喉咙、鼻子和眼睛感到一阵阵剧痛。不久之后，这些人开始咳嗽并吐血，随着胸口的剧烈起伏，他们试图大口吸气，但是吸入肺中的只是更多的致命毒剂。那些没有窒息的士兵立刻跳出战壕，他们在惊慌失措和一阵阵干呕中奔向后方——他们还要躲避戴着防毒面具的德国人，德军正趁着扩散的毒雾不断前进。到日落时分，估计有5000名协约国士兵死亡，另外有约1万名奄奄一息的士兵被野战医院收治。在伊普尔一家医院的院子里，医生和护士无助地看着数百名呼吸困难的伤员在死亡边缘挣扎。无论他们用什么办法，似乎都无济于事，用盐水催吐、涂抹硫酸铵软膏，全都没有效果。当天晚上，一名苏格兰的外科医生对其中一名死者进行了尸检，取出了他的左右两片肺叶。它们已经膨胀到正常大小的四倍，里面充满了液体。受害者实际上是被毒气淹死的。

毒气的首次使用造成了恐慌和混乱，德国人突破了协约国军队的防线，但值得注意的是，他们没有能够集结足够的兵力来充分发挥自己的优势。加拿大的一个师，在付出巨大的代价之后成功地挡住了前进中的德军，并且在几天之内收复了大部分失地。激烈的战斗持续了三个星期，德国人再一次使用毒气，原本加拿大人会是下一个受害者，但是突然改变的风向拯救了他们，有毒的烟雾被吹向了其他方向。

哈伯不是唯一参与毒气开发的德国化学家，巴斯夫也不是唯一一家生产毒气的公司。在打响伊普尔战役的几周之前，哈伯的团队曾在俄国前线进行实验，有限施放拜耳公司生产的溴气（代号 T-Stoff），但是冬季的严寒使溴气凝结，造成这次实验失败。然而，正如卡尔·杜伊斯贝格在给马克斯·鲍尔的一封信中所证明的那样，溴显然是一种效力极强的物质："它的效果如何，您可以从我卧床八天的事实中得出最好的结论，虽然我只是吸了几下这种可怕的东西……如果能够用这种物质去对付敌人，让敌人在有毒的气体中度过几个小时，那么在我看来，他就不用指望能重返家乡了。"[15]

德国军人对使用化学武器持保留态度，他们并没有像德国科学家那样积极。伊普尔战役几周后，德国第六集团军司令、巴伐利亚王储鲁普雷希特（Rupprecht of Bavaria）在日记中坦言："直言不讳地说，新式的毒气不仅令人不快，而且似乎也是一个错误，因为我们可以确信，如果这种武器有效，敌人就会设法用同样的手段来对付我们，借助有利的风向冲着我们施放毒气，施放的次数将比我们对他们还要多十倍。"[16]

这是一种很有说服力的观点。协约国对 4 月 22 日德国发动的袭击表现出极大的愤慨，但是弗里茨·哈伯已经打开了潘多拉的魔盒。在随后的几天里，约翰·弗伦奇爵士愤怒地要求"立即采取措施，给我们的军队也提供最有效的类似手段"[17]；巴黎和伦敦的报纸纷纷谴责，它们指出德国对合成染料生产的控制使协约国军队容易遭受毒气的攻击，它们要求以同样的方式进行报复。在这次事件中，协约国军队首先以常规武器对伊普尔的毒气攻击做出回应。1915 年 5 月底的一个早晨，法国空军轰炸了路德维希港的巴斯夫工厂。当时的军事航空技术还相当原始，这次轰炸只造成了很小的财物损失，但是也有一些人员伤亡。① 然而，就在那年的夏末，英国人在化学家霍尔丹（J. B. S. Haldane）的领导下，在波顿唐（Porton Down）建立了一个秘密的化学武器研究所，开始生产自己的毒气。法国人很快也组建了类似的机构，到这一年的年底，协约国军队使用化学武器的频率已经赶上了德国。在第一次世界大战期间，总共有约 22 种不同的化学制剂被开发出来，包括芥子气（mustard gas）、砷类毒气（arsenicals）和光气（phosgene），随着时间的推移，这些化学制剂变得越发复杂和致命；有一种由哈伯研制开发、巴斯夫公司生产的光气甚至可以穿透防毒面具。

协约国方面则以德国人首先使用毒气、战争法允许进行报复为由，为自己使用毒气辩护。他们还声称，德国化学的整体优势让其抢占了先机；他们只是在努力追赶，而德国化学家无法这样为自己辩解。[18]第一次在伊普尔使用毒气之后，哈伯倍感沮丧，但这并不是因为他觉得自己越过了道德的底线（Rubicon）。他的失望来自一种挫折感，当敌人防线被突破后，进攻的德军却没有得到足够的支持去进一步扩大战果。在此后的岁月里，哈伯总是用这样的论点来反驳任何道德层面的质疑：被毒气致伤或致死并不比被烈性炸药炸伤和炸残或被机枪

① 从此，在整个第一次世界大战期间，空袭的频率和强度都在不断增加，虽然双方都配置了防空设施，防止了更大规模的破坏，但是频繁的防空警报打乱了工厂的生产节奏，并且对工厂设备和平民士气造成了极大损耗。因此，为了能够顺利生产硝酸这种极其重要的物资，巴斯夫公司开始寻找新的厂址。1916 年，在政府补贴的帮助下，巴斯夫在萨勒河畔梅泽堡（Merseburg on the Saale River）附近的洛伊纳兴建了一座新的工厂——这个地方超出了协约国轰炸机的航程。主持建设的是卡尔·克劳赫，一位年轻的化学家，他是卡尔·博施的得意弟子。多年之后，他的名字将出现在纽伦堡审判被告名单的显要位置。

子弹射杀更糟糕，在某些情况下甚至还更好。他坚称自己只是在履行一个爱国者应尽的义务。[①] 战争结束以后，协约国曾一度试图将他作为战犯审判，于是哈伯留起了胡子，在瑞士躲了几个月，直到风波平息。最终，他回到了德国，以科学家的身份继续工作，并且在德国化学工业的重建中发挥了主导作用。1918 年底，哈伯因发现合成氨而被授予诺贝尔奖（此举令法国和英国科学界的许多人感到愤怒）——他欣然接受了这一荣誉。

当然，我们现在知道，即使没有毒气计划，德国也照样可以进行这场战争。因为在 1915 年 5 月 1 日，卡尔·博施如约完成了他的任务，他高兴地告诉陆军部的官员们，他克服种种困难，成功地批量合成了硝酸。德国军队将能够继续作战，他们手中的枪炮终于摆脱了对智利硝石的严重依赖。一时间，博施成为整个德国都在颂扬的英雄，而数百万原本可以活下来的青年却早早献出了生命——当他晚年时重新回顾起这段往事时，心中总是怀有巨大的悲痛。

无论是合成硝酸盐项目还是研制化学武器，其整体意义在于它们使德国化学工业与国家力量形成了一种相互依赖的关系。一代人以前，染料企业还在为自己的商业独立、科技创新、积极的经营策略而自豪，但是现在它们演化成为庞大的经济实体，至少在目前，它们与德国的政治军事机构建立了密切的联系，并且越来越多地以国家贷款和政府合同的形式得到官

74

---

① 他的妻子可能有不同的感受。她曾经也是一位很有前途的科学家，据信在战争的头几个月里，当哈伯开始进行实验时，她曾强烈反对并极力劝说他放弃这项计划。在哈伯从西线回来几天后，就在他要前往东方对俄国人发动类似攻击之前，她举枪自杀了。

方财政上的支持。博施在技术上的卓越成就让战争又延续了数年，化学工业与政府之间的联系越发频繁，最终形成了一种特定的合作模式，许多年之后，这种模式还会被人们重新想起并再次运用。当这个国家面临巨大的民族危机，同时缺少活跃的海外市场时，也许就可以理解，为什么人们必然会走向这种合作模式。但是，这种在外部压力大、生产要求高的情况下逐步养成的路径依赖（habits），在未来的困难时期也就很难另辟蹊径了。德国的化学工业开始逐渐滑向危险的境地。

很少有人能比卡尔·杜伊斯贝格更好地体现出化学工业与军事力量之间日益密切的联系。这场战争成为这位拜耳公司老板人生中的又一个转折点。他既有弗里茨·哈伯那样强烈的爱国热忱，又像战场上热切渴望胜利的将军一样对自己的事业充满着壮志雄心，他既赞同国家为战争所做的一切，又在利用国家所提供的得天独厚的机会去赚取利润并做大企业。

或许有人会说，杜伊斯贝格别无选择。[19]因为战争阻挡了拜耳公司向海外的大举扩张。出口被迫中断，在敌国取得的专利被宣布无效，资产遭到冻结，有价值的商标也被突然注销。比如，在 1915 年，英国政府宣布阿司匹林的商标名称不再属于拜耳公司，今后任何人都可以使用这个名称来生产和销售这种药品。其他协约国政府也纷纷效仿，在澳大利亚的墨尔本，一位名叫乔治·尼古拉斯（George Nicholas）的年轻化学家推出了一种被称作阿斯普罗（Aspro）的药品——它是阿司匹林众多仿制药中的一款——很快它就在拜耳曾经独占的海外市场上同阿司匹林展开了竞争。拜耳公司的另外一项主营业务——向海外出口染料——如今也一落千丈，就像其他所有德国生产商一样；虽然美国仍然保持着中立，这多少让人感到欣慰，但是英国皇家海军的封锁使任何大宗的跨大西洋贸易都化为了泡影。生产设备闲置，收入不断减少。公司要想在战争中生存下来，就必须找到新的客户。

杜伊斯贝格把目光投向了德国政府，他要从那里找到填补缺口的办法。[20] 如果这场战争真像许多人所说的那样是"化学家的战争"，那么向德国军队提供军需物资肯定会大有可为。他通过军火制造商古斯塔夫·克虏伯（Gustav Krupp）等拥有影响力的亲密朋友与当局接触，受到了官方的热烈欢迎。1915年春，拜耳开始接到政府的订单，其中不仅包括那些通常可见的产品，如军服用的染料、军队医院用的药品、卡车和枪支用的涂料，而且还有新型的炸药、毒气和中间化学品。事实上，订单像潮水一般涌来，以至于杜伊斯贝格很快就激动地给陆军部的马克斯·鲍尔少校致信："您应该到勒沃库森这里来看一看，整个工厂经历了天翻地覆的改造和重组，如今它除了军事订单以外，几乎什么都不再生产……作为这一切的发明人和创造者，您会由衷地感到欣喜。"

不过，杜伊斯贝格很清楚，公司的长远发展将会遇到更大的问题。[21] 在伊普尔战役之后，英国和法国的政治家们已经开始为本国的化学工业提供大量国家补贴，拜耳公司之前的国外合作伙伴曾经实力薄弱，但是如今也开始大力投入研发。① 就连依然保持中立的美国也开始意识到，德国在化学方面的优势终有一天会让美国付出高昂的代价，美国政府也鼓励杜邦公司

76

---

① 无论是在英国还是在法国，从德国人手中没收的染料工厂和专利都被重组为庞大的新型化工联合企业。在法国，这些措施降低了国家对进口染料的依赖程度，进口染料的市场占有率从 1913 年的 80% 下降到 1919 年的约 30%。

（DuPont）——美国国内最大的化工生产商之一——等企业迎头赶上。杜伊斯贝格一直瞧不起德国的竞争对手，因为它们轻视科学的价值，但是他现在认识到，如果它们对专业知识有足够的需求，它们的学术机构也完全有能力培养出一流的工业科学家。至于这种新的状况会对战后德国经济造成何种影响，杜伊斯贝格并不抱有过多的幻想。无论战争的结局如何，几乎可以肯定的是，拜耳公司和其他德国化工企业都将面临激烈的竞争。

在这种情况下，以前无法实现的事情突然有了转机。[22] 由于战时的紧迫性，曾经相互敌对的德国化工企业不得不更加紧密地合作，分享以前被严密保护的技术和商业秘密。例如，拜耳和爱克发一直在协助巴斯夫及卡尔·博施在奥帕的硝酸项目，独立的格里斯海姆电化学公司和魏勒-特梅尔公司则与赫希斯特-卡塞拉-卡勒联盟展开合作，双方的关系比 1904 年该联盟创立之初所设想过的还要密切很多，而这个庞大的集团又与巴斯夫-爱克发-拜耳的三方同盟分享业务和技术。看着形形色色的合作蓬勃发展，杜伊斯贝格更加确信，他以前有关所有企业完全联合的想法并非痴人说梦，而是一个理智的、可以实现的目标。这将使化工行业获得足够大的规模，以抵御未来的国际竞争。

当他在 1915 年 7 月向同行们重提此事时，他们的反应与 1903 年时一样冷淡。[23] 毕竟，他们中的许多人相信，德国很快就会大获全胜，同时还会取得全面的经济优势，然后，德国的化学公司将非常容易地重建它们在全球的支配地位。然而，12 个月过去了，英国军队在索姆河承受了惊人的损失，但是新的部队和新的装备仍然在源源不断地补充上来，看起来德国已经无法在短时间内取得胜利了。业界对杜伊斯贝格提议的抵制开始松动，因为协约国很可能会抓紧时间提升自己的化学工业水平，使它们可以对德国化工企业构成严重的威胁。必须采取措施来防范这种可能性的产生。虽然完全合并仍不可能（博施就拒绝与其他任何人分享巴斯夫新建的合成氨业务所带来的利润），但是大家普遍同意，某种形式的半合并状态对所有人都有好处。经过各方反复讨论，一个全新的机构诞生了——德国染料工业利益共同体（Interessen Gemeinschaft der Deutschen Teefarbenindustrie），它的任务是在定价和供货、研发、专利、法律事务和保险等领域建立一种统一的处理办法，在保险方面的合作是设立联合保险基金。在这份协议中，有些方面的内容未被涉及——企业将保留各自独立的经济身份和绝大部分财务自主权，巴斯夫合成氨业务的利润将只与三方同盟中的合作伙伴共享，以后才会逐步与其他企业分享——但是，这是德国化学工业中的主要力量首次同意在一个单一的实体框架内进行合作。1916 年 8 月下旬，拜耳、巴斯夫、爱克发、赫希斯特、卡勒和卡塞拉，以及规模较小的格里斯海姆电化学公司和魏勒-特梅尔公司，终于尽弃前嫌，成了自愿合作的伙伴，而不再是全面竞争的对手。距离最终形成 IG 法本卡特尔（联合企业）还有一段路要走，但是它的雏形已经开始显现出来。

　　伴随着这一举世瞩目的成功——这证明了杜伊斯贝格的非凡决心，他绝不会让一个好主意胎死腹中——杜伊斯贝格将继续在国家级舞台发挥他日益增长的影响力。[24] 9 月 9 日，他和另一位工业界领袖古斯塔夫·克虏伯一起，应邀参加了一次私人会议，与会者是新任的德军总参谋长、陆军元帅保罗·冯·兴登堡（Paul von Hindenburg）和他最得力的副手埃里希·冯·

鲁登道夫（Erich von Ludendorff）将军，这两个人刚刚得到任命，他们将对德国的整个战局负责。这次会面由马克斯·鲍尔少校安排，会议在总参谋长的列车上进行，火车就停靠在德国和比利时的边境，远处炮弹的爆炸声不时传来。兴登堡是法金汉将军的继任者，当年夏天德国军队在索姆河战役中表现不佳，法金汉因此作为替罪羊而被革职。虽然此前已经预料到协约国将会发动一场大规模的进攻，但是德军最高指挥部（High Command）还是因为敌人的庞大兵力和武器装备而大吃一惊。不要说赢得战争，哪怕是要继续抵挡如此大规模的攻势，德国也必须拥有与对手相匹敌的实力。兴登堡向杜伊斯贝格和克虏伯解释了他的打算。他要征召更多新兵，并且将宣布一项明显扩充过的军需计划——更多的火炮、更多的炮弹、更多的机枪，还要大幅增加对毒气和化工产品的采购。政府在购买这些新武器上并不缺钱——由于事关重大，政府不会采取谨慎的财政政策——只是，杜伊斯贝格和克虏伯作为国家重要的工业界领袖，兴登堡期望他们能为实现这一计划发挥自己的作用。虽然这两个生意人为兴登堡所给予的礼遇受宠若惊，也为他的计划将给自己所属的产业带来推动而感到高兴，但他们都是现实主义者。他们向这位陆军元帅解释说，如果没有足够多的劳动力来完成军需品的生产，那就没有必要进行如此规模的采购。军队显然要征召越来越多的男人。在某些情况下，他们的父亲、妻子和女儿可以进入工厂代替他们工作，但严重的劳动力短缺已经初现端倪，而且在德国，要想将生产提高到必要水平仅仅依靠替代工人是远远不够的。如果德军最高指挥部想要如此大幅度地增加武器产量，它就必须考虑采取有争议的措施。

接下来的一周，马克斯·鲍尔将德国最重要的 39 家制造商召集到陆军部，共同商讨劳动力问题，并就必须采取的措施达成了更广泛的共识。[25] 杜伊斯贝格主导了这次会议。他描述了劳动力市场的悲惨境况，指出仅仅依靠德国国内很难满足劳动力需求，他的同行们纷纷低声表示赞同。工资不断攀升，生产力却在下降。事情已经到了危急关头，每个人都知道只有一个解决办法——必须从德军占领的土地上寻找工人。

1916 年 11 月，杜伊斯贝格的谈话产生了直接效果，德国军队开始从被占领的比利时向德国国内遣送劳工——实际上，这是奴役劳动的开始。在不到一个月的时间里，在枪口的威逼下，超过六万人被从家里和工作场所带走，他们被装上火车，运往德国的工厂和矿山。这种野蛮行径，以及新闻界对家属悲愤之情的广泛报道，几乎引起了全世界的一致谴责。作为中立国，美国政府也向柏林提出了抗议，正式宣布它"最大的关切和遗憾"，并且指出这种行为"违反了所有先例，违背了文明国家长期以来在对待非战斗人员方面所接受和遵循的国际惯例中的人道主义原则"。到了第二年春天，抗议之声异常激烈——而且有许多比利时人即便受到威逼利诱，仍然坚决拒绝完成分配给他们的工作——这直接导致了该计划的流产，大多数被遣送到德国的劳工获准回家。但是，这并非唯一发生的强制劳动。比如，在 1916 年底，数百名俄国战俘被挑选出来为巴斯夫工作，他们被送往奥帕、路德维希港和洛伊纳（Leuna，巴斯夫公司位于萨勒河畔的新建的硝酸盐工厂）。随着战争的进行，又有数千人被编入战俘劳工队伍。对于这些举措，人们始终充满了争论和质疑。在路德维希港，战俘们并"不驯服"，他们对恶劣的待遇和难以下咽的食物大声抱怨，这让管理人员非常愤怒，他们采用"严格的制度"来恢复纪律。这对那些不幸的俄国人究竟意味着什么，如今我们只能猜测。

与此同时，劳动力短缺迫使生产成本上升，因为它给了德国工人和工会更大的议价能力。[26]在工业家齐聚柏林的那次会议上，杜伊斯贝格建议政府针对这种趋势进行打击，对过高的工资要求和罢工制定严厉的法规。他警告说，否则越来越多的价格上涨将不可避免。军工生产确实为企业带来了丰厚的利润，但是要让杜伊斯贝格和他的伙伴们让出一部分利益，是根本不可能的。事实上，当局曾经试图做出这样的安排，但是杜伊斯贝格主动采取措施阻止了他们的做法。1916 年，鲁登道夫将军任命威廉·格勒纳（Wilhelm Groener）将军在陆军部管理一个新的办公室，负责降低军方采购中遇到的通货膨胀问题。在他的助手里夏德·默顿（Richard Merton）上尉的影响下，格勒纳向他的上级提议，战争物资价格的上涨应该直接由工业界承担。当杜伊斯贝格听说这项建议正在得到认真考虑时，他动员他在工业界的同行向当局施压，要求撤换格勒纳。这位将军和他"爱管闲事的"助手很快就被派往前线，这件事无疑反映出拜耳公司老板日益增长的影响力，以及德国政府对其工业制品的依赖。[①]

很难想象，杜伊斯贝格是如何抽出时间进行这些活动的。[28]作为德国化学工业半官方的发言人和新成立的德国染料工业利益共同体的主席——此外他还兼任众多其他职务——杜

---

① 里夏德·默顿不只是格勒纳的助手，同时他也是金属集团（Metallgesellschaft，德国金属工业的龙头企业之一）的负责人。在最后一刻，他动用自己的关系，被任命为占领区工业贿赂调查委员会的委员，而格勒纳就没有这么幸运了。[27]

伊斯贝格要参与很多方面的工作，当然，作为拜耳公司的负责人，他还有日常工作需要处理。然而不知为何，他似乎无处不在，前一分钟还在杜塞尔多夫工业俱乐部（Industrial Club）召集同行开会，后一分钟就跑回勒沃库森的车间监督生产，并且鼓励员工加倍努力地工作。

但是，杜伊斯贝格并不能掌控一切。整个战争期间，在他的王国里有一个角落始终游离在他的权力之外。由于无法直接干预事态的发展，他只能满怀沮丧，眼睁睁地看着别人犯下代价高昂的错误。千里之外的大西洋彼岸，拜耳在美国最重要的资产正在脱离他的控制。

当战争在欧洲爆发时，对美国的最直接影响就是商贸中断。²⁹德国和美国仍然处于和平状态，根据各种旨在维护非交战国之间海上交通的国际条约，贸易——至少是与战争没有直接关系的货物——是完全合法的，并且被允许继续不受干扰地进行。虽然英国是这些协议的签字国，但是一旦战争的持续时间明显超过预期，伦敦就单方面宣布，所有与德国相关的货物都将遭到禁运。最初，英国皇家海军只针对德国船只，但是很快美国的商船也被拦截和搜查，船上的货物被作为违禁品扣押，船只被勒令掉头返航。

华盛顿为此非常愤怒。伍德罗·威尔逊（Woodrow Wilson）总统相信——就像他的许多同胞一样——远离旧世界任何疯狂的冒险才最符合美国的利益。当欧洲最终恢复理智的时候，中立的身份将使美国扮演公正的调解人的角色。而在那之前，美国会和任何它喜欢的人做生意。1914年，美国与同盟国一年的贸易额将近1.7亿美元，美国几乎不会为了迎合英国和法国而放弃这种贸易。

但是，负责阻止重要战争物资进入敌国的英国皇家海军，不顾美国国务院的愤怒电文，仍然继续行动。伦敦与华盛顿的外交关系降到了多年以来的最低点。只有当英、法两国对美国出口产品的需求不断增加，开始消化甚至超过因德国贸易流失所造成的美国的过剩产能时，情况才发生改观。尽管如此，美国方面的损失最终还是花了长达数月的时间才得以弥补。

82　　与此同时，封锁也造成了其他问题。[30]美国现在有数百种重要商品无法进口，其中包括许多迄今为止只能从德国获得的药品、染料和中间化学品。虽然自 1903 年卡尔·杜伊斯贝格嘲笑美国只有二流的化学工业以来，美国化工产业取得了长足发展，但是与德国同行相比，它仍然处在起步阶段，而德国同行也在竭尽全力维持这种态势。赫希斯特、巴斯夫、拜耳及其他公司都不愿意放弃它们在美国有利可图的专利和垄断，就像战前它们在英国和法国所做的那样。虽然它们在美国也建立了一些工厂以生产药品和染料制品，但这样做更多是出于减免关税的考虑；它们将赚取的利润输送回大洋彼岸，但是对流向美国的专利技术始终进行严格的控制，以免潜在的美国竞争对手以某种方式获得重要的商业秘密。这些工厂一直使用德国的技术和原材料，甚至在有条件的情况下，工人也大多是会说德语的移民——所有这些都是为了将关键技术和工艺保留在德国人内部。其结果是，美国市场被精心培养出一种对德国化工产品的强烈依赖感，而美国本土的化工产业还在挣扎着走出发展阶段。当战争中断了这种单方面的关系，美国并没有立刻就具备可以取代德国产品的专业知识和技术设施，许多重要的化学品很快就出现了短缺。①

　　颇为讽刺的是，由于德国人激进的保护主义态度，拜耳公　　83
司反而成为受冲击最大的企业之一。该公司在美国最畅销的产
品是阿司匹林，这款药物的专利有效期直到 1917 年，由拜耳
公司位于纽约州北部伦斯勒的新建工厂生产。但是，大规模生
产阿司匹林需要一些特殊的原料，其中最重要的一种是化学制
品苯酚（用于合成水杨酸），这种材料当时极度短缺。之所以
出现这种局面，是因为苯酚也被用于制造某些烈性炸药，而在
西线作战的英国人急需这种材料，因此它就成了英国在跨大西
洋禁运中的重点目标。在第一次世界大战之前，冯海登化工
厂——拜耳公司在美国主要的合成水杨酸原料供应商——遵循
标准的做法，凡是伦斯勒工厂需要的材料它都直接从德国进
口。现在，海运已经中止，而美国的化学工业还没有能力实现
自给自足，美国各地的现有库存都在迅速枯竭。到 1915 年春
天，苯酚价格一路飞涨，拜耳在美国的生产线濒临停产。32

　　在正常情况下，拜耳美国公司（Bayer and Company）的
高管们会立即向他们在德国勒沃库森的总部寻求帮助，但战争

---

①　当然，美国人中不乏德国的同情者，他们不失时机地把矛头指向了他们
　　所认为的造成物资短缺的罪魁祸首——背信弃义的英国人和他们针对德
　　美两国贸易所采取的令人愤怒的禁运。有趣的是，他们又迅速宣称，敌
　　人并非无懈可击，封锁随时都会被打破。比如，在 1916 年 7 月，一艘名
　　为"德国"（Deutschland）号的 U 型潜艇装载着 300 吨浓缩染料和药品，
　　戏剧性地在巴尔的摩港浮出水面，专栏作家们［最著名的是那些为赫斯
　　特（Hearst）报系撰稿的专栏作者］兴奋地在亲德报纸上炒作这一事件。
　　他们额手相庆，称这是机智无畏的日耳曼人的胜利，并且将它当作有志
　　者事竟成的例证。虽然这种冒险具有宣传价值（4 个月后，同一艘潜艇
　　带着第二批货物再次来到美国），但是这种做法很难频繁进行，而且德国
　　方面也着手太晚，无法有效解决从战争开始时就已经在美国出现的化学
　　品短缺。31

和封锁使跨越大西洋的民间交流也变得困难重重。由于无法得到杜伊斯贝格的指示，经理们决定继续维持生产线的运转，他们四处寻求解决办法，最终陷入了一场非常尴尬的丑闻。

这个后来被称作"苯酚大阴谋"（the Great Phenol Plot）的事件，牵涉到一项试图垄断美国唯一苯酚供应的计划。[33]苯酚也是黑胶唱片的主要原料，发明家托马斯·爱迪生为此建立了一家苯酚生产厂，当时它刚刚开始投产，还有过剩的产能。在拜耳的鼓动下，一位名叫胡戈·施魏策尔（Hugo Schweitzer）的德裔美国人制定出一套计划，施魏策尔利用自己的多重公开身份——富有的社会名流、化学工业顾问，以及德国皇帝丰功伟绩的鼓吹者——掩护其德国间谍的角色。[34]①依靠多家空壳公司及德国大使馆提供的秘密资金，施魏策尔从毫不知情的爱迪生手中购买到苯酚，他交出拜耳公司所需的数量，然后把剩下的转手获利。他非常得意，因为他既能从这笔交易中获得巨大的个人收益，又能让同样急需苯酚的英国人无法得到这种化学品。不幸的是，施魏策尔在德国大使馆的联络人——他正巧被美国特勤局（U. S. Secret Service）跟踪——在纽约的一列火车上遗忘了一个装有整套行动细节的公文包。几天之内，这些细节就被泄露给了报纸。整个事件在这个时间点

---

① 施魏策尔在德国情报界被称作 963192637 号特工。在一战初期，他的主要角色是充当德国大使馆和瓦尔特·舍勒（Walter Scheele）之间的中间人。舍勒是美国化工企业新泽西化学公司（New Jersey Chemical Company）的外籍科学家，也是德国在美国工业界最重要的间谍之一。舍勒向施魏策尔提供有关英国军备订单的秘密情报，并与他合作设计了一种隐瞒美国石油出口的方法，这样就可以避开贸易封锁走私美国石油，甚至他还准备了引火装置，由施魏策尔派人安装到停泊在纽约港的英国商船上。[35]

被爆出简直就是一场灾难。就在几个月之前，即 1915 年 5 月 7 日，一艘德国 U 型潜艇击沉了英国的跨大西洋客轮"卢西塔尼亚"（Lusitania）号，造成约 1200 人丧生，死者中以美国人居多，这使美、德之间的外交关系陷入危机，战争的距离也越来越近。1915 年 8 月 15 日，《纽约世界报》（New York World）刊文，指责苯酚阴谋的策划者是要密谋剥夺美国重要的战略物资，损害美国的国家利益；施魏策尔在德国使馆的朋友们与他迅速划清界限，他在公众的谴责声中饱受折磨，他的特工身份已经彻底暴露。

丑闻也让拜耳美国公司声名狼藉，因为媒体准确地挖出这家公司就是苯酚的最终购买者。[36] 但是，除了曾请求施魏策尔提供帮助之外，没有人能证明拜耳美国公司还做过其他事情，因此这种当众难堪并没有持续多久。该公司的经理们迅速采取行动，与直接了解德国大使馆阴谋的人撇清干系，并且表示他们唯一的目的就是要保证一种重要药品的生产。私下里他们感到庆幸，因为在丑闻爆发前的几周时间里，他们储存了足够多的苯酚，使生产能够维持到下一年。然后，非常尴尬的托马斯·爱迪生宣布，此后他将只向军方出售他的剩余产品，这让丑闻的负面影响降到了最小。美国政府虽然愤愤不平，但它并没有要求拜耳公司退还苯酚（也许是因为它与这家公司一样，想要保证阿司匹林的供应），可能它会认为，当拜耳公司再次用完苯酚时，美国本土的其他化工企业已经能够大量生产这种化学品了。

尽管如此，拜耳美国公司还是以一种极不受欢迎的方式引起了华盛顿的注意。美国当局现在必须关注这家外资企业——特别是在德、美两国关系持续恶化的背景之下——这家企业参与了垄断化学品市场的阴谋并从中获利，而这种化学品对美国的军工制造至关重要。1917 年初，为了增加对英、法的压力，并且减轻敌人的封锁，德军最高指挥部下令在大西洋上实施无限制潜水艇战。德国潜艇击沉了一些协约国的舰船，同时也让一些美国船葬身海底。奇怪的是，德国随后又卷入了一场令人尴尬且很不成熟的预谋，它试图说服墨西哥去进攻美国。随着美国公众情绪的恶化，拜耳美国公司在纽约的高管们变得惊慌失措，他们意识到，他们随时都有可能被认作在经营一家敌国企业的敌国公民。他们在最后时刻开始疯狂地试图掩盖拜耳公司在美国的资产，借用皮包公司来伪造交易，希望在外人看来这家企业完全属于美国公民所有。[37]①

这一切都太晚了。[38] 1917 年 4 月 6 日，美国对德国宣战。不久之后，美国国会通过了《对敌国贸易法》（Trading with the Enemy Act），并且成立了一个专门机构来没收敌方的所有资产。这个机构被称为"外侨资产管理局"（Office of the Alien Property Custodian），由宾夕法尼亚州的前国会议员 A. 米切尔·帕尔默（A. Mitchell Palmer）负责。帕尔默这个人武断、固执、强烈反德，他的助手是一位名叫弗朗西斯·加文（Francis Garvan）的前纽约地区检察官。加文负责领导一个咄咄逼人的调查部门，然后他们一起去围捕猎物。德国人在美国持有的资产和房产价值总计约为 9.5 亿美元，其中大部分隐藏

① 一个典型的案例就是，拜耳美国公司通过第三方低调收购了一家名为威廉姆斯和克罗韦尔（Williams and Crowell）的小型美国染料企业。通过复杂的交易，拜耳美国公司的高管秘密地将一些专利、著作权和产品线转让给了这家新公司，然后在战争结束之后，这些授权将重新归还拜耳。另一项操作是成立了合成化学专利公司（Synthetic Patents Company），然后以类似的方式进行操作。但是这两项交易都遭到了美国当局的揭露。

在一堆故意混淆视听的空壳公司和信托基金中。这两位官员下定决心，要把对手一网打尽，并且毫不掩饰地表示，他们的首要目标就是那些他们认为有明显反美背景的企业。拜耳美国公司排在了受调查名单的最前面，这是因为它曾被卷入"苯酚大阴谋"，同时与声名狼藉的胡戈·施魏策尔有所牵连。帕尔默宣布将没收该公司的所有财产、专利和商标，并且将大部分德籍高管换成美国人，此举多了一些官方报复的意味。伦斯勒的工厂、拜耳在纽约的豪华办公室，以及公司最畅销的产品线统统被没收。消息传回勒沃库森之后，所有人都非常沮丧。如果德国无法赢得战争，拜耳的财产可能永远也收不回来了。

　　人们把 1916 年与 1917 年之交的那个冬天称为"芜菁之冬"（turnip winter），这是一段凄凉的插曲，协约国的封锁开始真正发挥作用，芜菁这种耐寒但乏味的蔬菜是为数不多供应充足的食品。[39]但是对很多在那个漫长而寒冷的冬季幸存下来的普通德国人来说，这也是一个虽然短暂但人们相对乐观的时期的开始，至少在一段时间内，战局确实是在向有利于德国的方向发展。比如说，无限制潜水艇战似乎进行得非常顺利。仅在 1917 年 4 月，协约国被击沉的船只就高达 85.2 万吨，再加上前两个月协约国同样巨大的损失，人们很容易相信政府的宣传，认为敌人已经接近经济崩溃的边缘。来自西线的消息也同样令人欣慰。刚刚建成的坚固防御体系挫败了英法军队的夏季攻势，这条防线被称为"兴登堡防线"（Hindenburg Line），以纪念防御的组织者兴登堡元帅。敌人投入了数十万军队向着德军防线上的混凝土地堡、带刺铁丝网和喷吐火舌的机关枪进攻，付出了可怕的伤亡代价。谣言开始流传，巨大的伤亡已经激起了大批法军哗变，德国方面有很多人认为，德意志民族正

87

在遭受的磨难只需再等几个月就会圆满结束。甚至连美国对德宣战这一令人震惊的消息，也被来自东线的令人鼓舞的信息给抵消了。1917年3月，沙皇政权倒台，俄罗斯帝国崩溃，临时政府在夏季发起的最后一次攻势遭遇了令其绝望的惨败，俄国军队被迫向俄国境内撤退。11月初，俄国十月革命爆发，几周后，新生的苏维埃政权主动向德国求和，双方在布列斯特-利托夫斯克（Brest-Litovsk）举行和谈。在同一年，意大利军队也遭遇败局，鲁登道夫率领德国师团在卡波雷托（Caporetto）支援奥地利盟军取得大胜（这场胜利一度被认为会迫使意大利退出战争）。这一年，确实有很多值得德国人欢呼的事情。

但是，在所有这些好消息中，悲观者也发现了很多不利的证据。确实，英国和加拿大军队为了夺取早已被摧毁的佛兰德斯村庄帕斯尚尔（Passchendaele），在一次贸然发动的毁灭性进攻中损失了近25万人，但是德国在这场战役中也损失了近20万人。如此巨大的伤亡或许德国还能承受一段时间，因为曾经用来防御俄国的德军师团现在可以转移到西线，但是很显然，一旦美国掌握的庞大资源完全投入协约国一边，新增的物资和兵力将会使胜利的天平倒向敌人一方。任何对严重的人力危机有怀疑的人，只要注意一下1917年9月德军发布的公告就会明白，他们正在征召15岁的志愿兵来补充兵员。不管战局有多么辉煌，其他方面的问题开始暴露。到了1917年深秋，曾经满怀信心的无限制潜水艇战也逐渐显露颓势。潜艇太少、艇员不足，德国海军根本无法将暂时的优势坚持下去，在此期间，英国人设法加强了他们的护航体系，并且将损失减少到可以接受的水平。与此同时，针对德国的贸易封锁仍在继续，这使德国已经难以供养它的国民，在军事上也已经难以为继。

对于德国工业企业的经营者来说，劳动力短缺是他们所要承受的最大压力。[40] 现在，劳工中日益增长的不满情绪进一步加剧了人力的不足。对战争的厌倦和永无止境的食品及燃料匮乏正在产生负面影响，正如卡尔·杜伊斯贝格所预料的那样，工人们开始要求更好的待遇和条件。1916 年 12 月，德国政府不得不屈服于这种压力，出台了《爱国辅助役法》（Patriotic Auxiliary Service Law），迫使企业承认有组织的工会，这种工会不再是企业曾经挟制的那种驯服的内部生产协作组织。工会的建立一度给工业企业带来了一定程度的和谐氛围，但是随着员工开始反对战争，缓和的气氛很快再度紧张。1917 年 8 月，激进的独立社会民主党（Independent Social Democratic Party）发起了全国性的反战罢工，作为这次浪潮的一部分，巴斯夫新建的洛伊纳合成氨生产厂中的工人也参与了罢工。类似的罢工还出现在拜耳的勒沃库森工厂和属于染料工业利益共同体的其他工厂中。警察暂时恢复了秩序，但即便如此，企业管理层还是被迫向军事当局求助，以大规模征兵作为要挟，让工人们回去工作。当然，每个雇主心中都有一种说不出的恐惧，那就是布尔什维克的革命热情正在传染，过去三年半时间里由于支持战争，劳资之间实现了脆弱的和平，但是这种休战状态很可能即将瓦解。哪怕这种情况并未发生，也必须尽快在某些方面做出让步。整个国家已经精疲力竭，人民忍受着饥饿；为了战争已经做出了太多的牺牲。

1918 年 3 月，鲁登道夫将军孤注一掷，向索姆河发起了最后攻势。[41] 德军投入 62 个师在长约 80 公里的战线上发动进攻，企图分割协约国军队，把英国人赶回英吉利海峡。起初，这场战役似乎是 1914 年之后德国最成功的一次进攻。德军放弃了惯用的前期炮击（现在已经是为人熟知的战斗即将来临的警告），转而采用新式战术，利用烟幕和芥子气的掩护使用小股部队展开攻势，这让德军在战役初期取得了明显的战果，在不到十天的时间里向前推进了 60 多公里，俘虏敌军 8 万多人，缴获数千门火炮，甚至再次威胁巴黎。但是在接下来的几周里，由于德军在马恩河附近遭遇了法军和美军的顽强抵抗，试图进一步扩大战果的努力失败了。1918 年春末夏初，随着协约国军队不断发动反击，德军最后一次大规模的进攻已经成了强弩之末。到了 8 月中旬，德军最高指挥部意识到，战争继续下去已经毫无意义。鲁登道夫将军甚至恳求卡尔·杜伊斯贝格，要他向德国皇帝转达军方的意见。这位忠诚的爱国者一口回绝了这个要求，但是他的抵抗对最终结果没有产生太大影响。同年秋天，当协约国军队开始发动攻势时，疲惫不堪的德军迅速瓦解，士兵哗变在帝国海军中蔓延，罢工浪潮席卷了柏林街头。在执政联盟中的社会民主党人的劝说下，德国皇帝宣布退位。到 11 月初，战争几乎已经全面结束了。但是对于德国——还有它卓越的化学工业——来说，未来的道路业已发生了永久的改变。

第4章 巨人的诞生

1924 年 11 月 13 日下午，德国化学工业的领袖们齐聚勒 90
沃库森，他们要在卡尔·杜伊斯贝格的豪华宅第中，一劳永逸
地解决那个一再困扰他们的问题：他们的公司应该合并吗？从
一开始与会者的态度就相当积极；哪怕是那些对合并持强烈保
留意见的人，也已经准备好倾听对方——那些对合并的潜在好
处充满热情的人——的意见。但是直到傍晚时分，两派之间的
分歧依然没有消除。双方的争论越来越激烈，人们说话的嗓门
儿提高了，火气也大了起来。[1]

不过，豪宅宜人的环境提供了让人喘息的机会。如果来宾
需要放松一下精神，或者只是让自己冷静下来，可以走到外面
的大露台上，然后逐级而下进入精心修剪过的花园。然而，当
他们晚饭后在院子里漫步，或者在雪茄的烟雾中陷入沉思时，
他们会发现自己的思绪很难摆脱刚才在谈论的事情。首先，周
围的事物就在时刻提醒着他们。田园牧歌式的景象只延伸到车 91
道尽头的院落大门；在大门之外，无数工厂的烟囱突兀地从树
后伸出来，占据了天际线。如果从另一个方向看过来，看向主
人那座灯火通明的别墅，会给人留下同样深刻的印象：这座富
丽堂皇的住宅让人不由联想起历史上的宏伟建筑。房子的占地
面积很大，在式样上大量采用了回廊、穹顶和立柱等元素，这
不只是一栋房屋，它还是一个人魄力、成就和雄心的纪念碑。

有些人可能会认为它粗俗，有些人可能会觉得它丑陋，但是没有人能对它视若无睹。

当然，与会者不会花太多心思去纠结这些事情。有人走出来把大家又重新召集在一起，带他们回酒吧间或台球室继续讨论，双方围绕着谁对谁说了什么、为什么这么说展开了又一轮争论。毕竟，这是众神的会议，即便是地位最低的神灵，也要在这里展现自己的威力。

这些交谈将决定强大的德国化学工业的命运。距离第一次世界大战的灾难性结局已经过去六年了——伴随着《凡尔赛和约》（Versailles Treaty）（以下简称《和约》）、政治上的无政府状态、恶性通货膨胀和咄咄逼人的国际竞争——德国化学工业迈出了走向全面联合的最后一步。IG 法本公司即将诞生。

德国战败对化学工业来说几乎就是灭顶之灾。[2]当初，它被完全整合到战时经济中，这让它完全依赖德国军方的订单，大部分工厂都被用于生产军需产品和其他重要的战略物资。以1917~1918 年为例，巴斯夫的销售额中，仅来自军方的收入就达到了惊人的 78%，其他公司的情况也差不多糟糕。11 月 11日的停战，让这类生产全都停了下来，行业内一些消息灵通的高管已经提前收到警告，知道战争即将结束（1918 年 11 月 4日，巴斯夫的监事会被告知，军队已经处于全面崩溃的边缘，路德维希港面临被敌军占领的危险），但是他们只有有限的时间来做准备。数吨可能被没收的化学储备材料和制成品被偷偷运往德国腹地，数百份可能落入敌手的敏感商业计划和技术设计方案被销毁或藏匿起来。但这个行业最重要的基础设施——它的专业设备、实验室和厂房建筑——是无法移动的，它们分布在莱茵河两岸，随时可能遭到协约国的报复攻击。接踵而至的是一段非常动荡的时期。

在停火后的几天里，突然有传闻说，化工行业的一些大佬惶惶不可终日，他们决定先外出避一避风头，有的人返回乡下的庄园，还有人到东部去投奔亲友，这些人对外的说辞是有急事要去处理。这些谣言的出现，对于充满变数的局势没有任何好处。《纽约时报》的一篇报道甚至称，拜耳公司的卡尔·杜伊斯贝格——"他被外界普遍认为是'企业'与鲁登道夫将军之间的联系纽带……是泛德主义者（Pan Germans）中最活跃的人士之一"——已经逃往瑞士。[3]当然，这位骄傲的爱国者并没有逃跑。12 月初，新西兰的一支部队开进勒沃库森，他们占领了拜耳工厂，并且把杜伊斯贝格及其家人关押在他的豪宅地下室的一套房间里。事实上，大多数化工行业中的高管都选择留下来坚守。12 月 6 日，当法国士兵占领路德维希港时，数名巴斯夫公司的董事出来与他们接洽，决心保护自己的企业免受昔日之敌的报复。

企业高层实际能做的事情并不多。[4]那些没有来得及被运走的原材料和制成品立即遭到法军扣押，以充作未来赔偿的一部分，紧随部队而来的还有几十名法国军事化学专家，他们负责搜寻尽可能多的有关炸药、毒气、硝酸盐和染料制造工艺的技术资料。协约国中的其他国家也纷纷效仿，很快，莱茵河畔的每一家主要化工厂里都挤满了外国专家——他们在档案室里翻箱倒柜，向研究员和工头提出各种问题，让人不堪其扰。至少在表面上，英国和美国的调查人员比他们的法国同行做事更加得体，他们保证只寻找具有特定军事用途的技术，"以便下一步解除德国的武装"。法国人并不在意德国人的怒气，也不讳言他们在寻找可能对法国国内化学工业有价值的商业情报。

93

当然，协约国最想搞清楚的一件事就是，德国究竟是如何生产出来足够数量的硝酸盐从而维持了军工厂的运转。[5]很明显，这个问题的部分答案就在巴斯夫位于莱茵河畔奥帕的哈伯-博施工厂里，但是只有德国人知道如何让它工作。法国人希望重启工厂设施，这样他们就能够看到整个生产流程，但是博施——1918年初他被任命为巴斯夫的负责人——拒绝了这一要求，理由是其中所涉及的技术工艺纯粹是商业利益，透露出去将严重威胁公司的生存。法国人向协约国联合和平委员会（joint Allied peace commission，该机构负责监督停战协议的执行）发出请求，希望后者命令巴斯夫公司让奥帕工厂重新运转。令法国政府愤怒的是，该委员会也站在了博施一边：虽然合成硝酸盐能够生产用于制造炸药的材料，但是这一工艺本身还有更多和平利用的方式，因此有理由将其视为商业机密。

虽然这种孤立的胜利对振奋企业的士气确有好处，但是从大局来看，它们对更全面的恢复德国化学工业并没有什么帮助。为了在即将进行的和平条约谈判中对德国持续施压，英国的封锁仍在继续，食品、煤炭和重要原材料严重短缺，工厂无法恢复满负荷生产。此外，由于订单被取消，工人被解雇，许多工厂几乎不能运转，整体情况似乎已经糟到了极点。

毫无意外，就在那个冬天，德国像几乎所有其他地方一样疾病横行。[6]1918~1919年暴发的大流感是20世纪人类最大的悲剧之一——在短短几个月时间内，一场就像《圣经》中所描述的那种大瘟疫席卷了整个世界，它所造成的死亡人数（约5000万）至少是此前四年整个第一次世界大战期间死亡人数的五倍。特别是在因遭受战争而陷入贫困的人口中，其死亡人数更是触目惊心，疫情的流行使得战后各国的重建工作变得更加困难。德国遭受的打击尤为严重，有记录的死亡人数超94过 40 万，还有 100 多万名患者被迫卧床治疗。由于太多工人和管理人员被迅速传播的流感（Blitzkatarrh）击倒，企业家们很快就无法让他们的企业维持运转了。

讽刺的是，拜耳公司的制药部门成为这次大流感中为数不多的受益者。[7]当时人们还没有办法来对付流感（科学家们还不知道流感是由病毒引起的，因此也无法研制出有效的疫苗），于是就转而寻找任何能够找到的保守疗法来缓解流感的症状。阿司匹林是拜耳公司最成功的发明，虽然问世还不到 20 年，但是它能够缓解疼痛和退烧的功效已经广为人知。由于效果相近的替代性药品非常少，阿司匹林很快就成为全世界数百万人的首选药物。虽然也可以从其他供应商那里买到这类药品，但是在 1918 年与 1919 年之交的冬天，人们对该药的需求量之大，让拜耳勒沃库森工厂的产量翻了一番。当然，使用阿司匹林的人越多，就越认可它的治疗效果，拜耳在未来就会有更多的客户。一时间，阿司匹林的热销就像是惨淡风景中一座孤独的灯塔。

不过，德国混乱的政局依然没有任何转机。在 1918 年 11 月 9 日至 11 日爆发的几乎没有流血的民主政变中，在德国国会占多数席位的社会民主党人成功地推动了停战，迫使德国皇帝退位，并且宣布要成立共和国。[8]新任总理弗里德里希·艾伯特（Friedrich Ebert）勉强赢得了军方高层的支持（条件是维护传统军官团的权威，反对布尔什维克主义的传播），并且成功促成了德国的投降。但是之后，事情变得更加困难。那年冬天，整个国家陷入了党派冲突和暴力，政治极端分子把他们彼此间的——以及对新政府的——在意识形态上的对立带上了街头。在柏林爆发了斯巴达克团（Spartacist）起义，政府在自由军团（Freikorps，一支由复员军人、虚无主义反革命分子和大学生仓促组成的雇佣军）的协助下才将这次起义镇压下去，在其他地方，士兵苏维埃和无政府工团主义者（anarcho-syndicalist）也在制造混乱，同时威胁要进行反抗行动。艾伯特手中的权力相当脆弱，虽然他的社会民主党临时政府由一批作风务实的人士组成，他们想继续推进有关军队复员、恢复经济、与协约国达成和平协议的工作，但是无论在左派还是右派的政治势力中，仍然有很多人坚信，必须进行根本性的政治变革。

在这种气氛下，能够取得任何成就都是很了不起的，革命的直接威胁随着斯巴达克团的失败而消失。当局利用这个短暂的机会，举行了新的国民议会选举，然后当选代表聚集在图林根州的小城魏玛（Weimar），制定了一部共和国宪法。1919 年 2 月 11 日，艾伯特当选总统（有权解散议会并颁布紧急法令），由社会民主党、天主教中央党（Catholic Center Party）和自由主义的德国民主党（German Democratic Party）组成的并不稳固的中左翼联盟悄悄地接管了政府的权力。如果像当时的一些评论家所抱怨的那样，这个国家的重生缺少了令人愉悦的光彩和仪式；但是，它至少提供了某种程度的稳定，使德国可以开始为即将举行的和平谈判做出准备。不过，这仍是一个充满躁动的时期，一边是民族主义、反布尔什维克主义、被剥夺了权力的旧政权精英的愤怒；另一边则是对共产主义的支持，以及对革命未能使国家实现无产阶级专政的愤怒。左右两派始终在尝试颠覆议会制度，德国国内反复出现准军事政变，而新的共和国不得不在这种腹背受敌的困境中寻找出路。这不是建立民主共识或者潜心经营企业的最佳时机——化学工业很快就会意识到这一点。

　　在 1920 年 3 月，右翼势力发动了卡普政变（Kapp putsch），政府被迫逃往德累斯顿（Dresden）。[9]德国各地化工厂的数千名工人参加了随后的全国性罢工，挫败了政变分子的图谋，但是在此过程中也严重干扰了日常生产。这一事件让卡尔·杜伊斯贝格陷入了尴尬的局面。他的老朋友鲁登道夫将军是这次叛乱的领导人之一，而杜伊斯贝格在政治上同情叛乱者，在恢复君主制和旧秩序方面也与政变者主张基本一致，因此很多人希望他能表达对政变的支持——杜伊斯贝格尤其不信任有组织的工会，每当有罢工发生时，他总是会直接谴责罢工的工人。但是这一次，他把对工会的批评控制在最低限度，并且公开对政变分子发表了反对意见。政变密谋者的冲动让他感到不安，因为这次事件似乎注定要以暴力和混乱收场，而罢工者这一次的行动是要维护现状。和大多数工业家一样，杜伊斯贝格最痛恨无政府状态；社会动荡对工商业没有好处，如果动荡即将出现，那么无论是旧日的友谊，还是个人的政治偏好，都要退居其次。当然，杜伊斯贝格和他的业内同行们对于谴责旨在颠覆现状的左翼行动就完全没有这样的顾虑。1921 年 3 月，德国统一共产党（VKPD，德国共产党和独立社会民主党的联盟）发动了工人起义，巴斯夫的洛伊纳工厂陷入了暴力之中。在长达十天的血腥冲突中，2000 名配备机关枪的工人占领并封锁了厂区，最后警察是在火炮的支援下才夺回了工厂。30 名工人和一名警察在冲突中丧生，还有数百名工人被送进监狱。事后，巴斯夫公司董事会下令解雇工厂的所有职工，直到其中的激进分子被全部剔除后他们才会被重新雇用。

　　在这样一个政治动荡的背景下，魏玛共和国政府要与协约国谈判，达成一个让所有德国人都能接受的和平条约绝非易事。[10]事实证明，整个谈判过程异常棘手，其中困难重重，争议不断，最终造成了德国国内政治分歧的进一步扩大。停战后，许多德国人都抱有一种不切实际的乐观期望，这无疑是造成分歧的一个因素。即使是头脑相当冷静的人也认为，只要参加和平谈判，就能得到公正的对待。在他们看来，虽然德国输掉了这场战争，但是输得并不太多。他们指出，作为证据，在1918年11月11日之前，没有一名协约国士兵曾经跨入德国国境，德国的领土与1914年8月时一样完整。此外，相对而言，英国和法国同样遭受了惨重的人员损失，而且后者还受到了巨大的结构性破坏；在东方，俄国的境遇更惨，革命和内战进一步扩大了它在战争中的损失。如果不是美国加入了协约国阵营，这场战争的结局也可能会有很大的不同。德国皇帝已经退位，他的贵族军人集团也已成为历史，现在应该让一切都恢复正常了。毕竟，美国总统威尔逊不是已经明确地表示过，人人都应该享有公正的和平吗？

在很大程度上，这种想法不过是一厢情愿。认为英国、比利时和法国——尤其是损失惨重的法国——会允许德国几乎不受惩罚地走出战争阴霾，这简直就是异想天开。从胜利者的角度来看，德国要对这场战争承担全部责任，它的军国主义、民族主义和贪婪欲望是造成数百万人死亡的原因。德国不仅侵略了爱好和平的邻国的主权领土，而且在奥地利和匈牙利这一对貌合神离的盟友的帮助下，试图在欧洲大陆重新划定对其有利的疆域。现在，德国人终于被打倒在地，要想让他痛改前非，唯一的办法就是对他继续拳打脚踢，直到他再无还手之力。德国在战前是一个威胁；现在仍然是一个威胁。在这个国家能够被信任之前，它必须承认自己的罪行，并且为自己的罪责付出代价——而赎罪的代价是相当高昂的。

至此，凡尔赛的舞台已经准备就绪。一边是胜利者，他们或者希望能够公平对待德国（如美国），或者怀着不同程度的报复心，要尽可能多地从昔日的敌人那里得到补偿（如英国、法国和比利时）。另一边是主要的失败者——德国人，他们被从实力参差的同盟国阵营中单独挑选出来，另外两个盟友奥匈帝国和奥斯曼土耳其已经分别谈妥了和平条件。（保加利亚已于 1918 年 9 月 29 日投降，奥斯曼土耳其于 10 月 31 日投降，奥地利于 11 月 4 日投降。）德方代表们怀着忐忑的心情一路西行，他们中比较乐观的人相信，协约国可能会帮助他们的国家度过国内正在发生的内乱，其他人则悲观地猜测，他们将被迫答应那些让人难以接受的要求——但是他们中没有一个人为接下来会遭遇到的屈辱做好准备。1919 年 4 月 29 日德国代表团抵达凡尔赛，此后几天里他们被人完全无视。木栅栏和带刺的铁丝网将他们与主会场彻底隔开，官方解释说这是为了保护他们免受愤怒的法国公民袭击，但实际上是为了羞辱他们。他们在那里等待着，心中充满焦虑、不安，心情变得愈发沮丧，等待着协约国一方前来宣判德国的命运。

德国新政府组织了一个由政治家、律师、官员和商界领袖组成的和平代表团。卡尔·博施就是其中的一员。[11]最初，政府曾邀请过杜伊斯贝格，请他作为关系国计民生的化学工业的代表，但是被他拒绝了，也许是他意识到，自己作为旧政权最著名的坚定支持者出席和谈，将会引发协约国的强烈不满。尽管极不情愿，博施最终还是挺身而出，和其他人一起登上开往巴黎的火车，他希望能够追回在过去四年中被协约国扣押的专

98

利、商标和工厂。这可不是一件无关紧要的小事。属于德国染料工业利益共同体——也就是德国化学工业在第一次世界大战期间暂时结成的联盟——的每一家公司都有被罚没的资产，它们急切地想要把这些财产收回来。比如，拜耳公司在美国的产业——包括办公室、资金、生产和运输设备、染料、化学品和药品的专利使用权、库存的制成品以及商标和专利——全都被 A. 米切尔·帕尔默负责的外侨资产管理局查封了。[12]更加过分的是，1918 年 12 月，拜耳美国公司的全部财产——包括拜耳在伦斯勒兴建的现代化工厂——以 350 万美元的价格被拍卖，而买家是一家专门制售假药的企业。相比之下，巴斯夫在美国的损失并不大——它战前的美国进口商库特洛夫和皮克哈特公司（Kutroff and Pickhardt）毫发无损地幸存了下来——但是巴斯夫在法国失去了许多重要的染料专利和资产。利益共同体的其他成员——魏勒-特梅尔、卡勒、格里斯海姆电化学、赫希斯特和爱克发（尤其是最后两家企业，它们被迫交出了在染料、药品和感光技术方面的重要资产）——也都遭受了巨大的打击。这些公司在 1916 年之所以会选择携手合作，是因为它们相信有朝一日，只有团结才能让它们重获力量。现在，它们希望博施能够发挥这种力量，索回它们的财产。

博施为这项任务做了充分的准备，把自己的想法整理成一份文件，分发给与会的各国代表，文件的题目是《德国化学工业及其在和平谈判中的愿望》（"The German Chemical Industry and Its Desires during the Peace Negotiations"）。[13]为了索还被协约国没收的财产，他根据道德原则和国际司法先例在这份文件中提出了具有说服力的观点。他说，对于那些被废除的专利，现在应该重新恢复并延长其时限，以弥补中间失去的时间。

但是，现实让博施和他在国内的同事们非常失望。[14]就在代表团到达凡尔赛的第二个星期，代表团成员收到了一份谈判议程（一份他们没有参与起草的议程），很明显，协约国毫不在意德国人关心的问题。组织方根本没有安排双方举行任何会谈，谈判是通过交换照会的方式进行的，德国人得到了一份八万字的条约草案，其中要求他们的国家承认战争罪行、割让领土、削减大部分武装力量并支付巨额赔款。协约国（在法国人的推动下）不仅没有提到归还被没收的资产，而且还坚持要求关闭和拆除所有负责"制造、准备、储存或设计武器、弹药和任何其他战争物资"的机构。他们明确表示，这包括所有生产硝酸盐或毒气的德国化工企业。由于染料工业利益共同体中的大多数工厂都参与生产过此类化学品，因此协约国的这一要求严重威胁到了德国化学工业生存的根基。

对此，德国人感到震惊和羞辱，他们决心表明立场，于5月 29 日提出了针锋相对的提案，请求今后进行面对面的会谈："在此缔结的和平将成为历史上最伟大的条约，通过照会形式进行如此广泛的谈判此前从未有过先例。"但是，德国代表的要求完全不被考虑。两周后，他们收到了协约国拟定的条约第二稿，它只在页边空白处做了一些很小的修改，并且要求德方在 6 月 28 日之前签字。经过痛苦的辩论，直到最后期限前的24 小时，除了承认战争责任、引渡德国皇帝及其顾问的条款外，德国国会批准了其他所有条款。但是协约国寸步不让，坚持要保留全部条款，并且威胁说，如果得不到满足就将重新开始敌对行动。在最后一天，当距离最后时限仅剩两个小时的时候，德国最终接受了所有条款。

关于《凡尔赛和约》，其主要内容可谓众所周知。[15]德国失去了大约 13% 的领土，包括阿尔萨斯－洛林和所有海外殖民地。它的军队从战时最高峰的大约 300 万人减少到 10 万人，它的军官团被取消，海军舰艇被沉入大海，大部分重武器被没收。莱茵地区被协约国暂时占领并永久非军事化，工业发达的萨尔区（莱茵河以西的一小块领土）被置于法国的管辖之下，但是承诺当地居民有权最终决定他们是否愿意永久成为法国的一部分。也许条约中最糟糕的条款是，德国将不得不支付协约国要求的巨额赔款——数额之大远远超出其支付能力。[①]

对于染料工业利益共同体中的各家企业来说，最恐怖的内容被印在了用更小字体印刷的条约细则中。[16]《和约》规定，德国应立即将染料、药品和其他化学品的一半库存交给协约国。并且在 1925 年 1 月 1 日之前，盟军将有权以远低于市场价格的水平收购德国此类产品总产量的四分之一。[②] 化工行业被没收的专利或资产全部不予归还，德国企业的损失也不会得到赔偿。此外，法国方面还有一种更可怕的声音，法国人希望能彻底摧毁德国的化学工业。

卡尔·博施手中还有最后一张王牌。在《和约》的主要条款签署之后，博施留在凡尔赛继续参加补充协议的谈判，以

---

① 法国要求的赔款数额为 2690 亿金马克，但是在美国和英国的压力下，最终同意减少到 1320 亿金马克——约合 300 亿美元。

② 虽然这在当时看起来非常苛刻，但是这项规定成了一把双刃剑，因为外国竞争者试图将染料工业利益共同体的产品完全排除在市场之外，而现在它被留在了市场上。此外，大量廉价的德国化学品突然进入市场，不但压低了全球价格，还削弱了竞争对手的盈利能力。1921 年，由于意识到自己的工业发展受到阻碍，协约国被迫修改了相关条款。德国人被告知，以后将只能按照订单供应产品。虽然这样做让市场渐趋稳定，但是正如英国和法国的一些化工制造商所指出的那样，这也帮助染料工业利益共同体恢复了元气。

101

敲定《和约》中的细节。一天晚上，他偷偷溜出德国代表团驻地，翻墙与约瑟夫·弗罗萨尔（Joseph Frossard）会面——弗罗萨尔在战前是专门管理德国化学工业在法国投资建厂的政府官员，1914 年之后这些工厂被法国政府没收，后来合并成一家国有化工企业。① 博施提出了一个令人激动的建议。如果法国方面愿意放弃拆除德国染料工业利益共同体在德国国内主要工厂——路德维希港、奥帕、勒沃库森、赫希斯特、洛伊纳——的要求，德国企业愿意与法方分享哈伯-博施合成氨工艺背后的技术。这将使法国人能够自己生产硝酸盐。弗罗萨尔答应向他的上级转达这个提议。两天之后，博施被允许外出（这次是通过正门），到巴黎市中心与部长们进行更详细的商谈。[17] 他满怀激情地讲述了德国主要的氮素工厂（特别是巴斯夫在奥帕和洛伊纳的设施）在生产化肥方面所发挥的重要作用——为了填饱大量饥民的肚子，化肥对德国的粮食生产至关重要。如果工厂被摧毁，德国就要面临饥荒。将这些工厂保留下来是一种人道主义行为。

102

真正让法国政府动心的，可能并不是人道主义的说辞，而是这样一种想法：它可以得到具有重要战略意义的技术，正是这些技术让德国维持了长期的战争。法方同意了这项交易，条件是巴斯夫不能隐瞒丝毫秘密，它要在法国领土上兴建新的硝酸盐工厂，还要为实际管理这些工厂的科技人员提供所有必要

---

① 没人知道，博施到底是如何安排好这次会面的，但是他肯定得到了法国当局的默许。尽管如此，他还是让警卫大吃一惊。第二天早上，德国代表团团长收到了法军驻凡尔赛保安部队指挥官的照会："昨天晚上，博施教授非法离开了被铁丝网包围的德方驻地，并且翻越了凡尔赛宫的围墙。两个小时零五分钟之后，他又从原路返回。"但是，这份照会并不是非正式的谴责，法国方面也没有采取进一步的行动。

的培训。此外，法方甚至还毫不犹豫地答应了博施的要求，把1914 年没收的德资工厂中 50%的份额归还了德国人。

博施连这样的交易都摆上了桌面，可见他当时绝望的心境。分享有利可图的技术，这完全不符合化工行业的做法，如果不是确信染料工业利益共同体的工厂将面临灭顶之灾，博施绝对不会出此下策。奥帕工厂是博施个人最耀眼的成就，对他来说有着难以估量的价值；同样地，博施很清楚地知道，他的同事们，尤其是杜伊斯贝格，对他们自己所珍视的工厂也抱有同样的情感；这些工厂是德国最尖端的科学技术的象征，因此才要不惜代价去保护它们免遭破坏。然而，确保工厂当前的安全是一回事；确保德国化学工业的长远发展则完全是另一回事。博施和德国化工行业曾经为之奋斗的一切，如今却都受到《凡尔赛合约》中严苛规则的限制，他甚至觉得无法向国内的同行做出解释。当他沮丧地踏上归程时，他能够感觉到，外国竞争对手们已经在为争夺莱茵兰地区的大型化学工厂摩拳擦掌了。最终，德国染料工业利益共同体旗下的企业看上去是那样衰弱不堪，它们此前作为行业霸主的地位已经岌岌可危，也许它们长期以来建立起的行业秩序即将被人推翻。

从凡尔赛归来之后一切都变得黯淡无光，博施的同行们无时无刻不在为新的威胁而担忧。[18]虽然他们已经承认，战后必定要遭受一些苦难，但是他们希望这种痛苦不会持续太久，在和平谈判短暂的间歇之后，他们又回到了 1914 年离开的地方，重新开始经营利润丰厚的出口业务。但是事与愿违，他们现在正面临着一大批咄咄逼人的新竞争者，其中有许多人手里正握着被没收的德国产品和专利，并且受到一系列新的关税税种的保护。颁布这些新税种的目的非常明确，就是要把德国人排除

在市场之外，使他们的商品比本国制造商的产品更为昂贵
（例如，在 1920 年，比利时的关税使一些进口的德国染料比本
国生产的同类产品贵 15%）。如果想要重返这些市场并收回部
分资产，德国人就需要有智慧、耐心、金钱、枯燥而昂贵的司
法程序、游说和无休止的谈判。更糟糕的是，正如博施的例子
所显示的那样，这意味着德国企业要与一些外国竞争对手达成
交易——必要时，要通过巧妙的手段——并建立伙伴关系，而
这反过来又意味着要分享利润、工艺和科研成果。不过，对于
那些自视甚高的德国人来说，他们从来都只会用鄙夷的目光去
看待外国同行，这就使未来的图景更加令人沮丧。尽管如此，
人们还是不得不去面对它。

　　卡尔·杜伊斯贝格是第一个咬紧牙关的人。[19]拜耳公司失
去了许多最重要的海外资产，其中就包括阿司匹林的商标权，
在当时，阿司匹林是人们采用保守疗法对抗流感的关键药剂，
被视为拜耳公司众多产品中的"皇冠上的明珠"。在英国，战
时当局就已经宣布解除这种药品的专利权，许多供应商现在也
开始生产阿司匹林的仿制药，并且用消费者熟知的"阿司匹
林"这个名字来称呼它。[①] 类似的情况在法国、比利时、意大
利和波兰比比皆是；甚至在布尔什维克俄国，只要是工业经济
仍在运转的地方，情况也是如此。简而言之，拜耳公司丧失了
它在战前所享有的对阿司匹林的市场垄断地位；在它仍然能够
进入的欧洲市场，或者它希望重新进入的地方，拜耳现在必须

---

①　1915 年 2 月，拜耳公司阿司匹林的品牌专用权在英国被撤销，英国任何
　　一家制造商都可以称其生产的乙酰水杨酸为阿司匹林，拜耳产品的独特
　　卖点也随之消失。消费者难以分辨商品间的差异，他们也变得不再排斥
　　竞品的广告。

面对市场上的众多竞争者并放手一搏。

而在美国的情况尤为糟糕。[20]在那里，拜耳美国公司如今已经是斯特林产品有限公司（Sterling Products Inc.）旗下的财产，斯特林公司是一家专利药品公司，由一个来自西弗吉尼亚州惠灵市（Wheeling, West Virginia）的商业投机者经营，这个人名叫威廉·E. 韦斯（William E. Weiss）。斯特林最出名的产品是"Neuralgine"，一种通过报纸广告进行销售的冒牌止疼药，其疗效令人生疑。但是在向外侨资产管理局支付了350万美元之后，韦斯取得了包括阿司匹林、非那西丁、索佛那在内的64种拜耳公司最畅销药品在美国的生产权，以及拜耳在纽约州伦斯勒新建的现代化工厂，这家工厂专门生产这些药品。[①]他知道这一次是交上了好运，于是决心把自己作为专利药品销售商的毕生所学都施展出来。正如他对公司董事会所说的那样："这个行业还没有真正被人开发过，未来蕴藏着巨大的商机。"事实上，他很快就意识到，既然已经掌握了拜耳公司在美国的巨大产业，斯特林也应该尝试利用这些资产开拓海外市场。

然而，韦斯遇到了一个大问题。[21]他根本不懂外语，同时他也不知道该如何运营一家如此先进的制药厂。事实上，外语能力的不足是他陷入困境的一个重要原因，因为美国政府在查封财产时，已经将工厂的大部分管理人员和工头作为敌侨予以解雇、驱逐或拘押。毫无疑问，没有人会留下一套完整的工厂使用说明书，剩下的几份工程图纸和技术专利也都是用德语完

---

① 斯特林公司还收购了拜耳在美国的染料业务，但是韦斯对染料制造没有兴趣，很快就将其出售了。

成的，而且在行文中一如既往地使用了那种最晦涩的科学术语。① 虽然韦斯很想立刻行动起来，让伦斯勒庞大的现代化工厂大批量生产阿司匹林和其他药物，但是他仅能让工厂的很小一部分继续维持运转。虽然工厂中还有大量的成品库存，但是这些库存总有耗尽的一天。除非斯特林公司能找到运营这家工厂的方法，否则这笔价值 350 万美元的收购很可能会成为历史上最糟糕的交易之一。韦斯必须向专家寻求帮助——而这种帮助应该直接来自勒沃库森的拜耳公司。

不过，拜耳公司并不打算提供帮助。[22]虽然韦斯请求恩斯特·默勒（Ernst Möller，少数几个在战后仍然继续留用的前拜耳美国公司经理人之一）担任中间人，但是他们联名寄往勒沃库森的求援信只得到一个最简短的确认。默勒对此颇为愤慨，他单独写信给拜耳公司制药部门的主管鲁道夫·曼（Rudolf Mann）并警告说，如果这两家拥有相同名字和相同产品的公司无法达成协议，斯特林公司可能很快就会在全球范围内发起竞争。当然，这对任何人都没有好处。

这一次，他仍然只得到了一个简短的、让人不置可否的答复。默勒和韦斯彻底失去了耐心，他们决定强行解决这个问题。他们订好了前往欧洲的机票，然后给勒沃库森发电报说，他们已经在飞来的路上。这一招果然奏效：1919 年 9 月下旬，在巴登-巴登的一家小旅馆里，威廉·韦斯和卡尔·杜伊斯贝格终于见了面。

这不是一次愉快的会面。[23]杜伊斯贝格表现得非常愤怒。

105

---

① 这是所有在海外经营的德国化工企业的标准操作程序，但拜耳经常被指责是最神秘和最故弄玄虚的企业之一——比如，在 1905 年，伦敦的贾斯蒂斯·乔伊斯法官就曾经这样指控过它。

就在几周之前，根据《凡尔赛和约》的规定，德国的化学工业被迫向协约国交出了一半的药品、染料和其他化学品的库存。而现在，这个野心家、暴发户，这个对化学一无所知的人，竟敢跑到德国来寻求帮助。杜伊斯贝格表示愿意倾听，但是韦斯也必须明白，拜耳希望他立即归还所有财产——尤其是阿司匹林。这一点，韦斯当然是不会接受的。这个身材瘦削而结实的美国人身上充满了活力，他精明随和、直言不讳的风格与杜伊斯贝格的夸夸其谈形成了鲜明的对比，韦斯很清楚他所买到的东西的价值，他不会因为一个傲慢的德国技术官僚口头上的威胁就放弃任何东西。相反，随着讨论的深入，他看到杜伊斯贝格因为拜耳失去了美国资产而相当痛苦，这反而让斯特林公司占据了主动。拜耳显然急于在美国重新站稳脚跟，韦斯意识到，斯特林公司拥有拜耳的美国品牌和产品，如果可以从公司利润中分一杯羹给德国人，就应该会让德国人得到部分满足。不过，这样做的代价可能会很高，肯定会远远高于仅提供让工厂运转起来的技术咨询的价格。韦斯确信，如果他处理得当，他就能够从拜耳公司获得在世界上更多地方销售其药品的权利，而不仅仅是在美国。

106　　于是，一场长达三年的跨越大西洋的艰苦谈判开始了。[24]会谈一场接着一场，有时会取得进展，有时又因争吵而陷入僵局。有一次，斯特林公司试图通过虚张声势的恫吓，迫使德国人达成协议——当时它威胁说，将要向欧洲和亚洲出口美国拜耳的药品，与拜耳勒沃库森的产品一决雌雄。实际上，由于伦斯勒的工厂仅能勉强运转，斯特林生产的拜耳药品根本无法满足美国本土市场的需求，更不用说销往海外了。但是韦斯知道，德国人很担心这种情况会发生改变。韦斯的威胁激起了杜伊斯贝格的怒火。他站起身来，用力敲打着桌面，大声说："除了美国，全世界的每一个地方，人们都知道我们才是真正的拜耳。虽然有冠冕堂皇的法律在保护他们，但是这种情况违背了这个世界的道德。他们不能利用我们的声望来为自己谋利……他们挣不到钱才让人痛快！"[25]

威廉·韦斯不会被这种突如其来的怒火所吓倒，这很好地展现出韦斯的性格和谈判技巧——特别是在他拜访了拜耳公司总部之后，德国企业给他本人留下了很深的印象。1920 年 4 月，当他第一次造访勒沃库森时，就深有感触。[26]无论韦斯走到哪里，他都能强烈地感受到这家企业的力量和成就。勒沃库森的工厂非常大——是伦斯勒工厂规模的十倍——虽然还没有恢复到满负荷生产，但是它仍然像一座充满了活力的城市。巨大的驳船来往于拜耳公司的内河码头，蒸汽火车在巨大的厂房和实验室之间穿梭——染料和药品正是在这里进行生产和测试的——成千上万的工人和科研人员分工明确，他们手头所进行的工作韦斯完全摸不着头绪。[27]就连公司内部图书馆的规模也大得惊人，里面存放着来自世界各地的数万本有关化学方法的书、期刊和论文。这里还有杜伊斯贝格的豪宅，宅第的院落里有映着倒影的水塘、修剪齐整的草坪、标准的日式花园，以及成群的仆人和园丁。① 如果这些还不够引人注目的话，这里还有供双方会谈的大礼堂，这是一座巨大的新古典主义建筑，装饰着经过雕刻的大理石立柱，两扇巨大的正门上，黄铜手柄镌刻有拜耳公司的标志。有时候，第一次在这些大门之间游走的访客，会把自己比作刚刚被带到古罗马的奴隶。这里是权力的

107

---

① 当这位大人物在家时，他甚至安排在房子外面升起一面拜耳公司的旗帜。

中心，是帝国的心脏，这里是做出决策的地方，也是臣民们（Untermenschen）听命行事的地方。

但是韦斯并不是一个容易屈服的人。虽然拜耳工厂令他颇为震撼，但他是一个完美的推销员，能够很好地隐藏自己的感情。在他眼中，杜伊斯贝格的愤怒恰恰暴露了拜耳的无能为力。德国人可以尽情地咆哮，但是要想重建在美国的业务，他们就必须与斯特林公司合作。帮忙运营伦斯勒工厂只不过是一个开始。为此，韦斯准备向拜耳公司出让一部分斯特林公司手中不太重要的财产，如共享阿司匹林在拉丁美洲的商标使用权——这些商标属于拜耳美国公司所有。如果杜伊斯贝格和拜耳公司有更多想要的东西，他们就必须给予更多的回报，在其他地区和其他领域进行更多的合作。

当然，最终双方还是达成了共识。[28]实际上，双方都没有太多选择：拜耳公司的老板很清楚，如果无法在美国建立强大的影响力，拜耳的未来将不堪设想；而斯特林的董事会也知道，如果没有勒沃库森的技术支援，他们的投资也不会有光明的前途。1923 年 4 月 9 日，他们通过了重新划分全球市场的决议。斯特林［通过一家名为温思罗普化学公司（Winthrop Chemical Company）的子公司］将在北美生产拜耳的所有产品，并且得到一切必要的帮助，使伦斯勒工厂恢复全面生产。该公司将拥有这些产品在美国、加拿大、英国、澳大利亚和南非的独家销售权，但是 50% 的利润将返还勒沃库森。斯特林还可以继续在拉丁美洲销售阿司匹林，双方按照 3∶1 的比例进行分成，拜耳拿走其中较大的那部分利润。作为回报，斯特林公司将不会在自己的任何产品上使用拜耳公司的商标（韦斯成功地利用了杜伊斯贝格的担心，即拜耳公司引以为豪的名

字可能会被用在斯特林公司的一些仿冒商品上），并且将远离
拜耳公司在世界其他地区的市场。

毫无疑问，韦斯从这笔交易中获得了更大的收益。[29]他利 108
用 350 万美元的初始投资，获得了在世界上一些利润最丰厚的
市场上销售某些最受欢迎的化学品和药品的权利，相对于较小
的投资，他得到了惊人的回报。但是勒沃库森也得到了一些补
偿：它减少了一个咄咄逼人的全新竞争对手，并且在美国重新
拥有了立足点（尽管是通过分享利润的方式而不是获得所有
权）。然而，让杜伊斯贝格非常懊恼的是，他没能把他最看重
的东西——拜耳公司在美国的阿司匹林业务——拿回来。韦斯
抵挡了所有的压力，成功地将这块蛋糕保留下来，他甚至拒绝
了勒沃库森方面的开价——德国拜耳愿意放弃由其他产品所带
来的那 50% 利润。这次失败将终生困扰杜伊斯贝格。

当然，斯特林公司之所以能够推动达成这笔交易，还是因
为它能给德国人带来好处。其他美国公司发现，它们很难彻底
制服染料工业利益共同体中的企业——尤其是在协约国取消了
要摧毁德国关键设施的要求之后。比如，杜邦公司曾从外侨资
产管理局手中买下了几十项被没收的染料专利，这些专利被认
为包含德国成功的秘密。在投入大量金钱徒劳地按照专利中的
要求进行操作之后，杜邦公司才意识到，整个工艺流程是多么
的复杂——以及德国人在起草海外版本的技术文件时，又是多
么刻意地含糊其词。因此，杜邦公司的高管们借鉴韦斯的做
法，安排了与卡尔·博施的会面——他们认为，与杜伊斯贝格
相比博施更容易打交道——看他是否会为杜邦公司与德国同行
之间建立合资企业提供帮助。结果不出所料，博施拒绝帮这
个忙。[30]

　　杜邦公司被迫采用阴谋诡计。[31]它的一名高管孔泽（Kunze）博士被派往德国，去执行一项秘密招募任务。1920年10月，他抵达科隆，开始偷偷收买拜耳公司从事染料研究的科学家，许诺给他们极高的报酬。总共有四个人被利诱上钩：马克斯·恩格尔曼（Max Engelmann）、约瑟夫·弗拉赫斯兰德（Joseph Flachslaender）、海因里希·约尔丹（Heinrich Jordan）和奥托·龙格（Otto Runge）——奥托·龙格是著名科学家弗里德利布·龙格的后裔，后者于1834年第一个从煤焦油中分离出了苯胺。他们签订了协议，保证在未来五年中，他们每人的年薪都是25000美元。这在当时是一个非常惊人的数目（差不多是他们在拜耳公司收入的10倍），也许这有助于解释为什么他们会被说服去盗窃图纸、配方和其他敏感材料，这些东西足足装了一箱。收拾完毕后，孔泽和四名化学家启程前往荷兰。然而，荷兰海关官员对整个计划并不知情，当他们打开这些人的行李，发现可以作为罪证的技术数据时，他们暗中通知了科隆警方。德国检察官立即发出逮捕令，并且要求以涉嫌工业间谍罪将这四人就地拘押，等待引渡程序。由于法律上的技术性细节，四名化学家中的两人——弗拉赫斯兰德和龙格——获得保释，然后孔泽成功地将他们带到了美国。另外两人就没有那么幸运了：他们很不光彩地被遣返德国，在等候审判期间一直处于警方的监视之下。

　　可以想象，德国新闻界对此大做文章，指责这些人叛国，指责美国从事间谍活动，这反过来又造成新成立的魏玛政府拒绝向所有德国科学家发放护照。[32]但是杜邦公司没有停手。几个月之后，在美国军方特工的积极营救下，恩格尔曼和约尔丹在德国警察的眼皮底下被悄悄带走，偷渡去了美国。到1921

年 7 月中旬，这四位化学家全部进入特拉华州的杜邦实验室开始工作。

英国人饶有兴趣地注视着这一切。[33]当时，英国的化学工业比美国的更为先进（英国与德国交战的时间比美国更长，英国政府在毒气和其他战争物资的研究上投入更多），英国企业最初在破解被没收的德国技术资料方面也更为成功。但是巴斯夫的合成硝酸盐专利彻底把它们难倒了。一家名为布伦纳-蒙德公司（Brunner Mond and Company）的企业从英国贸易委员会（Board of Trade）购买了这些专利的使用权，但是和杜邦公司一样，布伦纳-蒙德公司也发现其中有些具体的技术性要求令人费解。于是，这家英国公司开始寻找德国的专业人才，最终它收买了两位阿尔萨斯的工程师，将他们的专业知识带回了英国——这两位工程师在战争期间曾为染料工业利益共同体工作过。但是，并非所有这样的努力都能开花结果。1919年 5 月，意大利人企图将两名以前在卡塞拉公司工作的科学家偷渡到瑞士，但是此次行动以失败告终，因为其中一名科学家突然染病，不得不中途被送往医院。随后德国警方收到通知，并且成功"说服"这两个人返回德国。

德国化学工业的人才流失在民众中引发了巨大愤怒，但是，当一场更为直接的灾难突然降临时，原来的怒火被人们暂时抛到了脑后——1921 年 9 月 21 日上午，位于莱茵河畔奥帕的巴斯夫工厂发生了大爆炸。[34]此次爆炸发生在一个用于储存硫酸铵硝石（ammonium sulphate saltpeter）的筒仓里，远在慕尼黑和巴黎的人都能听到爆炸的声音，感觉到爆炸的震感。爆炸造成超过 600 人死亡，2000 人受伤，其中许多人伤势严重。爆炸对工厂造成了巨大的破坏。在厂区中心直接炸出了一个直径 100 米、深 20 米的大坑，周围的许多车间厂房都被连根拔起。附近的奥帕村也被大面积摧毁，超过 80% 的民宅已经无法居住，许多大型的公共建筑，如学校、教堂和市政厅，直接被夷为平地。甚至方圆数公里内的房屋也都受损严重，不仅窗户被震碎，房门被推倒，连屋顶上的瓦片也全部被掀飞。一位距离爆炸中心 8 公里以上的目击者描述说，他看到天上有一群大雁被冲击波吹得无影无踪。

这次爆炸对巴斯夫来说是毁灭性的。[35]造成了巨大的经济损失；仅厂房和设备一项就损失了大约六亿马克。此外，该公司还很可能要承担大约两亿马克的当地社区损失。然后是对受害者及其家属的经济赔偿，赔付金额肯定也是一笔巨款。现在，企业联盟的优势变得非常明显。将近三分之一的厂房和设备损失将由利益共同体中所有公司联合设立的保险基金支付，此外，这些公司还一致同意，通过在德国股市发行紧急配股来筹集额外资金。虽然这些额外资金无法弥补巴斯夫的所有损失，但是它帮助这家公司度过了一段非常困难的时期。

卡尔·博施非常感激这些帮助，但无论多少钱都无法抚平他心中的痛苦。奥帕是他亲手建设的最大工程，战争期间正是这座工厂使他声名鹊起，哈伯-博施合成法最终在这里落地，为德国军方提供了最重要的硝酸盐，同时这里生产的肥料帮忙养活了整个国家。博施刚刚才把这座工厂从协约国的破坏计划中拯救出来。如今，这场爆炸不仅粉碎了他的功绩，而且很可能会让他陷入一种尴尬的境地：从某种程度来说，他著名的化学合成法造成了历史上最严重的工业事故之一。9 月 25 日，也就是举行葬礼的那一天，博施在奥帕发表了感人的演说，道出了他内心的恐慌："这种物质，原本要为数百万人提供食物并带去生机……突然却被证明它是一种非常可怕的危险品，而这一切的原因我们还不清楚。"[36]博施承诺，要尽一切可能查明爆炸原因，为幸存者提供救助，并且在人力所及的范围内尽快着手重建。

不可避免地，围绕这次爆炸也出现了很多不同的传闻：德国的一座秘密军火库发生了意外；协约国在摧毁德国化学工业的过程中受挫，于是派出一支秘密小队炸毁了德国最著名的工业地标；巴斯夫一直在秘密测试新型的致命武器，但是这个项目出现了严重问题。[37]发表在《纽约时报》上的一篇评论性文章就是这类炒作的典型："事情的真相其实众所周知，德国有一个武装派别，它不知悔改并复仇心切，寄希望于通过另一场战争来恢复这个国家的邪恶力量。如果这个世界能够相信，这个派别的化学家发现了拥有巨大威力的毁灭性气体，那些危险的党徒为此感到欢欣鼓舞，那么就不难想象，奥帕的灾难极可能就是由于这些化学家的秘密实验造成的。"英国报纸《每日镜报》（*Daily Mirror*）甚至煞有介事地披露，巴斯夫的科学家一直在进行原子弹的研制。

虽然爆炸的真实原因根本无从查证（也不可能得到核实，因为当天在筒仓内的所有工人和技术人员都在爆炸中丧生，筒仓本身也已被完全炸毁），但背后的真相肯定要比外面的传闻平淡许多。[38]巴斯夫自己的调查人员认为，这场灾难很可能是由于化合过程中的不当操作所引起的：很显然，硝酸铵和硫酸铵的浓度没有得到严格控制，它们在错误的时间和错误的地点被混合在了一起（在正确的化合过程中，这两种成分会形成一种不具有爆炸性的肥料）。没有人知道这件事发生的确切原因，但是巴斯夫公司迅速采取措施，以确保今后能够在运输和

112

储存过程中对具有潜在危险的材料进行更有效的监控。此外，还有一点值得人们注意。奥帕厂区中还有几栋未被摧毁的建筑，其中一座是合成氨的主车间，这表明，无论是什么原因，哈伯-博施法都不是这次事故的罪魁祸首。

当巴斯夫的律师开始与当局和受害者商讨赔偿问题时，至少后面这个消息让人心情不再那么沉重。[39]卡尔·博施长长地松了一口气，觉得可以开始考虑工厂的重建工作了。显然，这是一项艰巨的任务，需要一位精力充沛、胆识过人的管理者来负责，尤其是他需要从全德范围内招募大量建筑工人。博施选择了卡尔·克劳赫（Carl Krauch），巴斯夫公司多位后起之秀中的一员，在第一次世界大战的最后一年，克劳赫曾负责在萨勒河畔的洛伊纳建造巴斯夫的第二座硝酸盐工厂。博施告诉克劳赫，钱不是问题。虽然这次爆炸让公司损失惨重，但是如果没有奥帕工厂，公司很可能将没有未来。由于外国竞争者已经紧追不舍，而巴斯夫需要生产产品用以支付战争赔偿，因此，最关键的问题就是要尽快让工厂恢复生产和盈利。

克劳赫勇敢地接受了挑战。[40]他通过软硬兼施，成功说服了所有染料工业利益共同体中的企业（及其他几家德国制造商）暂停自己的部分业务，并且把工人提供给他的项目。一部分工人被派去重建城镇，但是大多数人都被投入工厂本身的建设中。为了使工厂能够尽快投产，一万名工人夜以继日地奋战在工地上。仅仅在被炸毁三个半月之后，奥帕工厂就恢复了运转，这完全是辛勤劳动、聪明才智和全行业鼎力合作的非凡展现。但不幸的是，几乎就在工厂重新投产的同时，另一场国家危机爆发了。

在第一次世界大战结束时，欧洲大部分国家都已处于破产边缘。当时，为了满足不断扩大的军费投入，各参战国都被迫增加了巨额债务，征收日益沉重的税赋并大量印制钞票。但是，这些额外发行的现金在流通过程中大大加剧了通货膨胀——包括国内物价上涨和国家货币贬值。[41] 当和平降临时，人们认为有必要采取严厉的措施来恢复长期的经济稳定。协约国政府采取的主要方法是管控式的通货紧缩（managed deflation），就是将货币撤出流通领域，这样做至少在理论上可以逐步降低物价，恢复货币价值。

但是经济学并不是一门精准的科学，事实证明，它很难精确地达到其预想中的效果。世界经济非但没有缓慢而谨慎地恢复正常，反而陷入了萧条之中。由于不再受到军事需求的刺激，英国、法国和美国的工业产出急剧下滑，随之而来的是失业率大幅上升。当然，物价也下跌了，随着需求的恢复，这种情况最终得到了纠正，但是在 1920～1921 年，经济收缩非常严重。

然而，德国走的却是另外一条路。德国和它的对手一样，经济上遭受了可怕的打击，此外，它还面临着额外的负担，那就是天文数字般的巨额赔款。魏玛政府正在全力应对街头的政治乱局，它不愿意采取任何会增加失业或危害社会稳定的措施。官方没有设法推行管控式的通货紧缩，反而是寻求刺激经济。为了让德国企业重新站起来，同时创造足够多的收入来满足协约国的赔偿要求，德国政府孤注一掷，印制了数量惊人的钞票，然后由中央银行把这些钞票投入经济流通中。短期之内，确实出现了需求增加，生产力恢复，失业率下降的局面，但是在这些额外现金的刺激下，通货膨胀开始螺旋式上升。到 1922 年 1 月，生活费用已经是 1914 年的 20 倍。同年秋天，情

114

况彻底失控，恶性通货膨胀导致物价逐月上涨，最后涨至荒谬的水平。但是德国中央银行仍然在不断地大量投放现金，直到德国马克彻底丧失了实际价值，经济开始自我毁灭。

1922 年圣诞节期间，德国在赔款上两次违约，没有按时向法国和比利时供应电线杆和煤炭。此前，这两个国家已经在抱怨说，德国的货币贬值是刻意为之，目的是尽量将债务减至最低；现在它们决定改变这一现状。次年 1 月，七万名法国和比利时士兵跨过国界进入鲁尔区，表面上他们是要寻找丢失的货物和保护自己的侨民，但实际上是要通过武力占领，来实现它们在凡尔赛提出却未能得到的全面经济控制权。德国政府的反应是完全停止赔款，并且命令鲁尔区的国民进行消极抵抗。此举激怒了法国人。他们切断了鲁尔区与德国其他地区的联系，关押或驱逐了四万多名公务员、警察、铁路职工和其他地方官员，理由是他们违反了占领条例或拒绝合作。随后，事态变得更加严重，德国开始出现小规模的破坏活动和不太严重的恐怖主义行为，法国人则以枪击、扣押人质和高额罚款予以报复。

有多座德国化工厂坐落在莱茵河两岸，它们全都处于此次被占领的德国领土上，于是在长达数月的时间里这些工厂不得不停工。[42]厂长们先后宣布停产，工厂被外国军队查封，然后外国军队进入厂区寻找染料和化肥——与他们在 1918 年 12 月所做过的一样。1923 年 5 月初，卡尔·博施从知情人那里获知，法国军队正计划进入位于路德维希港和奥帕的巴斯夫工厂。在博施和巴斯夫董事会的其他成员逃往更安全的海德堡之前，他只来得及监督拆除工厂中的哈伯-博施合成设备并将其运往未被占领的洛伊纳。8 月，位于兰道（Landau）的法国军事法庭以妨碍交付赔偿物资为由，对他们进行了缺席判决。博施和他的财务总监赫尔曼·施密茨（Hermann Schmitz）被判处八年监禁，罚款 1.5 亿马克，但刑期最长的是公司首席法律顾问奥古斯特·冯·克尼里姆（August von Knieriem）。他因为签发了禁止公司工人与敌人合作的命令，被判处了十年刑期。[43] 当然，所有这些人都在占领当局（occupying authorities）的视线之外，在事态平息之前他们也并不打算回去。只是，如果他们不在公司，维持工厂的运转将会困难重重。此外，现在有一件事已经很明显了：卡尔·博施与法国政府之间的个人关系已经彻底结束了。

　　占领鲁尔区在经济上还带来了更广泛的灾难性后果。[44] 由于生产赔偿物资的公司关闭了工厂、解雇了工人、停止了贸易，德国的失业率上升到 23%，税收下降到极低的水平，甚至连国家邮政系统的开支都无力负担。与此同时，由于魏玛政府被迫从英国和波兰进口高价的煤炭，同时要支付急剧增加的社会保障福利，国家开支还在不断攀升。为了填补政府财政上的窟窿，更多的钞票以越来越荒唐的面额被印刷出来，通货膨胀率飙升至历史最高水平。到了 1923 年夏天，马克的价值只有 1918 年时的 5000 亿分之一，工人们用手推车把每天的工资送到银行，中产阶级妇女靠卖淫换取一碗汤喝，房主们用不到一瓶阿司匹林的价格就还清了他们的抵押贷款。① 那年秋天，第一张 1 万亿马克面值的纸币发行，几天之后，第一张 100 万亿马克的纸币也问世了。钞票——或者至少是德国官方发行的

---

① 法院已经宣布，在法律上"一马克就是一马克"。如果你需要偿还债务，那这是个好消息；但是任何依靠固定收入、养老金或储蓄过活的人，他们全都陷入了贫困。自杀在中产阶级中变得越来越普遍。

116　　马克——已经没有任何价值了。人们要么通过交换财产、劳动或身体来维持生计，要么，如果他们足够幸运的话，可以通过赚取非官方的临时期票勉强度日——这些期票由巴斯夫和赫希斯特等公司发行，以外国银行的存款和公司债券作为担保——这些期票已经进入了一般流通领域。

　　德国官方的政策已经难以为继。1923 年 9 月末，德国政府（由新总理古斯塔夫·施特雷泽曼领导）放弃了对法国和比利时占领鲁尔区的消极抵抗。此后不久，亚尔马·沙赫特（Hjalmar Schacht）出任新成立的中央银行——德国国家银行（Reichsbank）总裁，停止印刷已经一文不值的马克。马克先是短暂地被一种临时性货币——地租马克（Rentenmark）取代，然后在 1924 年初又被帝国马克（Reichsmark）取代。慢慢地，企业开始复苏，人们重返工作岗位，经济也显示出回稳的迹象。

　　但是，这种暂时的平静总是令人感到不安。施特雷泽曼是自由派的德国人民党（German People's Party）党员，该党与社会民主党组成了"大联合政府"。他的政府和之前由社会民主党领导的政府一样，被迫投入大量时间用于解决各种准军事阴谋，以保护魏玛共和国脆弱的民主制。来自左翼的威胁，比如，1923 年 10 月由共产党领导的对汉堡警察局的围攻，相对来说比较容易对付，因为政府通常可以得到军队的大力支持。但是右翼分子的阴谋很难被扑灭：因为在政治上，国防军［Reichswehr，国家防卫军的简称，是德国国防军（Wehrmacht）的前身］对旧秩序依然保持着浓厚的热情。

　　11 月，这些民族主义的反叛分子组成了一个松散的联盟，名义上他们在鲁登道夫将军的领导下，策划了另一场政变，他们要从慕尼黑"向柏林进军"（March on Berlin），并希望能争取到巴伐利亚极端主义政客古斯塔夫·冯·卡尔（Gustav von Kahr）的支持。[45]①当时，卡尔已经是巴伐利亚地区的独裁者，同时也是地方分离主义的拥护者，他愿意提供帮助，但是他首先要确保得到"黑色防卫军"（Black Reichswehr）的支持。黑色防卫军是一个在军队默许下成立的准军事组织，其存在的目的是规避协约国对德国武装力量的限制。对于反叛分子来说，卡尔的态度一直都摇摆不定，11 月 8 日，鲁登道夫的主要合作者，一名前陆军下士决定亲自动手。他的名字叫阿道夫·希特勒，有朝一日他所控制的那个小党派——纳粹党（National Socialist Party）将会把这场闹剧推上神坛。卡尔当时正在慕尼黑贝格勃劳凯勒啤酒馆（Bürgerbräukeller）的政治集会上发言，希特勒和一群身穿褐色衬衫的武装人员冲进大门，控制了会场，他们高喊着国民革命已经开始。对于叛乱分子而言非常不幸，此时卡尔已经决定不再支持他们，而卡尔在军队中的盟友更不愿意蹚这摊浑水。第二天政变就失败了，希特勒和鲁登道夫带领 2000 名支持者发起进军游行，路上遭到了巴伐利亚邦警察的枪击。希特勒受了轻伤，然后就偷偷溜走了。之后他被捕，和鲁登道夫一起受审。

事实上，这次苍白无力的起事是企图推翻魏玛共和国的最后一次政变。待到极右势力下一次要夺权的时候，他们会使用更为复杂的手段。与此同时，施特雷泽曼和他的继任者们终于可以集中精力去处理更多日常事务，比如，与通货膨胀斗争和振兴德国经济。1924 年，德国与协约国达成了一项被称作

117

①　"向柏林进军"这个口号显然是受到了贝尼托·墨索里尼 1922 年 10 月"向罗马进军"的启发，而墨索里尼这位法西斯党领袖也在"向罗马进军"之后被任命为意大利总理。

"道威斯计划"（Dawes Plan）的新协议，从而使战争赔款变得更具可操作性，英、法两国新当选的政府也开始以较为和缓的态度对待德国。11月，法国和比利时从鲁尔区撤军。在某种程度上，社会秩序正在恢复。

德国的化学工业也开始进行重组。[46]此前，属于染料工业利益共同体的各家公司遭受了相当沉重的打击，它们甚至无法再恢复过来：巨大的海外竞争压力、重要专利和资产的损失、《凡尔赛和约》严苛的条款、大流感疫情、持续的政治动荡、鲁尔区被占领、恶性通货膨胀、奥帕工厂爆炸——各种困难相继而来，名单之长令人目不忍睹。然而，这个行业成功地生存了下来。而且从总体上看，该行业在这段时间还实现了令人惊讶的盈利。与所有预期相反，将染料和化肥列入协约国的赔款货物清单，实际上是在贸易困难的年份里帮助了染料工业利益共同体，为它所生产的商品创造了一个安全的出口市场。吊诡的是，德国马克的崩溃使许多产品变得更为廉价，对外国消费者更有吸引力，随着染料工业利益共同体旗下企业在许多国家重建其销售业务，它们也欣喜地迎来了利润的健康增长。即使是恶性通货膨胀也有它好的一面，它使化学工业能够以微不足道的代价偿还从政府和银行获得的用于提高产能的大量战时贷款。

但是，仅仅要活下去还远远不够。单纯靠着与个别竞争对手达成的零星交易，像拜耳和斯特林公司的交易，终究无法阻挡其他竞争者的脚步。随着马克币值的稳定，货币贬值期间获得的短期利益也将不断减少。必须升级新的技术，必须开发新的产品，必须以某种方式找到新的资本。除非染料工业利益共同体旗下的企业能够正视这些问题，改变它们的业务组织结构，否则它们就只能拱手将未来让给他人。如果它们想要重新确立自己的全球主导地位，它们就必须做一些它们中的许多人一直在回避的事情——组成一个强大的、有财政保障的集团，与对手正面交锋。

卡尔·杜伊斯贝格一直是全面联合方案最热心的支持者。在 1904 年和 1916 年，他曾经两次试图让他的同行们接受"团结方能得救"的观点，但最终他不得不让步，只在采购、融资、保险和法律事务方面达成了成果有限的协议。事实上，战时的染料工业利益共同体只能算是一个由相关企业组成的松散的联合会。这让它们的老板在必要时可以向外界展示统一的立场，在面对奥帕工厂爆炸这样的特殊事件时可以互相帮助，但是它也让各家公司在利益出现分歧时可以有自主行动的自由。在大战后的艰难岁月里，为了避免裁员和关闭工厂，这些公司经常采取独立行动，以保持它们在行业中的相应地位。属于染料工业利益共同体的各家企业甚至为了获取订单而再度展开激烈的竞争。但是到了 1924 年，面对残酷的新形势，化学工业的领导者们终于开始意识到，自主权是一种代价高昂的奢侈品。可想而知，杜伊斯贝格一定会抓住这个时机，去实现他梦寐以求的全面联合。那一年，他在自己的职业生涯中第二次成为染料工业利益共同体理事会（IG General Council）的主席，如果他愿意的话，他确实拥有所有必要的权力去平息各方面的分歧。

但奇怪的是，杜伊斯贝格临阵退缩了。[47]此时他已经年过六旬，做事变得更加谨慎，如今让他把心爱的拜耳公司完全并入一个更大的组织，有些事情让他对未来的前景犹豫不决。可能是因为他见过太多宏大的计划在战争中分崩离析，也可能是他只是不想把控制权交给年轻人。不管出于什么动机，杜伊斯

119

贝格现在决定，完全合并已经没有必要。他宣称，现在所需要的只是一家新的中间控股公司，由它来负责销售和投资业务——一个比以前权力略大一些的利益共同体。

卡尔·博施却并不这样想。[48]他比杜伊斯贝格小 13 岁，管理巴斯夫公司只有四年时间，杜伊斯贝格眼中的困难，在他看来却是机会。德国的税收制度恰好变得更加有利于合并，合并可以大大降低成本。虽然此前他一直不愿意放弃巴斯夫的独立性，但是他能看到现在有太多重复的劳动，有太多不必要的人员。杜伊斯贝格认为，公司合并后可以在销售方面提高效率（比如，染料工业利益共同体中的各家公司此前在海外共有八个独立的且相互竞争的代理销售机构），毫无疑问，他的这种观点是正确的，但是博施确信，新的联盟可以实现更多目标。1923 年底，博施访问了美国，就像 20 年前杜伊斯贝格所做的那样，他在回国时带着同样的信念：一家完全统一的企业是成功的必要前提。利益共同体中的各家公司需要进行资本重组，为一系列新产品提供资金，特别是博施手中正在规划的一个超级项目——开发合成燃料。要获得资金，最好的办法就是为投资者提供一个机会，让他们能够直接参与一家拥有强劲势头和巨大规模的公司的最初发展，这家公司的实力将使它的所有对手相形见绌，它甚至能够向市场和银行发号施令。

120　　就这样，这两位染料工业利益共同体的教父完全转换了立场，彻底站在了几年前的自己的对立面——利益共同体中的其他公司则按照各自老板的喜好和抱负来确定立场，规模略小的公司都归入反合并阵营，而较大的公司——除了杜伊斯贝格的拜耳公司以外——则支持全面联合。[49]相关讨论从 1924 年初就已开始，然后持续了整整一年，最终于 11 月在杜伊斯贝格雄伟的宅第里举行了为期两天的会议。

这个地方是过去所有壮志豪情的象征，是商业大亨时代和他们伟大理想的象征。德国化学工业的早期成功要归功于那一代企业家的经营才能和商业智慧，他们于 19 世纪在莱茵河两岸创办了染料企业。有些人创业未半就倒下了，但是那些大浪淘沙留下来的人，还有后继而来的人，则通过他们的专注和决心取得了很大的成就。现在，个人主义将被社团主义（corporatism）取代。对于那些在小企业、有时是家族企业的舒适怀抱中度过了半生的男人来说，放弃他们自己的身份，然后合并成一个不可分割的联盟，这种前景总是那么令其不安：他们担心把过去所有的成就都押在一个前途未卜的方案上。那些一直对合并持怀疑态度的人，现在对杜伊斯贝格突然变成盟友感到高兴，甚至有些困惑。那些过去支持这一想法的人无法理解为什么他改变了主意，尤其是现在的经济环境比以往任何时候都更有利于实现全面的联合。

很明显，从一开始，支持合并的阵营就掌握了全部最有利的证据。卡尔·博施是一位令人信服的倡导者，为巴斯夫培养了一批成熟的后起之秀，其中就包括重建奥帕工厂的卡尔·克劳赫和公司的财务总监赫尔曼·施密茨。他们在会议现场展示了令人信服的统计数据和图表，有力地支持了博施的观点，即合并将大大节省成本，提高行业对定价和供货的集体影响力，并且能够更容易地筹集到资金。逐渐地，博施开始赢得那些中间派的支持，这让杜伊斯贝格大为光火，因为他一直认为自己才是利益共同体的天然首领。在自己家里，无论是辩论还是策略都被别人占据上风，这也确实令他不快。11 月 13 日晚上，

121

当杜伊斯贝格的客人们坐下来用餐时，讨论已经演变成私人之间的争吵和谩骂。晚饭后，杜伊斯贝格与卡勒和卡塞拉两家公司的朋友们怒气冲冲地回到台球室；博施和他来自赫希斯特、魏勒-特梅尔、爱克发和格里斯海姆电化学公司的支持者们则去了楼下的酒吧。在当晚剩下的时间里，调解人在这栋房子里跑上跑下，试图让他们达成和解。第二天，谈判继续进行，到最后除了杜伊斯贝格依然坚持己见之外，反对合并的声音已经彻底烟消云散。当最终投票以近乎全票的结果通过合并决议时，杜伊斯贝格深受打击，他辞去了染料工业利益共同体的主席职务，转而支持他的对手。就在当晚临别之前，博施和主人进行了私下交谈，向他保证会永远尊重他并尽最大努力来缓和彼此间的关系，博施还承诺将任命杜伊斯贝格的儿子库尔特（Curt Duisberg）在新的利益共同体中担任重要职务，但这只是微不足道的安慰。虽然杜伊斯贝格除了认输别无选择，但是他的威望遭到了巨大的打击。

在勒沃库森只是达成了原则性协议，其中的细节又经历了一年多时间才被完全敲定。[50]1925 年初，卡尔·博施病倒，谈判一度陷入僵局。然后，人们又围绕这个新组织的名称争论不休。博施希望取消 IG 这个称号，因为 Interessen Gemeinschaft（利益共同体）不能准确地反映新公司的身份。杜伊斯贝格认为，IG 这个名称具有巨大的商业价值，不能完全放弃，必须把它纳入新的企业标识中。在这一点上，杜伊斯贝格如愿以偿，他赢得了其他企业负责人的一致支持。他们决定将新公司命名为染料工业利益共同体股份有限公司（IG Farbenindustrie Aktiengesellschaft），大家很快就简称它为 IG 法本公司（IG Farben）。

1925 年 12 月 2 日，来自巴斯夫、拜耳、赫希斯特、爱克发、魏勒-特梅尔和格里斯海姆电化学公司的代表在协议上签字。[51]另外两家规模较小的利益共同体旗下的企业——卡勒公司和卡塞拉公司——虽然在法律上仍然保持独立，但是它们已经是新成立的 IG 法本公司的全资子公司。为了彻底控制其他公司，巴斯夫作为此前最大的单一企业进一步扩大其资本总额，最终数额达到与其他五家签字企业合起来的资本总额相等，然后用自己的股票与这五家企业换股，并且合法地承接了新公司的名称。[①] IG 法本公司的总部将设在美因河畔的法兰克福（Frankfurt am Main）。来自各家签约公司的 39 名董事加入了巴斯夫的董事会，组成了新的监事会（Aufsichtsrat），卡尔·杜伊斯贝格当选为首任监事会主席，主要负责公司的大政方针。公司的日常运营则委托给卡尔·博施领导的董事会（Vorstand）。实际上，博施现在就是这家新企业的首席执行官，他全面控制着一家如此庞大的企业，在公司中只有他讲的话最有分量。

就这样，IG 法本诞生了。在德国最早的一批合成染料企业成立 60 年后，全国化学工业的大部分成员终于化解了它们之间的所有分歧，合并成为一个独立法人实体。IG 法本将成为世界上最强大的企业之一。

122

---

① 从狭义的技术角度看，巴斯夫接管了其他公司，但这只是法律上的手段，是德国法律框架下进行公司合并的最有效方式。

第5章 博施计划

123   虽然卡尔·博施是一个温和谦逊的人，但他做起事来从不畏首畏尾。他因从工程上解决了最棘手的化学问题——通过氢化反应使合成氨得以大规模生产——而声名鹊起；在第一次世界大战期间，他又因为发现了制造炸药级硝酸盐的方法，帮助自己身陷战争的国家摆脱困境而名声大振。在他的职业生涯中，他一次又一次地证明，他有足够的耐心和决心去翻越每一座高峰。但是现在，52岁的他，面临着真正巨大的挑战：他要设计一套组织架构，将IG法本变成一个有机的整体，而不只是由多个部分简单叠加后的庞然大物。

要完成这个任务，其实有很多可资利用的积极因素。[1]加入这家联合企业的所有公司都来自同一个行业，它们生产许多相同的产品，拥有许多相同的客户。各家公司的老板已经同意将过去彼此间的竞争搁置一旁，将他们曾经尽力保护的科学知识和技术集中起来，协调步调朝着规模经济的方向共同努力，以更低的成本获得更高的产出。他们宣称，现在首要的工作就是要促进共同利益。

124   然而，要让IG法本公司真正成功，所需要的不仅仅是彼此间的善意和豪言壮语。合并之后，各家公司之间仍然有相当大的差异，这些差异不可能在一夜之间就被消除。每家公司都有自己的董事会，董事们的自尊心需要给予适当的安抚；此外，每家企业都有各自独特的传统和擅长的领域。这些公司在簿记、采购、缴税、申请专利等方面采用的是不同的程序，它们与工会所签订的有关工资和劳动条件的协议也并不统一，而所有这些都必须在 IG 法本的框架内让所有公司达成一致。对于那些通常在半自治状态下运营的工厂，如何安排它们的生产和研发、协调它们的工作，或者至少避免它们之间出现过多的重复，都将对领导者的统筹规划能力提出前所未有的挑战。虽然从法律上讲，巴斯夫以股票形式收购了各家公司，但是所有公司是以平等的身份签订协议，它们需要时间来适应新的现实，使自己成为这个更大整体中的一部分。

这家联合企业庞大而多元，并且还在迅速扩张中。[2]在公司合并完成的当天，IG 法本的资本金为 6.46 亿帝国马克。仅仅一年之后，随着德国公众、银行和国际金融机构竞相对这个新的工业巨头投资，它的资本金已经增长到近 12 亿帝国马克。在接下来的几年里，这笔庞大的资本为一系列并购计划提供了充裕的资金，IG 法本公司大举收购化工、钢铁、煤炭、燃料等企业的股份，比如，迪纳米特股份公司（Dynamit AG）、莱茵钢铁股份公司（Rheinische Stahlwerke AG）、科隆－罗特韦尔股份公司（Köln-Rottweil AG）、威斯特法伦－安哈尔特炸药股份公司（Westfalische-Anhaltische Sprengstoff AG）和德国汽油集团（Deutsche Gasolin group）等。到 1929 年，IG 法本雇用了超过 12 万名员工，他们在遍布全国的 106 个工厂和矿山工作，生产德国 100% 的染料、85% 的氮素、90% 的矿物酸、41% 的药品，三分之一的人造纤维和几乎所有的炸药。IG 法本生产的产品范围不断扩大，最终将包括许多无机和有机中间化学品、胶水和工业黏合剂、洗涤剂、漂白剂、杀虫剂和农

药、阻燃材料、感光材料、人造纤维、塑料、玻璃纸、合成橡
胶，以及轻金属和有色金属。它拥有德国第二大的褐煤储量，
控制着德国 15% 左右的褐煤供应和相当大的煤砖生产份额。
该公司的其他投资还包括对银行、高压化学、石油研究和销售
等领域的战略性投资；收购报纸、航运和运输业的少数股权；
并且还有大量与海外化工企业的合资和控股。

要找到一种行之有效的方法将这些完全不同的事务管理起
来，这本身就并非易事。³由于要顾及各方面的利益，现在哪怕
是公司最基本的日常管理，也变得相当复杂。在 IG 法本建立
后的头四年里，博施一直按照卡尔·杜伊斯贝格提出的构想行
事。这种方式沿用了旧的利益共同体的同盟模式，只是在某些
细节上做出了调整，允许集中化的销售运营，并将特定的市场
和生产区域分配给单个的工厂或者地区性的厂矿集团。这些所
谓的"工厂集群"（work groups）的建立，其实是以原有各家
公司为基础，按照它们地理分布进行划分的。因此，下莱茵
地区、中莱茵地区和上莱茵地区工作集群分别对应了拜耳
（科隆/勒沃库森）、赫希斯特（美因河畔法兰克福）和巴斯夫
（路德维希港和奥帕）。①虽然杜伊斯贝格的方案承认了每个集
群的自治权及管理者的个人责任——在一个如此依赖创新的行
业中，这是一种很好的原则——但是它也建立了一种非正式
的、有时并不稳定的集体领导模式，这种模式在未来几年里一
直困扰着 IG 法本的运营。由于没有明确的行政指挥系统（这

---

① 也有例外情况。例如，德国中部集群包括了爱克发公司设在柏林的工厂，
但是不包括原巴斯夫在洛伊纳的工厂，洛伊纳工厂仍然由路德维希港直
接管理，因此被列入上莱茵地区集群。之后，情况变得更加复杂，最终
柏林地区形成了一个独立的集群。

是一个始终没有得到妥善解决的问题），公司决策有时候会非常缓慢，常常陷入僵化的执行程序和官僚作风的泥沼。于是，那些缺少耐心或者独立意识较强的管理人员偶尔会自作主张，但是这又很可能会破坏整个企业的凝聚力。

　　不过，到 1931 年，博施已经开始着手为 IG 法本建设一种全新的企业组织架构（见文前图）。[4] 他最重要的决定是将公司业务划分为三大板块，或称部门（Sparten），然后将 IG 法本的关键技术和商业团队全都纳入其中。第一事业部（Sparte Ⅰ）最初由卡尔·克雷克勒（Karl Krekeler）负责，随后由博施的门生卡尔·克劳赫主持，该部门负责与高压氢化化学有关的一切工作，包括整个联合企业中的氮素合成设施、煤矿和石油业务。第二事业部（Sparte Ⅱ）由弗里茨·特梅尔（Fritz ter Meer）领导，该部门负责公司大部分传统产品——包括染料、药品、溶剂及其他各种无机和有机化学品。第三事业部（Sparte Ⅲ）由弗里茨·加耶夫斯基（Fritz Gajewski）管理，该部门负责生产炸药、感光材料、特种纸制品、人造纤维和玻璃纸——这些产品大部分在柏林和德国中部生产。

　　考虑到每个事业部不同的产品重心和市场，它们不但有自己的独特定位，而且在开展业务、协调政策和设定目标等方面，还形成了各具特色的工作方式。[5] 这些工作通常先交由几十个具体项目的小组委员会（subcommittees）拟定，然后再交给更大的部门管理委员会（divisional management committees）进行评估和审查。第二事业部管理的产品范围广泛且复杂，它拥有数量最多的工厂和子公司，因此，它的管理职能被进一步分为三个强有力的专门机构——化学品委员会（Chemicals Committee）、染料委员会（Dyes Committee）和药品委员会

（Pharmaceuticals Committee）。另外两个事业部的结构则更为简单，由规模较小的协调委员会（coordinating committees）制定生产目标。然后，这三大事业部还必须与公司总体层面上的两个机构——商业委员会（Commercial Committee）和技术委员会（Technical Committee）——协调它们的工作，其中，后者的作用更为重要。技术委员会成员包括 IG 法本最资深的技术专家和主要生产厂的工程师与经理，他们开会审查由 30 多个小组委员会提出的生产计划、研发举措和建设资金申请。此外，博施还完成了另外两项结构性的调整。首先是成立了五个独立的销售营销集团，也就是所谓的"联合公司"（combines）——它们分别负责染料、化学品、药品、感光材料和人造纤维，以及氮素和石油等业务。其次是对周边业务部门进行整合与扩充（这些部门最早出现于 1927 年），这些部门被统称为柏林西北第 7 办事处，是以它们所处德国首都的邮政编码区划（西北第 7 区）来命名的。这些部门负责处理媒体关系、市场调查、法律和税务事务、与海外客户和合作伙伴的经济谈判，以及与政府的联系。

在这个迷宫般的组织架构的最顶端，是 IG 法本公司的监事会和董事会，它们在理论上负责公司所有事务的最终决策。[6]但是这两个机构都过于庞大，并不容易控制。在 IG 法本创立之初，监事会由法本旗下各公司监事会的所有成员组成，大约有 55 人；董事会则由 83 名来自各家公司董事会的正式和代理董事组成。虽然这些数字到 1931 年略有下降，但是作为这两大机构各自的主席，杜伊斯贝格和博施都在努力寻找能使它们有效运转的方法。解决办法似乎就在于让它们只发挥形式上的作用，然后将它们的大部分工作委托给规模更小的常设委员

会。相对于监事会的 50 多名成员，监事会的理事会
（Verwaltungsrat）只有 11 名成员，它承担了监事会的大部分职
责，每年召开大约四次会议，而留给全体监事会的只是荣誉性
的责任。董事会则必须通过两个下属机构来开展工作。第一个
机构是工作委员会（Arbeitsausschuss）。[7]无论任何时候，它都
有大约 24 名成员，由各个事业部的主管、工厂经理、销售联
合公司的负责人、律师和会计师组成，偶尔其中还会有来自企
业其他部门的代表。这个机构很快就被整个 IG 法本公司视为
主要管理团队，它负责制定和执行一般政策，并且就收购、与
其他企业联盟的关系、工厂的开设与关闭、政治捐款等事项做
出决策。然而对于博施来说，工作委员会仍然太过笨拙，只要
有可能，他更喜欢通过一个规模更小的机构——中央管理委员
会（Zentralausschuss）来运作。通常在工作委员会开会的前一
天，中央管理委员会的六名成员（包括担任顾问的卡尔·杜
伊斯贝格）与博施一起会提前研究战略举措，并且对第二天
大会议上将要讨论的事宜制定共同方案。

这种由多个理事会、委员会和小组委员会、执行委员会和
工厂集群等组成的叠床架屋的系统有一个非常明显的缺点——
它们给 IG 法本公司最高层的管理者们带来了繁重的工作负
担。[8]由于许多大型工厂和销售联合公司的业务跨越了分割整齐
的部门结构，各地经理的职能和责任经常重叠，他们常常不得
不同时坐在几个机构里。[①] 可以理解的是，这些经理不愿意增
加自己的负担，他们既不愿意过多地干涉别人的业务领域，同

128

---

① 许多高级管理人员还在其他公司的监事会或董事会中任职——这些公司
要么是 IG 法本的子公司，要么是与 IG 法本公司有密切商业来往的企业。

时又小心翼翼地守护着自己的领地。这样就导致了令人遗憾的后果。除非经理们出现了非常严重的失职，否则他们在很大程度上并不需要对自己的行为负责（当然对监事会也不需要负责，因为它的职能越来越倾向于礼仪性），而且通常也不会受到质疑。此外，对 IG 法本而言，也不存在任何有意义的外部监督。IG 法本公司控制着自己所有的优先股，从而取得了占明显多数的股东投票权。其他任何个人或机构投资者都无法拿到足够多的股份去要求公司进行改革，年度股东大会一般都是橡皮图章式的会议。在大多数情况下，每当 IG 法本公司需要额外资本时，它通常会求助于自己持有大量股份的德国联邦银行（Deutsche Länderbank），或者通过发行公司债券、进行配股、提取销售收入和储备金来筹集现金。因此，IG 法本不会受到无端的外部干预，这种情况令公司的高管们感到高兴，但是也造成了公司在交易中缺少有效监督。原则上，卡尔·博施作为董事会主席，可以利用他的职权干预或推翻下级的决定。但是，IG 法本的规模越大，由各种部门、委员会、控股公司和子公司组成的网络在不断扩张中就会变得越发复杂，单独一个人就越难掌控一切，无论他多么有干劲儿或多么严谨。随着对高压化学领域的兴趣越来越多地占用自己有限的精力，博施别无选择，只能寄希望于他同样不堪重负的下属们能好好地完成各自的工作。

129　　那么博施的下属都是些什么样的人呢？总体来说，IG 法本公司的高级管理人员（以 20 世纪 30 年代中期的法本公司董事为例）平均年龄都在 50 岁上下，已婚并育有子女。他们大多来自德国西部或西南部，拥有博士学位——通常出自化学专业，但是也有其他自然科学、数学和工程学科的博士——然后

在公司内部的某个业务部门逐级升迁，直到现在的职位。他们
通常是新教徒，出身于中产阶级家庭，拥有当时所有传统中产
阶级的特质和抱负；他们勤奋好学、遵纪守法、受人尊敬、有
社区责任感、爱国（大约有一半的 IG 法本高管参加过第一次
世界大战），在政治和社会观念上都非常保守。[9]

　　但是在这份相当平淡的概述背后却隐藏着一些耐人寻味
的特例及颇具个性的人物，如第三事业部的主管弗里茨·加
耶夫斯基，他出生在一个有 11 个孩子的贫寒的小学教师家
庭，为了筹集去莱比锡大学读书的费用，他不得不节衣缩食，
到郊区的一家药店兼职打工。还有公司的首席财务官赫尔
曼·施密茨，他也是博施创建 IG 法本公司的主要助手，施密
茨来自埃森市一个非常贫困的工人阶级家庭，只接受过最基
本的学校教育。施密茨最初在金属集团（一家有色金属企
业）法兰克福总部工作，是那里的一名低级职员，他凭借非
凡的智慧很快就引起了公司老板威廉·默顿（William
Merton）的注意，只用了不到五年的时间他就成了公司所有
海外业务的负责人。第一次世界大战刚刚爆发他就应征入伍，
但是没过几个星期，他就在战斗中身负重伤。之后他没有直接
回到原来的岗位，而是接受了瓦尔特·拉特瑙的战时资源局的
工作，同时在那里结识了卡尔·博施。他与博施的友谊始于协
约国对路德维希港和奥帕的第一次空袭之后，当时施密茨帮助
博施成功向政府游说，使政府为兴建洛伊纳的硝酸盐工厂提供
补贴；后来他们又一同前往凡尔赛，施密茨是德国代表团中金
属集团的两名代表之一。1919 年，当博施最终说服他加入巴
斯夫公司担任财务总监时，他继续保留了在金属集团董事会中
的席位，此举不但巩固了两家公司之间的紧密联系，而且这种

联系还将持续很多年。①

IG 法本公司的商务主管（同时也是公司颇具影响力的染料委员会主席）格奥尔格·冯·施尼茨勒（Georg von Schnitzler）男爵来自社会的另一端。他与冯·拉特（vom Rath）家族有亲属关系（该家族因对德国工业的贡献而被威廉二世封为贵族），并且迎娶了莉莉·冯·马林克罗特（Lily von Mallinckrodt）为妻，她是当时著名的社交界女王。施尼茨勒是个见多识广又温文尔雅的人，他日常总爱穿英国粗花呢剪裁的服装，喜欢收藏艺术品，也喜爱美酒，他把自己的时间都花在了事业、职责及广阔的私人庄园上。就像出身于社会另一端的赫尔曼·施密茨和弗里茨·加耶夫斯基那样，施尼茨勒在公司董事会中也有一名贵族搭档。另一位（出身不那么显赫的）是奥古斯特·冯·克尼里姆，IG 法本精明的法律顾问和专利专家，在决斗中留下的伤疤和其拘谨的举止暗示了他的普鲁士家世背景。1923 年，当人们从法军占领的路德维希港仓皇出逃时，克尼里姆曾与卡尔·博施住在海德堡的同一家酒店。

法本公司的许多高管在科学创新或激励员工方面具有天赋，如生性乐观、总戴着一副眼镜的诺贝尔奖获得者海因里希·霍兰（Heinrich Hörlein），他在阿图尔·艾兴格林之后担

---

① 博施和里夏德·默顿（威廉·默顿之子，金属集团总裁的继任者）也分别在对方的董事会中占有一席之地。有趣的是，正是这位里夏德·默顿提出建议，应该由工业家承担在战争期间所有采购材料价格上涨的负担，从而激怒了卡尔·杜伊斯贝格。那一次，默顿受到了惩罚，他被陆军部开除并被派往危险的西线，这道命令直到最后一刻才被取消。但是这并非他最后一次与当权者发生冲突。默顿的犹太血统注定了他与 IG 法本的关系将在严酷的环境中终结。

任拜耳制药的研究实验室主任，后来发明了一种全新的抗癫痫药物；或者弗里茨·特梅尔，他是魏勒-特梅尔家族傲慢的继承人，也是颇具影响力的第二事业部的负责人，他坚信 IG 法本公司的未来方向是合成橡胶，当有闲暇时，他总是精力充沛地前往瑞士，到阿尔卑斯山区徒步旅行。然后是卡尔·克劳赫，他完全是凭借自己的人格魅力和意志力，在几年前毁灭性的大爆炸之后，担负起奥帕的重建工作。作为奖赏，他被任命为第一事业部的主管，在这个位置上，他作为博施的关键助手，可以利用自己手中的特权，去推动 IG 法本公司在高压化学领域的发展。

即使是 IG 法本那些拥有优越家庭背景的高级管理人员，大多也是通过个人的业绩和决心才最终得以跻身高层。比如，威廉·R. 曼（Wilhelm R. Mann），家庭环境的浸淫使他自幼就把染料融入了自己的血液。他的父亲鲁道夫曾是拜耳公司制药部门的负责人，并且在 20 世纪 20 年代初卡尔·杜伊斯贝格与斯特林有限公司之间艰难的第一次会面中发挥了重要作用。年轻的威廉当时只是公司里的一名普通化学研究员，他一边静静地从西线战场的经历中恢复过来，一边慢慢地摸索工作中的窍门。在他父亲退休之后，由于他对国际药品和医药领域错综复杂的情况了如指掌，以及具备精明的商业能力，他在事业上不断高升。现在，他是 IG 法本公司强大的药品委员会的主席，同时也是利润丰厚的阿司匹林业务的最高级别监护人。

还有很多其他人——科学家、工程师、生产主管、销售专家——每个人都从 IG 法本公司身上分享一部分权力，他们都渴望在新体制下发挥自己的力量。[10]卡尔·博施身上有一种善于沉思的学者气质，他经常会陷入强烈而忧郁的自省中，一方面他需要保护和培养员工们彼此竞争的勃勃雄心，另一方面又要保证公司自身的凝聚力，这对他而言是一项艰巨的任务。在公司成立之初，各个创始家族在公司内部仍然拥有相当程度的影响力（如果没有主动参与管理的话），对董事长那种左右兼顾的政治技巧要求还并不很高。① 随着时间的推移，IG 法本开始扩张，保持各方的平衡变得越来越难。作为公司的组织思想，"分散管理集中制"（Decentralized centralism）是一种有效的方法，它要求每一个人都专注于 IG 法本的核心任务，即效率和利润的最大化。任何对这项任务的偏离，都会让公司面临分崩离析的风险。

如果博施一开始就把更多的时间用在解决 IG 法本的结构性矛盾上，在管理方面保持更强的控制力，也许该公司后来就不会那么容易受制于自身的弱点。但是在合并后的最初几年中，他的大部分注意力都集中在了其他地方——他要投资一项极富前景的项目。这个项目风险极大但是意义深远，博施为此投入了大量精力，以至于日常工作有时候似乎也会让他分心。博施之所以想要组建联合企业，一个很主要的原因就是要把这个项目做成，为此他准备押上自己的一切。世界上有一种最重要的商品即将耗尽，如果博施能够如愿以偿，IG 法本将为此提供解决方案。

当未来的历史学家回顾 20 世纪末和 21 世纪初时，寻找石油肯定会被视为我们这个时代最具决定性的政治经济议题之

---

① 最初的监事会成员包括了拜耳、迈斯特、布鲁宁、卡勒、冯·拉特和冯·温伯格（von Weinberg）等家族的成员，他们都曾是 IG 法本公司旗下企业的所有者或主要股东。

一。[11]为了获取石油，世界上不断爆发战争，由于我们对这种资源的痴迷，人类很可能会给地球带来灾难性的后果。当我们最终耗尽它时，甚至会有更可怕的灾难降临。继我们呼吸的空气、消耗的食物和淡水之后，石油已经成为地球上最重要和最抢手的商品。今天谁在控制它的供应，明天谁会控制它的供应，这些都是非常具有战略意义的问题。但是有一点是肯定的：世界石油储量是有限的，石油资源是不可替代的。当它们最终枯竭时——有些人认为，这种情况早就已经在发生了——一些可能的后果不难想象：定量配给、重要工业部门关闭，以及现代社会所依赖的经济基础设施逐步走向崩溃。

但值得注意的是，人类此前也曾面对过类似的前景。早在1926 年，人们就被告知石油即将耗尽。当然，当时经济对石油的依赖还远远没有达到今天的程度，人们本可以更加从容地应对石油的消失，但是这种前景仍然引起了当时人们巨大的震惊和担忧。这场危机是社会对汽车越来越钟情的结果。汽车的繁荣才刚刚开始，但内燃机已经开始建立起一套可怕的逻辑；如果没有燃料驱动，路面上就不可能有更多的汽车，而这些燃料并非从天而降的，它必须来自某个产地。不幸的是，这种资源在当时非常有限。到 20 世纪 20 年代初，各国政府已经开始对石油发现能否跟上日益增长的需求担心不已，它们纷纷向石油工业寻求保证。最终得到的答案却惊人的自相矛盾，真实情况也变得含糊不清，以至于美国总统卡尔文·柯立芝（Calvin Coolidge）被迫成立了一个特别机构——联邦石油保护委员会（Federal Oil Conservation Board），以弄清楚全球石油储量的确切水平。1926 年 9 月 6 日，该委员会发表的一份报告引起了全世界的不安。"目前抽油井和自喷井的总储量……估计约为

45 亿桶，理论上只有六年的供应量。"专家们警告说，在 1932 年的某个时候，土地将会流出最后一滴油。

在这种情况下，任何能够找到解决方案的人都会获得可观的收益，而这正是 IG 法本公司和它富有技术创新思想的老板所要前进的方向。卡尔·博施提出了一项计划，承诺解决迫在眉睫的石油危机，同时希望借此为 IG 法本打造一个全新的核心业务部门。之所以制定这一计划，也是因为他担心德国对全球合成硝酸盐生产的主导地位即将结束。虽然他在出使凡尔赛和法国占领鲁尔区期间做出了种种努力，但是他始终无法阻止哈伯-博施合成法落入国外的竞争者手中。现在，其中最大的竞争对手——刚刚成立的英国帝国化学工业公司（Imperial Chemical Industries）、美国杜邦公司和联合化学公司（Allied Chemicals）——都开始大量生产合成氮肥，用不了多久这个世界就会到处都是它们的产品。[12]①博施知道，除非为昂贵的高压设备找到其他用途，否则化肥产能过剩将极有可能造成 IG 法本在洛伊纳和奥帕的工厂倒闭。

134　　　作为管理者，博施或许有过失误，但是没有人能够指责他在寻找商机时的远见。[13]20 世纪 20 年代初，他已经意识到，世界对石油的依赖即将变得越发严重，而德国在氢化化学方面的专业知识可能会解决这个问题。在所有主要的工业化国家中，德国是最缺乏关键自然资源的国家。它拥有一些储量丰富的物产——尤其是煤炭——但是对于大多数资源，这个国家不得不从国外进口原材料，或者必须掌握合成它们的方法。石油是德

---

①　IG 法本曾试图让这些公司签订出口配额协议，以限制它们进入市场，但是这一努力失败了，帝国化学工业公司和杜邦公司达成了一项双边专利和市场共享协议。

国最短缺的资源，德国化学家早就在寻找自己制造燃料的办法。其中一位叫弗里德里希·伯吉乌斯（Friedrich Bergius）的科学家提出了一种很有前景的实验室方法，而卡尔·博施急切地希望将其用于工业化生产。

和同时代的许多人一样，伯吉乌斯对煤炭很感兴趣，或者更确切地说，令他着迷的是，借助当时在德国非常流行的高压工艺从煤炭中获得合成燃料。[14]1909 年，当伯吉乌斯在汉诺威大学任教时，他先是用以纤维素（cellulose）为原料转化成的人造煤进行相关实验，之后随着技术和经验的积累，他又开始使用普通的褐煤和烟煤来进行实验。这是一个复杂的工艺过程，但是从实质上讲，他是在寻找一种使煤炭液化的方法，并且在高压条件下增加其中氢的含量，使其性能接近石油。伯吉乌斯肯定会注意到德国即将开战，而这个国家又严重缺少这种至关重要的商品。因此，他激动地在 1913 年宣布，自己已经解决了这个问题，并且正在为这项发明申请专利。两年后，他在曼海姆附近的莱茵瑙（Rheinau）建设了一座工厂，对这项工艺进行工业化开发。

事实证明，将实验室技术转变为规模化的工业生产，比伯吉乌斯所预想的要困难得多，成本也非常高。几个月过去了，这个项目进展并不顺利，他的资助者们变得坐立难安，已经有人选择退出。不久之后，德国获得了罗马尼亚的油田，解除了对合成燃料的迫切需求，这也使他的工作变得不再紧迫。与此同时，其他科学家也开始在这一领域取得进展。135
1914 年，威廉皇帝煤炭研究所的弗朗茨·菲舍尔（Franz Fischer）和汉斯·特罗普施（Hans Tropsch）提出了一种方法，将一氧化碳和氢气的混合物通过高温催化形成液态的碳氢化合物。巴斯夫的科学家也在进行同样的尝试，他们甚至在 1913 年与伯吉乌斯几乎同时为自己的工艺申请了专利。然而，所有这些方法都存在着相同的问题——难以找到有效的催化剂，很难将理论上的化学反应转化为行之有效且符合成本收益要求的工厂生产。

直到 1923 年，一位在奥帕工厂工作的科学家马蒂亚斯·皮尔（Matthias Pier）才终于取得突破，他利用类似于巴斯夫合成硝酸盐的高压氢化设备，设计出一套从煤炭中合成甲醇（methanol）的方法，这种工艺在商业上是可行的。甲醇本身就是一种有价值的化学品，并且可以作为机动车的粗制燃料。但更为重要的是，这种方法为人们把弗里德里希·伯吉乌斯的发现运用于工业生产提供了一条途径。博施敏锐地意识到合成燃料技术的巨大潜力，他迅速拿出约 1000 万帝国马克，收购了伯吉乌斯的专利及其公司资产。①

IG 法本拥有庞大的资金、技术储备及对鲁尔区煤矿的控制权，现在已经为进入燃油行业做好了充分准备。事实上，这也正是博施下决心整合化学工业的主要原因之一。他知道，这个项目所需要的资源远远超出了巴斯夫自己的能力，而且只有IG 法本的庞大体量才能实现必要的规模经济效益。当然，任何涉及如此大规模投资的事情都有很大的风险，需要所有参与的科学家和工程师付出巨大的努力。但是如果他们成功了，得到的回报也将是巨大的。

博施的豪赌成了 IG 法本公司最早的商业决策之一：投资

---

① 这笔交易由博施的首席财务官赫尔曼·施密茨精心安排，并且在 IG 法本公司成立前完成。

数亿马克在洛伊纳组建新的生产线。① 其最终目标是年产量达到十万吨合成油，同时保证其德国售价在每公升大约 20 芬尼——在天然石油售价为每升 23～25 芬尼的时代，这个价格极具竞争力，而且可以确保 IG 法本公司在未来数年中的盈利。[15]但这仅仅是个开始。博施还雄心勃勃地希望在全球范围内利用这一工艺，建立广泛的合作关系，将 IG 法本的技术带入新的市场，并且帮助其重新确立在全球化学工业中的主导地位。作为一项企业举措，合成燃料计划已经达到了同类项目的极致，它无比庞大、自信，并且野心勃勃。IG 法本的未来就全靠它了。

并非所有人都喜欢这场赌局。[16]虽然博施是 IG 法本的老板，手中握有很大的权力，但是他还远远做不到一手遮天；由于他在没有得到授权的情况下，未经内部协商就开始推进此事，鉴于该项目的潜在风险，一些资深的同僚也都颇有怨言。博施只好援引美国政府对即将到来的石油危机的预测，安抚同事们的情绪；他认为，即使这些预测只对了一半，石油价格也会飙升，而一种合成替代品最终会带来可观的回报。但是博施知道，并不是 IG 法本的每一个人都能被他说服。

此外，还有一些潜在的外部对手需要安抚。[17]从一开始博施就很清楚，如果 IG 法本开始生产燃料，将很有可能与传统的石油工业发生冲突。在此之前，石油大亨和化学家们能够井水不犯河水，是因为他们的产品、技术和市场都是相互独立

---

① 这项投资的规模相当惊人。在 1925～1929 年，IG 法本公司向洛伊纳工厂投入了超过 2.5 亿帝国马克的资金，其中大部分用于合成燃料项目。从这个数字来看，它是同期对路德维希港工厂投入的三倍，是对勒沃库森的拜耳工厂和法兰克福的赫斯特工厂投入的四倍。

的。这种情况显然正在发生改变，博施知道，除非他与石油工业——特别是与控制石油工业的六大企业中的一家或多家——达成某种和解，否则 IG 法本公司将陷入极其危险的竞争之中。另外，如果能够达成交易——也许可以向其中几家石油公司出售 IG 法本合成燃料技术的专利使用权——收回的资金可以部分支付洛伊纳工厂的巨大投入。因此在 1925 年，当整个计划还处于萌芽阶段时，博施就谨慎地与其中最大的一家公司——新泽西标准石油公司（Standard Oil of New Jersey），或者人们通常所说的埃索石油公司（Esso）——取得了联系，博施委托奥帕工厂的生产主管威廉·高斯（Wilhelm Gaus）带队，一支由 IG 法本高管组成的代表团对纽约周边的标准石油公司炼油厂进行了友好访问。高斯受到严格指示，他要在行程中给对方以暗示，表明 IG 法本已经获得了伯吉乌斯的专利，并且制定了自己的合成燃料开发计划。如果高斯能找机会邀请标准石油公司的管理人员对德国进行回访，那就更好了。不管怎样，他必须确保美国人上钩。

　　标准石油公司的老板们对此表现得非常积极。[18] 由于石油在提炼之后会剩余大量的重油和焦油，因此该公司对任何能够进一步精炼石油，将废弃的剩余物炼制成优质液体燃料的工艺都充满兴趣，它通过自己的研究已经了解到，氢化技术和伯吉乌斯的工艺也许是一种可行的方法。但真正引起美国人注意的，是从煤炭中提取类似原油物质的前景。标准石油公司比大多数人更清楚迫在眉睫的石油储量缺口问题，它已经开始寻找替代能源。20 世纪 20 年代初，该公司在科罗拉多州购买了数千英亩耕地，因为它希望在技术成熟后能够从那里的页岩层中开采石油。IG 法本可能已经获得合成燃料技术的消息足够引

137

起人们的关注，但是也有些让人担忧。如果世界上的石油真的用光了，或者 IG 法本真的能够生产价格比石油更具竞争力的合成燃料，那么很显然，标准石油公司必须先于其他人获得这种技术。

1926 年 3 月，标准石油开发公司（Standard Oil Development Company）的负责人弗兰克·A. 霍华德（Frank A. Howard）来到路德维希港，想亲眼看看到底发生了什么。[19] 他在 IG 法本公司陪同人员的带领下，参观了巨大的车间和明亮的实验室，并且看到了大量氢化反应过程，这种先进的工艺吊足了他的胃口。正如 IG 法本公司所设想的那样，霍华德看到的所有研发项目——无论其规模还是野心——都让他感到震惊，特别是正在进行的合成燃料项目——由于洛伊纳的生产线尚未投产，所以只是在一个小型试验装置上向他进行了展示。当天晚上，霍华德给他的老板、标准石油公司总裁沃尔特·C. 蒂格尔（Walter C. Teagle）发了一封电报，用非常戏剧化的措辞描述了他在参观后的感想："这是公司有史以来面临的最重要的机遇……（IG 法本）可以从褐煤和其他低质煤炭中制造出高品质的发动机燃料，其产量可以达到所用煤炭重量的一半。这意味着在汽油供应问题上，欧洲已经完全可以自给自足。最后只需要进行直接的价格战。"[20] 几天之后，正在巴黎访问的蒂格尔匆匆赶到路德维希港。[21] 他沿着霍华德曾经走过的路线又参观了一遍，同样感到震惊。合成燃料技术的价值简直让人叹为观止。除非标准石油公司能够设法控制这个新的竞争对手，或者至少与之合作，否则全球石油工业的商业基础可能会被彻底破坏。

鱼已经咬了钩，博施现在得收线了。[22] 最初的行动，双方都非常谨慎。标准石油公司的高管认为，德国人不太可能直接出售他们的伯吉乌斯专利——或者至少不会以这家美国石油公司能够负担得起的价格出售——因此他们建议成立一家有限合伙企业，将这种新燃料推向市场。博施暂时接受了这个提议，但是须就标准石油公司的投资额度进行谈判。他很清楚，如果把美国人逼得太急太紧，很可能会把对方吓跑。他强迫自己保持耐心，转而把精力投入洛伊纳工厂的事务中。

这项工作已经拥有了一个良好的开局。[23]虽然伯吉乌斯的技术工艺还存在一些问题——很难找到合适的催化剂，建造新的高压装置也有难度——而且整个工程的推进速度比公司设想的还要缓慢和昂贵，但是在1927年4月，第一批洛伊纳汽油已经进入市场销售。当年的产量仅为1吨。到第二年末，这种合成燃料的产量已经达到2.8万吨。到1929年，将有超过6.7万吨成品油从工厂中生产出来，公司将顺利达到10万吨的产量目标。

与此同时，标准石油公司与IG法本之间的谈判也时断时续。[24]为了加快进度，博施前往美国与蒂格尔和霍华德会面，但是这次见面双方并没有达成最终协议，会后博施的情绪相当低落。后来在1927年8月，此事总算有了一个小小的突破。标准石油公司获得了伯吉乌斯合成工艺的美国使用权，以提高其天然原油的质量，同时它还可以向其他合作伙伴出售该技术的使用许可，并得到其中50%的利润；作为回报，标准石油公司同意与IG法本开展联合研发计划并提供资金，为此双方在路易斯安那州建立了一座合资工厂。

双方对这份协议都不太满意。[25]到目前为止，标准石油公司确信伯吉乌斯工艺是石油工业史上最重要的科技进步之一。

当它将 IG 法本的氢化技术应用到原油提炼中之后，立即取得了不俗的效果——从每桶原油中可以提炼出来的石油足足增加了一倍多。标准石油公司当然希望不仅仅是它在美国的炼油厂，而是在自己所有的精炼厂中使用这项技术，但是与 IG 法本签订的协议条款让它不能这样做。不过，当该公司的高管考虑到煤炭的潜在价值时——美国的煤炭储备和德国的一样丰富——他们对可能的回报垂涎不已。如今，他们需要做的是进一步扩大协议的适用范围。

另外，博施需要标准石油公司的资金——而且是大量的资金。[26] 虽然早期取得了成功，但是事实证明洛伊纳新产线的运维费用非常高，生产和技术环节不断出现的故障使它的运营成本飙升。在生产合成燃料的同时，IG 法本的宣传机器也开足马力进行配合，让外界相信一切都进展顺利，尽管事实并非如此。这种燃料的生产成本远远高于预期，只有通过大幅度的打折销售，IG 法本才能保证其价格对传统汽油具有竞争力。亏损不断增加——到 1929 年，亏损额达到了 8500 万帝国马克——这种燃料还远未达到在商业上推广的水平。数据似乎每月都在恶化，随着每一份令人沮丧的报告出炉，IG 法本公司各部门委员会中对该项目持怀疑态度者的不满之声也越来越多。甚至有人悄悄提醒，在这个项目开始威胁 IG 法本公司的财务稳定之前，应该尽早放弃它。博施意识到，他必须在失去同事们的支持之前找到解决方案。

1929 年 11 月，博施在威廉·高斯、奥古斯特·冯·克尼里姆（IG 法本公司律师）和赫尔曼·施密茨（公司财务的灵魂人物）的陪同下重返美国，向标准石油公司开出了一个他们无法拒绝的条件。他知道，这是一项能够保证德国未来经济

140

自给自足的技术工艺，德国政府绝不会允许 IG 法本出让国家权益，但是他可以把这项工艺在世界其他地方的专利使用权出售给标准石油公司。

正如他所料，美国人抓住了这个机会。作为对标准石油公司 2% 的股份——54.6 万股股票，约等于 3500 万美元现金——的回报，博施放弃了 IG 法本在德国以外的全部氢化技术专利使用权。为了共同利用合成燃料领域在未来研发中所取得的专利技术，两大产业巨头成立了名为标准石油－IG（Standard-IG）的合资公司（美国人持股 80%，IG 法本持股 20%）。[27]霍华德和蒂格尔也加入了 IG 法本在美国新成立的子公司美国 IG 化学公司（American IG Chemical Company）的董事会。[①]

伙伴合作关系让博施更有底气，他又抛出了一根诱人的胡萝卜。他告诉标准石油公司的老板们，石油并不是唯一可以从煤炭中提取的产品。煤炭还可以用来生产合成橡胶，一种被称为丁钠橡胶（buna）的产品。到目前为止，与天然橡胶相比，商业生产合成橡胶的成本太高，但如果以石油为原材料生产丁钠橡胶，这些成本可以大大降低，而标准石油公司显然拥有丰

① 1928 年 6 月，IG 法本公司开始审查它在美国的持股情况，包括各下属企业与美国合作伙伴之间的所有协议——如拜耳和斯特林之间的协议——然后将这些协议转移到巴塞尔的一家名为 IG 化学（IG Chemie）的瑞士控股公司手中。次年 4 月，IG 法本成立了美国 IG 化学公司，然后用这家美国新公司的股份与瑞士 IG 化学手中那些旧的美国子公司的股份进行交换。这种置换股权的操作相当复杂，但是它会带来三大好处：如果德国再次赔款违约，它们会帮助 IG 法本逃脱协约国的反制措施和没收资产的影响；在美国反德情绪依然强烈的时候，它们帮助掩盖了美国 IG 化学公司的德国血统；此外，这样将使 IG 法本在美国资本市场上更容易筹集资金。在接下来的几年里，美国 IG 化学公司通过发行债券共筹集到约 3300 万美元，使华尔街成为 IG 法本公司最大的债权人之一。

富的石油资源。考虑到采用丁钠橡胶生产汽车轮胎的潜力，以及标准石油公司与美国汽车工业的密切关系——两者之间具有明显的协同效应——这会让标准石油公司受益匪浅。那么他们是否有兴趣在这个项目上进行合作呢？

答案是肯定的。几个月后，博施派卡尔·克劳赫去美国完成了谈判。又有一家新企业即将成立。该公司被称为联合美国科研公司（Joint American Study Company，缩写为 Jasco），由 IG 法本公司和标准石油公司共同出资，它将开发石油化工领域中的各种新式工艺，特别是用于生产丁钠橡胶的方法。

博施对此非常满意。的确，他已经把技术工艺在全球大部分地区的使用权出让给了美国人，但是他保留了在德国生产合成燃料的权利，考虑到德国的石油短缺，这最终必然会带来巨大的利润。现在，价值 3500 万美元的标准石油公司股票稳稳当当地存放在 IG 法本公司的账户上——而且多项协议也已经与这个强大的潜在对手顺利签订完毕——博施觉得他可以把精力放到 IG 法本公司的其他问题上了。

现在，车轮再次转动起来。博施的整个合成燃料战略——甚至是 IG 法本公司的未来——全都建立在石油供应将会出现短缺，石油需求和价格将会飙升的前提之上。但是在 1930 年的年底，得克萨斯州发现了新的油田，而且储量极大，这让所有预测石油将会短缺的人感到震惊。而且，大萧条已经开始造成汽车（及驱动汽车的燃料）需求的迅速下降，新油田的发现更是让这种情况雪上加霜。第二年，当人们在中东又发现了新的油田时，油价暴跌，洛伊纳工厂的发展突然变得前途未卜。1931 年，在洛伊纳的投资已经接近三亿帝国马克，合成油的成本价却高达每公升约 45 芬尼，而当时世界上每公升天然石油的售价只有 7 芬尼。[28] 这种价格上的天壤之别让 IG 法本的产品在市场上毫无竞争力可言。随着 IG 法本的亏损开始再次螺旋状攀升，公司财务的稳定性受到了严重冲击。很快，甚至连博施最亲密的一些伙伴也站出来公开呼吁中止这个燃料项目。除非这位 IG 法本的老板能够找到解决方案，否则他本人的前景也会变得黯淡，投入巨大的合成燃料项目——连同他的职业生涯——都将以不光彩的失败收场。

142　　解决方案找到了，只不过它并非诞生于 IG 法本干净卫生的实验室（其洁净程度就像医院的诊室一样），也不是诞生于宽敞舒适的委员会办公室。如果一个人的目光仅仅局限于公司的内部，那么他很容易就会忘记外面还有另一个世界——而且这个世界正在发生变化。德国又一次陷入了政治经济动荡。街头变成了战场，啤酒馆和大礼堂成了激烈煽动、恶毒偏见和狂暴殴斗的场所。IG 法本的领导者们对事态的发展冷眼旁观，只有当混乱要越过他们工厂的围墙，需要用理性的言辞来平息时，他们才勉强介入。但是这家联合企业的规模太大、实力太强，关系到国家的核心利益，它不可能长期置身事外。在经济危机愈演愈烈的时候，出现了一种充斥着革命和暴力思想的新意识形态，它的核心信条就是国民经济的自给自足。IG 法本公司恰好掌握着实现这一信条的钥匙，而且为了开发相应的技术，它投入了庞大的资金，承受了巨大的财务风险，这些都使它在压力和游说面前变得特别脆弱，容易屈服。很快，博施和他的同事们就要面临选择：是冒着财务灾难的风险去反对这场可能会横扫德国的革命，还是加入革命，以确保 IG 法本公司的生存。

第 6 章　讨价还价

在魏玛共和国中期的大部分时间里，IG 法本公司开始参
与政治事务，但这在很大程度上只是一种战术性的权宜之计。
如果非要说 IG 法本具有某种融入企业血液中的政治理念（有
别于其高层管理者个人的政治信念），那就是这家公司只支持
能够让它继续赚钱的政党。[1]由于公司的大部分收入来自对外出
口，IG 法本非常希望德国当局能与过往的敌对国家保持良好
的关系，同时它也在私下展开游说，逐步推动重修条约，希望
能够更改《凡尔赛和约》中那些对德国极其不利的条款。在
国内，IG 法本公司希望能有一个稳定的政府，它不会干涉企
业事务，维持低税率、低通胀，限制劳工组织的力量，并且大
力扶持农业发展——农民才是法本公司合成硝酸盐的主要消费
者。IG 法本信奉的是纯粹的经济自由主义；其他任何理念，
无论是烦琐的保守主义还是政治上的极端主义，都被认为会对
企业经营不利。法本公司期待着德国国力的最终恢复，因为这
将有利于它的长期发展，但是从公司的角度来看，耐心和外交
才是政府实现这一目标的最佳手段。即使公司主要领导人之间
的个人政治观念并不一致（比如，卡尔·杜伊斯贝格明显比
博施更倾向于民族主义），这种政见的差异也不会对他们管理
公司的方式产生太大影响。

因此，在一定程度上，IG 法本公司通过支持对企业友好

的政客和团体，来推动公司关心的政治议题。但是在魏玛共和国四分五裂的联盟政治中，要找到真正合适的代理人并不容易。[2]当然，政治上的左派很难满足 IG 法本的期待：作为工人和工会的政党，社会民主党（Sozialdemokratische Partei Deutschlands，缩写为 SPD）几乎不可能推行压制劳工组织的政策。此外，虽然他们是魏玛共和国民主体制的忠实支持者，但是，他们同时也是依靠税收支撑社会福利制度的设计者，而大企业从根本上就讨厌这种制度。至于极左派的德国共产党（Kommunistische Partei Deutschlands，缩写为 KPD）则完全不被 IG 法本接受。很显然，德国共产党决定输入布尔什维克主义，摧毁资本主义和私有制，对 IG 法本在意识形态上所代表的一切都深恶痛绝。

右翼政治力量同样不符合 IG 法本的期待。理论上，阿尔弗雷德·胡根贝格（Alfred Hugenberg）和保守的德国国家人民党（Deutschnationale Volkspartei，缩写为 DNVP）应该有资格获得 IG 法本的支持，因为他们维护商业利益、反对劳工组织；但是，他们太过教条，政策又不够温和，难以取得 IG 法本的信赖。特别是胡根贝格，他习惯性地把所有凡尔赛和谈的参与者都指控为叛国者，这自然不会让他获得卡尔·博施的青睐，博施可是《条约》的主要谈判人之一。而极右翼势力则更加令 IG 法本反感。在魏玛共和国中期，由前君主制支持者、极端民族主义者和聚集在啤酒馆的排外主义者组成的各种小党派都异常狂热，根本不值得认真对待，纳粹党，全称为民族社会主义德国工人党（Nationalsozialistische Deutsche Arbeiterpartei，缩写为 NSDAP），在 20 世纪 20 年代末已经开始从这些群体中脱颖而出——这主要得益于他们有更好的组织能力、惯于采用准

军事暴力，以及对该党领袖阿道夫·希特勒日益增长的个人崇
拜——但是他们充满仇恨的反犹主义和对民主制度的蔑视距离
获得主流社会的尊重还有很长的路要走。在国会中，他们在边
缘位置苦苦挣扎，与经济党（Wirtschaftspartei）等支持率更高
的边缘党派争夺有限的几个议席。

　　因此，只有中间和中间偏右的资产阶级政党才是 IG 法本
公司最理想的代言人。其中的首选党派就是由古斯塔夫·施特
雷泽曼领导的德国人民党（Deutsche Volkspartei，缩写为
DVP）。³在很多方面，施特雷泽曼都可以算是 IG 法本所期望的
那种模范政治家。他富有政治家风度，持有温和保守的政治立
场，但是在对待大企业的态度上却奉行自由主义，他认为需要
逐步解决问题，并且只能通过耐心的谈判来恢复德国的力量。
施特雷泽曼也是 IG 法本公司的最大支持者之一，他曾经有一
句名言："如果失去了煤炭和 IG 法本公司，我就无从制定对
外政策。"但遗憾的是，虽然他曾经先后十次在联合政府中任
职（1923 年曾短暂担任过一任总理，此后又连续九次担任外
交部长），但是他的政党始终未能获得足够多的选票以实现单
独组阁。显然，如果 IG 法本要想让自己的利益得到切实保障
和推进，它就不得不把大笔资金也分给帝国议会中其他一些中
间党派——如持自由主义思想的德国民主党（Deutsche
Demokratische Partei，缩写为 DDP）和受天主教影响的德国中
央党（Deutsche Zentrumspartei，缩写为 Zentrum）——并希望
它们能够在议会中保持一个稳定的联盟。

　　在老的染料工业利益共同体最后的那段日子里，卡尔·杜
伊斯贝格就已经开始参与国家政治生活，他组建了一个非正式
的委员会（1925 年该委员会并入新的 IG 法本联合企业），负

责协调政治捐款和影响立法议程。[4]该委员会的所有成员都来自公司的监事会——其中有多位是与他关系密切的国会议员。比如，威廉·卡勒（William Kalle）和保罗·莫尔登豪尔（Paul Moldenhauer）两人分别属于施特雷泽曼领导的德国人民党党内的左派和右派。委员会中的另外一名成员赫尔曼·胡梅尔（Hermann Hummel），在1924~1930年曾担任德国民主党籍国会议员，第四名成员克莱门斯·拉默斯（Clemens Lammers）则是中央党的国会议员。在杜伊斯贝格和博施的操控下，这批IG法本公司的高管从1925年到1932年一直负责处理公司与政界的关系，每年以津贴和捐款的形式给不同党派提供大笔资金，比如，每年给德国人民党20万帝国马克，给中央党7万马克。如有必要，他们还会向其他政治团体和个人支付数额较小的特别款项。[①]

当然，政治捐款并不是影响政治风向的唯一途径。媒体也是一种手段，可惜效果总是有好有坏。比如，在1922年，最终合并之前的染料工业利益共同体投资200万马克创办了《时代》（Die Zeit）杂志，希望这本杂志能够为施特雷泽曼的施政观点提供一个平台，然而这位政治家在几年之后中断了与这个出版物的联系，使这次投资一无所获。1925年，IG法本公司又向一本高端的政治经济期刊《欧洲评论》（Europäische Revue）提供了一笔赠款，这笔钱比创办《时代》杂志的花费要小很多，但是它的回报率要高得多：当时法本公司的一些资

---

① 特别值得一提的是，IG法本公司在1929年向民族主义者中的一个反对派别提供了两万帝国马克的政治捐款，之后该派在1930年从阿尔弗雷德·胡根贝格的德国国家人民党中分裂出来，成立了保守人民党（Conservative People's Party）。

深入物相继受邀为它撰写商业方面的文章，只是这份刊物的发行量相当有限，使它很难对国家事务产生巨大的影响。不过，人们对 1929 年 2 月的另外一项投资抱有更高的期待。随着社会舆论开始变得日益激进，卡尔·博施动用了他的自主资金，以 140 万帝国马克收购了德国主要的自由派报纸《法兰克福报》（*Frankfurter Zeitung*）35% 的股份。该报当时正好面临财政困难，博施认为（事实证明他是错误的）维持该报的经营，将有助于加强民众对中间和中右翼政党扶持工商业政策的支持。几个月后，IG 法本又收购了《法兰克福新闻报》（*Frankfurter Nachrichten*）75% 的股份，这是一家与德国人民党关系密切的报纸。此后，它又对《德意志汇报》（*Deutsche Allgemeine Zeitung*）、两家联合通讯社，以及乌发电影制片厂（UFA movie studios）进行了较小规模的投资。[5]

但是，投资的效果并不理想。如果 IG 法本公司的唯一目的是支持德国民主制度中的温和保守派，那么很明显，它在这方面的大量付出并不成功。虽然这些政治捐款的规模都相当可观，受赠人无疑也抱着极其欢迎的态度，但是最终它们并不能阻止资产阶级政党支持率的下滑，同时面对公共舆论的极端化也未能力挽狂澜。无论是对哪一份报纸，IG 法本的投入全都没能带来回报，之所以会这样，是因为它一再犯下同一个错误：它对报纸的办报方针几乎没有施加任何影响。一家企业参与政治事务当然不是纯粹的利他主义行为。这样做的主要目的是确保柏林的权力中心能听到 IG 法本的诉求——至少在 20 世纪 20 年代相对稳定的中后期，能够让政府在制定政策时保护 IG 法本的利益。在这一点上，IG 法本的院外活动反而更有成效，因为它用钱买到了影响力，进而强化了 IG 法本在幕后对各部部长和政府公职人员的游说效果，并且巩固了它在政治施压集团中的领导地位，如德国化学工业协会（Verein zur Wahrung der Interessesen der chemischen Industrie Deutschlands）1924 年以前一直是由杜伊斯贝格担任主席，之后在 1927~1933 年又由博施担任主席。

然而，当经商环境开始恶化时，IG 法本公司不得不以一种更加严肃的态度对待政治事务。1928~1929 年，德国先是经历了农业和工业的衰退，之后美国华尔街的崩盘引发了德国历史上最严重的经济危机。对于一个正在努力使耗资巨大的合成燃料项目实现盈利的企业来说，大萧条在最糟糕的时间点爆发了。政府将如何应对危机成为最关键的问题。[6]

1923 年，在经历了恶性通货膨胀之后，德国主要依靠外国贷款实现了经济的复苏，其中绝大多数贷款都来自世界上最大的经济体——美国。虽然这些借贷以短期贷款为主，但是大量唾手可得的现金还是吸引了众多德国工业界人士，他们大举借贷，为其业务的扩张和生产的机械化改造提供资金。德国的银行也参与其中，利用国外信贷为自己的国内投资提供资金，然后再依靠经济的不断增长获得必要收入来偿还债务。

但是到了 1928 年，美国人突然关上了水龙头。面对迅速蔓延的经济衰退，以美国为首的主要工业国家开始实施严格的货币管控，减少对外发放贷款，以保护自身的黄金储备——这是当时美国维持金融稳定和维护美元国际货币地位的基础。世界各地的工商业活动都受到了影响，特别是像德国这种依靠外部资本流入来维持经济运转的国家。随着投资的枯竭，工业生产放缓，失业率开始上升，税收收入减少。由于担心通货膨胀卷土重来，德国政府发现，通过出售债券（政府在财政困难时期通常使用的手段）来筹集资金变得越发困难。

然后在 1929 年 10 月，原本已经很糟的经济情况突然进一步恶化。纽约证券交易所爆发的恐慌性抛售变成了洪水猛兽：股价开始暴跌——仅在 10 月 29 日一天，美国上市企业的市值就蒸发掉 100 多亿美元，这进而引发了更多的恐慌性抛售。美国企业大量破产，这又把贷款给企业的金融机构拉下了水。由于美国国内的紧张状况造成了越来越大的风险，银行开始收回短期外国贷款以弥补资金缺口。德国本来就已受到外来投资急剧减少的影响，现在又出现了大规模的资本外流。

这种影响是迅速的，也是毁灭性的。数月之内，这个国家就陷入了严重的经济萧条。由于企业主和经理人无法筹措生产资金，企业纷纷倒闭。失业率上升到超常水平，德国当年就有 500 万失业人口，一年后更是达到 600 万。到 1932 年，每三名工人中就有一人失去工作，大约 1300 万人（如果把失业者的家属也计算在内）陷入了绝望的困境。由于政府削减了农业补贴，银行收回了维持农场运转的贷款，农民失去了土地；大约 50 万名白领职工——办事员、技术员和公务员——突然发现自己只能依靠失业救济金过活；甚至连律师和医生也在为生存而挣扎。为了保住工作，许多人不得不接受大幅度的减薪，因为市场需求已经崩溃，雇主不得不减少他们的工时。政府财政本来就很脆弱，在这种压力下更是不堪重负，像失业救济制度，原本能够随时为 75 万名申请者提供临时救助，但是现在却要应付七倍甚至八倍于这个数字的人口，而且还要应对远远超出预想的长期失业。

日复一日，危机还在不断加深。成群的德国年轻人走上街头寻找工作。还有不少人无精打采地在市镇中心徘徊，挤在一起向路人讨要零钱，脖子上挂着纸牌四处乞求工作的男人，也已是司空见惯。经济危机的迹象随处可见——商店和工厂的门窗钉满木板、营养不良的儿童衣衫褴褛、流动厨房在施舍汤粥、到处是要饭的乞丐和卖淫者，犯罪率也在不断上升。在许多工人阶级聚居区，弥漫着一种显而易见的不安全感和绝望的气息。在许多人看来，德国社会似乎正处在崩溃的边缘，政府领导人显然已经无能为力，面对危机他们完全束手无策。如果说人们会在某种情况下走向政治极端，那么眼前的这种情况就是答案。

IG 法本现在无疑是德国最大的公司，从理论上讲，它比大多数企业都更有实力应对财务问题：它有大量的现金储备，而且很大一部分收入来自海外。但是，面对这种大规模的经济崩溃，没有一家企业能够独善其身，尤其是像 IG 法本这样的公司，为了开发一项昂贵而且带有很强投机性的新技术，它已经押上了自己的未来。经济大萧条外加发现的新油田导致了国际油价的暴跌，而在此之前，IG 法本公司已经为其合成燃料项目投入了数亿马克资金。它之所以能够负担如此巨大的研发成本，很大程度上取决于它从其他产品中获得的利润，最主要的就是合成氮素，仅在最近的 1926 年至 1927 年，合成氮素就占到了公司销售收入的 40% 以上。但是到了 1928 年底，合成氮素的市场出现崩溃的迹象。现在，由于国际大宗商品需求的下滑，合成氮素的价格也在下跌。[7] 而 IG 法本公司为奥帕和洛伊纳的高压设施所投入的巨额开支仍然在账面上，同时它还要为法兰克福雄伟的新总部大楼支付建造费用，此外，12 万名公司员工的工资也是一大笔开销，因此它必须舍弃某些东西。① 在这种情况下，虽然 IG 法本公司刚刚向标准石油公司出售了合成燃料的专利使用权，从中收获了一大笔现金，但是这也不会让公司目前的财务状况出现任何好转。

当卡尔·博施和 IG 法本的管理团队开始寻找度过危机的方法时，他们的选择却相当有限。公司拥有大量可以出售的资产，但是在这样的经济环境下，显然不会有多少买家。减少不必要的行政开支和经理人工资、最大限度地削减研发经费、提高生产的成本效率——但凡能想到的办法都已经在实施了。现在，博施制定了公司内部结构的调整计划，将 IG 法本划分成若干个独立的生产事业部，以便更有效地组织集团业务。于是，大规模的裁员变得不可避免。在 1929~1932 年，IG 法本公司裁掉了 46% 的员工——这令德国 33% 的整体失业率也相形见绌。[8]这一举措对蓝领工人的影响尤为严重，所导致的社会后果令人震惊。IG 法本公司在路德维希港和奥帕的工厂，员工人数从 1928 年的超过 2.6 万人下降到四年后的约 1.2 万人——这让大量贫困的家庭陷入困境，很多人只能依靠社会救济艰难度日，而且这也让本已饱受打击的当地经济直线下滑。法本公司试图通过对失业者进行再培训、提供免费食品和医疗服务来减轻危机带来的某些最严重影响，虽然这样做是出于善意，但是对大批忠诚的前 IG 法本员工而言，这些做法对于他们现在可怕的处境几乎没有什么帮助。即便是那些保住了工作的人，他们的情况也没有好多少：到 1930 年 12 月，留下的员工中有 85% 的人严重压缩了工作时间，他们的工资也随之

150

① 法兰克福 IG 法本总部大楼由建筑师汉斯·珀尔齐希（Hans Poelzig）设计，1930 年竣工时是当时世界上最大的公司总部大楼。

锐减。

与大多数德国企业相比，IG 法本公司在大萧条中的处境显然还算好的；染料和药品的销售还能继续带来一些出口收入，这使公司度过了最糟糕的年月。[9]尽管如此，它的损失也还是相当大的。到 1932 年，因为合并而获得的大部分（如果不是全部的话）收益都被抹去了。IG 法本花掉了它储备的大部分现金，销售额跌至 1926 年的 85%，总体利润减少了一半以上（在这种情况下还能有盈利，IG 法本公司还是很了不起的）。然而，也许更重要的是，这场危机将 IG 法本的注意力从海外销售转向了德国国内市场。它不能永远只依赖染料和药品这两种产品。在大萧条之后的那段时期，保护主义和关税已经成为国际贸易中的突出特征，所有的出口，不管是出口什么商品，都将受到影响。卡尔·博施坚信，IG 法本必须将目光投向国内市场，以改变目前的收入结构，让公司国内收入的占比在未来达到更高的比例，而要实现这个目标，就必须让公司制造那些德国不可或缺的产品。因此，他的注意力不可避免地又回到了合成燃料项目上。

即使是在整体经济环境较好的时期，博施所能做到的也只是减少公司内部其他人的抱怨，他们认为燃料氢化技术只不过是在白白浪费宝贵的时间和金钱。当大萧条已经侵蚀公司的财务安全时，这些批评的声音更是让人无法忽视，尤其是卡尔·杜伊斯贝格也站到了反对派的一边，公开表明他对该项目的敌意。在他看来，博施还在向一个根本看不到盈利前景的计划投入资源——特别是染料和药品还在不断赚取大量的利润时，这种做法似乎更显得荒谬。杜伊斯贝格抗议说，把钱花在染料和制药领域，去开发它们的新产品，这才是更好的选择，成功的机会也更大。

　　IG 法本公司的两位大佬虽然在性格上差异很大，但是他们之间很少发生争论，如今杜伊斯贝格公开反对，这说明情况已经变得非常糟糕，他们的意见分歧很可能会发展成一场公司内部的全面争斗。[10]当作为理事会（也就是监事会的行政委员会）主席的杜伊斯贝格利用其权威，委托起草一份有关未来合成燃料发展的报告时，双方的对立达到了顶点。一个由 IG 法本公司的总工程师弗里德里希·耶内（Friedrich Jaehne）领导的小组被要求对这个项目的前景进行评估，并且于 1931 年 2 月得出结论：只有政府提供大量补贴才是保住洛伊纳燃料氢化项目的唯一可能。法本公司管理层中的大多数资深人士立即明白，这一结论等于对整个项目宣判了死刑，因为公共补贴将损害到公司的独立性，在 IG 法本的企业信条中，这种情况是不可接受的。正如耶内在报告中所提到的，公共补贴将"必然导致政府的影响。最好的方案就是关闭这条生产线"。

　　但是在他的主要盟友卡尔·克劳赫和赫尔曼·施密茨的支持下，博施并没有那么容易就被击败。[11]在董事会进行了又一场激烈的辩论之后，他设法得到了再次评估的机会，这一次将由他的老朋友弗里茨·特梅尔领导。忠诚的特梅尔及其团队毫无意外地得出了与耶内截然不同的结论。如果关闭燃料氢化项目，将会让公司的账面资产减少 1.6 亿帝国马克，并造成数千人失业。而且它还将大大增加氮素的制造成本（哈伯-博施制造法和伯吉乌斯制造法要用到的各种工程部件都紧密地交织在一起，以至于关闭一条生产线会严重影响到其他所有的生产工序），等到经济出现好转时，这还会让 IG 法本公司错失扩大收入和提高就业的良机。

152

虽然争论陷入僵局，但事实上这代表博施取得了暂时的胜利，毕竟他保住了洛伊纳的燃料项目。然而人们还是很难理解为什么他会对这样一个项目如此固执，毕竟该项目会给整个IG法本带来巨大的风险。也许他的顽固源于他在巴斯夫的工作经历，为了合成靛蓝和固氮他不断攻坚克难，并且最终取得了成功，这使他更加坚信，只要投入足够的耐心和努力，燃料项目同样会成功。1931年，博施与卡尔·伯吉乌斯共同获得了诺贝尔化学奖，"以表彰他们对发明和发展高压化学方法所做出的贡献"。[12]这应该也给予他的内心相当大的鼓舞。① 博施是第一个获得该奖项的工程师，这使他再一次在某种意义上成了民族英雄。获得这种非比寻常的社会认可会对一个男人的自尊心产生强大的影响——即使对像IG法本公司老板这样谦逊的人来说也是如此——从而激起他坚持到底的勇气。毕竟，这一奖项证实了全球顶尖的科学家对高压化学和燃料合成这项重要技术的认可。如果这些科学家都能看到它的意义，为什么他的同事就看不到呢？

跟以往一样，博施这一次又是力排众议。[13]1931年5月，为了打破僵局，他决定游说政府大幅提高原油的进口关税。也许是博施真的交上了好运，也许是他的政治嗅觉非常敏锐，因为他这次选择的时机实在是再好不过。从1928年起就一直执政的大联盟政府——由社会民主党、人民党、中央党和民主党联合组成——在1930年3月倒台，原因是政府中的保守派政党要求削减失业救济金以减少公共开支，从而导致社会民主党

153

---

① 弗里茨·哈伯因为发现了合成氨的方法而在1918年获得诺贝尔奖。1931年的奖项则是对博施和伯吉乌斯工作的认可，他们在哈伯的基础上成功地创造了高压化学新的应用方向。

拒绝继续与它们联合执政。中央党随后领导组成了新的少数派联合政府，由该党的海因里希·布吕宁（Heinrich Brüning）出任总理，规模较小的极右翼政党经济党占据了社会民主党在政府中的原有位置。虽然布吕宁的权威受到了内部斗争的削弱，并且在其短暂的任期内实施了臭名昭著的独裁统治，但是新政府似乎仍然给很多人带来了希望。在博施和杜伊斯贝格看来（他们评价布吕宁是自俾斯麦以来最优秀的德国领导人），这位新总理似乎对德国经济有着更深刻的认识，而这是他的前任们从来没有过的。在博施采取措施的同时，布吕宁和他的财政部长赫尔曼·迪特里希（Hermann Dietrich）正在准备推出一系列激进的通货紧缩措施，包括大幅削减政府开支，试图让经济重新回到控制之下。但是他们似乎也并不反对采取一点保护主义。受到 IG 法本公司老板的影响，布吕宁内阁在 6 月 5 日发布了一项紧急法令，将石油产品的进口关税提高了 70%，然后，令博施高兴的是，德国还将继续阻止氮肥的进口。①

这些措施对于减轻 IG 法本的财务负担发挥了相当重要的作用。石油的进口成本增加之后，将极有可能提高合成燃料对德国消费者的吸引力，而禁止氮肥进口则直接消除了国外产品的竞争，使国内合成氮素价格可以大幅提高。随着时间的推移，由于价格上涨所带来的额外收入也将为 IG 法本的燃料项目带来足够的资金。这些利好消息足以说服杜伊斯贝格和其他

154

---

①　在这一决定之后，IG 法本公司对布吕宁的热情更加高涨，1931 年 10 月，IG 法本游说布吕宁，希望能有法本公司的代表加入他的内阁。赫尔曼·瓦姆博尔德（Hermann Warmbold）是 IG 法本的董事，他在辞去公司内的职务之后，被任命为政府的经济部长，但是在这届政府最后半年的任期中，他并没有发挥什么作用。[14]

持怀疑态度的董事会成员，让他们同意对洛伊纳的下一步发展重新进行评估。博施似乎看到了他挚爱的氢化项目又被从破产边缘拯救回来——当然，前提必须是这份新的评估报告对他有利。[15]

他把这个任务交给了第一事业部的威廉·高斯，高斯既要想办法调和 IG 法本公司中某些权势人物之间的利益冲突，又要提出一系列大家都能接受的建议。[16]由于高斯过去曾经参与过合成燃料项目——尤其是帮助安排了与标准石油公司的交易——所以博施希望，他会像弗里茨·特梅尔一样，热情地支持这个项目继续进行。但是，虽然高斯对博施非常钦佩和尊敬——IG 法本公司的大部分主管也都很喜欢他们的这位老板，虽然他的固执己见有时会让人窝火——并且极力想让评估结果对博施有利，可是他很快就明白，即使有了政府的保护主义措施，洛伊纳的项目仍然会给公司的财务造成巨大的麻烦。和许多同事一样，高斯始终有一种观点，如果在某种程度上把公司的福祉与贸易禁运和关税保护挂钩，那这就是错误的。在国际上，IG 法本公司过去的态度一直都是支持自由贸易，反对贸易壁垒。那么，当 IG 法本一边在国外为废除这些限制而积极奔走，另一边却在国内要依赖这种限制时，这难道不是虚伪和自相矛盾吗？

在经过一番内心的煎熬之后，高斯仍然无法说服自己，他必须反对这个项目，1932 年 6 月，他将这个坏消息写信告诉博施："在认真考虑了会对利润造成影响的所有因素之后，我找不到任何理由去支持这个项目。因此，我建议完全终止合成汽油的生产。它是否应该在形势好转之后再次启动，这个问题应该留待日后再做决定。"[17]这封信彻底激怒了博施，高斯变成了不幸的弃儿,他被调到第二事业部,从此再也无人问津。[18]
在短期内,高斯的报告没有造成什么影响,因为博施立即从
IG 法本公司的会计师那里拿到了一组对比鲜明的数字(他很
可能就是为了这样一个时刻而预先准备的),这组数字显示,
关闭洛伊纳工厂实际上要比让工厂继续在亏损中运营的成本
更高。

但是他知道,自己不可能总是用这种办法一次次化解危
机。这个燃料项目的资产负债表正在变得越来越糟,这一点已
经不容忽视,博施甚至有可能在公司内失去他最忠实的支持
者。现在,留给他的只有一个选项。一年多以前,弗里德里
希·耶内提出过一个不可思议的建议,由于该建议涉及公司的
自主权问题,当时每个人都一再对它表示拒绝,但是现在是采
取行动的时候了。IG 法本将不得不放低身段,向政府寻求补
贴。遗憾的是,德国政局正处于动荡中,显然这不是一个求人
帮忙的好时机。

大萧条对魏玛共和国造成了致命的伤害。[19]由于历届政府
都未能找到解决德国经济困境的良方,越来越多的人在政治上
开始倾向于极端思想。在左派中,德国共产党人是主要的受益
者。他们乐意见到经济崩溃,因为他们认为这是资本主义制度
行将就木的先兆。全国新增的数百万无产阶级失业者即将被发
动起来,参与推翻资本主义制度的事业,在鲁尔等工业区和全
国的各大城市,德国共产党的党员数量大幅增长。随之而来的
是更多的大规模游行示威、抗租斗争和饥饿行军,这些都加剧
了有产阶级的恐慌。当柏林的一些贫民区被宣布为"赤色区"
(red districts),其中的无产者要不惜一切代价去对抗他们眼中
卑劣的资产阶级及其在警察中的代理人时,革命的威胁突然变

得无比真切。与此同时，激愤的共产党人把他们充满暴力的言论大都指向了社会民主党人，他们认为社会民主党是革命的妥协者和叛变者，这就使社会紧张局势出现了进一步的恶化。毫无疑问，这种对立是相互的，因为社会民主党把共产党人看成乌合之众的煽动者，把德国共产党的准军事化组织红色阵线战士联盟（Red Front Fighters' League）看作一群打着苏维埃旗帜的无政府主义者、叛国者和破坏分子。这两支左翼政党并没有联合起来形成一个反对极右翼力量的共同阵线，而是在不断地相互攻击中彼此削弱。

在政治光谱的另一端，纳粹党一直在积聚力量。[20] 自从1923年那次政变闹剧失败之后，民族社会主义德国工人党已经走过了漫长的道路，当时阿道夫·希特勒曾被判刑，要在兰茨贝格要塞（Landsberg Fortress）度过五年的刑期。不过，他仅仅经历了十个月的铁窗生涯——监狱里的条件很不错，而且他还可以与支持者会面——就获得了假释。希特勒很好地利用了他坐牢的那段时间。他不仅向他的司机埃米尔·莫里斯（Emil Maurice）和他的副手、愿意永远追随他的鲁道夫·赫斯（Rudolf Hess）口述了《我的奋斗》（*Mein Kampf*），而且还花了不少时间去思考，如何将极端民族主义中的各种成分统一在他的唯一领导之下，以及获得群众支持的重要性。在接下来的五年时间里，他实现了第一个目标，这主要得益于他自己的演讲才能，得益于他不知疲倦的助手格雷戈尔·施特拉塞尔（Gregor Strasser）的才华，以及他刚揽至麾下的新成员——来自德国西南部的失败小说家约瑟夫·戈培尔（Joseph Goebbels）的宣传。纳粹党拥有一套复杂而强大的组织机构，其中包括了许多细小的分支和专门团体〔从希特勒青年团

156

(Hitler Youth) 到民族社会主义基层工人社团 (National Socialist Factory Cell Organization)], 当然, 它还大量招募人员以扩充自己的准军事组织——身穿褐色制服的冲锋队 (Sturmabteilung, 缩写为 SA), 这支队伍的建设逐渐正规, 在与敌对的左派力量的战斗中, 冲锋队员的热情也日益高涨。自从 1926 年希特勒击退了党内少数人对其权威发起的挑战之后, 他的领袖威望使党内所有派系团结在了一起, 所有人都无条件地服从于他, 之后, 纳粹党开始扩张他们的力量。

大萧条给了希特勒千载难逢的机会。魏玛共和国历届政府在经济上的失败, 加上对共产党起义的恐惧, 使小资产阶级特别惊恐, 他们纷纷转向支持纳粹主义。担心失去工作的白领工人, 因贷款而破产的农民、公务员、教师和小商人——他们越来越多地被纳粹运动吸引, 这一运动似乎也展现出一种年轻、充满活力、强大有力、行动果敢的形象。无论何种原因, 人们只要是对现实不满, 就会把选票投给纳粹党, 这种抗议票超越了原有的社会阶层差异, 在德国达到了前所未有的程度。虽然希特勒通过演讲、口号和形象宣传所给出的施政方案是模糊和不成熟的, 但真正重要的是, 它们表达了对衰弱状态下的共和国的反对。人们按照自己的期望去解读他的方案, 甚至把冲锋队在街头闹事也看作对马克思主义威胁的正当而艰难的回应。纳粹党承诺要结束软弱无能的政治, 创造一个更加美好和安全的未来。现在, 对许多人来说, 这似乎就已经足够了。

民间的支持开始在选举中产生巨大的效果。1928 年 5 月, 纳粹党在大选中只获得了 2.6% 的选票和国会中可怜的 12 个席位, 但是在 1930 年 9 月的选举中, 纳粹党得到了 107 个议席和 18.3% 的选票。这一突破改变了德国的政治格局, 使纳粹党与共产党的对立更加明显，因为共产党的议会席位也在增加。由于双方在国会中总是互相大声叫嚷，没完没了地提出程序问题，甚至会大打出手，国会会议经常会陷入一片混乱。在外面的大街上，挥舞着指节套、警棍和皮带扣的斗殴更是常态。

随着帝国国会定期陷入混乱，休会的次数比开会的时候还多，总理海因里希·布吕宁越来越多地通过《紧急状态令》来维持统治。虽然他努力保持政府对局势的控制——颁布了禁止准军事组织（political uniform）和限制新闻自由的法令——但是他的权威正在被削弱。经济仍在衰退，而布吕宁为挽救经济所开出的严苛药方却并未奏效。削减政府开支、抑制国内需求、提高银行利率等措施很可能会受到 IG 法本等大企业的欢迎，因为这些举措会降低出口价格，使德国产品在海外更有吸引力，但是在短期内，这些措施无法达到政府的目标，只会白白增加弱势群体的痛苦，给极端政治派别提供更多口实。布吕宁为了结束战争赔款，与协约国进行了细致的谈判［这为1932 年 7 月洛桑会议（Lausanne Conference）上所达成的协议奠定了基础］，但是这些成绩也基本没有在社会上引起关注。街头暴力仍在继续，警察对魏玛民主制的忠诚开始动摇（然而在制度上，他们更关注由左派而非右派所制造的混乱），局势迅速恶化。布吕宁的盟友已经在物色总理职位的继任者了。

158　　　1932 年 5 月 11 日，布吕宁在上任仅两年之后宣布辞去总理一职，标志着德国议会民主制的实际终结。接替他担任总理的弗朗茨·冯·巴本（Franz von Papen）是一位地主贵族，与已经八旬高龄的德国总统保罗·冯·兴登堡元帅私交甚密。此前，他曾经以中央党党员的身份在普鲁士议会任职，但是后来与中间党分道扬镳，并逐渐向极右翼靠拢。现在，巴本要领导一个基本上由不太为人所知的反动贵族组成的内阁，这些人蔑视党派政治，一心想要把魏玛共和国从历史中抹掉。他们认为只有在纳粹党的支持下才能做到这一点（巴本的小圈子认为纳粹党是可以被玩弄于股掌之中的工具），因此他们很快就说服兴登堡解散帝国国会并重新举行选举，给废除魏玛民主制披上了合法的外衣。与此同时，巴本取消了布吕宁对准军事组织的禁令，企图让希特勒站在自己一边，并且罢黜了社会民主党领导的普鲁士邦少数党政府，理由是它已经无法维持法律和秩序。当时，社会民主党没有召集他们的支持者来抵制这一明显的政变，甚至没有动员他们在劳工运动中的基础力量，通过总罢工予以反击（长达三年的失业已经让工会实力大减，而社会民主党显然也不能指望从共产党那里得到任何帮助），保守派和纳粹党都意识到，通向某种专制政权的道路现在已经铺就。唯一的问题是，将由谁来建立独裁。

将近一年之后，这个问题的答案才真正浮出水面。首先是1932 年 7 月的大选，它在几乎不受控制的歇斯底里的情绪中进行。共产党把它描绘成资本主义在革命前夜的垂死挣扎；社会民主党敦促自己的支持者站出来，迎击来自左、右两方面的法西斯主义威胁；各个资产阶级政党则极力呼吁选民保持冷静和克制。与此同时，希特勒租用了一架专机穿梭于全国各地，继续鼓吹民族团结和恢复德意志实力，用他不切实际的言辞吸引大批民众，同时用更加狂热的措辞谴责魏玛时代的背叛和屈辱。这场选举充斥着洗脑式的宣传、手擎火把的游行、铺天盖地的徽标、末日警告和种族仇恨，而伴随这一切的是不断升级的准军事暴力和趋向解体的公民社会。1923 年政变失败以后，

159

希特勒曾告诉他的下属："与其通过武装政变夺取政权，我们不如捏住鼻子进入国会大厦。我们迟早会拥有多数席位，然后就是整个德国。"[21]现在，他决心兑现这一承诺。

选举的结果几乎完全如他所愿，不过也有美中不足。纳粹党在议会中的影响力确实得到了大幅提升，他们获得的选票从630万增加到1380万，增长了一倍还多，成为帝国议会中最大的政党，拥有230个席位。但是希特勒仍然无法将这些成果转化为实际的权力。大选结束之后，他立即宣布，他将只接受以帝国总理的身份进入政府。他拒绝考虑在别人领导的联合政府中只扮演小伙计的角色。但是兴登堡总统并未打算让步。他对街头暴力越发感到不安，他不愿任命议会最大党派的领导人出任政府首脑，以免被看作对任何形式的全面议会统治予以支持。直到9月份国会重新召开时，僵局才被打破。由于自己未能在议会中赢得决定性多数席位，巴本希望议会在开幕当天就被解散，这样他就可以通过紧急法令继续执政。但是共产党却在议会中发起了一项对巴本政府的不信任动议，而纳粹党也玩世不恭地对该不信任案予以支持。巴本的计划被彻底挫败，德国不得不重新进行大选以组织新的合法政府。

当疲惫的各方正为11月的投票进行准备时，希特勒又登上了他的竞选飞机。但是这一次，他救世主般的魅力似乎正在消退。由于巴本拒绝接受在上一次组阁后立即失败的事实，以及重新颁布了禁止政治游行和准军事示威的法令，希特勒被激怒了，他对政府发起了一系列尖刻的攻击，这让他的一些较为温和的追随者警觉起来。更糟糕的是，纳粹党那些曾经看起来新鲜有趣的宣传手法已经遭到了反对派的全盘模仿，失去了出奇制胜的效果——而7月的竞选几乎耗尽了党内的资金，如今

160

可以用于火把游行、宣传海报、徽标旗帜，以及所有其他装备上的钱就更少了，这使问题变得严重。当纳粹党需要花费巨资去吸引悲观失望的选民时，希特勒却发现自己正站在冷清的会场中发表演说，因为党内已经没有足够的钱用于对他的个人宣传了。

因此，纳粹在新的大选中表现并不理想，这也许不会令人惊讶。他们所获得的选票下降到 1170 万张，在国会中失去了 34 个议席。虽然他们现在仍然是议会中的第一大党，但是他们占有的席位已经少于社会民主党和共产党的总和。事实上，共产党的表现相当不错，此次又增加了 11 个议席，在议员人数上刚好落后于社会民主党。当然，对弗朗茨·冯·巴本来说，这次选举是一种彻底的羞辱；他的政府在混乱不堪的议会中仍然面临着占压倒性多数的敌对力量。在试图说服纳粹党和中央党加入他的联合政府失败后，他曾短暂地考虑过在军队的支持下发动一场彻底的政变，到最后他接受了必然的现实，选择辞职。

冯·巴本的继任者，陆军部长库尔特·冯·施莱歇尔（Kurt von Schleicher）的表现也并没有更好。他的政府只维持了短短的七个星期，在他公布了经济改革计划之后——其中包括将钢铁工业国有化和将破产的容克庄园分配给农民等措施——他的政府就垮台了。作为兴登堡总统以前的顾问，施莱歇尔一直把这些令人不安的社会主义式的改革想法深藏在心底。当他以总理的身份将这些计划公之于众时，他就已经失去了保护人对他的信任。此后，施莱歇尔向兴登堡提出要求获得宪法之外的权力来管理这个国家，但是遭到了兴登堡的拒绝，无奈之下他也只能选择辞职。

围绕着由谁来做他的继任者，谈判已经在进行中。总统和他身边的人已经认识到，随着时间一周又一周过去，街头暴力有增无减，希特勒对某些政府职位的要求变得更加强烈。很多人仍然相信，虽然纳粹分子粗俗不堪，但是只要接纳他们，他们也是可以被驯服的。因此，由于无法找到摆脱政治僵局的其他办法，兴登堡和他的顾问们做出了历史上最不幸的决定。1933 年 1 月 30 日，阿道夫·希特勒宣誓就任帝国总理。

161

IG 法本公司的大佬们一直在密切关注着所有事态的发展，但是他们神情中总是流露出一丝不屑。[22] 起初，他们最担心的是民众对共产党支持度的增长，因为这会对他们的私人财产造成影响，还可能会引发劳资纠纷。1929 年，IG 法本公司举行了劳资委员会（works councils）选举，由共产党领导的革命工会反对派（Revolutionäre Gewerkschaftopposition，缩写为 RGO）首次推选了自己的候选人。虽然受社会民主党影响的较为温和的工会组织赢得了劳资委员会中的大多数席位，但是在某些工厂中，革命工会反对派获得了大约 20% 的选票，这令公司董事会感到震惊。在 IG 法本内部，管理层和工人之间的关系一直都不融洽，尤其是在公司合并后的最初几年，企业优化和裁员造成员工极大的心理压力，整体气氛相当紧张。在 1925～1928 年，随着经济形势的好转，这些压力逐渐消失，特别是公司开出的工资涨幅远高于通货膨胀率，这大大缓解了工人的担忧，进而阻止了罢工的发生。但是 1929 年的经济衰退，以及随之而来的裁员和大幅减少工作时间，使激进主义又重新回到了车间。对 IG 法本公司的管理层来说，投票给革命工会反对派就是一个明确的信号，表明外面世界危险的政治斗争已经进入了工厂大门。

到目前为止，在工作场合中有很多人认为纳粹分子要比共产党的危害性更小。首先，在劳资委员会中纳粹党推举的代表要比共产党少得多——直到 1930 年纳粹党才开始提名自己的候选人，当时他们的支持率不足 10%；[23]其次，虽然纳粹的政治激进主义作风非常引人注目，不过最初他们只是针对自己的对手，在显眼的地方张贴海报以丑化对方。但从那年秋天开始，事情明显变得激烈起来。虽然 IG 法本公司的政策是工作场合不讨论国家政治，但是在勒沃库森工厂的一个食堂里，极左和极右派别之间还是爆发了激烈的冲突。然后在 1931 年 6 月，奥帕工厂一群纳粹工人从公司的仓库里偷走了炸药。后来得知，他们的目的是制造炸弹和手榴弹，以便在发生内战时用来对付共产党。由于其中一枚炸弹过早发生了爆炸，警方得以确认并逮捕了该团伙的头目，但是 IG 法本的工厂经理们把这件事视为一次明确的警告，他们意识到，纳粹党在工厂里的影响正在增强。

然而，最引人关注的是纳粹领袖令人不安的极端言论。[24]随着希特勒政治实力的增强，他的矛头开始指向那些在德国主要工业企业担任高级职务的犹太人。在他的演讲和党内宣传中，所谓的犹太人有害影响正在成为一个经常出现的主题。IG 法本公司也成为希特勒攻击的目标——尽管它并不是唯一一家被选中的企业——这是因为有多名犹太人都是这家公司监事会的成员，其中包括阿图尔·冯·温伯格（Arthur von Weinberg）、库尔特·奥本海姆（Kurt Oppenheim）、马克斯·瓦尔堡（Max Warburg）、阿尔弗雷德·默顿（Alfred Merton）、奥托·冯·门德尔松－巴托尔迪（Otto von Mendelssohn-Bartholdy）和恩斯特·冯·西姆松（Ernst von Simson）。纳粹

162

分子声称，这些人在监事会中任职，就足以清楚地证明，这家公司是国际犹太人金融集团企图摧毁德国的阴谋的一部分。有违常理的是，当这些污蔑之词在 1927 年首次出现时，它们竟然是出自 IG 法本公司自己的一名员工之口。罗伯特·莱伊（Robert Ley）是勒沃库森拜耳工厂的一名化学研究员，同时他还是纳粹党的地区领袖（Gauleiter）。在一次演讲中，他对马克斯·瓦尔堡进行了猛烈的谴责，因为瓦尔堡家族在美国和德国都开设银行，享受着投资利益。事后莱伊拒绝道歉，而 IG 法本的董事会直接将他解雇，但是这一事件预示了某些事情将要发生。到 1931 年夏天，IG 法本公司因其"可耻地"受到犹太人的影响而经常遭到纳粹报刊的抨击。

舆论上的攻击让公司的管理层深感不安，他们竭尽全力去平息负面影响。杜伊斯贝格认为直接与纳粹进行沟通可能会有帮助，于是他让新闻秘书海因里希·加蒂诺（Heinrich Gattineau）与卡尔·豪斯霍费尔（Karl Haushofer）取得了联系。豪斯霍费尔是希特勒最赏识的知识分子之一，碰巧也是加蒂诺大学时代的教授。[①] 1931 年 6 月，加蒂诺写信给豪斯霍费尔，解释说纳粹党对 IG 法本的抨击有失公允，因为法本公司的领导层实际上是由勤劳爱国的德国基督徒组成的，他们最关心的就是国家利益。他补充说："如果您能找时间和 H 先生谈谈我们的情况……我将不胜感激。"[25]

豪斯霍费尔是否真的找希特勒谈过，长期以来一直没有定论，但是对 IG 法本公司的攻击在一段时间内真的有所减少。[26]

---

① 豪斯霍费尔曾经指导过加蒂诺的博士论文《澳大利亚城市化对白人种族未来的意义》（*The Significance of the Urbanization of Australia in the Future of the White Race*），并且他与希特勒的副手鲁道夫·赫斯关系密切。

趁着这种比较友好的气氛，加蒂诺在当年秋天的晚些时候安排了一群纳粹经济专家到洛伊纳参观，以便他们能够亲眼看到法本公司著名的合成燃料项目。这次参观给纳粹经济专家们留下了相当深刻的印象，在他们离开之前，他们向加蒂诺保证，IG法本公司的工作完全符合民族社会主义运动的目标。但是这种良好的关系并没有持续太久。因为法本公司不可避免地陷入了树大招风的窘境。到了1932年夏天，纳粹报刊又开始了新一轮的指责和声讨，只是这一次的主题发生了变化，它们责备说，法本公司对合成燃料项目的压制，以及它的国际主义倾向，使这项意义深远的潜在技术在外国势力的影响下危在旦夕。

这种论调正是博施最不想听到的。就在他意识到IG法本公司只有通过政府的补贴才能让洛伊纳工厂继续经营下去的时候，纳粹党已经极大地增强了他们在帝国议会中的实力，并且紧紧地将权力握在了手中。博施必须搞清楚希特勒对燃料项目的看法。他请求加蒂诺与豪斯霍费尔同鲁道夫·赫斯接洽，安排希特勒与海因里希·比特菲施（Heinrich Bütefisch）见面，比特菲施是洛伊纳工厂年轻的技术总监，也是——继博施之后——IG法本公司最博学的氢化技术专家之一。

当希特勒于1932年9月抵达洛伊纳现场时，他疲惫的样子让加蒂诺和比特菲施大为震惊，这次参观能否真正引起他的注意，这让两人深感怀疑。[27]但是他们完全是多虑了。希特勒表现得很急切，也很感兴趣，迫不及待地说出了自己的看法："今天，在一个希望保持政治独立的德国，经济要发展，没有石油是不可想象的。因此，德国必须能够生产发动机燃料，即使为此在经济上要有所牺牲……煤炭的氢化处理将是我们今后

164　　迫切需要的技术。"在希特勒看来，德国在第一次世界大战期间原材料的不足是导致战败的决定性原因。因此，石油的自给自足对扭转国家的命运至关重要。

　　随着交谈的深入，纳粹领袖对科学复杂性的深刻认识让加蒂诺大为吃惊。他后来回忆说，希特勒"对技术问题的惊人理解使我一再感到震惊"。[28]实际上，加蒂诺可能有点想多了，他把希特勒表面上对专业术语的自如运用当成了博学多识的证据，其实希特勒并不具备这些知识。① 尽管如此，希特勒对合成燃料项目的兴趣似乎是真诚的，虽然长达两个小时的交谈没有达成具体的承诺，但是这次见面给 IG 法本参加会见的人留下了很深的印象。而卡尔·博施感受到了一种久违的解脱。比特菲施把事情的经过向他汇报之后，博施说："这个人比我想象的更理智"。

　　在接下来的几个月里，随着魏玛共和国最后一幕大戏的上演，双方没有再进行正式接触。[29]纳粹继续抱怨犹太人对德国关键行业的不当影响，但是专门针对 IG 法本公司的攻击有所收敛；博施则继续保护他所挚爱的燃料项目，与那些持怀疑态度的人进行斗争。在 IG 法本公司高层，只有威廉·曼一个人是纳粹的支持者，他是 IG 法本制药部门的负责人，也是董事会中唯一加入了纳粹党的董事。他在 1932 年 2 月拿到了党员证，但是在当年晚些时候他又放弃了他的党籍。在政治形势变得明朗之前，似乎没有人愿意公开承认支持这个在德国最受欢

---

① 希特勒喜欢在科学问题上发表长篇大论，但是正如他的建筑师阿尔伯特·施佩尔（Albert Speer）多年后所说的那样，他的"信息全都来自各种报纸的周日增刊，这些消息的作者既不可靠、也不专业"。施佩尔还尖刻地补充说，希特勒对基础科学研究缺乏"真正的理解"。

迎的党派。

在阿道夫·希特勒被任命为帝国总理之后，他迅速决定举行新的大选。[30]这位纳粹领袖还没有得到他所渴望的绝对权威。在帝国国会中，他没能取得多数席位，只能依靠民族主义党派德国国家人民党的支持勉强组阁。在内阁中，兴登堡的贵族反动派圈子里的人继续担任重要职务，其中包括弗朗茨·冯·巴本，他被任命为副总理。德国国家人民党的阿尔弗雷德·胡根贝格担任经济部长，陆军上将维尔纳·冯·布隆贝格（Werner von Blomberg）担任陆军部长，最后只有一个重要的部长职位被留给了纳粹党——由威廉·弗里克（Wilhelm Frick）出任内政部长。

诚然，最后这个职位所拥有的司法权——此外，还有身为德国无职务部长和普鲁士邦代理内政部长的赫尔曼·戈林（Hermann Göring）手中的司法权——使纳粹党在相当大程度上控制了国家的执法机构，这当然可以为该党所用，但这还不是希特勒向他的支持者承诺的完全胜利。①

取得胜利的机会窗口正在关闭。在过去的三年里，由于经济上的失败和对苏维埃起义的恐惧，民众的不满情绪一直在让纳粹党获益。但是大萧条正在触底，世界上其他许多地方已经走上了复苏之路。在洛桑会议上，谈判各方商定了德国赔款的最终条件，德国的好日子就快要回来了。如果这种情况成为现实，人们对马克思主义革命的普遍焦虑必将消散，曾经倒向纳粹的抗议选民很快又会恢复到温文尔雅的状态。希特勒知道，

165

---

① 纳粹党是国会中席位最多的党派，因此，国会议长的荣誉职位将由纳粹党议员戈林担任。

定于 1933 年 3 月 5 日举行的大选，很可能是他获得授权、巩固个人地位的最后机会。

因此，当纳粹党加强了他们的游行和阅兵，并且开始利用新获得的警察执法权来打压政治对手的竞选活动时，希特勒的选举机器也已经为最后一次冲刺做好了准备。剩下的事就是要找到愿意出钱的人了。

在希特勒被任命为德国总理的两个半星期之后，德国主要的 25 位工业界领袖收到了一封措辞礼貌、行文简洁的电报。[31]从电文中他们获悉，他们已经被：

> 诚挚地邀请参加在帝国议会
> 议长家中举行的会议，
> 弗里德里希·艾伯特大街，
> 2 月 20 日，星期一，下午 6 点，
> 德国总理将在此阐明他的政策。
> （签名）帝国国会议长戈林，
> 帝国部长。

这不是纳粹党第一次尝试接近企业界，但是直到最近，并没有太多银行家或实业家愿意关注这些人。[32]当然，也有一些明显的例外。钢铁制造商弗里茨·蒂森（Fritz Thyssen）很早就是纳粹党的支持者，此外还有在 1924 年负责稳定马克币值的银行家亚尔马·沙赫特。其他人还包括煤矿业大亨、德累斯顿银行董事弗里德里希·弗利克（Friedrich Flick）；电气制造商罗伯特·博施（Robert Bosch，也是卡尔·博施的叔父）；鲁尔地区煤矿和钢铁厂的老板胡戈·施廷内斯（Hugo Stinnes）、

奥托·沃尔夫（Otto Wolff）和恩斯特·彭斯根（Ernst Poensgen）；具有影响力的金融家库尔特·冯·施罗德（Kurt von Schroeder）和瓦尔特·丰克（Walter Funk）；以及实力较弱的工业家威廉·开普勒（Wilhelm Keppler）。但即便是这些支持者中最热情的那一位，照样也会两面下注，与其他右翼政治团体眉来眼去，谨慎地四处捐款，直到他们能够判断最终的风向。这些人都是坚定的民族主义者，而且是民族主义者中最保守的那一派，但他们同时还是商人——务实、自私的机会主义者——而且他们并不相信纳粹有管理国家或经济的能力。然而，虽然他们的捐款数额不大，但是这笔钱至少给了纳粹党一份体面。当时，他们这个阶级的其他人只把纳粹党看作一群纪律涣散的乌合之众，外加一个口无遮拦的奥地利暴发户。

时针转回 1932 年，纳粹选举机器所需要的资金已经超出了这一小群核心捐助者的能力。[33]另外很明显的是，如果要让兴登堡和他圈子里的人认真对待纳粹党，该党就需要更多在上层社会有影响力的支持者。于是，瓦尔特·丰克和库尔特·冯·施罗德负责在他们的商界同行中寻找纳粹的支持者，并且安排希特勒同富有的潜在支持者会面；而威廉·开普勒则被要求召集一群志同道合的人，让他们就如何赢得金融界更广泛的支持为希特勒出谋划策。

1932 年 1 月 27 日，弗里茨·蒂森邀请 600 多名工业俱乐部的成员到杜塞尔多夫的公园饭店（Park Hotel）聚会，纳粹党希望通过这种方式在经济上取得一些可能的收益。[34]当希特勒带领一群冲锋队员戏剧性地进入会场时，现场的许多人都惊呆了，他们不知道将会发生什么。随后，希特勒发表了长达两个半小时的演讲。虽然讲演的舞台效果十足，但内容上仍然是

167

老调重弹。他一如既往地谴责布尔什维克主义，并对与会者重申他坚信私有财产和勤奋工作的价值。但他对犹太人只字未提，也几乎没有谈及他的经济振兴计划的细节。他说，这种事情主要是国内团结的问题。马克思主义是经济复苏的主要障碍，而民族社会主义党人正在努力克服这一威胁，一旦这种威胁得到解决，一个更美好的时代就会随之而来。

要想真正打动这样一群见多识广的听众，仅做泛泛之谈肯定是不够的。虽然在纳粹党的宣传家口中这次会议被誉为一场胜利，而且在随后的几个星期里，来自企业界的捐款出现了小幅增长——西门子（Siemens）、德累斯顿银行（Dresdener Bank）和联合钢铁公司（United Steel）也加入了捐款公司之列——但是滚滚财源很快又变成了涓涓细流，纳粹党在科隆的 J. H. 施泰因银行（J. H. Stein Bank）的账户跟以前一样捉襟见肘。如果说实业家们对希特勒这次温和的演讲感到稍许放心的话（他罕见地没有提及任何反犹内容，想必这是精心策划过的，以免被这些可能有犹太裔朋友和商业伙伴的人疏远），他们仍然没有准备支持希特勒，因为这个人竟然将狂热的爱国主义和意识形态看作解决德国经济弊病的唯一办法。

然而，仅仅过了一年，情况就完全改变了。希特勒现在已经坐上了总理的宝座——虽然他对权力的掌控还非常脆弱——不管人们是否喜欢，工商界的领袖们不得不接受这个事实。当他们中最有权势的人接到电报，受邀出席一场在国会议长官邸举行的小范围聚会时，他们感到有必要参加。

在 2 月的那个晚上，许多与会者的姓名已经湮没在历史中（毕竟，这场活动本来就对外保密，而且多年之后，当年的与会者也不再愿意承认他们曾经亲历过这场聚会）。当时，古斯塔夫·克虏伯是德国工商界的领袖，身为克虏伯军工集团的老板，自普法战争以来他一直是德国军事和经济界的核心人物。[35] 作为德国工业联合会（Reichsverband der deutschen Industrie，缩写为 RDI）的主席，克虏伯也许还没有完全适应新的形势，在此次会面之前他专门准备过一份备忘录。在这份文件中，他阐述了工业联合会对纳粹党财政计划的一些担忧，同时也谈到保持"国家与经济之间明确界限"的重要性。很明显，他希望双方能够进行讨论，当他在前排就座时，他可能在安慰邻座的人，让他们对接下来的事情放宽心。

就在克虏伯身后的那一排座位上，坐着四位来自欧洲最大企业 IG 法本公司的代表。[36] 虽然这四个人中有两人的身份依然成谜，但是我们知道，这家联合企业的两位核心人物并没有亲临现场。那天晚上，卡尔·杜伊斯贝格正在科隆附近的勒沃库森 IG 法本工厂，准备点亮全世界最大的电气化商标——一个由数千只灯泡组成的拜耳阿司匹林标志，其直径近 72 米。没有人知道杜伊斯贝格缺席晚会的原因，也许就像传说中所说的，因为他由衷热爱样式浮夸的象征物（这个巨大的标志正是其完美的表现），或者只是因为他认为与希特勒保持距离是明智的选择，但是他没有出席这次活动显然会引起别人的注意。杜伊斯贝格在德国工业界有着举足轻重的影响力，他通常会在这样的聚会中扮演关键角色。他也是 IG 法本公司最热心的民族主义者之一。早在 1925 年，他就曾对德国工业联合会说，德国需要"一个政治强人"，这一点"对我们德国人来说非常必要，就像我们曾在俾斯麦身上看到过的那样"；一年后，他又公开呼吁："领导者的举措不应该顾及任性善变的群众。"毫无疑问，他本性就崇尚专制，但是这种专制在形式上

169

更倾向于兴登堡，而不是纳粹党；此外，对于这样一位工商界的元老级人物，他是否愿意应酬那位奥地利自命不凡的暴发户，也是值得怀疑的。

卡尔·博施也同样在缺席之列。[37]这位 IG 法本公司的老板同样有他个人的癖好，他所关注的领域往往属于科学，而非政治。虽然他肯定收到了邀请，但除非绝对必要，否则他会避免做出任何私人性的政治承诺。在这种事情上，他平时的大胆作风被谨慎所取代。他把那些豪言壮语留给其他人去讲，而自己则坐在一旁，观察事态的发展。

关于 IG 法本公司的参会代表，我们知道其中两人的确切身份，他们都是公司的董事会成员。[38]其中一名是古斯塔夫·施泰因（Gustav Stein），他是一名地位相对靠后的董事，同时也是 IG 法本公司下属的奥古斯特-维多利亚联合矿业公司（Gewerkschaft Auguste-Victoria）的负责人。另一名是格奥尔格·冯·施尼茨勒男爵，他的地位更高，是 IG 法本公司的商务主管和染料委员会主席。虽然冯·施尼茨勒是这个四人小组的正式组长，但是他后来声称，自己只是代表公司到聚会上走了个过场。他的任务是多听多看，然后向博施本人汇报当晚所发生的一切。

一开始，希特勒就特意和每一名与会者握手。这是他在小型聚会中惯用的伎俩，因为这样他就可以直视对方的双眼——这对那些以前没有见过他的人来说是一种不安的经历，同时这也是他对别人施加影响的一种有效技巧。然后，他在完全脱稿的情况下，向大家发表了 90 分钟的演讲。

他演讲的前半部分与他之前对工商界人士讲话的大部分内容基本一致。他再次避免提及犹太人，重申了他对私有财产的承诺和对企业价值的尊重。他谈到了重整军备、德国民族自决的权利，以及在解决经济问题中普鲁士军事精神的重要性。其他熟悉的主题也随之而来：马克思主义的威胁、民主制度的失败，以及纳粹为"从共产主义威胁中拯救德国"进行的历史性斗争。然后，他终于言归正传，清晰而响亮地表达了他希望传达的信息：在现有体制下只剩最后一次机会，这是恢复民族团结和力量的最后一次大选。如果我们失败了，他向听众保证："谁都不会有退路……现在我们只有两种选择，一是依照宪法击退反对派……二是用其他武器进行斗争，这可能需要更大的牺牲。"[39]

170

希特勒的意思很明确：如果纳粹党不能在大选中获胜，就会爆发全面内战。当这番强硬的最后通牒在听众的耳边回响时，他坐了下来。

在一阵茫然的沉默之后，古斯塔夫·克虏伯起身向希特勒致谢，他显然已经明白双方进行对话的机会非常渺茫，应该尽快结束这次会面。但是他还没来得及说话，赫尔曼·戈林登场了。他告诉听众，为了赢得即将到来的选举，纳粹党需要资金，而他们将不得不提供这笔钱。"企业应当在斗争中承担起与它们所处位置相称的责任"，只有这样才是合理的。然后，他用戏谑的口吻补充说："如果有人能意识到 3 月 5 日的选举将会是未来十年，甚至是未来一百年的最后一次选举，那么这里所要求的捐献对工业界来说就更容易接受了。"

当希特勒和戈林离开后，只剩下大企业的高管们在房间中窃窃私语，纳粹银行家亚尔马·沙赫特站起来，要实施他的最后一击。"现在，先生们，付钱吧！"[40]纳粹党需要 300 万帝国马克，能越早交出来当然就越好。在场的大多数人都拿出了他们的支票簿，但是格奥尔格·冯·施尼茨勒告诉沙赫特，他无权立即捐款。他得先和他的同事们商量一下。两天后，他与卡尔·博施坐在一起，向他汇报了这次见面的情况。IG 法本公司的老板默默听他讲完，然后"耸了耸肩"作为回答。在施尼茨勒看来，博施似乎已经做出了决定。

2 月 27 日，IG 法本公司将 40 万帝国马克汇入了纳粹党的账户，这无疑是所有公司中最大的一笔捐款。[41]有趣的是，博施似乎没有事先与他的同事们讨论过这笔钱的事情（大概是因为他觉得没有这个必要）。在公司中央管理委员会随后召开的例行会议上，根本没有提到这个问题，而中央管理委员会是最适合进行总结性讨论的场合；3 月 2 日的会议记录只显示进行过一般性的政治讨论。因此，博施到底当时心境如何，后人只能进行猜测。摆在他面前的是一道明确的选择题——要么支持纳粹，他们承诺会恢复社会秩序，会创造有利于营商的环境；否则，就要面临毁灭性的内战。希特勒的威胁就是敲诈，但是博施除了向他许诺 IG 法本公司的支持之外，似乎也没有其他选项。

就在当天晚上，国会大厦在大火中被彻底烧毁。年轻的荷兰流浪汉马里努斯·范德吕伯（Marinus van der Lubbe）独自一人在现场被发现，他的身上还带着火柴和打火机。吕伯与共产党有松散的联系，他自己决定袭击国会大厦，因为这里是资产阶级秩序的最高象征之一。国会纵火案引发了德国公众的歇斯底里症，在纳粹的宣传攻势下，一场马克思主义革命似乎即将发生。愤怒的暴徒走上街头，走在最前面的是纳粹冲锋队，他们急切地寻找对手、发泄心中的仇恨。在警察的保护和鼓励下——警察现在受到纳粹党的控制——冲锋队摆脱了所有限制，暴力冲突迅速升级为一场血腥屠杀。在德国各地，共产党人、犹太人和社会民主党人在他们的家中和大街上遭到攻击和殴打，然后被捕入狱。这是一场政治清算，任何曾经公开反对过希特勒的人现在都是目标。

随后的大选在明显的恐怖气氛中进行。当左翼政党已经被国家支持的暴力基本弄瘫痪时，纳粹党却能够在全国范围内发动铺天盖地的宣传并组织大规模的游行集会，而这一切都要归功于 IG 法本公司和其他企业的慷慨解囊。结果只会朝着一个方向发展。纳粹党的得票率达到了 44%，纳粹的议员人数也从 196 人增加到 288 人（国会中总共有 647 个席位）。这仍然没有达到希特勒想要的绝对多数，但是纳粹党现在拥有比其他任何政党更多的民众支持。当纳粹党议席与它的联盟党——民族主义的德国国家人民党——手中的 52 个席位合并在一起时，希特勒政府才勉强在议会中占有微弱多数。不过这已经足够了，希特勒在选举结束的两天之后向他的内阁保证，他是否拥有绝对多数很快就将不再重要。当前"紧急状态"的本质就是，让他有信心去修改宪法，从而使政府能够绕过总统和国会。[42]

几天之后，希特勒站在克罗尔歌剧院（Kroll Opera House）内一面巨大的万字旗下——国会被烧毁之后，这里是德国立法机构的临时所在地——提出了《授权法案》（Enabling Act），该法案将允许政府通过行政命令进行统治。这对原有的政治秩序来说，就是一场政变。社会民主党主席奥托·韦尔斯（Otto Wels）试图动员他的同伴反对这项立法，但是这一绝望而勇敢的行为注定要失败，大批纳粹冲锋队员的吼声将反抗者的呼吁湮没。① 由于共产党人被宣布为非法（主持大会的赫尔曼·戈林非法宣布他们的选票无效），而中央党的议会党团士气低落、萎靡不振，他们除了试图维护德国天主教会的独立之外，不愿也无力再做任何反抗，于是就只剩下社会民主党一支力量孤军奋战，去反对这项将永久压制公民权利和民主自由的法律。《授权法案》以 444 票对 94 票获得通过。从那一刻起，德国将不可避免地陷入第三帝国专制与残酷的独裁统治。

在魏玛共和国的最后时刻，IG 法本公司发挥了重大作用，现在它开始要巩固与新政权的关系了。几周之后，这家联合企业就增加了捐款数额，迅速回应了地方和国家纳粹党官员的捐款要求。到 1933 年底，IG 法本公司已经向纳粹党设立的多个专项基金缴纳了总计 450 万帝国马克的捐款。[43] 与此同时，博施开始从公司的政治投资中寻找获利的方法。毕竟，把自己的灵魂出卖给了魔鬼，IG 法本公司至少也应该得到一些回报——而博施最想得到的就是拯救公司的合成燃料项目。

这是一笔真正意义上的浮士德式的交易，在不到一年的时间里，双方就已经为这笔交易签字画押了。

---

① 韦尔斯在口袋里揣着一片氰化物制成的药片，以防当天遭到逮捕并受到纳粹的折磨。

第 7 章　谅解与合作

1933 年 3 月 29 日，IG 法本公司制药部门的负责人威廉·
曼写信给公司所有驻外机构和海外办事处的主管。在信封上，
他加注了"亲启"和"绝密"字样，他在信中说：

> 德国的民族革命，是对国内近些年来的混乱局面，尤
> 其是对马克思主义–共产主义煽动的反抗的一种自然反
> 应。这场革命将为社会带来空前的和平与秩序。现在的德
> 国政府可以宣称，它已经赢得了这一场对"世界公敌"
> 布尔什维克主义的胜利，这一胜利不仅将使德国受益，而
> 且将使地球上所有文明国家受益。这场斗争清楚地展现了
> 德国人自律的意志和坚决服从领袖的意愿。但是令人遗憾
> 的是，大量外国媒体利用了斗争过程中所出现的某些——
> 其实是极少数的——无关紧要的事件，实际上，在规模如
> 此巨大的政府革命中这是不可避免的，它们抓住这个机会
> 毫无底线地抹黑德国，甚至还打出"抵制德国货"的
> 口号！

> 鉴于我们当前的商业利益已经受到了政局发展的影
> 响，同时，我们身为德国人也负有责任，因此我们认为有
> 必要向你们明确告知，在国外流传的所有有关迫害政治反
> 对派和虐待犹太人的报道与事实完全不符。

因此，我们迫切地请求你们在收到这封信件之后，立即以你们认为适当且符合所在国具体情况的方式，通过拜访当地重要人物和具有影响力的报纸的编辑，或者通过向医生和你们的其他客户分发通告，来帮助澄清事情的真相。我们特别希望你们尽最大可能去传递这封信所想表达的信息，即在国外散布的消息全都是谎言，关于暴行的报道完全是不实之词。

签名　曼

药品销售联合公司主管

IG 法本工业股份有限公司[1]

虽然 IG 法本公司的规模非常庞大、结构异常复杂，但是当它的利益受到威胁时，它依然可以迅速做出反应。在 1933 年 3 月，也就是纳粹党掌权后的两周之内，这家联合企业——或至少是其中的一部分——就开始采取行动，以保证自己的业务免受国际舆论的影响。

当时的形势看起来确实需要认真应对。[2]外国报纸一直在警惕地关注着德国所发生的事情，特别是那些有关冲锋队的反犹暴力，以及针对政敌有计划地逮捕和刑讯的报道，这在国外引起了广泛的愤慨，以至于有很多人开始呼吁他们的政府对德国采取出口禁运。一如既往，希特勒直接将这些抗议的声音斥为反对派进行的虚假宣传和恶意诽谤，他决定先发制人，在 4 月 1 日发起了全国范围的抵制犹太人企业的行动，以此作为反击。由于担心即将迎来双方无休止的报复和反报复——在度过了多年的经济低迷之后，贸易刚刚开始复苏——新的局势势必

又将对贸易造成巨大冲击。有些出口商急于缓和这种局面，他 175
们主动给海外的联系人写信，让对方放心。①

在这些写信者中，很少有人能像 IG 法本制药部门的主管
那样，对事实表现得如此漠视。无论从哪个角度来看，威廉·
曼的说法都是在刻意粉饰这些事件。拜耳公司在全球的 75 家
销售代理收到了他的这封来信，信中主要传达的信息——纳粹
对政治反对派的迫害被无限夸大了——显然是荒谬的，这几乎
就是在颠倒黑白。后来乔治·奥威尔还曾经嘲笑过这件事。这
封信回避了一个重要的问题，那就是曼到底是在为谁服务——
是为他自己，还是为他的雇主？

在一定程度上，这封信可能反映了威廉·曼本人的某些观
点和偏见。一年前，他是第一个加入纳粹党的 IG 法本董事，
虽然他后来放弃了党籍，但是当希特勒成为总理之后，他又匆
匆重新入党。[3] 很可能正是因为暂时的脱党行为让他感到尴尬，
所以想以某种公开的方式做出弥补——在政治信仰上不够坚定
极有可能会严重损害他的形象。也有可能，他是真心相信自己
所说的那些话，外国媒体关于纳粹当局迫害反对派和犹太人的
报道，就是希特勒所宣称的敌对势力的抹黑、诽谤和粗暴宣
传。但是，如果这是曼的真实感受，那就意味着他完全对现实
视而不见。就在同一时期，维克多·克伦佩雷尔（Victor
Klemperer）在日记中写道，可以毫不费力地找到新政权残暴
使用手中权力的证据："日复一日……纳粹党徒肆意践踏各地
政府，他们悬挂起新的旗帜，占据各处建筑，人民遭到枪杀，

---

① 有一些企业——其中也包括若干犹太人组织——无疑是在当局的压力下，
被要求以书面形式与国外进行联系，以安抚对方的情绪，但是没有证据
表明 IG 法本公司受到过这种压力。

报纸受到查禁，等等，等等。昨天，卡尔·沃尔夫（Karl Wolff）导演了一出大戏，他'以纳粹党的命令'——甚至没有以政府的名义——解散了萨克森邦的整个内阁，等等，等等。这是彻底的革命和纳粹党的专政。而所有反对的力量都好像从地球上消失了。"[4]如果德国所发生的这些事情在德累斯顿一个小小的教授眼中都像洞若观火，那么在德国规模最大、最有实力的公司中任职的高级经理人也一定会注意到这一点。

同样，IG 法本公司管理层中的其他人也不可能对国内正在发生的事情视若无睹。这家联合企业已经向纳粹党提供了大量资金，并且还在继续提供更多的捐款，在理论上（如果还没有在实践中）它已经成为该党最重要的赞助人之一。与此同时，政府针对犹太人所采取的官方举措也极有可能对 IG 法本造成影响，因为公司中仍然有若干犹太人在高层任职。在此情况下，任何公开表明 IG 法本公司将与政府立场高度保持一致的行为都具有重要的意义。无论如何，威廉·曼发出的那封信件在内容上事先肯定已经得到过公司最高层的首肯。作为一名公司高管，虽然曼在 IG 法本公司错综复杂的行政系统中享有很大的自主权，但是他要向外界传递如此敏感的信息，至少也要得到其他一些董事的认可。这种情况的出现充分说明了 IG 法本公司当时的处境，同时也表明，围绕着公司未来的发展模式，许多高管之间存有分歧。此外，更令人不安的是，高层中的一些人明显同情曼的观点。

然而，卡尔·博施并不认同曼的想法。这位 IG 法本公司的老板可能自己也有很多不足，但他不是反犹分子。他许多亲密的同事都是犹太人或拥有犹太血统，包括他的秘书欧内斯特·施瓦茨（Ernest Schwarz）、公司监事会的若干成员，以及公司中许多顶尖的科学家。他的老朋友之一弗里茨·哈伯就是犹太人，哈伯是合成氨的发明者。[5]正是在哈伯的成果之上，博施在第一次世界大战期间取得了自己最伟大的一项成功。事实上，是哈伯在纳粹手中的遭遇让博施意识到事情到了多么严重的程度。

希特勒在克罗尔歌剧院发表演讲并通过了《授权法案》的几天之后，身穿制服的纳粹分子开始进入公共生活的各个领域并被委任以各种高级职务。[6]他们的直接目标是清除德国社会和文化里存在的犹太文化和社会主义影响，他们开始强迫非雅利安人的公务员、医院医生、学者、行政人员、教师，以及其他所有担任公职的犹太裔（这个概念的定义非常狭窄，甚至包括那些祖父母只有一个是犹太裔的人）辞职或予以解雇。科技界是纳粹的主要目标之一，在短短几周之内，数千名犹太裔大学讲师和研究人员，以及数百名教授就被逐出了工作岗位并被剥夺了生计。这是一项种族清洗计划，更为可耻的是，这些人的众多雅利安人同事和学生对这种做法竟然毫无异议。

1933 年 4 月，虽然弗里茨·哈伯早已皈依了基督教，而且他在第一次世界大战期间的贡献应该会让他免于被解雇，但是他意识到自己其实别无选择，只能屈服于日渐增大的压力，从柏林大学（University of Berlin）的教席上退下来。他在一封简短而庄重的辞职信中说，虽然他一直尽力做一名优秀的德国人并努力把国家利益放在首位，但是他承认，远走他乡是他现在唯一的选择。事实上，他感觉自己遭到了背叛。他曾经是这个国家最受尊敬的科学家之一，但是他为之辛勤服务的祖国可耻地抛弃了他。同事们此前为了表达对他的敬意，曾在威廉皇帝研究所的院子里栽种过一棵树，而此时，这棵树也被纳粹砍倒烧掉了。正如他在写给一位朋友的信中说："我感到前所未有的痛苦。我曾是德国人，所以现在才更充分地感受到这一点，而且我发现，我再也无法在另一个国家安心地开始一项新的工作，这实在是可恶至极。"[7] 两个月之后，这个伤心欲绝的人去了英国。① 除了哈伯之外，还有一大批杰出的科学家逃离德国，其中就包括阿尔伯特·爱因斯坦和其他 16 位犹太裔诺贝尔奖获得者。

卡尔·博施认为，哈伯的出走和其他顶尖科学家的离开是对德国威望和国力的可怕打击，他决心说服新政府，指出他们政策上的错误。[8] 学术研究一直是德国科学成就的基础，长期以来 IG 法本公司一直资助和促进威廉皇帝研究所主持的各个科研项目，并且从中受益良多。而纳粹党正在剥夺这个国家最优秀人才的基本权利，出台这种政策的政府简直是在发疯。博施尝试游说各个部门，但是都无功而返。如果官方不能改变心意，他就无法说服那些相识的犹太科学家，让他们自愿留下来，让他们相信这场风暴会安然过去。他唯一的办法就是直接向希特勒本人发出呼吁。

这个机会很快就出现了。1932 年 9 月，希特勒与 IG 法本公司的海因里希·加蒂诺和海因里希·比特菲施就合成油问题进行过探讨，此后博施一直想与这个纳粹领袖会面，以便进一步推动该项目。大选之前，IG 法本为纳粹党提供了大笔捐款，

① 哈伯发现他很难在英国定居下来，因为他受到了英国科学界一些人士的敌视，他们永远不会原谅他在战争期间曾经研发过毒气。因此，他决定接受巴勒斯坦希伯来大学的邀请。有一种说法是，他也曾考虑重返德国，但是被 IG 法本公司的赫尔曼·施密茨及时劝阻，施密茨警告他说，纳粹的恐怖活动有增无减。

现在博施认为有必要弄清楚这个新总理是否还像此前一样热衷于人造燃料。5 月，博施终于接到了邀请他会面的电话。

一开始，会谈进行得相当顺利。希特勒重申，他对 IG 法本的这个伟大项目很感兴趣，并且向博施承诺，他的政府将对该项目给予全力支持。作为政府未来的核心计划，德国必须在那些具有重要战略价值的原材料上实现自给自足，因此 IG 法本公司可以放心地继续扩大洛伊纳工厂的规模。然后，博施尽可能巧妙地提出了"犹太人问题"。他说，也许元首没有意识到他的政策可能会带来灾难性的后果。如果越来越多的犹太科学家被迫流亡海外，德国在物理学和化学上的发展有可能要倒退 100 年。令他震惊的是，希特勒勃然大怒。显然，这个企业家并不懂政治，他咆哮道。如果有必要，德国将"在没有物理和化学的情况下走完这 100 年"。[9]博施想继续说下去，但是希特勒打电话叫来了一名副官，冷冰冰地对他说："顾问先生（Geheimrat）想要离开了。"[①]

从那一刻起，博施在希特勒的圈子里就成了不受欢迎的人。[10]此后他们两人再也没有见过面，纳粹领袖拒绝参加 IG 法本公司老板出席的任何活动。这种状况可能会让有些人深感不安，他们会试图与这位领袖进行和解或至少在言行上保持低调，但是博施并没有因此改变自己，他的人格令人钦佩。也许是确信希特勒对他个人的反感并不会妨碍纳粹党对 IG 法本合成燃料项目的支持，博施继续默默努力为犹太人科学家申辩，甚至试图说服一些非犹太裔诺贝尔奖得主一同站出来为他们辩护。可惜他的努力收效甚微。一些雅利安人科学家小心翼翼地

---

　① Geheimrat 这个词是一种尊称，意思是枢密院顾问或大人物。

组织了一场反对解雇犹太人的请愿，但是在纳粹分子的普遍敌意和希特勒顽冥不灵的态度面前，请愿活动最终也烟消云散。当物理学家马克斯·普朗克（Max Planck）——他并不是一位热心的反纳粹分子——向元首解释说，只有区分有价值的和没有价值的犹太人才是明智之举，并且试图说服元首，让弗里茨·哈伯和其他人留下将带来好处时，希特勒又一次暴跳如雷。"犹太人就是犹太人，"他说，"所有犹太人都像铁屑一样粘在一起。无论是在哪儿，只要有一个犹太人，其他各种类型的犹太人就会立即聚集到那里。"为了强调自己的观点，希特勒不停地拍打着大腿。在元首激烈的叫喊声中，普朗克离开了，这段经历让他的情绪跌落到了谷底。

由于在国家层面上无法做更多的事情，博施转而设法照顾那些与他关系密切的犹太人同事，谨慎地给一些遭到驱逐的人支付赔偿金，并且在公司内部安排一些关键的 IG 法本员工到海外任职，希望他们能恢复正常的生活。[11] 比如，欧内斯特·施瓦茨被派往纽约工作，博施在化学工业协会（Chemical Industry Association）的副手埃德温·彼得科夫斯基（Edwin Pietrkowski）被派往日内瓦工作。1934 年 1 月，弗里茨·哈伯到瑞士巴塞尔探亲时意外去世，博施不顾政府的禁令，在威廉皇帝研究所帮忙组织了一场悼念哈伯的追思会，然后邀请了所有他能想到的德国最顶尖的科学家和学者前来参加。被邀请的人包括曾与哈伯共事的政府官员和军人，但是只有很少受雇于纳粹政府部门的公务员到场。马克斯·普朗克向在场的 500 多名听众发表了对哈伯的告别致辞，他别无选择，只能以一个纳粹礼开场——值得一提的是，这是一个略带迟疑的敬礼。

然而，面对已经露出独裁迹象的纳粹政权，除了博施还在孤身对抗之外，IG 法本公司正以一种让人吃惊的轻松心态迎合着这个政府的种种要求。发生在 1933 年 5 月 1 日的事件就是一个很好的例子。希特勒已经宣布，这个传统的劳工节日应该作为一个专门展现纳粹德国工业成就的节日来进行庆祝。在 IG 法本的勒沃库森工厂，该厂的经理汉斯·屈内（Hans Kühne）急忙发表了一份热情洋溢的声明，号召所有同事都参与进来，"从而证明我们的合作意愿"。[12] 不管是否心甘情愿，大部分职工都参加了活动。路德维希港的法本工厂也做出了同样的安排，上午 8 点，包括工厂所有高层管理人员在内的全体职工，与当地身穿制服的冲锋队员和民族社会主义基层工人社团的团员集合在一起。一年之前，五一劳动节还是一个带有明显左翼特征的庆祝日；而现在，工人们都顺从地列队站在纳粹党的旗帜下面，聆听着颂扬"人民总理"（people's chancellor）丰功伟绩的演讲。他们甚至被要求在集会结束时要振奋地高呼三声"胜利万岁"（Sieg Heil）。

不用说，参加集会的前共产党人和社会民主党工会成员都低着头。在路德维希港，一名年轻的工人——21 岁的霍斯特·沃尔夫（Horst Wolff）——后来写信给母亲说，那天所发生的事情让他感到恶心，他甚至想要正式向管理层投诉。同部门的老工人忠告他，要等待时机，不要轻举妄动，因为"纳粹分子不会蹦跶太久"。[13] 事实证明，他们的建议相当明智：5 月 2 日，冲锋队和党卫军的人捣毁了全国所有的工会办公室，接管了报纸和期刊，没收了工会资金。数百名工会领导人遭到攻击和羞辱，整个劳工运动的管理机构和财产都被置于纳粹党的控制之下。几周之后，纳粹政权开始了最后阶段的"革命"，它将社会民主党彻底取缔，并且在全国各地大肆搜捕该党干部。3000 多名社会民主党人被投入监狱或仓促建成的集中营，许多人在那里遭到殴打、折磨，甚至被纳粹杀害。不久之后，所有剩余的资产阶级政党——包括民族主义分子，希特勒以前执政联盟时期的盟友——都在胁迫或操纵下解散。到 1933 年 7 月，德国已经无可争议地成了一个一党专政的国家。

考虑到这些事件发生的速度之快，说明纳粹政权已经越来越懂得如何利用恐惧和恐吓来使人们顺从，因此，IG 法本公司及其董事如此轻易地表达出合作意愿，也就不足为奇了——当然，到目前为止，除了卡尔·博施和一两位该公司的创始人，公司高层中的任何一个人都没有对政府的做法提出真正的异议。卡尔·杜伊斯贝格就是一个典型的例子。毫无疑问，虽然他坚信强大政府的重要性，以及德国重新获得世界地位的必要性，但是这位 IG 法本的教父从未投入太多时间与纳粹分子打交道。杜伊斯贝格现在就住在勒沃库森的豪宅里，过着半退休的生活，他完成了一本回忆录，其中很明显没有提到希特勒或新政权。[14]不管怎么讲，管理层中的许多老一辈人都已经到了风烛残年。从 1930 年到 1933 年，有数十名 IG 法本的资深高管去世、退休或以其他方式离开了公司，其中包括 29 名监事会成员和 31 名董事。在后者中，约有十几人曾经定期参加 IG 法本的主要管理机构工作委员会的会议。

新一代 IG 法本的领导者则抱有一种更加玩世不恭和实用主义的想法；不管纳粹政权有何种缺点，它显然已经牢牢地控制了权力，无论是为了公司的股东还是为了公司的未来，与政府保持良好的关系都非常重要。不可避免地，有些人以一种更加理想主义的眼光看待这种合作。比如，格奥尔格·冯·施尼茨勒后来就声称，他之所以与纳粹达成协议，只是因为他们比其他选择更好："我支持资产阶级自由派政党，但是它们失败了，这使我相信，德国必须在民族社会主义和布尔什维克主义二者中做出抉择。在这种情况下，为了把德国人民从混乱中解救出来，我认为，尝试接受民族社会主义是一个正确的选择。"[15] 当然，不管是不是出于理想主义，这种辩解的实际后果都完全一样。

在新政权的威压之下，IG 法本公司变得更为顺从，此时最突出的表现就是，有很多 IG 法本的高管跟随威廉·曼加入了纳粹党，他们急切地希望能够在入党申请冻结期（将持续到 1937 年）生效之前突击入党。勒沃库森工厂的经理汉斯·屈内在罗伯特·莱伊［拜耳公司前化学研究员和纳粹党地区领袖，现为德国劳工阵线（German Labor Front）负责人］的介绍下加入了纳粹党。但是在第二年，他又因为自己是共济会会员（Freemason）而被开除党籍。多年以后，他说他当时完全是被纳粹政权承诺的创造就业和政治团结所吸引。第三事业部的负责人弗里茨·加耶夫斯基和他所在部门的销售主管威廉·奥托（Wilhelm Otto）也一起报名入党。弗里德里希·穆伦（Friedrich Mullen）是 IG 法本董事会中的代理董事，他在 4 月 1 日，也就是纳粹党煽动在全国范围抵制犹太人企业的那个日子加入了该党；专门负责法本公司柏林西北第 7 办事处的董事埃尔文·塞尔克（Erwin Selck）则完全凭一己之力被吸纳入党，他当时为冲锋队的一个骑兵分队提供了财政上的资助，后来他又加入了海因里希·希姆莱（Heinrich Himmler）的党卫军骑兵部队。其他人则不得不等待，直到纳粹党的内部规定出现松动时才得以入党。诺贝尔奖得主、IG 法本公司制药部门负责人海因里希·霍兰在 1934 年 6 月才正式成为纳粹党员，

182

但是他的入党申请可以追溯到上一年的 5 月。纳粹上台之后，海因里希·加蒂诺立即申请入党，但是他的申请足足等了两年才获得批准。[16]法兰克福赫希斯特工厂的路德维希·赫尔曼（Ludwig Hermann）也有同样的经历。

拥有党员身份并不是在纳粹圈子里获得朋友和影响力的唯一途径。其实还有很多纳粹组织可以帮助这些想要攀附权势的人实现相同的目的。比如，洛伊纳最出色的科学家之一克里斯蒂安·施耐德（Christian Schneider，后来成为第一事业部的负责人）和曾经面见过希特勒的氢化专家海因里希·比特菲施最终都跟随埃尔文·塞尔克加入了党卫军，并且得到了荣誉上校的军衔，而且海因里希·加蒂诺则在等待党证期间，接受了冲锋队的一份兼职。当然，有些人在这件事上表现得更为谨慎。1933 年，IG 法本的财务总监赫尔曼·施密茨并没有想方设法入党，不过在 11 月，当纳粹党主动提名他为国会代表时，他欣然接受了，这在一定程度上也表明了他支持纳粹的立场。格奥尔格·冯·施尼茨勒是另一个还没有把底牌亮到桌面上的人；当时他在柏林开设了一家"沙龙"，纳粹高官可以在这里与其他政界和工业界要人进行接触。[17]

183 不过，这些人仍然是 IG 法本高层中的少数。[18]在随后几年里，许多人仍然对纳粹持怀疑态度，或者至少不会公开表示对纳粹的支持。此外，与克虏伯、西门子、德国通用电气和钢铁业巨头联合钢铁公司等德国其他主要公司相比，IG 法本管理层所表现出的对纳粹的支持也并没有特别突出。然而，随着时间的推移，人们越来越感到，与纳粹建立某种关系是必要的。1937 年，当纳粹党向新党员敞开大门时，又有 15 名法本公司的董事竞相入党。

但是，此后仍然有一小部分人对加入纳粹党无动于衷，而且他们各有各的理由。卡尔·博施从未加入纳粹党。虽然这位IG 法本的董事会主席对纳粹政权做出了种种让步，但是他始终坚持，这些让步是商业上的权宜之计，而不是意识形态上的认同。无论如何，博施曾试图为犹太科学家请命进而影响纳粹政策，希特勒对此非常愤怒，这让博施很难再加入纳粹党。生性倨傲的 IG 法本第二事业部负责人弗里茨·特梅尔也没有申请入党，不过他更多是因为自己的出身，而不是出于政治原因。特梅尔后来声称，自己之所以没有申请入党，是因为他无意"参加地方上的党员会议，听那些在社会地位上远逊于我的人来给我训话"。[19]

其中最奇特的一个例子发生在马克斯·伊尔格纳（Max Ilgner）身上——他有一种奇怪的感觉，认为加入纳粹党会对自己的职业生涯产生某种不利影响，而且入党这种事也完全与他的个性不符。[20]作为 IG 法本的一名高管，伊尔格纳年轻有为、野心勃勃、喜欢自我标榜，与其他同事相比，他的出身背景也显得有些另类。伊尔格纳的祖父和父亲都曾是中级军官，他从小就期望能延续家族的这一传统。1918 年，在普鲁士的士官学校待了一段时间之后，伊尔格纳作为陆军中尉被派往西线，但是在那里只待了短短几周；在战后的混乱时期，他还加入了自由军团。伊尔格纳希望重返军队，但《凡尔赛和约》限制了国防军的规模，因此，像其他许多年轻军官一样，他只得另谋生路。恰好，他的舅舅赫尔曼·施密茨是当时博施在巴斯夫的财务助理，因此在 1924 年，伊尔格纳在获得博士学位（他攻读的是政治学而非化学）之后，利用这层关系在路德维希港找到了一份销售工作。这个只有 25 岁的年轻人，开始积极地向上攀登，去追求更伟大的目标。

1926 年，他被派到 IG 法本公司新成立的中央财务和公共事务部为他的舅舅工作，该部门位于柏林西北 7 区菩提树下大街的德国联邦银行大厦内。他最初的任务是充当施密茨和公司其他部门之间的联络人，这个角色并不像听起来的那么重要，他其实是一个罩着光环的信使。但是伊尔格纳内心坚定、能力过人，也许更重要的是，他还能够得到舅舅的支持。到 1934 年底，他已经明显扩大了自己的职权范围——将西北第 7 办事处的业务整个纳入手中——并晋升为法本公司的代理董事，在新闻和公共关系、市场研究、财务管理，以及最重要的 IG 法本与政府关系方面拥有极大的权力。之所以能够获得这样的影响力，在很大程度上是因为他控制了西北第 7 办事处中的两个重要部门。第一个部门是成立于 1929 年的经济研究部，也就是 Vowi 部门（Volkswirtschaftliche Abteilung 的缩写），它负责撰写有关 IG 法本商业利益的海外发展报告。第二个部门是经济政策部，或者称为 Wipo 部门（Wirtschaftspolitische Abteilung 的缩写），它成立于 1932 年（最初由海因里希·加蒂诺领导），其具体职责是对直接影响 IG 法本与政府关系的事务进行审查，如法律、税收和对外经济政策。[21] 起初，经济研究部在这两个机构中影响力更大。它大量利用 IG 法本的全球销售网络和驻外联系人，收集商业和经济情报，然后通过自己在柏林的研究人员编写成报告，这些报告往往会传递给政府部门，其功能类似我们今天的新型智库，不断为政府建言献策。当然，这也为伊尔格纳进入权力走廊打开了方便之门。

虽然伊尔格纳的活动将他推入了 IG 法本的高层，但是也让他遭到了一些同事的敌视。伊尔格纳对权力的渴求，以及他利用地位来提高自身社会形象的做法，让董事会中的同僚们对他都极不信任。正如他的一位下属库尔特·克吕格尔（Kurt Krüger）后来对他的评价：“伊尔格纳雄心勃勃，而且坚信自己注定会建功立业，他极度渴望得到别人的赞美和认可，这促使他想要在公共生活中发挥一定作用。”[22]然而，由于赫尔曼·施密茨总是在背后支持他，批评者们也就不得不容忍伊尔格纳的很多做法。

　　由于被纳粹党正式吸纳可以成为一种自我炫耀的资本，伊尔格纳没有入党反而显得有些反常。1933 年，有人给他提供了直接入党的机会，但是他拒绝了，理由是他不想放弃国际扶轮社（Rotary International）的会籍；退出国际扶轮社是加入纳粹党的先决条件，因为希特勒的宣传部长约瑟夫·戈培尔对该组织怀有一种莫名其妙的不满，禁止其成员加入纳粹党。[23]可能伊尔格纳认为，从长远来看，纳粹党员身份对他的职业生涯几乎没有影响。但是无论如何，他的这一决定并不意味着拒绝与纳粹政权打交道。相反，他毫不犹豫地想要巩固自己与纳粹领袖的个人关系，并且竭尽所能地在政府圈子里推动 IG 法本的事业。根据克吕格尔的说法，伊尔格纳和 IG 法本公司管理层中的其他人一样，认为实用主义的做法是确保公司影响力的最佳方式：

　　　　希特勒接管政府之后，伊尔格纳“高举旗帜，欢欣鼓舞”，紧随新的潮流，他努力打通关系，以便能够“参与其中”。只是，他希望以一种有利于德国经济的方式来影响事态的发展，这一点不容置疑。因此，他很快就与纳粹党的公开路线相一致，遵守纳粹当局发布的各项制度和要求……然而，不只是伊尔格纳在努力这样做，整个 IG 法本公司的领导层也都在这样做，他们觉得在新政权眼中公司的声誉并不好，公司的利益已经受到威胁，只有通过这种方式才能够保障公司利益不受侵害。谄媚纳粹新政权的做法随处可见。[24]

从纳粹党的角度来看，IG 法本公司的各级主管争相表达忠心，其实远没有这家公司愿意全面合作来得重要。与其他企业一样，IG 法本必须在国家复兴进程中发挥关键作用，必要时能够将国家利益置于自身利益之前。因此，无论是在德国国内还是国外，这家联合企业都将不可避免地陷入种种矛盾冲突的旋涡之中。

在海外，由于纳粹政权接管和抵制犹太人企业造成了严重的政治后果，IG 法本公司的直接目标就是要修复此事对销售带来的负面影响。在这方面，也许威廉·曼表现得过于尽职尽责，他的那封信件就是早期的一种止损尝试，而且随着时间的推移，这种做法已经司空见惯。比如，1933 年 7 月，杜邦公司派出两名高管前往法兰克福，安排回购 IG 法本公司手中持有的少量杜邦公司股份，部分原因是这家美国企业对近期发生的事件感到不安，IG 法本公司的几位主要领导想尽办法说服美国人，让他们相信德国的情况正在恢复正常，他们听到的一些报道并不真实。[25] 值得注意的是，犹太人卡尔·冯·温伯格（Carl von Weinberg）也在其中，他是 IG 法本公司监事会的副主席，他告诉杜邦公司的代表，自己完全赞同纳粹运动，而且他要把自己的钱全部留在德国国内。就连博施也直接出面解释，他说希特勒最近一直在遏制党内的极端分子。美国人对这种说法将信将疑，于是回购股份的事情仍按原计划照常进行。

马克斯·伊尔格纳以极大的热情承担起为公司止损的任务。他比大多数人更清楚纳粹党的极端言论对德国声誉的伤害——对 IG 法本公司的出口同样造成了损害——于是他主动为戈培尔的宣传部召集了一批经济方面的智囊，希望之后的官方言论能够不再那么强硬。起初，他取得了一些小小的成绩。他劝说戈培尔参加了几次智囊团的会议，并且设法向他坦率地解释了当前外界对德国的看法。"我并没有按照第三帝国的惯例，去描绘一幅美好的画卷。其实贸易正在下滑，我们担心德国的出口，"他后来说，"我们是经验丰富的经济学家，我们很清楚世界对纳粹宣传的反应。"[26]伊尔格纳关于宣传部官员正在损害德国利益的说法最终引起了戈培尔的不满，他气冲冲地离开，再也没有回来。

不过，伊尔格纳并没有被吓倒，他——又是他主动为之——决定邀请美国最著名的公共关系和广告专家艾维·李（Ivy Lee）前来，帮助改善希特勒在海外的不良声誉。[①] 当这名美国人于 1934 年初抵达柏林时（此前他在罗马逗留了几天，为墨索里尼提供了类似的咨询），伊尔格纳为他安排了与纳粹党领袖的会面。[27]

聘请麦迪逊大道最资深的专家来为阿道夫·希特勒提供公关建议，虽然这种想法现在看起来有些不伦不类，但是不管怎样，这都是一次非常友好的会面。[28]甚至当李愉快地建议，由于对犹太人的抵制非常不受美国媒体的欢迎，希特勒应该考虑

187

---

① 几年前，伊尔格纳经标准石油公司总裁沃尔特·蒂格尔的介绍与李相识，当时，IG 法本公司正在想办法应对因为成立美国 IG 化学公司而在社会上出现的一些负面报道。

放弃这种做法时，会谈也没有因此而告终。遗憾的是，希特勒是否拒绝接受这个建议并没有确切的文字记录，但是他们也没有发生激烈的争吵，因为在那之后，李很高兴地向伊尔格纳提出了几条建议，告诉他 IG 法本应该如何美化宣传那些正在德国发生的巨大变化：召开由德国公共生活中的温和派人士主持的新闻招待会，利用招待会来款待外国记者；邀请有影响力的美国人在专人的陪同下乘车游览德国，让他们看到事态正在发生好转；要始终强调德国的悠久文化、壮丽风光和优秀的人民，而不是纳粹党令人生厌的言论。此外，李给出的最重要建议可能是，他和伊尔格纳应该谨慎地安排有关新德国的正面文章，然后交由美国的报纸和杂志刊登，并且将这些文章的副本寄给美国主要的舆论人士。①

伊尔格纳热衷于采取这种策略，此外他还经常出访海外，宣传纳粹德国是一个被外界误解的国家，它拥有和平的意愿，并且取得了巨大的成就，他的这些做法甚至让董事会中的一些同事都颇为不安。格奥尔格·冯·施尼茨勒曾一度抱怨说："我们现在似乎成了德国事业的捍卫者，成了政府的志愿代理人，甚至都不知道政府是否认可我们的这种做法……只有尽量

188

---

① 艾维·李为 IG 法本和纳粹德国所做的工作在美国国内引起了注意。1934 年夏天，李接受了众议院非美活动特别委员会（the House Special Committee on Un-American Activities）的讯问，其间他坦率地承认，他代表 IG 法本公司传播的材料是经过德国官方宣传机构授权的。他特别被问到，当外国媒体对德国 250 万纳粹准军事部队的危险性表示担忧时，为什么他建议 IG 法本公司做出如下回应，声称这些人没有武器，只有在面对共产党威胁时才会组织起来？一家化学公司竟然对这种事情感兴趣，这不是很奇怪吗？犹豫了一会儿后，李被迫承认，IG 法本实际上充当了德国政府代言人的角色。然而，调查没有任何结果，因为几个月之后，李就因病去世了。

少把商业问题与人们对政府的态度混在一起，无论他们是同情还是反感这个政府。同时，少把生意与民族心态混在一起，这样才有利于我们的商业活动。"[29]但是，这样的批评并没有带来丝毫改变。伊尔格纳依然我行我素，而且纳粹党的涉外组织（Ausland Organisation）现在也开始要求借助 IG 法本的海外销售网络来扩大宣传影响。虽然这种想法不可能一蹴而就［比如，在 1933 年夏天，拜耳公司驻蒙得维的亚（Montevideo）办事处仍然相当独立，它拒绝了德国大使馆的要求，没有在寄给当地医疗界的信件中附加纳粹的宣传品］，但是这样的抵抗很快就开始瓦解。到 1934 年 2 月，IG 法本公司的海外员工接到主管们的指示，不许在任何公开敌视第三帝国的出版物上投放广告，并且要发誓保证他们个人的政治忠诚。

IG 法本公司也同样受到了国内压力的影响。在公司旗下的工厂里，它很难找到一套行之有效的办法来应对工作场合中的纳粹化问题，尤其是各个工厂的经理对诸如是否要强制行纳粹礼，或者是否可以在公司内部收取党费等问题持有不同的观点。[30]法兰克福的 IG 法本总部对此缺乏明确指导（那里的高管们经常对这种事情感到困惑且彼此态度有分歧，他们发出的指示经常也是相互矛盾的），当各地的经理和主管试图根据实际情况做出最明智的决定时，却总会在遥远的总部中引发无休止的忧虑。其实，公司高层往往只是想要追求安全，做他们认为纳粹党最希望他们做的事情。

IG 法本公司印制的各种内部刊物，其实是研究纳粹党影响力传播的一个非常好的实例。1933 年 5 月之前，刊登在这些报纸（每个工厂都有自己的版本）上的都是些日常工作中愉快又平淡的故事，既有企业赢得订单的新闻，也有对各种个

189 人成就的报道。但是在此之后，这些刊物开始具有了明显的政治色彩。[31]比如，在 1933 年 11 月出版的《路德维希港工厂报》（*Ludwigshafen Werkszeitung*）上，刊登了纳粹德国劳工阵线领袖罗伯特·莱伊关于专制国家优势的演讲，这几乎为接下来的一系列事件定下了基调。第二年 6 月，一个纳粹党的万字形标志开始出现在报纸的报头上。1935 年初，各家工厂自己的专刊被合并成一份全公司的月刊，名为《从工厂到产品》（*From Works to Works*）。其中的一篇社论透露，之所以出版这份刊物，是为了把公司里的每一个人都更紧密地团结起来，以实现"民族社会主义的挑战"。当然，通过团结将所有人集中起来，这也为意识形态的灌输创造了条件。

在此过程中，IG 法本公司的劳动用工政策也必须重新进行调整。随着原有的工会被纳粹党的基层工人社团和德国劳工阵线所取代，公司管理层不得不对这些组织提出的有关工资和工作条件的问题做出回应。比如，同意地方党组织的要求，允许工人带薪参加集会或准军事训练，这是不是最好的处理办法？如果同意，就等于又放弃了一部分企业管理权。如果不同意，就要甘冒疏远纳粹活跃分子的风险，这些人往往会认识一些有权势的朋友，最终企业管理权还是会丧失。

有时候，纳粹政权甚至会采取一种超现实的方式干预企业的管理。1933 年 4 月，IG 法本公司奉命在路德维希港和勒沃库森进行全员空袭演练。[32]由于当时德国并没有与任何国家开战，这件事让很多员工感到奇怪，但是勒沃库森的汉斯·屈内还是一如既往地鼓励大家配合，他不想让事情变得太过复杂。

IG 法本公司在科学研发方面也受到了限制。[33] 1933 年 8 月，赫尔曼·戈林禁止在实验中使用动物，这是一项颇有讽刺

意味的指令，因为戈林酷爱狩猎是众所周知的事情。这项禁令
对 IG 法本的药物和药理部门造成了极大的困扰。拜耳公司的
科学家从 19 世纪末就开始在实验室中使用动物（比如，海因
里希·德雷泽曾在老鼠、青蛙、金鱼和豚鼠身上测试阿司匹
林，直到他确信这种药物人类可以安全使用），这种做法现在
已经成为药品进入市场之前一个必要的测试阶段。但是"动
物禁令"可能会使所有工作陷入停顿，IG 法本的首席药学家
海因里希·霍兰——虽然他即将成为纳粹党员——认为必须公
开对禁令表示反对。最终他成功地争取到了对禁令的部分解
除，但是在此之前，纳粹报刊登载了大量描绘邪恶"犹太科
学家"的漫画——他们折磨动物，制造毒剂，并且出售给善
良的雅利安人——又一次享受了诋毁犹太人的乐趣。

　　不过，IG 法本公司面对新政权时的那种焦虑感在日渐消
退。犹太人、社会主义者、共产党人和国家的其他敌人每天都
在遭受暴力、歧视和普遍公民权利的剥夺，但是这些情况在很
大程度上与 IG 法本公司高管们的生活是隔绝的，公司董事会
和监事会所关注的是公司资产负债表上的明显改善。毕竟，这
家企业的主要目标就是盈利，它的业绩正变得越发稳健。到
1933 年底，IG 法本已经清偿了大量债务，增加了超过 15% 的
雇员，同时再次向研发部门投入资金。[34] 更重要的是，此前德
国政府针对犹太人的抵制活动引发了国外的不安，进而给 IG
法本的产品出口造成了压力，现在该公司找到了应对这种压力
的办法（马克斯·伊尔格纳的努力，再加上 IG 法本公司在海
外增加了大量的产品广告投放，这些都正在产生效果）。公司
当年的净利润约为 6500 万马克，比上一年增长了 32%，连带
着公司的股票也在上涨。

190

当然，这种改善在多大程度上应归功于新政府的经济政策，即减少工业税收，增加军备开支，推进就业创新［那年秋天，有 30 万失业者参与了高速公路（Autobahn）的建设］，始终让人存疑。[35]相对 IG 法本在 1933 年的盈利而言，一年之前，德国赔款问题的解决和全球经济逐步复苏可能是纳粹政府迄今为止成功完成的最重要的事。事实上，考虑到 IG 法本公司当年曾向纳粹党的基金提供了大量政治捐款——总共约 450 万帝国马克——也许可以说，到目前为止纳粹党从 IG 法本获得的好处要远比这家公司从纳粹党身上得到的多。但是，社会已经重归平静——虽然这是一种有害的平静——持续混乱的威胁已经解除，对于惧怕动荡的商人来说，稳定是无价的。

在其整体财富不断上升的过程中，IG 法本帝国的版图中仍然有一小部分令人担忧：洛伊纳，IG 法本公司合成燃料项目的所在地，现在还在持续亏损。早在 1931 年，博施就从布吕宁政府那里争取到了针对石油进口的关税保护，这为公司提供了暂时的喘息之机，但是对 IG 法本公司的许多人来说，这个项目仍然是一个代价高昂的累赘，应该直接放弃。为了避免这一命运，博施需要一些更实际的保障。虽然 5 月份与希特勒的会面不欢而散，但是他有充分的理由认为，承诺要自给自足的纳粹政权会为合成燃料项目提供必要的保证。不过，他仍然需要找到一种办法，把这种政府口中的支持变成实实在在的资助。

IG 法本公司对合成燃料技术的垄断最近也开始受到挑战，这让博施感到更大的压力。在大萧条的后期，面对日益减少的煤炭销量，鲁尔区的煤炭生产商也在寻找能够增加营收的方法，他们对利用焦炭副产品提炼合成燃料的前景同样产生了兴趣。当时，他们采用的是一种被称为菲舍尔－特罗普法（Fischer-Tropp）的制造工艺。[36]博施早就意识到，这种方法有朝一日可能会比 IG 法本自己的技术更有竞争力，但是由于法本公司已经对伯吉乌斯法投入了巨资，所以他没有选择这种替代方法。现在，博施开始听到报道说，煤炭巨头们正在考虑自己投入合成燃料的生产。为了将威胁降至最低，IG 法本迅速采取行动，它主动向鲁尔区的生产商提供帮助，用 IG 法本自己的人造燃料加氢工艺去替换他们现有的技术，并为他们加入德国氮业辛迪加（German Nitrogen Syndicate）提供更为有利的准入条件（一些矿主也曾尝试涉足氮素的生产，但遭到了这个由 IG 法本公司主导的联盟发动的价格战）。这些恩惠将煤炭行业与 IG 法本"拉进了同一个阵营"，确保其支持 IG 法本向政府提出的财政援助建议，但是这也加大了博施的压力，因为他们要求博施给予更多实际的好处。

1933 年 6 月，博施再接再厉，完成了一份名为《德国燃料经济》（*The German Fuel Economy*）的报告，这份报告长达 20 页，主要由他的副手、第一事业部负责人卡尔·克劳赫撰写。[37]博施在报告中阐明了德国面临的严峻挑战，这肯定会给政府部长、公职人员和德国军方留下很深的印象。德国当时约有 75% 的燃料需要进口。如果需求继续增长（所有那些新建的高速公路无疑意味着更多耗油的汽车），德国对外国石油的依赖只会进一步增加。要想避免出现这种情况，就必须扩大 IG 法本的合成燃料产量，满足德国的大部分需求，但是这样做需要投入大量资本——其风险远远超出了法本公司及其股东的独立承受能力。因此，唯一的解决办法就是由国家承担增加产能的成本，同时对最终产品实施最低保护价格。

192

马克斯·伊尔格纳再次证明了他的价值，他让这份文件恰好出现在柏林它应该出现的那张办公桌上。几年来，他一直在加强与德国防卫军武器办公室（Weapons Office，负责武器采购）的联系，特别是与格奥尔格·托马斯（Georg Thomas）的友谊。[38]托马斯是该机构商业联络部门中颇为精明的一位年轻中校，伊尔格纳一直向他通报 IG 法本公司对燃油和橡胶等合成原料的开发情况。这让托马斯开始转变观念，认为"封闭经济"（或"经济上的自给自足"）具有重要的战略意义，他曾向上级提交过几份秘密备忘录，建议军方考虑支持 IG 法本的项目。现在，这些前期准备工作终于有了结果。纳粹党在1933 年上台后不久，担任航空部长的赫尔曼·戈林接到希特勒的命令，开始秘密组建一支非法的空军力量——这直接违反了《凡尔赛和约》中的条款。① 为了保守这支黑色空军的秘密，在其他事项之外，显然还需要获得可靠的航空燃油供应，因为这些油料是绝对不可以出现在国外石油公司的销售清单上的。意识到这个问题之后，德军武器办公室将托马斯的备忘录转交给了戈林在航空部的副手、国务秘书埃尔哈德·米尔希（Erhard Milch）将军，1933 年 8 月，米尔希与卡尔·克劳赫取得联系，探讨 IG 法本项目的潜力。

米尔希将军最关心的是，这种合成油是否可以转化成高辛烷值的航空燃油。[39]对此克劳赫向他做出保证，合成油不仅可以被制成飞机燃料，而且还可以用来生产重要的发动机润滑油。当米尔希询问合成油是否可以大量生产时，克劳赫安排人

---

① 除了航空部长之外，戈林还身兼多个官方职务。他仍然是国会议长、盖世太保首脑，以及普鲁士邦首席部长（总理）。

给他寄去了一份《德国燃料经济》。米尔希通读了这份报告，并且与武器办公室主任冯·博克尔贝格（von Bockelberg）将军（和他热心的下属格奥尔格·托马斯中校）讨论了报告所给出的结论。米尔希对结论深以为然，他认为，航空部和军方应该共同合作，说服经济部为 IG 法本提供财政支持。IG 法本公司此前一直在单独游说经济部副部长戈特弗里德·费德尔（Gottfried Feder），希望能够得到政府的补贴，但是阻力很大。费德尔倾向于增加石油（鉴于当时极低的国际油价）的进口，提高德国的原油炼制能力，他的理由是这些措施比补贴洛伊纳工厂更为经济。费德尔的提议甚至赢得了希特勒的支持，但是当陆军和空军与 IG 法本公司站到一起时，他不得不重新考虑对这件事的态度了。

最终，双方于 1933 年 12 月 14 日在柏林签署了一份具有突破性的协议，被称为"汽油合同"（Benzinvertrag）。[40] IG 法本公司承诺到 1935 年将洛伊纳的合成燃料产量提高到每年 35 万吨，作为交换，帝国政府同意购买该厂无法公开在市场上售出的所有燃料。此外，这份协议还确定了与生产成本（包括税收）相挂钩的产品担保价格，有效期为十年，IG 法本的投资回报率为 5%。超过这一额度的利润将收归政府所有。

当卡尔·博施被邀请在这笔交易上签字时，想必他一定会感到无比欣慰。在长达八年的时间里，他一直怀揣着一个梦想，希望有朝一日，IG 法本的燃料项目——基于他曾经参与开发过的技术——能够使德国摆脱对外国石油的依赖。在实现这个目标的漫长过程中，他经历了许多挑战，遭遇过无数障碍，甚至有好多次因为挫折而陷入深深的沮丧。现在他的梦想终于变成了现实。他心爱的洛伊纳已经平稳落地，接下来他还

194

可以向其他对合成燃料工艺感兴趣的生产商出售许可证（此类特许权的使用费都不在"汽油合同"的条款范围内），这看起来也会带来巨大利润。在那一刻，面对这样一笔非同寻常的政府投资，很难说他没有考虑过这笔交易的政治影响。

从此，IG 法本的命运和财富就不可避免地与第三帝国紧紧捆绑在了一起。未来尚不明朗，但是 IG 法本公司实质上已经对希特勒做出了承诺，将为他发动人类历史上最具破坏性的战争提供必要的手段。博施所签署的协议，不仅实现了他长久以来的夙愿，而且它还是一系列重大事件中的关键环节，它将不可避免地导致闪电战、斯大林格勒战役和奥斯威辛的毒气室。许多年后，美国陆军的特尔福德·泰勒将军将会指控，是 IG 法本的老板们让第二次世界大战成了现实，他们是让"《我的奋斗》中不切实际的幻想变为现实的魔术师"。[41]至少在这种语境之下，魔术师刚刚施了他们的第一个咒语。

第8章　从长刀之夜到四年计划

对于海因里希·加蒂诺而言，很显然，周围的一切并没有为了他的到来而专门布置过，但是这间盖世太保阴冷的囚室已经让他心惊胆战。作为全世界首屈一指的大企业的高管，他原本那种早已习以为常的生活，连同种种优待和特权都被关在了牢房门外。如果惊魂未定的加蒂诺在那个夜晚能够冷静下来，他原本可以花些时间重新捋清整个事情的来龙去脉，找到自己身陷囹圄的原因。不过，他应该会用更多时间向上帝祷告。对于一个担心随时会被处决的人来说，除了祈祷宽恕之外，不太可能还有其他事情值得他费心挂念。

加蒂诺不是那天晚上唯一祈求上帝的人。1934年6月30日，数以百计忠实的纳粹运动追随者发现，在这个崭新的德国，他们的效忠在阿道夫·希特勒的决心面前不值一提，党的领袖现在要向世人证明，他才是这个国家唯一的主人。

罗姆大清洗（Röhm purge）——也就是所谓的"长刀之夜"（Night of the Long Knives）——发生在德国历史上那个分外扰攘的时代的尾声。[1]仅仅用了一年多一点儿的时间，希特勒就摧毁了民主制的魏玛共和国，建立起他个人的独裁统治。在 这个过程中，他清除了纳粹党之外所有的政治派别，取缔了工会，废除了言论自由，扼杀了司法独立，把犹太人赶出了公共和职业生活的大部分领域，将整个国家的经济、政治和文化生活都置于纳粹思想的严密控制之下，充斥着人性败坏和暴力压制的纳粹意识形态让整个社会都感到窒息。然而，令人吃惊的是，希特勒继续保持着国民对他的支持，在 1933 年 11 月 12 日举行的全民公投中，他所提出的让德国退出国际联盟的决议赢得了压倒性的支持（95%），而在同一天举行的国会选举中——尽管当时纳粹已经是一党专政——他获得了高达 92% 的选票。

尽管如此，希特勒的权威仍然远未稳固，他始终没有争取到军方的支持。德国军队是上一个时代遗留下来的唯一完整的国家力量，它目前还游离于希特勒的直接掌控之外。希特勒曾经一再尝试拉拢军队中的高层军官，对他们封官许愿，并且保证会重建德国军备，他甚至对军队名义上的首脑——陆军元帅冯·兴登堡始终摆出一副敬重讨好的姿态（虽然年迈的兴登堡早已有名无实，但是他现在仍然坐在帝国总统的宝座上）。很明显，要彻底赢得将军们的效忠，希特勒所做的还远远不够。这不禁让这位领袖感到忧虑。他敏锐地意识到，以库尔特·冯·施莱歇尔和弗朗茨·冯·巴本为首的反动旧势力依然躲在阴暗的角落里有所密谋。[①] 他们一直都具备在军队中兴风作浪的能力。在纳粹党旗下还有一支强大的准军事力量——冲锋队，由于彼此间的猜忌和嫉恨，冲锋队与国防军的关系已经势同水火。在这种形势下，反动旧势力很有可能会策动一场针对希特勒的阴谋。

此时的冲锋队胃口也开始变得越来越大，这让问题更加棘

① 也许是因为不能或不愿彻底淡出公众视野，施莱歇尔此时又开始重新涉足政治。

手。就在上一年，这些褐衫党徒（brownshirts）还在残酷镇压
反对纳粹的左翼力量和犹太人，现在他们又开始叫嚣需要发动
一场"二次革命"（second revolution），以限制旧式容克贵族
阶级的特权。恩斯特·罗姆（Ernst Röhm）是冲锋队的首脑，　197
匪气十足、刚愎自用是他鲜明的性格，同时他还是一名同性恋
者。在政治上，罗姆长期以来都是希特勒最有力的支持者之
———也许是他长期以来最亲密的朋友——但是当冲锋队的规
模已经超过 250 万人的时候，罗姆的野心也同样膨胀起来。在
纳粹政权建立之后，这位冲锋队的首领明确表示，他无意在希
特勒的内阁里只担任一个挂名的闲职。他所要做的是全面改组
德国军队，将冲锋队改造成一支规模庞大的新式人民军队，而
国防军将被完全吸收到这支新队伍中，军队中的所有重要职位
都将由他的手下担任，以取代封闭且过时了的军官团（罗姆
从不掩饰他对军官团的鄙视）。

　　罗姆的想法让德国军方感到恐惧，军事当局拒绝所有类似
的构想。社会上的流言蜚语透露出军方对罗姆的憎恶，传闻中
充斥着有关罗姆小圈子里的腐败、酗酒和性怪癖；此外，军队
还非常担心罗姆高调的言行可能会引起外国对德国秘密重整军
备计划的关注。将军们私下里向希特勒摊牌，如果他想得到军
方的支持，冲锋队及那位出身低下、举止粗俗的首领就必须停
止活动；在这个过程中，军方在希特勒的副手里还物色到两个
与他们志同道合的人，帝国国会议长赫尔曼·戈林和党卫军领
袖海因里希·希姆莱，他们两个人也把罗姆看作最危险的
对手。

　　希特勒此前只是军中的一名下士，这让他与罗姆在思想上
有很多相近之处，他们同样抱有无产阶级对军事当局根深蒂固

的不信任感，同时他对罗姆在政治上的激进主义也怀有同情。[2]
但是希特勒急需军方的支持，而且戈林和希姆莱为他带来了许
多有关冲锋队首领不忠和野心的传闻，这都引起了他的警觉。
此外，年迈多病的兴登堡已经时日无多，所有人对此事都心知
肚明。一旦他过世，帝国总统的职位就将空缺，但是他的继任
者将如何产生，或者他会挑选谁来作为继任者，这些令人担忧
的问题依然悬而未决。虽然希特勒下定决心要夺得总统的位
置，但是他也无法保证，在没有国防军全力支持的情况下，他
依然能够顺利上位。如果在此期间有其他竞争者出现且赢得了
军队效忠，结果又将会如何呢？疑心令希特勒备受煎熬，而随
着时间的推移，柏林的政治空气也变得更加波诡云谲。对于外
面的世界而言，新的纳粹政权是那样强大和团结。然而，在这
种种假象背后，这个政权中却充满了嫉恨和猜忌。某些东西或
某些人注定要沦为政治的牺牲品。

198 　　在 1934 年 6 月 30 日凌晨，紧张的气氛突然演变成流血的
暴行。希特勒为了个人私利迈出了关键的一步，而仅此一步就
足以让他赢得国防军的支持。在一队党卫军的带领下，他来到
了罗姆设在慕尼黑附近巴特维塞镇（Bad Wiessee）汉瑟保尔
旅馆（Hanselbauer Hotel）的临时指挥部。党卫军冲进旅馆房
间时，惊醒了尚在睡梦中的罗姆和他的一众同党（而且真有
两个伤风败俗的男人睡在一起），希特勒下令处决了这位他曾
经最忠诚的追随者，一同被杀的还有罗姆的多名副手。[①] 与此
同时，戈林和希姆莱在柏林也采取了行动，他们联手逮捕和杀

---

① 　被捕后，罗姆先是被临时拘押了几个小时，然后在慕尼黑附近的施塔德
海姆监狱（Stadelheim prison）的一间牢房里被枪杀。

害了罗姆的其他下属。当天晚上，党卫军和盖世太保的行刑队将 150 名冲锋队的领导人带到里希特菲尔德军官学校（Lichterfelde Cadet School）执行枪决。为了给整个事件找一个借口——几乎所有人都知道这个借口是编造的——官方宣布说破获了一场阴谋，罗姆和冲锋队的其他领导人策划了一场军事暴动，他们计划要对多个政府部门发动突然袭击，并且要刺杀希特勒本人。不过，这个借口很快就成为希特勒进一步清算政治宿敌的理由，党卫军开始四处追捕其他所谓的政权敌人。当库尔特·冯·施莱歇尔和妻子打开他们柏林寓所的正门时，身着便衣的党卫军别动队开枪将他们杀害。同样被谋杀的还有弗朗茨·冯·巴本的两位密友，他的秘书赫尔伯特·冯·博泽（Herbert von Bose）和顾问埃德加·荣格（Edgar Jung）；这两个人都曾经敦促这位前总理公开反对纳粹的恐怖统治。[1] 在接下来的几个小时里，到底还有多少人被杀，各种统计数据之间存有很大差异，但是总数可能在 500 人上下。此外还有数百人遭到逮捕和殴打，然后被带到位于阿尔布莱希特亲王大街（Prinz Albrecht Strasse）的盖世太保总部接受审问。[2]

对于身为 IG 法本公司公关部主管的海因里希·加蒂诺而言，"长刀之夜"给他上了难忘的一课，让他懂得了谨慎交友

---

[1] 巴本自己却幸免于难；事实上，在短暂的软禁之后，他从杀害他朋友的纳粹当局手中接受了德国驻维也纳大使的职位。前总理海因里希·布吕宁也同样幸运。当他接到消息说自己的名字已经登上了纳粹谋杀的黑名单之后，于当年 5 月秘密离开了德国。

[2] 在罗姆大清洗之后冲锋队还继续存在，它曾被交由不同人领导，但是再也没能恢复此前的力量。而党卫军则走出了冲锋队的阴影，它作为独立组织被置于帝国领袖海因里希·希姆莱的领导之下。最终，党卫军成为一支远比此前的冲锋队还要强大的军事力量，同时也成了德国军队最强劲的对手。

的道理。他曾经与阿道夫·希特勒有过长达数小时的愉快畅谈，谈论合成燃料和德国经济的自给自足。当他还只是一名纳粹党预备党员的时候，他就加入了冲锋队，并且得到了"冲锋队旗队长"（Standartenführer）的军衔，相当于陆军里的上校，很快他又成为罗姆身边最重要的经济顾问之一。但是现在，突如其来的逮捕让加蒂诺心惊胆战且不知所措，他被秘密警察从床上拖起来直接关进了监狱，他被指控动用 IG 法本的资金支持了罗姆所谓的"暴动阴谋"。[3]

当然，所有这些指控都是谎言。IG 法本公司从来就没有出钱资助过什么阴谋。即便非要说他们曾经有过某些私下协议，加蒂诺也几乎不可能将法本公司的资金用于这种目的；作为部门主管，虽然他有权支配小额政治捐款，但是他很少在未获上级批准的情况下就擅作主张。不过，盖世太保向来都不重视搜罗证据这类琐事。在当前这种危急关头，只要有人愿意检举揭发就足以给加蒂诺定罪。多名曾经与加蒂诺关系密切的冲锋队指挥官已经在那天夜里及随后的几天里遭到处决，扣在他们头上的罪名完全是无中生有罗织出来的。当加蒂诺坐在审讯者面前时，他拼命地为自己的清白辩护，想必此时他已经非常肯定，处决名单上的下一串字母就是他的名字。

不知道发生了什么变故，指控加蒂诺的人在那天夜里突然收手了。也许是 IG 法本公司找来了一些可以帮他说话的人；多年以后，马克斯·伊尔格纳声称，他曾经为这位不幸的主管提供过帮助。也许理由很简单，当时有太多的"密谋分子"在等待被处理，于是党卫军和盖世太保决定暂缓对付这个无关紧要的人，后来他们又接手了新的任务，而暴力浪潮也已经渐渐平息下去。不管是何种情况，几天之后虚弱不堪的加蒂诺被释放出狱，恢复了自由。他立刻辞去了冲锋队的职务，同时也放弃了他曾经担任过的其他显赫公职。加蒂诺发誓说他今后一定在政治上加倍谨慎，但是柏林西北第 7 办事处并不欢迎他回去继续工作。埃尔文·塞尔克是加蒂诺的顶头上司，他本人与冲锋队也有过不少瓜葛，他想直接开除加蒂诺，或者至少将这个人赶出菩提树下大街的办公室。因为加蒂诺现在对很多人来说就是一个危险的累赘，他随时有可能引发外界对 IG 法本不怀好意的关注。在卡尔·博施的干预下，柏林西北第 7 办事处的气氛才有所缓和，但是加蒂诺不得不做出妥协，他保证会在相当一段时间内保持低调行事。他的经济政策部（Wipo）主任的位置由下属马克斯·伊尔格纳接任。不久之后，所有由他负责的公关事务也都交到伊尔格纳手上。值得注意的是，加蒂诺在一年之后才算摆脱了罗姆大清洗的阴影，他最终被吸收进纳粹党成了一名正式党员（如果他对什么人怀恨在心的话，他也从来没有公开提起过）。渐渐地，他又重新赢得了人们对他的好感，但是他的事业再也没能像过去那样耀眼。 200

虽然没有造成严重的直接后果，但是这次事件使 IG 法本公司中的某些人变得清醒，他们意识到与纳粹打交道并非儿戏。甚至有人还猜测，政府拘捕加蒂诺的真实意图也许就是要给法本公司上上下下都提个醒。虽然已经有不少 IG 法本的高管加入了纳粹党，但是党内仍然有很多人把这家庞大的联合企业看作亲犹主义（pro-Semitism）的堡垒，认为它正被操纵于一群傲慢狂妄同时又丧失信仰的人手中，而且这些人还毫无爱国之心。因此，在外部巨大的政治压力下，保持安静和顺从应该是法本公司决策者们当时的最佳选项。

但是，如果这真是政府的意图，那么卡尔·博施对这些伎俩几乎是免疫的。[4]此前为了保障洛伊纳项目的顺利进行，博施曾有一段时间不再表达他对纳粹的反感，但是很快，他又恢复了自己一贯的姿态。在加蒂诺事件后不久，博施顶住压力为弗里茨·哈伯筹办了追悼会，此事在社会上引起了很大争议。他还在公司董事会的讲话中表达了对纳粹党的轻蔑。对于那些了解他的人来说，这位法本公司老板的心情正在变得越发低落。过去周期性发作的抑郁症如今在他身上出现得更为频繁，每一次发作都会持续更长的时间。在内心深处，他至今仍然在默默地坚持斗争，他的判断力依然犀利，但是他饮酒和服用止痛药的剂量也在明显增加。要在希特勒掌控下的德国经营好一家如此庞大的企业，所要承受的压力和劳累都在严重地损害着他的健康。

1935 年 3 月 19 日，卡尔·杜伊斯贝格去世（74 岁），对于博施而言，多年来杜伊斯贝格一直都扮演着诤友和搭档的角色，他的死并没有让博施的精神状态发生太大好转。[5]虽然他们之间存在很多分歧，但是博施由衷地尊重这位长者——杜伊斯贝格不仅是一位富有远见的人，正是他的决心终结了可能将德国化学工业引向自我毁灭的内部竞争，并且将 IG 法本变成了现实；同时他还是一位坚定的科学家，对实验室研究工作的热爱和坚持最终让他为世人揭示了众多伟大且奇妙的发现。诚然，这两人确实曾围绕着 IG 法本的发展方向爆发过激烈的争论，面对杜伊斯贝格的虚荣和炫耀，性格谦逊的博施往往只能默默摇头。尽管如此，博施同样清楚地知道，每当要缔结最终协议或要在谈判中打破僵局时，整个欧洲也没有一个人能够匹敌杜伊斯贝格那敏锐的商业头脑。但是，恰逢如此艰难的时刻，却无法再获得他所提出的忠告，对博施而言这无疑是一个沉重的打击。

　　整个德国都在为杜伊斯贝格的去世而哀悼，但是在勒沃库森举行的悼念活动具有特殊的意义，因为他毕生的成就已经与这座城市融为一体。杜伊斯贝格生前建立的拜耳工厂就坐落在莱茵河岸边，巨大而先进的设施足以让竞争对手为之侧目。在送别杜伊斯贝格的那一天，整个工厂全部停工，上万人自发组织前来致哀，他们有的是勒沃库森的本地人，也有人从附近的科隆赶来。杜伊斯贝格宏伟的宅第拉着厚重的窗帘，显得格外安静。当初为了组建 IG 法本公司，一次又一次痛苦的谈判就是在这栋房子里进行的。而过去每当杜伊斯贝格在家时，房子上面总会升起一面旗帜，如今这面旗子也被永久地降了下来。这也许会是杜伊斯贝格喜欢看到的告别场景，因为他总是很享受盛大的仪式。在当天晚上，由数千只灯泡组成的巨大的阿司匹林商标在拜耳工厂上空一如既往地亮起，这个闪耀的标志在提醒人们去牢记杜伊斯贝格一生中这份最重要的遗产。几周之后，有一份外国报纸对杜伊斯贝格的历史地位做出了相当准确的评价。伦敦的《泰晤士报》写道："德国失去了它历史上最伟大和最宝贵的一位国民。在日后流传的传说中，他将被人们视为这个世界迄今为止最高效和最务实的工业家。"[6][①]但是，考虑到他的公司和祖国在随后几年所发生的事情，也许可以说，杜伊斯贝格能够在此时离开这个世界，已经足够幸运了。

---

　　①　杜伊斯贝格留给 IG 法本公司的遗产不仅有药品、染料和科学发现。他的三个儿子也都在为这家公司工作。小卡尔（Carl Jr.）是公司的监事会成员，库尔特（Curt）追随父亲的脚步在勒沃库森的制药部门工作，瓦尔特（Walter）在 1933 年取得了美国国籍，担任 IG 法本美国公司的副总裁和财务主管。

虽然杜伊斯贝格的爱国心可能会让他对德国国力的恢复感到欣慰，但是当这位德高望重的老人看到 IG 法本公司正与罪恶的新政权日益紧密地捆绑在一起时，他应该也会感到痛苦万分。

杜伊斯贝格并不是在这一年死去的唯一一名德国要人：8 月 2 日，霍亨索伦家族遗产的守护者、87 岁高龄的陆军元帅保罗·冯·兴登堡辞世。[7]在死前的几个月里，他的身体已经非常虚弱，兴登堡一直留在位于诺伊戴克（Neudeck）的祖宅中静待死神降临的一刻。在病榻上，他给希特勒发出了最后一份电报，感谢他最近"将叛国阴谋扼杀在萌芽状态"。他也许知道一些罗姆大清洗幕后的实情，可能他还了解他曾经最信赖的顾问库尔特·冯·施莱歇尔的命运，但是最终他选择守口如瓶。在他的政治遗嘱中，希特勒被指定为他的继任者，因为这位纳粹党领袖"带领德意志民族超越了一切职业和阶级的差异，重新走向了团结"。

通过清洗冲锋队，希特勒把所有潜在的对手都清除了，同时还打消了军方的疑虑，现在他终于可以将机会牢牢地抓在自己手中。根据《紧急状态令》，帝国总统和总理的职位将被合二为一，并且由这位纳粹党的领袖出任。① 在兴登堡死后的几周之内，希特勒正式要求德国军队对他个人而不是对国家宣誓效忠。8 月 20 日，所有军官和士兵参加了阅兵式并发誓，这一誓言在此后数年中一直被用来为众多可怕的罪行辩护："我以上帝的名义起誓，我将无条件地服从阿道夫·希特勒，德意志帝国和人民的元首，武装部队的最高统帅，我将作为一名勇

---

① 实际上，在兴登堡去世的前一天，希特勒就已经说服了顺从的内阁，预先准备了这项法令，而根据当时的德国宪法，这是一种非法的叛国行为。

敢的战士，时刻准备着为这一誓言牺牲生命。"[8]纳粹革命的最后一道障碍已经被清除了，希特勒终于成了德国至高无上的主人。现在，在民众盲目的拥戴下，借助 IG 法本公司合成科技的力量，希特勒可以准备去征服世界了。

　　由于元首要实现军备上的自给自足，石油无疑将在其中扮演至关重要的角色，与此同时，油料自给只不过是整个计划中的一部分。[9]就在 IG 法本公司为合成燃料项目在洛伊纳大兴土木的时候，它同时也开始在为其他关键材料的研发生产制定下一步的发展规划。关于人造合成橡胶，也就是丁钠橡胶（buna），拜耳和巴斯夫两家公司早在第一次世界大战期间就已经率先投入研究，当时英国的海上封锁严重影响了德国从远东地区进口天然橡胶制品。① 但是，当时人们对人造橡胶的研究并没有一张明确的路线图，之后随着世界天然橡胶价格的上下波动，有关人造橡胶的研发工作也总是时断时续；在实验阶段之后，如果要对人造橡胶的工业化生产做进一步投资，能否获得可观的回报才是投资者最关心的问题。然而，1933 年上台的纳粹政府让事情迎来了转机，新政权醉心于自给自足的经济结构并希望快速实现经济增长，这突然让合成橡胶项目变得极具吸引力——在当年的 8 月份，人们对此的感受更加强烈，IG 法本公司第二事业部的主管弗里茨·特梅尔设法说服了柏林的军需采购官员，购买了 1000 条丁钠橡胶轮胎，安装在国防军车辆上进行测试。

　　在这件事上，IG 法本公司行事非常谨慎。由于在合成燃

---

　　① "Buna" 这个词是由丁二烯（butadiene）分子的头两个字母和钠（sodium）元素的化学符号（Na）组合而成的。

料方面的巨大投资已经让它深陷困境，如今这家工业联合体对于资金投入显得过于谨慎，它要求，只有当一种处于试验阶段的产品被证明在市场上确实会有销路时，才有可能从公司获得大笔投资——当然，如果政府愿意为该产品提供充足的补贴，那么法本公司也愿意为这个项目继续投资。正如特梅尔和他的同事在一份提交给当局的备忘录中明确表示的那样："在我们开始大规模投资之前，政府必须对此事表明态度，它是否对德国的合成橡胶生产有足够的兴趣，并且准备支持这个项目。"[10]

不幸的是，以亚尔马·沙赫特为首的第三帝国经济专家们对合成橡胶的前景根本没有信心。[11]他们指出，一条天然橡胶轮胎的生产成本大约为 18 马克，而同等的丁钠橡胶轮胎的生产成本超过 90 马克。如果要通过补贴来解决如此巨大的价格差异，那么合成橡胶产品就必须在质量上明显优于天然橡胶产品，但是军方的测试结果很快就证明事实并非如此。既然天然橡胶供应并没有明显的短缺风险，那么现在讨论政府补贴就完全没有必要。

直到元首直接干预，合成橡胶项目才得以继续推进。在这件事情上，希特勒对于经济方面的细节没有太大兴趣。他始终记得第一次世界大战留给他的教训，他下定决心，要让德国在战略资源上完全实现自主：绝对不可以因为对外国原料的依赖而将祖国再一次置于危险境地。在希特勒的重整军备计划中，橡胶同样占有至关重要的地位，它的供应必须由国家牢牢控制；如果这仅仅意味着是要多花钱，那就不是问题。当希特勒得知 IG 法本公司的这个项目停滞不前时，他立刻指派他的私人经济顾问、来自鲁尔区的工业家威廉·开普勒作为他的全权代表来处理有关原材料和合成材料的事务，并且要求开普勒务必解决这个问题。元首对合成橡胶的生产表现得非常乐观，他甚至在 1935 年 9 月 11 日纽伦堡举行的纳粹党集会上正式宣布："第一座合成橡胶工厂即将在德国破土动工。"[12]

但是，实际情况比开普勒此前预想的还要困难。虽然得到了希特勒的首肯，但该项目始终没有获得正式的补贴承诺。沙赫特是当时的经济部长，他仍然坚持自己的观点，他直言不讳，在价格上毫无竞争力可言的合成橡胶轮胎根本无法为国家赚到急需的外汇——政府真的要为此买单吗？这是他的合理担忧，此项投资充满风险。军方对合成橡胶也持反对意见，因为多项检测表明，在严苛的军事条件下，合成橡胶轮胎根本无法达到要求。事实上，甚至连 IG 法本公司本身也对合成橡胶项目表现得有些信心不足。弗里茨·特梅尔对开普勒说，从原则上讲，公司有意愿为丁钠橡胶投入资金和人力，但是如果没有政府资金的担保，这个项目在财务上将会难以为继。商业制造商不愿意用丁钠橡胶生产轮胎是因为丁钠橡胶价格太贵。如果要让这些人改变态度，就必须大幅降低丁钠橡胶的生产成本——但是没有来自国家的补贴，这种事是无法实现的。面对这种局面，开普勒回到希特勒那里，为了说服卡尔·博施和他的高管团队继续把项目向前推进，希特勒明确表示，他会对合成橡胶项目无条件支持，他愿意提供一份政府补贴协议。1935年末，在一位前途无量的年轻化学家奥托·安布罗斯（Otto Ambros）的领导下，IG 法本开始兴建又一座全新的工厂，这次是在距离洛伊纳只有几公里远的施科保（Schkopau）。[13]法本公司宣布，一旦生产测试结束进入正式生产阶段，新工厂的产能将达到每月 1000 吨合成橡胶。

继续推进合成橡胶项目，这是博施作为 IG 法本公司董事

205　会主席所做出的最后几项决策之一。[14]自从杜伊斯贝格去世之后，监事会主席的职位就一直空缺，现在 60 岁的博施决定接任这个职务。此时的博施已经被与日俱增的经营压力搞得身心交瘁、情绪低落，虽然他仍然有意在 IG 法本公司未来的岁月里继续发挥重要作用，但是他也很高兴能够让其他人担负起与政府面对面打交道的任务。博施获得过诺贝尔奖，他倾尽心血在洛伊纳建立的燃料氢化项目（fuel hydrogenation project）已经在顺利运转，多年来取得的无数成就为他带来了巨大声望，但是，IG 法本与纳粹的合作关系现在已经不可逆转，这种情况让他惴惴不安。他近期批准的各项交易虽然在商业上对公司有利，但是希特勒同样会从中获益，这无疑将让他越发烦恼。现在是时候离开舞台中央了。

对于那些早已习惯了博施强势管理风格的 IG 法本员工而言，博施的继任人选一经公布就让他们大吃一惊。56 岁的赫尔曼·施密茨是一个与博施截然不同的人。他沉默寡言、谨慎低调，甚至让人觉得他城府太深而难以接近。第一次世界大战后，由于他精通银行和财会业务，博施亲自把他挖过来，进入巴斯夫工作。在 IG 法本公司组建之后的那段日子里，施密茨的才能被证明是公司非常宝贵的一笔财富：施密茨很快就掌握了公司内部错综复杂的财务工作，进而成为博施身边最重要的助手之一。但是作为一个领导者，他的才华还远远不够。他不具备博施身上那种非凡的领导力（charisma），更不用说科学上的素养及大型工厂的管理经验，但是他气质中的沉稳和慎重留给人一种冷静干练的印象——这种品质让他受到了 IG 法本公司各位董事和主要股东们的喜爱——但事实证明，这些品质与他有瑕疵的政治和道德观念相比根本微不足道。[15]实际上，他早就与纳粹党有所来往，1933 年，施密茨接受纳粹党提名参加了 11 月举行的国会大选，纳粹操纵了这次选举，而施密茨成功当选为国会代表。在施密茨被任命为 IG 法本公司董事会主席之后的几年里，他在错误的路上越走越远，他对政治的投机、罔顾道德的决策和面对政府时的软弱，都为这家巨型企业日后的垮台埋下了伏笔。

更重要的是，施密茨的晋升同时标志着 IG 法本公司在政企关系中身份的变化，这家企业从此前官方政策遮遮掩掩的支持者摇身一变，成了制定和实施纳粹自给自足战略的积极行动者；与之相应的是，随着社会整体秩序的恢复、公司财务状况的改善，以及最重要的，与戈林掌控的航空部所签订的"汽油合同"已经开始带来丰厚的利润，这些变化最终打消了 IG 法本公司上上下下对纳粹政权的疑虑。希特勒对外宣称的目标是要重建德国的力量：未来某个时刻会爆发军事冲突已经暗藏在他的计划中——实际上，这是必然的结果——这在他的小圈子里也并不是什么秘密。但是，只有在经过精心的准备和完成重整军备，并且对德国工业的要害部门进行充分动员之后，才能最终迈出这一步。一直在秘密组建的德国空军（Luftwaffe）就是重整军备计划早期阶段中的项目；现在，这种做法要扩展到所有军种中去。其中最核心的项目有望在企业界里找到正式的合作伙伴，并且能够把企业的目标与纳粹的迫切需求统一在一起。如今，施密茨当上了 IG 法本的掌门人，作为纳粹思想的支持者，他将让这家公司完全参与重整军备计划的进程，他要建立一套基本的合作模式，使企业能够直接响应政府在自给自足战略中的要求——实际上，IG 法本公司在德国的战备准备中发挥了主导作用。

206

卡尔·克劳赫是 IG 法本第一事业部的负责人，同时也是这家联合企业中最有野心和影响力的人物之一，他将成为公司与政府这种全新合作关系的主要设计师。[16]作为海德堡大学化学专业的客座教授和威廉皇帝研究所的主要领导者（与其他几位 IG 法本的高管一样，克劳赫同学术界也一直保持着紧密联系），他最初在巴斯夫时也是博施悉心培养的一名爱徒。1921 年，他首次展示出自己的干劲和组织能力，当时他负责处理在爆炸中被严重破坏的奥帕厂区，仅用了不到四个月时间他就让这座工厂重新恢复了生产。随后，他在博施说服各家公司组建联合企业的过程中也扮演了关键角色。作为第一事业部的主管，克劳赫负责法本公司内所有与氢化反应相关的事务，他对这一化学反应过程的理解非常深入，即便是在法本公司内部也无人能出其右。理所当然的，克劳赫一直都是博施最为坚定的支持者，为了让洛伊纳项目存活下去而竭尽全力。当博施关于德国燃油经济的论文促成了 IG 法本与政府的"汽油合同"时，他也倍感欢欣。现在，随着这项交易的进行，克劳赫也顺理成章地迎来了他事业的巅峰，他将成为纳粹德国最重要的人物之一。

207 　　考虑到他在"汽油合同"上与航空部的关系，也许就不用奇怪，克劳赫比 IG 法本公司中的任何人都更早地认识到政府推动自给自足战略的真正意义：在这项合作的预备阶段，埃尔哈德·米尔希将军之所以进行询问，很明显是由于赫尔曼·戈林迫切需要为新的德国空军找到一个可靠的航空燃料来源，同时也暗示了政府正在为不久之后将要爆发的武装冲突做准备。重整军备的目的就是要重燃战火，只不过，IG 法本公司是在何时，以及通过何种方式明确获知这一目标的，成为人们后来争论不休的一个话题；但是很显然，克劳赫在 1934 年就已经对此有了充分的了解，并且开始筹划成立一个机构来协调 IG 法本与军方的关系。Vermittlungsstelle Wehrmacht，或者说国防军联络办公室（Army Liaison Office）是在 1935 年 9 月才正式成立的，[17]但是在那个时候，正如克劳赫在写给第一事业部同事们的一份备忘录中所表明的那样，这个机构的目标已经非常明确：

> 刚刚成立的国防军联络办公室，它的任务就是要在 IG 法本公司内部建立一个独立的组织，完全为军备工作服务……战争一旦爆发，当局将把 IG 法本作为一家重点解决军备问题的大型工厂，它将不受外界任何组织的影响，通过自主管理，尽最大可能生产武器装备。[18]

国防军联络办公室通常被称作 Verm. W.，它的办公地点位于柏林西北第 7 办事处后面众多房间中的一个小套间里。[19]它的六名工作人员统一由克劳赫领导，负责监督和协调 IG 法本公司内各事业部与德国军队之间的关系。从克劳赫的备忘录来看，法本公司似乎希望通过建立自己的联络渠道以避免政府方面的干涉，因为这种干涉或许某一天会威胁到企业在商业上的独立。但是多年之后，设立这个办公室的时机却把 IG 法本送上了审判席，因为正是在它的帮助下，一项完全为军事侵略服务的国家计划启动了。法本公司的高管们在纽伦堡法庭上宣称，IG 法本在 1935 年只是一家普通的私营企业：规模庞大、拥有实力、具有极其重要的战略价值，这些都是事实，但是它并不比其他企业更了解政府的意图。检察官对此却有不同的看

208　法。对于法本公司的这些大佬来说，设立一个部门以确保公司能够高效地为未来的战时经济服务——当时绝大多数德国人对战时经济的需求还知之甚少——这只可能有两种解释。要么是法本公司的高管确实具有一种超凡的预见未来的能力，要么是他们事先就得到了内幕消息，知道将会发生什么事情，并且愿意参与其中。后一种解释的可能性更大。事实也对被告人一方不利，因为在最初的几个月里，国防军联络办公室就编写了一份"人员调配时间表"（Mob-Kalendar），这是一份用于战时动员的指导性文件，用来应对战时出现的各种状况，比如在战争中如何保障 IG 法本的各家工厂获得充足的能源供给、如何安排运输和满足工厂的劳动力需求，以及如何组织防空措施等。[20]虽然这些都是合理的防卫举措，但是它们似乎与当时德国的总体现状并不相符。还要再等六个月，希特勒才会命令军队开进莱茵兰（这一举动不仅让世界其他国家感到震惊，同样出乎大部分德国人的意料），而德国与奥地利合并（Anschluss）、吞并苏台德地区（Sudetenland），以及发动对波兰的入侵，更是要在几年之后才会发生。

　　不管是否有所谓的先见之明，在这一进程启动之后，卡尔·克劳赫很快又向前迈进了一步。他开始直接为政府工作，加入了一个新成立的政府委员会，专门负责原材料和外汇政策的协调工作。该委员会是希特勒的两名经济专家持续冲突的结果，围绕正在加速推进的重整军备计划的成本问题，亚尔马·沙赫特和威廉·开普勒分歧严重。[21]1934 年和 1935 年德国出现了农业歉收，沙赫特希望使用国家有限的外汇储备从国外购买急需的粮食和食品。而开普勒则按照元首的意愿，想要动用这些外汇大量进口和储备战略物资。由于双方都不愿意让步，争吵一直持续到 1936 年 3 月 7 日，就在这一天，希特勒公然撕毁了《凡尔赛和约》及后续的《洛迦诺公约》（Locarno Pact），出兵进入莱茵兰，宣布正式收回德国领土。这次入侵行动是一场巨大的赌博，因为如果法国和英国进行报复（他们在法律上有权采取这一行动），尚未做好战争准备的德国国防军很快就会被击溃。但是此时此刻，这两个国家都不愿意回击德国的挑战，只有苏联和罗马尼亚做出反应，收紧了对德国的原油出口，这造成了德国的燃料短缺和油价飞涨。希特勒让戈林去解决燃油问题，同时请他在两名争吵不休的经济顾问之间进行调解。

沙赫特深信，这位前空军王牌飞行员对财政一窍不通，容易受人摆布，因此他向戈林建议，由戈林牵头成立一个委员会，负责协调政府的原材料和外汇政策。[22] 这名经济部长的真实想法是，由他本人掌握这个委员会的实际控制权，但是事与愿违，希特勒在 4 月 27 日正式指派戈林对该委员会全权负责，实际上这就等于把沙赫特完全排除在了整件事情之外。就这样，德国经济与政府的军事野心被牢牢地拴在了一起。

弗里茨·勒布（Fritz Löb）上校是戈林在航空部中的得力干将，他被安插到政策协调委员会中担任行政官员，然后戈林开始四处网罗技术专家，希望他们能够从专业角度为他提供建议。最先接到电话的就是 IG 法本的卡尔·博施和赫尔曼·施密茨，戈林在电话中询问卡尔·克劳赫是否能够为他效力，出任戈林在科技研发方面的首席顾问。博施和施密茨对此要求颇为不安，但是更让他们担心的是，如果拒绝戈林的请求，政府中的其他人也许会利用这个机会兴风作浪，以他们拒绝合作为借口，去组建一家能够与 IG 法本公司竞争的国有合成燃料企业。考虑再三，他们答应了戈林的要求。[23]

克劳赫为此倍感欣喜。他是一个野心勃勃的人——他原本希望能够接替博施成为 IG 法本的董事会主席，但是选择施密茨让他大失所望——现在他终于有机会进入这个国家的最高决策圈。[24]此外，也没有人要求他辞去在 IG 法本的重要职务，或者放弃公司提供的优渥待遇。他将继续担任刚刚组建不久的国防军联络办公室的负责人，同时兼任第一事业部的主管，负责公司最重要的高压氢化生产。IG 法本会照常给他发放优厚的工资，他在董事会的位置也将保留，他在国防军联络办公室里的两位最亲密的助手——约翰内斯·埃克尔（Johannes Eckell）和格哈德·里特尔（Gerhard Ritter）——也将随他一起加入戈林的团队。他当然也很清楚，继续保留在 IG 法本的职位必然会招致公司内其他派系对他的责难（特别是那些董事会中颇有影响力的成员，如格奥尔格·冯·施尼茨勒），但是如果他的身份能够促进法本公司与政府之间的关系，那么这点儿名誉损害就是值得付出的代价。他的首要任务就是确保国家要求燃料和橡胶的自给自足始终符合 IG 法本的自身利益。

当克劳赫开始着手他的新工作之后，他很快就发现第三帝国令人生厌的党内政治生态让他的工作变得异常复杂。事实上，戈林比开普勒更想把国内拮据的资源用于重整军备计划，以及用于战略性原材料的合成生产，而这种做法对整体经济的影响他同样漠不关心。"如果明天战争来临，我们将不得不依赖替代品，"他说，"到那个时候，钱将会变得毫无价值。"[25]不可避免地，戈林与沙赫特也产生了冲突。虽然经济部长原则上并不反对人工合成材料，但是合成材料的价格比天然原料明显高出很多，对此他一再表达担忧。[26]在 1936 年 5 月底召开的一次部长级会议上，沙赫特以丁钠橡胶为例来说明自己的观点：人们能够用很低的价格在公开市场上购买天然橡胶，那么我们为什么要为它的合成替代品浪费巨资？要知道人造橡胶的价格是天然橡胶的许多倍。他还激烈地反对高炉改造计划，该计划中德国境内所有钢铁厂的鼓风炉都将接受改造（采用一种名为雷恩法的新式冶炼工艺），以便更好地炼制德国本土出产的低品位铁矿石，而不是从瑞典和其他地方进口优质矿石。沙赫特坚持认为，这些投资会极大地增加生产成本，进而导致德国钢铁失去海外市场。最终的结果就是，价值数百万马克的宝贵外汇将因此白白损失。

　　双方的争吵最终愈演愈烈，甚至还登上了外国媒体。那年夏天，《纽约时报》曾经先后两次进行报道，称陆军部长维尔纳·冯·布隆贝格奉命调停双方矛盾，平息事态。[27]但事实证明，双方的分歧难以弥合。戈林希望大幅增加公共借款，为推动德国重整军备和战略资源的自给自足筹措资金；沙赫特则坚持认为，对昂贵的人工替代品进行生产补贴——而不是从海外进口更廉价的天然材料——将会导致德国经济过热，1923 年的恶性通货膨胀很可能会再次重演。

　　这场争斗最终以沙赫特落败而告终，事实证明戈林娴熟的政治手腕比沙赫特技高一筹。1936 年 8 月，当整个德国正沉浸在柏林奥运会胜利召开的欢快气氛中时——赛事活动由约瑟夫·戈培尔在幕后一手策划。在他的精心安排下，德国向世界展示出迷人的一面——戈林的经济智囊们却一刻不停地制定一整套计划，以挫败他的对手。作为帝国议会的议长、航空部长和普鲁士邦的总理，戈林为到访的外国政要们举办了一系列豪

211

华的欢迎宴会（每一次宴会上，他都要身穿精心装饰着金色绶带的军礼服四处炫耀）。当这些应酬结束之后，他匆匆赶往元首在上萨尔茨堡（Obersalzberg）山间的度假别墅，向希特勒汇报他的经济方案。

正如所预料的那样，戈林没有费太多口舌就说服希特勒与自己达成一致。他在很大程度上接受了戈林的想法，口述了一份秘密备忘录，阐述了他决定启动一项为期四年的战争准备计划的种种理由，根据这一计划德国在投入战争之前必须实现战略资源上的自给自足。他说，从长远来看，第三帝国对原料物资的需求将通过军事征服不断增加生存空间（Lebensraum）来获得满足。从短期来看，则必须在现有边界内找到一个解决方案。重整军备必须优先于其他一切事务，这也就意味着要大力发展合成材料项目——不计任何代价。储备大量物资不能作为备选方案，因为任何国家都不可能为一年以上的军事冲突积攒足够多的原料。即便掌握着大量外汇储备，在战争时期它也很难发挥作用。毕竟在第一次世界大战时，德国曾经握有充足的货币资产，但无法购买到足够的燃料、橡胶、铜和锡。

希特勒还非常明确地指出，工业的唯一目的——事实上这也是他那位固执的经济部长的目的——就是为第三帝国的需要服务。两者都必须明白，国家的需求才是更重要的，对生产成本和制造难度的担忧都要放在次要位置："经济部长只需要确定国民经济发展中的各项任务；私营企业负责完成这些任务。如果私营企业认为自己无法做到这一点，那么民族社会主义国家必须懂得如何解决这个问题。"[28]

虽然沙赫特没有事先收到希特勒备忘录的副本，但是他被告知，元首打算利用当年 9 月召开的纳粹党年度大会，正式推动一项刚刚拟定的国民经济自力更生计划。通过这项庞大的计划，全国经济将实现自给自足。沙赫特意识到，这样一份公开 212 宣言将使政府政策丧失回旋余地，同时还可能造成灾难性的经济后果，他极力让布隆贝格将军向希特勒转达他的忧虑，警告元首将会犯下一个严重的错误：

> 如果元首在纽伦堡聚集的民众面前强调他的这份计划，他将会从听众那里收获巨大的喝彩，但是他也将葬送我们全部的商业政策。我国目前的处境仍然十分艰难，我们只有一件事可以做：那就是促进出口。然而，对其他国家的每一次威胁都会带来适得其反的效果。我们在燃料供给方面已经出现了下降……我们也无法得到大量的橡胶。面对低品位的矿石，雷恩炼钢法也遇到了巨大的困难。如果我们大声说出自己的决心，要让我们自己在经济上实现独立自主，那么我们就是在卡我们自己的脖子，因为我们在经济上根本无法挺过必经的过渡阶段……如果要让人民的食品供应不受威胁，元首就必须放弃他的计划。[29]

但是布隆贝格对政治风向做出了敏锐的判断，他拒绝卷入这场争吵。第二天，戈林出现在一场有关经济问题的内阁会议上，他得意地挥舞着希特勒备忘录的副本，坚称此事现在已经得到了圆满解决。戈林挖苦道，如果经济部长还有顾虑，请想一想腓特烈大帝（Frederick the Great），这位普鲁士国王就曾强烈坚持通货膨胀政策，这应该可以让经济部长安心。[30]几周之后，正如预料的那样，希特勒在纽伦堡正式宣布了"四年计划"（Four-Year Plan），随后他又在 10 月 18 日宣布，指定戈林担任该计划的全权负责人，并且后者有权发布"确保党和国家所有职能部门绝对合作"的法令。①

当然，所有这些新变化都对 IG 法本公司和卡尔·克劳赫产生了重大影响。[31] 戈林的当务之急，就是把他在原材料和外汇政策委员会中的所有手下都调到新成立的"四年计划"办公室，其中克劳赫将继续担任科技研发方面的首席顾问，而他在国防军联络办公室时的下属约翰内斯·埃克尔则专门负责合成橡胶方面的工作。② 法本公司的同僚很快就会明白，克劳赫的作用是多么的重要。战略资源的自给自足涵盖了三个主要的工业领域——煤炭、钢铁和化工（包括合成燃料、丁钠橡胶、用于生产爆炸物的氮素，还有塑料和合成纤维）。煤炭生产较为平稳；鲁尔区的煤炭产量可以满足国家的需要。钢铁工业需要国家干预，这是因为钢铁厂明确反对政府提出的方案，他们不愿意使用本土出产的低品位铁矿石炼钢。③ 但是在当时，唯一需要大规模投资的领域是化学工业，这让它成为"四年计划"中大笔财政拨款的主要受益者。在该计划启动后的前六个月里，政府向工业领域投入了大约十亿马克的专项资金，其中有超过 90% 流向了德国的化学工业。IG 法本公司从中得到

---

① 利用这个新职务，戈林很快就找到了为自己敛财的机会——大批制造商和金融家纷纷向他行贿。他不是唯一从中获得好处的人。由于戈林要把大量时间投入"四年计划"，希特勒决定把戈林在警察方面的职务移交海因里希·希姆莱。希姆莱的新职务包括了党卫军、盖世太保和收押政治犯的集中营，他正在成为政坛中一股不可忽视的力量——也正在成为 IG 法本公司最终必须与之合作的人。

② 与克劳赫不同的是，埃克尔辞去了他在 IG 法本的职务，成了一名领取政府工资的全职公务员。

③ 1938 年，由于钢铁企业的反对，遭遇挫折的戈林成立了一家国有钢铁厂——赫尔曼·戈林钢铁厂（Hermann Göring Werke）。

了大约 72% 的份额（反映出它在该领域绝对的主导地
位）——也就是说这十亿马克有将近三分之二都投给了这一
家企业及其产品。即便"四年计划"并不像后来所说的那样，
纯粹是为了 IG 法本公司量身定制的，但是卡尔·克劳赫与 IG
法本公司之间的关系，以及他在这些资金的分配中所拥有的权
力，必然会造成这种局面的出现。[32] 自从大萧条结束以来，IG
法本已经在国内和国际贸易的全面扩张中获得了巨大的利润，
作为世界上财力最雄厚的企业之一，它即将变得更为富有。

　　这种持续增长的财富是纳粹政权决心发动战争的结果，到
目前为止，即便是 IG 法本公司最缺乏想象力的高管也应该可
以清楚地看到这一点。1936 年 12 月 17 日，在柏林普鲁士邦
议会大厦（Preussenhaus）举行的一次秘密会谈中，赫尔曼·
戈林面对一群由工业界领袖和政府官员组成的听众——其中包
括 IG 法本公司的卡尔·博施、赫尔曼·施密茨、格奥尔格·
冯·施尼茨勒和卡尔·克劳赫——开诚布公地提出了纳粹党对
他们的期望：

　　　　我们正在进行的斗争要求我们拥有巨大的产能。重整
　　军备计划没有任何限制。最终结局只有一个，不成功则成
　　仁。如果我们胜利了，企业会得到加倍的补偿……我们生
　　活的这个时代，最后的决战就在眼前。我们已经置身在全
　　民动员的前夜，我们已经身处于战争状态之中。现在只差
　　真正去扣响扳机了。[33]

第9章 备战

　　第二次世界大战爆发之前的那三年时间，是 IG 法本公司有史以来在商业上最成功的时期。[1]由于在赫尔曼·戈林的"四年计划"中发挥了主导作用，这家公司享受到了前所未有的成长和繁荣，在这个阶段它售出了更多的产品、雇用了更多的员工、赚取了更多的利润（也缴纳更多的税款）。到 1939 年，法本公司的年营业额已经接近 20 亿帝国马克，毛利润增长了50%（达到 3.77 亿帝国马克），净利润上升了 71%（达到 2.4亿马克）。早在阿道夫·希特勒制订入侵波兰的秘密计划之前，IG 法本的劳动力规模就已经翻了一番，有超过 23 万名员工奔忙在 IG 法本公司旗下不断扩张的生产网络中，他们在遍布各地的工厂、办公室、实验室和矿山中辛勤劳作，以满足如饥似渴的纳粹政权对战略性原材料的需求。

　　收入的增长并非全部来自军方订单。实际上，IG 法本公司为德国国防军开发的许多新型合成化学品也进入了民用市场。[2]当德国不断恶化的外交关系对出口贸易造成不利影响时，法本公司不得不转而寻求国内客户，那些可以转为民用的产品有力地弥补了公司的销售缺口。事实上，到 1939 年，法本公司

已经牢牢把握住了这些新出现的机会，只要第三帝国的公民愿意，每天早上他都可以被 IG 法本塑料闹钟的铃声唤醒，用IG 法本的肥皂洗漱和剃须，然后坐在铺有 IG 法本合成纤维桌

布的桌子前，享用由 IG 法本人造油脂烹制的早餐，喝着加入 IG 法本糖精的咖啡。当他出门上班时，乘坐的公共汽车安装有 IG 法本的丁钠橡胶轮胎，使用 IG 法本的合成汽油燃料；而且他的妻子（纳粹意识形态对已婚妇女外出工作的做法非常反对）可以使用 IG 法本的抛光剂清洁地板，用 IG 法本杀虫剂消灭狗身上的跳蚤，然后也许她还能吃一颗 IG 法本的阿司匹林，来缓解沉闷的家庭主妇（Hausfrau）生活造成的头痛。有些合成替代品并没有天然材料制成品好用，但是这并不重要，因为对许多爱国的德国人来说，它们是第三帝国科技实力的象征。每一件产品都是用祖国自产的材料制成的，这对于一个自然资源历来都相当匮乏的国家来说是一个了不起的成就——这是纳粹的宣传机器热衷于鼓吹的胜利：

> 化学工业今天所取得的成就是显而易见的，首先是它成功地保障了国家在原材料上的自给自足，这在以前常常被视为不可能做到的事情。化学对德国国民经济的价值是无法用金钱来衡量的，就像对于一名即将渴死的人来说，哪怕一杯白水也是无价的。[3]

然而，如果没有希特勒的重整军备计划，IG 法本真正可供销售的产品就会少得多。合成油和其他材料之所以能够被大规模生产，只是因为政府出于战略考虑对其进行了补贴；实际上，在 1936~1939 年，法本公司的销售增长约有 40% 来自受"四年计划"直接影响的五大生产领域：用于制造炸药的硝酸盐、燃料、金属、合成橡胶和塑料。[4]

多年之后，围绕某些产品诞生的来龙去脉及其潜在的双重用途都将成为纽伦堡法庭上控辩双方激烈辩论的焦点，双方列举了大量实例，以证明 IG 法本公司最初的动机：到底是蓄意而为的军国主义，还是单纯的机会主义？[5] 因此，法院被一再请求做出裁定，比如，驱动公共汽车的燃料，经过一定的调制，也可以作为坦克和斯图卡（Stuka）轰炸机的燃油；或者丁钠橡胶，同样适用于军事车辆和民用汽车；人造纤维可以制作军服；剃须水中的甲醇是军用防冻剂的基本成分。

不过，虽然控辩双方辩论的内容引人入胜，但是有两个更为直接且无可辩驳的命题比这些辩论本身更有意义——也就是，在第二次世界大战开始前的三年里，事实证明 IG 法本公司非常愿意为不断扩张的纳粹军事机器效力，为其提供所需的材料，如果没有法本公司合成化学技术的配合，德国将无法长期作战。不管是这些技术导致了战争，抑或战争催生出这些技术，从 1936 年开始，对于元首的计划而言，IG 法本公司显然是不可或缺的，而公司的主要管理者几乎一致认为，应该与纳粹政权毫无保留地进行合作。几乎没有反对的声音，当然也没有人挺身去捍卫原则，他们向希特勒政府提供了大量有关纳粹德国未来对手的经济情报，同时阴谋阻止那些对手获得自卫所需的合成资源；他们满怀热情地接受了纳粹政权对于增加产量和扩建工厂的要求，其中大多是专门生产军用物资的秘密工厂；他们欣然采纳了纳粹政权所提出的雅利安化方案，而且从未对此提出过异议，考虑到 IG 法本之前曾有雇用犹太人的传统，这样的做法实在让人感到羞耻；他们越来越多地加入了纳粹党，直到最后只剩下少数勇敢的怀疑论者。

在纽伦堡的法庭上，被告人辩称，他们的许多行为都是基于和平的商业意图，或者最多是为了国防，而且他们常常是在政府的胁迫下，才不得不给予配合；但毋庸置疑的是，他们很乐意接受纳粹政权提供的资金，而且从来没有对这些资金的来源提出过任何明确的反对意见——无论是道德性的还是实质性的异议，他们都没有提出过。在 20 世纪 30 年代末，如果 IG 法本的管理者有勇气站出来反对与纳粹合作，哪怕是表现得稍微不那么顺从，希特勒就很难让他的战争机器运转起来。然而现实是残酷的，他们的配合推动着这台机器不断前进，正如法本公司的格奥尔格·冯·施尼茨勒最终被迫承认的那样："IG 法本公司承担了巨大的责任，并且在化学领域为希特勒的外交政策提供了大量甚至是决定性的帮助，这导致了战争的爆发和德国的毁灭……我必须承认，IG 法本对希特勒的政策负有很大的责任。"

重新占领莱茵兰没有遭到英、法的反击，希特勒成功地赌赢了第一把。[6] 他在 1936 年继续巩固联盟，这不仅让他确保了德国已有的战果，而且为他在欧洲舞台上的下一次进军铺平了道路。墨索里尼领导下的意大利被拉进了罗马—柏林轴心，这个同盟之所以形成，一方面是因为两国都迫切地需要盟友[意大利因为入侵阿比西尼亚（Abyssinia）而与国际联盟发生了冲突]，另一方面是由于两国相同的政治理念和对布尔什维克主义的共同仇恨。这个联盟很快又把帝国主义的日本纳入其中，日本的扩张主义外交政策已经使它在中国卷入了一场野蛮的冲突。

与此同时，西班牙也引起了希特勒的关注。1936 年 7 月，由左翼领导的西班牙共和政府同佛朗哥将军（General Franco）领导的法西斯民族主义运动之间爆发了内战，这场战争是当时国际上两种占主导地位的意识形态之间爆发更大规模冲突的一次预演——现在仍然有许多人认为这场意识形态的对决是不可避免的。希特勒当然选择站在民族主义者的一边，而且他相信，旷日持久的冲突会加剧地中海地区的紧张局势，从而使意大利（它也支持西班牙叛军）进一步向德国靠拢，疏远它与英、法的关系——事态的发展也确实如他所料。西班牙内战还为希特勒提供了一个理想的机会，让他检验德国军事战略家们一直在研究发展的闪电战中的一些新战术。德、意两国无视欧洲列强之间达成的国际不干涉协议（苏维埃俄国也无视该协议），为西班牙民族主义者提供了数量相当可观的飞机、坦克、作战部队和技术"顾问"——其中就有"秃鹰军团"（Condor Legion），这支空军部队因为轰炸西班牙的格尔尼卡镇（Guernica）而臭名昭著。①

219

在当时这种情况下，赫尔曼·戈林于 1936 年 12 月在普鲁士邦议会发表了战争演说，法本公司高层几乎不需要任何战争演说给予的刺激，就能够领会到政府推动重整军备计划背后的严肃意义。不过，此前为了获得官方的资助和减税，IG 法本多年来一直对德国政府苦口婆心进行游说，如今，"四年计划"竟然如此迅速地就惠及法本公司业务，这让公司高层也大为惊讶。随着 1937 年的到来，由于要进一步提高产能以满足政府的需要，法本公司开始感受到巨大的压力。

卡尔·克劳赫——他仍然参加 IG 法本公司的董事会会议，并且保留了第一事业部的领导职务——是这种压力的主要传递管道。[8]戈林责成他要确保 20 多种关键产品的自给自足，从燃

---

① 对 IG 法本公司来说，西班牙内战是评估其合成航空燃料的一个绝佳机会，根据 1933 年"汽油合同"的规定，这种燃料被提供给德国空军使用。[7]

料和橡胶到硫黄、磷酸盐、非贵金属、树脂和纺织面料，由于 IG 法本是这些材料的主要生产商，克劳赫很自然地把大量政府订单和投资输送给自己的老东家。到 1937 年 2 月，他的办公室已经向 IG 法本委托了价值超过 5 亿帝国马克的特别项目，并预计总投资将超过 80 亿马克——其中很大一部分将专门用于 IG 法本最感兴趣的领域。

　　但是，克劳赫的职责远不只是分配资金和决定待选的供应商。[9]他还亲自对"四年计划"所设定的目标进行了合理性评估，并且多次与他的直接上司弗里茨·勒布上校发生冲突，虽然勒布上校正式负责这项工作，但是他在评估国防军的潜在需求和要满足这些需求所必备的工业产能时，总是显得力不从心。两人之间糟糕的关系可以追溯到 1935 年原材料委员会（raw materials commission）成立之初（这是戈林推动合成材料生产的最早尝试），当时克劳赫背着勒布将 IG 法本丁钠橡胶的订货量扩大了 4 倍，从每个月 50 吨增加到了 200 吨。"四年计划"一经启动，克劳赫就召集了由 IG 法本高管和陆军军械部官员共同参加的会议（勒布没有收到邀请），会上决定将 IG 法本的丁钠橡胶采购量增加到每月 1000 吨——虽然这项动议遭到过勒布的反对，但是最终还是获得了通过。第二年初，两人再次围绕是否在许尔斯（Hüls）兴建第二家 IG 法本的合成橡胶工厂（当时施科保工厂的最大产能是每月 2000 吨）一事发生冲突，上校认为这样做毫无必要，但是克劳赫还是成功地对戈林进行了游说，说服他批准了这个项目。

　　每当克劳赫试图提高各种产品的产量时，两人的交锋就会一再上演。比如，在 1937 年 12 月，"四年计划"办公室的国务秘书保罗·克尔纳（Paul Körner）请克劳赫审阅勒布上校提交的关于合成燃料的生产评估报告。克劳赫马上就发现，生产指标被定得太低，根本无法满足军方的目标，于是对它们进行了修订。[10]虽然勒布对此举相当愤怒，但是克尔纳还是把新的评估数字交给了戈林。几个月后，同样的事情再次发生，当时克劳赫仔细检查了他的上司对炸药产量的报告。克劳赫在 IG 法本公司担任的职务，让他比任何人都了解，法本公司是否有能力生产足够多的合成硝酸盐来达到勒布所设定的目标，现在他看得很清楚，法本公司根本不具备达成目标所必需的产能。这一次，他依然是把自己的顾虑告诉了克尔纳，然后由克尔纳直接向戈林进行汇报。克劳赫与勒布的不合让戈林非常不安，于是他把这两名争吵不休的下属叫到自己富丽堂皇的乡村庄园卡林豪尔（Karinhall）开会。

　　每当遇到这种情况，克劳赫总能表现出他令人生畏的一面。凭借着在 IG 法本多年的行政经验，他展示出自己对于各种数据娴熟的掌控能力，轻松地推翻了对手所做出的种种预测。戈林对此印象深刻，当会议结束时，克劳赫获得了重新审核勒布所有评估报告的特许权，并且由此诞生了"克劳赫计划"（Krauch Plan），他不仅对德国战略性原材料的产能进行了系统性修订，还制定了实现预期目标的新方案。1938 年夏天，戈林任命克劳赫为处理化工生产重点问题的全权代表，责成他全面负责"克劳赫计划"的实施（值得注意的是，其中还包括了对陆军军械部的控制权）。[11]在不到两年的时间里，卡尔·克劳赫已经从兼职的政府顾问变成了德国全面备战工作中最重要的工业界人物。

　　对于来自克劳赫的大量订单，法本公司最初的反应却是喜忧参半。一方面，IG 法本对业务和利润的激增表示欢迎，另一方面，它发现为政府工作将牵涉大量官方机构，并且会涉及高度机密——这两方面使原本就已经相当复杂的公司架构在管理上变得更为繁复。在卡尔·博施主持公司日常工作的日子里，他差不多能够通过 IG 法本内部错综复杂的委员会网络掌控公司的事务。如今，他的继任者赫尔曼·施密茨却发现，随着越来越多的工厂、办事处和子公司开始直接为政府机构工作——它们通常需要遵守最严格的保密条款——公司内部原本脆弱的凝聚力正承受着相当大的压力。[12]德国军方企图向外界隐瞒重整军备的规模，因此当人们与军方官员打交道时，缺乏透明度就成为一种必然的结果，同时，这也意味着 IG 法本在法兰克福和柏林的总部越来越无法监控整个联合企业的发展，也无法了解所有的生产情况。

虽然总部各部门设法维持对生产和销售的控制和监管，但是这项任务的复杂程度相当惊人，特别是由单一工厂生产的产品往往不是最终的成品，而是一系列生产工序中的某种中间产品——这些中间产品由法本公司的某个部门、公司旗下的某个子公司，或者完全由其他制造商在不同的工厂中生产。要想追踪在什么地方、为谁生产什么产品，这需要管理者具有相当程度的规划和协调能力，即便是对最有效率的企业来说，这也是相当大的挑战——这种挑战不仅来自军事上的保密考虑，而且还源于其他客观因素——随着 20 世纪 30 年代的结束，第三帝国的疆域不断扩大，依赖法本公司供货的工厂数量不断增加，它们在地理上的分布也越来越广，这就进一步加剧了应对挑战的困难。

比如，像合成硝酸盐、甲醇、二甘醇和其他这样的中间化学品和稳定剂，是制造黄色炸药（TNT）、黑索金炸药

（Hexogen）和季戊炸药（Nitropenta）等高爆炸物所必需的中
间产品。[13] 如果克劳赫办公室决定某年某月的爆炸物生产配额
需要增加，它就会向位于柏林西北第 7 办事处的国防军联络办
公室签发一份订单。之后，那里的工作人员将把必要中间化学
品的生产任务分派给路德维希港、勒沃库森、奥帕等地主要的
IG 法本工厂。这些材料一旦制造完成，就会被装上驳船、卡
车和火车，运往爆炸物制造商迪纳米特股份公司或其子公司的
工厂（当然，迪纳米特本身也是由 IG 法本控股的）。迪纳米
特公司的生产厂遍布各地：普雷斯堡（Pressburg）、特罗斯多
夫（Troisdorf）、曼海姆、哈亨堡（Hachenburg）、库默
（Kummer）、施莱布施（Schlebusch）、奥伯夫（Oberf）、舍讷
贝克（Schönebeck）、圣英贝特（St. Ingbert）、哈斯洛克
（Haslock）、格纳什维茨（Gnaschwitz）、瑟默达（Sömmerda）、
布劳恩斯菲尔德（Braunsfeld）、菲尔特（Fürth）、锡尔伯胡特
（Silberhutte）、恩佩尔德（Empelde）、杜讷贝格（Düneberg）、
乌尔根多夫（Wurgendorf）、菲尔德（Ferde）、萨尔维里根
（Saarwelligen）、费克尔（Vecker）、穆恩德（Munde）、赖希斯
维勒（Reichsweiler）、哈姆（Hamm）、伯利茨（Bölitz）和阿
多尔茨福特（Adolzfurt）。这些炸药工厂可能距离生产中间化
学品的 IG 法本工厂只有不到 40 公里的距离，但是也有可能是
在数百公里以外的奥地利或捷克斯洛伐克。当然，最后的成品
炸药将被送回德军的军械仓库，由它们再分发给相关的军事单
位。然而，这仅仅是其中一类产品。考虑到 IG 法本制造的产
品包罗万象，从国防军坦克使用的燃料到德国空军飞行员的瓶
装氧气——更不用说它为民用客户制造的无数化工材料——该
公司的计划和协调部门没有被压力完全压垮，这简直就是一个

奇迹。正如第二次世界大战结束后，格奥尔格·冯·施尼茨勒对他的审讯者所说的那样："IG 法本公司到底为德国军队做过什么，相关调查永远也不可能理清头绪。"

这种局面带来的后果之一，就是让一些管理者开始享有前所未有的影响力和独立性。对于有能力的人来说，这提供了一种良好的个人发展前景，但是如果换一个角度来看，这种趋势也可能会导致 IG 法本在更大程度上走向军事化。由于工厂的实际管理者不再需要将政府的军备合同上报给公司进行审批，法本公司根本无法辨别合同的性质：这到底是一份具有一定和平利用目的的订单（即民用和军用双重用途的产品），抑或带有明显战争目的的订单呢？

IG 法本参与开发和生产的毒气就是一个很典型的例子。[14]由于在第一次世界大战中制造和部署化学武器引起了国际社会的强烈抗议，法本公司的声誉受到了严重的损害，人们原本可能会认为，这家企业会尽力避开此类项目。然而在 1936 年底，在"四年计划"的驱使之下，IG 法本承担了生产芥子气的任务——这种毒剂最终将在许尔斯、特罗斯特贝格（Trostberg）和施科保生产——并且它还将继续开发另外两种世界上最危险的化学毒剂。

第一种是塔崩（Tabun），这是一种有机磷化合物，它通过抑制肌肉运动，特别是肺部肌肉的运动，来攻击中枢神经系统并造成致命性的肌肉收缩。格拉尔德·施拉德尔（Gerald Schrader）是 IG 法本公司首屈一指的化学家，他在研发杀虫剂的过程中偶然发现了这种化合物，随后立即向上级报告了这一发现。海因里希·霍兰，IG 法本制药领域的天才，立即意识到这种气体的军事潜力，并且通过克劳赫办公室将信息传递给了陆军军械部。德国国防军负责有毒制剂部门的鲁德里格（Rudriger）上校把施拉德尔叫到了柏林，让他在动物身上进行了演示性实验。这种物质的杀伤力令鲁德里格印象深刻，于是他要求施拉德尔把它研制成武器级的材料。九个月后，在这项绝密工程的研发过程中，施拉德尔又发现了第二种神经毒素，它的毒性更加致命。这种物质被称为沙林（Sarin），其通用化学名称为甲基氟膦酸异丙酯（isopropyl-methyl-phosphronofluoridate），除了化学家之外，这个名字对任何人来说都太过复杂。它的威力巨大，即使是最轻微的吸入量也会让人在可怕的痛苦中死亡。德国国防军也要将沙林毒剂纳入军用装备，并且准备为此支付巨款。奥托·安布罗斯是一位雄心勃勃的 IG 法本高管，他承担了这一项目的整体实施（安布罗斯的事业正在蒸蒸日上），同时开始围绕建造一座大型毒气生产厂的资金展开谈判，这座工厂的厂址选在了西里西亚的代亨富尔特（Dyhernfurth）。[15]

现在，这类项目已经成为纳粹政权对 IG 法本公司施加压力的必然结果。在正常情况下，股东对公司业务的监督可能会迫使公司暂停这类项目并做出反思，但是纳粹如今已经采取措施来防止这种情况的出现。1937 年 1 月，为了不让任何事情妨碍工业界配合国家重整军备的步伐，纳粹政府出台了《德国公司法》（German Corporation Law），取消了股东审查资产负债表的权利，并且允许董事会向投资者隐瞒其商业交易的细节——如果国家利益要求对这些细节保密的话。[16]当然，从理论上讲，这一规定本应增加经理人和董事会成员的责任，让他们采取合乎道德和负责任的方式去行事。然而，似乎很少有人愿意接受这种挑战。相反，随着希特勒对德国及德国人民的控制不断加强，这个国家的许多商业领袖放弃了他们诚实正直的做派，把自己的公司拱手交给了纳粹。遗憾的是，IG 法本也不例外。

1937 年，在暂停吸纳新党员四年之后，纳粹党再次开放了自己的队伍。IG 法本董事会中的海因里希·霍兰、威廉·曼、弗里茨·加耶夫斯基和海因里希·比特菲施已经是正式的纳粹党成员了，此外还有一两个人加入了纳粹的附属组织，如冲锋队或党卫军。现在，几乎 IG 法本公司董事会中的所有成员都已经在入党申请书上签名，包括赫尔曼·施密茨、格奥尔格·冯·施尼茨勒、克里斯蒂安·施耐德（不久后将接替卡尔·克劳赫，担任第一事业部的负责人）、奥托·安布罗斯、卡尔·劳滕施莱格（Carl Lautenschläger）和恩斯特·比尔京（Ernst Bürgin）。克劳赫也加入了纳粹党，虽然在他的位置上很难不这样做；甚至是挑剔的弗里茨·特梅尔也屈尊递交了申请，虽然他后来声称自己的申请没有通过。当时，董事会中只有两人没有申请入党，一位是 IG 法本的律师奥古斯特·冯·克尼里姆，他最终在 1942 年成为纳粹党员；另一位是法本公司国际交易的操盘手保罗·黑夫利格尔（Paul Haefliger），由于他是瑞士公民，所以没有入党资格。在监事会中，还有一小部分非执行董事坚持留在党外（当然，其中包括卡尔·博施，1939 年 5 月，他在慕尼黑的一次演讲中对元首进行了批评，表现出他顽强的独立精神）。[17]①但是，监事会对法本公司日常 225 事务的影响力本来就不是很大，自从杜伊斯贝格去世之后，它

---

① 1939 年 5 月 7 日，博施在慕尼黑德意志博物馆（Deutsches Museum）的一次演讲中，对元首的经济理念提出了质疑。作为惩罚，他被从博物馆理事会中除名，并且被禁止擅自发表演讲。

的力量已经大为减弱，由于当局现在对犹太人的全面清洗政策，监事会的权力又一次遭到削弱。

1937～1938 年，纳粹政府的反犹运动达到了新的高度。在此之前，纳粹党在商业领域所执行的种族政策的主要任务，是让完全由犹太人拥有的公司在经营中难以为继（限制他们获得原材料、剥夺他们的外汇和出口许可证、用恶毒的宣传吓跑他们的客户），希望这些犹太人业主要么被迫贱卖手中的产业，要么就宣告破产。然而，在 1938 年 1 月，纳粹政府（通过赫尔曼·戈林颁布的法令）开始用更加严格的术语来界定"犹太特性"（Jewishness），以及犹太产业。到当年的 7 月份，即便一家公司的董事会或执行委员会中只有一名犹太人，它也会被称为"犹太"企业。[18]

结果，IG 法本公司剩下的所有犹太裔高管全都被迫辞职。当时，在较低层级任职的大部分犹太人已经离开了公司，没有一个犹太人留在董事会中，只有博施的监事会仍然是非雅利安人的避难所。[19]早在 1935 年，博施就邀请他的老朋友、金属集团的里夏德·默顿进入了监事会，此外，监事会中还有其他几位犹太裔成员：奥托·冯·门德尔松-巴托尔迪、卡尔·冯·温伯格、阿图尔·冯·温伯格、威廉·佩尔策（Wilhelm Peltzer）、古斯塔夫·施利佩尔（Gustaf Schlieper）、恩斯特·冯·西姆松和阿尔弗雷德·默顿。他们中的很多人都是颇具实力和影响力的人物，多年来一直为德国服务，拥有骄人的功绩；比如，卡尔·冯·温伯格曾是 IG 法本旗下的卡塞拉公司的所有者，他因为对德国工业的贡献而受到过德皇威廉二世的嘉奖。1934 年，作为一名忠诚的爱国者，卡尔甚至曾在到访的杜邦公司高管面前为纳粹政府的犹太人政策担保，并且宣称他愿意把自己的资金继续投在德国。但是他的爱国热忱现在已经无足轻重了，他和其他犹太人一样失去了原有的社会地位。

　　至少这一次，IG 法本公司雅利安裔的高管们没有办法再保护他们的同事——他们没有提出正式抗议，但是他们确实做了一些尝试以减轻后果，这一点值得称赞。[20] 比如，温伯格两兄弟就没有被公司完全抛弃。在施密茨、克劳赫、冯·施尼茨勒和弗里茨·特梅尔的帮助下，卡尔最终逃到了意大利，在整个纳粹统治时期他一直享受着每年 8 万帝国马克的 IG 法本养老金，这笔钱由 IG 法本公司的一家子公司在米兰的银行户头秘密支付。不幸的是，他的哥哥阿图尔·冯·温伯格决定继续留在德国。虽然据说为了不让阿图尔佩戴黄色大卫星，赫尔曼·施密茨曾把钱交给温伯格夫妇，让他们贿赂纳粹官员，但最终阿图尔还是被逮捕，并被关押在特莱西恩施塔特集中营。施密茨和克劳赫找到海因里希·希姆莱，劝他释放这位 82 岁的老人，让阿图尔和女儿夏洛特·洛布科维茨王妃（Princess Charlotte Lobkowicz）一起在梅克伦堡（Mecklenburg）平安度过余生。遗憾的是，这个决定必须得到当地纳粹党地区领袖的批准，而阿图尔·冯·温伯格在得到批复之前就已经死在了集中营里。

　　总体而言，虽然这几件小事也闪烁出人性的光辉，但是 IG 法本的高层并没有表现出像商人奥斯卡·辛德勒（Oscar Schindler）那样的勇气——因为辛德勒愿意（虽然他的动机可能并不单纯）承担巨大的风险，去拯救为他工作的犹太人的性命。某些 IG 法本的管理者拥有足够的良知和信用，他们为一两个曾经协助自己创建联合企业的前高层同事提供了帮助，这种行为也应当称赞，但是如果考虑到这家公司对待那些在第一次世界大战前就已经在这里工作的蓝领犹太雇员的做法——

它几乎或根本没有努力减轻雅利安化政策对这些雇员的影响——那么这份赞许似乎就要大打折扣了，这些普通犹太人员工大多被立即解雇，而法本公司完全没有考虑他们未来的福祉。因此，法本公司在为犹太雇员提供帮助时，似乎也是有所选择的。

发生在格哈德·奥伦多夫（Gerhard Ollendorf）身上的例子清楚地证明了 IG 法本公司在提供帮助时的这种选择性。[21]多年以来，奥伦多夫一直是 IG 法本在沃尔芬（Wolfen）的爱克发胶片厂的厂长，直到 1932 年他从公司董事会退休为止。1938 年 11 月，奥伦多夫找到第三事业部的主管弗里茨·加耶夫斯基并告诉他，由于犹太人的处境已经恶劣得难以忍受，自己正在设法取得离开德国的许可。加耶夫斯基向他表达了同情，然后向他道别并祝他平安。随后，这位负责人就给盖世太保写了一封信：

> 我们想通知您，根据我们所掌握的情况，奥伦多夫博士对某些商业机密是有所了解的，因此，暂时禁止奥伦多夫博士离境将符合国家的经济利益。鉴于奥伦多夫博士可能还拥有一些文件，作为一种预防性措施，我们建议搜查他的住所，同时将所有文件送到我们这里进行研究和分析。我们要求对此事完全保密。[22]

当然，有关此事加耶夫斯基对奥伦多夫只字未提，奥伦多夫很快就遭到逮捕并被限制出境，直到加耶夫斯基态度缓和，同意释放他为止。事实上，直到 1947 年，奥伦多夫对真相仍然一无所知，他知道的只是自己一直被纳粹关押，直到加耶夫斯基设法让他重获自由，然后在这位前同事的帮助下他办理了离境申请，并且最终在 1939 年初夏得到了批准。奥伦多夫显然对加耶夫斯基为他所做的这一切都深怀感激，战后他希望能够报答对方，于是以 IG 法本公司雇员代表的身份为正在受审的加耶夫斯基向纽伦堡法庭出具了一份书面证词。遗憾的是，加耶夫斯基 1938 年写给盖世太保的那封信被检控方发现，并且在法庭上被公开宣读。[①] 不管怎样，奥伦多夫至少成功逃脱了险境，而 IG 法本的其他犹太裔高级职员就没有这么幸运了。恩斯特·鲍曼（Ernst Baumann）是洛伊纳工厂的氢化专家，1939 年底他被盖世太保抓走，1940 年死于布痕瓦尔德（Buchenwald）集中营；还有三名曾在 IG 法本皮斯特里茨（Piesteritz）工厂任职的犹太裔中层管理人员，他们也遭遇了与鲍曼相同的命运。当这些人面对死亡时，IG 法本公司毫无作为。[23]

与此同时，对于监事会中的犹太人被迫辞职一事，IG 法本公司的官方表态是，它立即申请了一份证书，宣布自己是一家符合第三帝国《种族法》（Race Laws）的"德国公司"。[24] 如果没有这样一份文件，IG 法本就不可能继续为政府工作，而在当时整个德国工商界日益扭曲的标准下，所有企业都要取得

---

① 真相终于大白，这让奥伦多夫对他的"老朋友"的看法有什么影响并未得到记载，但是事实上，在奥伦多夫逃离德国后不久，加耶夫斯基本人就遭到了盖世太保的审讯，这种结果带出几分善恶有报的喜剧色彩。根据历史学家彼得·海斯（Peter Hayes）的说法，1939 年 9 月，地方纳粹官员在参观 IG 法本的沃尔芬工厂时，加耶夫斯基针对元首所支持的用土豆皮制造纸张和布料的计划的可行性发表了一些不明智的言论。此后他遭人举报，被强行带走，受到盖世太保长达数小时的审问。官方警告他说，以后要注意自己的言行。

228 官方的许可，即便是法本公司也不能例外。犹太裔高层将提前告别职业生涯，这确实让人感到遗憾。① 但是在这类问题上，IG 法本公司其实相当务实；该公司的高管可能对纳粹政权的反犹主义持保留态度，但是这种态度并不妨碍他们伺机收购犹太人的企业。1936 年，法本公司接管了希尔施酒醋制造公司（Weinessigfabrik L. Hirsch），然后在 1938 年收购了 IFC 默滕斯公司（IFC Mertens）和总部位于哈雷（Halle）的布鲁克多夫褐煤股份公司（Braunkohlenwerke Bruckdorf AG），IG 法本建立了一种让人难以接受的收购模式，这种收购此后在德国占领下的欧洲还会一再重演。

即使是那些被公司设法安排到海外任职的犹太人（20 世纪 30 年代初和中期，卡尔·博施曾成功地将一些员工安排到海外子公司工作），现在的生活也变得更加复杂。[25]到 1937 年，纳粹党的外事部（Auslands-Organisation，缩写为 AO）开始不

---

① 当然，所有这一切都与 IG 法本公司在"四年计划"期间为"德国工人"稳步改善的工作条件形成了鲜明对比。IG 法本制造能力的迅速提升导致了严重的劳动力短缺，而政府迫切希望维持工业的生产效率，于是公司制定了各种激励计划来刺激和奖励员工。凡是为实现公司目标做出过特别贡献的"同志"，都可以得到海外假期、"力量来自欢乐"（Kraft durch Freude）度假区的周末假期、电影票和戏票、短途旅行，以及运动器材等奖品。奖励活动由各家工厂中的劳工阵线代表负责组织，但是在名义上，获奖者需要由工厂老板和人事部门推荐产生；不过与之相比，公司为了留住最熟练的员工而被迫提供的加薪其实更引人关注也更受欢迎。在 20 世纪 30 年代后期，IG 法本并不是唯一一家承担重大项目的大型制造商，虽然纳粹官方机构已经开始限制劳动力的流动，但专业工人仍然有机会四处寻找最佳的工作。在一些 IG 法本工厂，情况变得非常严重，经理们不得不使用"应征劳工"——纳粹党对习惯性失业者的救济措施——来填补劳动力缺口。法本公司甚至放弃了长期以来不愿雇用女性的做法。如在 1938 年，路德维希港和奥帕两地共有 1.7 万名员工，其中只有 100 多人是女性。一年之后，这个数字已经增加到了 1000 多人。[26]

断制造麻烦。外事部领导人恩斯特·博勒（Ernst Bohle）是一名狂热的反犹主义者，也是鲁道夫·赫斯的亲信，他决心提高纳粹党在海外的影响力，并且切断所有德国企业的驻外分支机构与犹太人的联系。IG 法本拥有庞大的海外业务，这让它不可避免地成为整肃的目标，此外，在南美长大的博勒似乎特别不喜欢法本公司，这也许是因为 IG 法本在南美洲的影响力过于强大。在纳粹掌权后的最初几年里，IG 法本还能够拒绝外事部要求其解雇外国犹太雇员，并且停止与犹太人社区和企业做生意的要求。但是在 1937 年初，当纳粹党外事部成为德国外交部的附属机构时，博勒得到了政府方面的支持。到 1937 年 9 月，格奥尔格·冯·施尼茨勒负责的商业委员会已下令编制"在国外工作的非雅利安人雇员名单，并且提议要逐步减少他们的人数"。五个月后，随着赫尔曼·戈林界定"犹太特性"的法令出台，法本公司的备忘录中出现了不止一丝恐慌："必须有计划地从我们的机构中清除剩余的少数外国犹太人。"在别人的敦促下，冯·施尼茨勒又补充道，各部门负责人有责任迅速执行这一命令。结果，在 1938 年 2 月至 11 月间，有 70 名海外犹太人雇员失去了工作，剩下的 37 人在第二年年底前被解雇或被迫退休。

如果 IG 法本的高管们认为仅靠解雇海外犹太裔员工就能够满足外事部的要求，使法本公司符合博勒的纳粹主义理想，那么他们显然大错特错了。外事部对 IG 法本的干预并没有结束。接着，它要求法本公司改变其海外广告的投放策略——外事部声称，商业逻辑并不重要，重要的是要避免把德国人的钱交给那些发表文章"侮辱和谩骂"德意志祖国的报纸。1938 年 1 月，拜耳在南美地区的销售负责人马克斯·沃雅恩（Max

Wojahn）被告知，他必须将 IG 法本的阿司匹林广告从《评论报》（*La Critica*）——一份发行量很大的阿根廷小报——上撤下来，然后将广告刊登在只有数千名读者的亲德报纸《真理报》（*La Razon*）上，这让沃雅恩非常恼火。[27]他给勒沃库森的老板们发了封电报，指出他正在忙着为公司最有利可图的出口商品之一［在南美洲被称为卡菲阿司匹林（Cafiaspirina）］组织一波营销攻势，如果现在拒绝在刊登反纳粹文章的报纸上做广告，IG 法本势必会在竞争中落后。但是他被告知要服从命令。

此外，博勒还想让 IG 法本成为纳粹事业的宣传者，他的注意力再次被这家企业在南美地区广泛的市场营销网络吸引，其实外事部早就有在南美建立德国利益圈的野心。他坚持认为，IG 法本公司应该把希特勒的演讲稿寄给与它有固定业务往来的联系人，并且要动员当地的主管及从德国派出的员工，让他们充当政府的代言人，扩大纳粹党在当地的影响力。对此，IG 法本的商业委员会毫不犹豫地表示了赞同：

> 应该让那些被派往国外的有身份的人认识到，为民族社会主义德国工作是他们的特殊使命。特别建议他们一旦抵达派驻地，就与当地或地区的（纳粹党）组织取得联系，并且定期参加纳粹党及劳工阵线的会议。联合销售公司要确保向它们的销售代理人提供充足的民族社会主义宣传品。与外事部的合作必须安排得更加富有条理。[28]

因此，IG 法本在阿根廷和巴西的巡回放映队（这种在偏远城镇和村庄架设银幕的流动电影院，会在播放动画片和热门

230

故事片的中间插播拜耳公司药品的广告）很快就开始播放纳粹宣传片，或者在中场休息时由推销员分发宣传品。当纳粹党的万字标志出现在宣传单上，也就不足为奇了。

在这种情况下，很难评判法本公司开展这些活动的诚意。① IG 法本不可能全心全意地支持这种宣传，因为在世界上的许多地方，它正是通过隐瞒当地子公司的真实所有权——而不是炫耀其德国血统——获得了更大的商业利益（在关税和地方税方面）。飘扬的万字旗吸引了人们的注意，并且为法本公司减轻了来自纳粹官方的压力，但是也导致了收入下降，而这种情况从来都不会让公司管理层心生喜悦。事实上，IG 法本公司更愿意采取一种谨慎的方式来为德国政府服务，如搜集情报。

在这方面，由马克斯·伊尔格纳领导的属于柏林西北第 7 办事处的经济研究部（Vowi 部门）具有极高的价值。[29]该部门成立于 1929 年，它专门针对可能影响 IG 法本公司商业利益的国外局势发展发表报告。20 世纪 30 年代中期，伊尔格纳在国外的私人旅行中，经常会为纳粹当局提供一些趣闻逸事，据说他对中国和日本的访问记录——《对亚洲国家经济发展的广泛研究》（"an extensive study of the economic development of the Asiatic countries"）——很受阿道夫·希特勒本人的"喜欢"。但是在 1937~1938 年，伊尔格纳开始更加有效地利用法本公司的经济情报机构，将许多 IG 法本的海外高管变成了准情报

231

① 至于这些做法的效果，纳粹的宣传——通过多种渠道——确实在第二次世界大战的大部分时间里发挥了一定的作用，使拉丁美洲保持了中立，而 IG 法本员工所属的庞大而富有的德国侨民社群也有效地影响着当地政府的政策，但是法本公司并不是在该地区赚取利益的唯一德国企业。

间谍（伊尔格纳称他们为自己的 Verbindungsmänner，也就是联络员），并且要求他们将所有与德国海外竞争对手相关的信息传递回来，这些信息可能会对纳粹政权极有价值——虽然他从来没有明确表示过——而且这可能也会提升他自己和 IG 法本公司的地位。不可避免的是，这些信息大多是价值不高的商业情报，德国大使馆的工作人员可以很轻易地从鸡尾酒会上的闲谈，以及通过仔细阅读行业期刊和当地报纸收集到。但是，经济研究部偶尔也会得到极具战略价值的信息。比如，有一份来自中美洲联络人的报告，作者对该地区的政治和军事热点进行了考察，推测了乌拉圭政府摆脱美国和英国的影响独立采取行动的可能性，针对邻国的军事基地乌拉圭海空军做出相应部署，以及为了"预防美国在拉普拉塔河口发动政变，或者防止英国可能将马尔维纳斯群岛割让给美国"，阿根廷武装部队是否愿意进行自卫。虽然这些信息对于 IG 法本在该地区的药品销售业务并不重要，但纳粹政府的军事分析专家很高兴能够收到这样的情报，并要求法本公司提供更多的信息。

在当时的环境下，IG 法本在 20 世纪 20 年代和 30 年代早期所建立的各种外国合作关系也必然会受到政府的特别审查。[30] 其中许多合资企业——比如，1930 年与瑞士汽巴公司（Ciba）和法国库尔曼公司（Kuhlmann）就染料问题达成的协议，或后来与英国帝国化学工业公司就氮素问题达成的协议——都是在相对直接的卡特尔协议基础上建立的，其目的就是要尽量减少竞争。虽然有时候 IG 法本会以技术交换投资和市场准入，但是在这些交换背后通常都有明确的和现实的商业逻辑。不过，还有一些其他更隐秘的交易，其中的逻辑就不那么明显了。在这些交易中，IG 法本似乎把技术和专利转让给了外国竞争对手，却没有获得明显的收益。令法本公司不安的是，纳粹当局现在开始要调查这些交易了。

比如，在 1937 年末，德国政府得知拜耳公司曾在 1920 年和 1923 年与威廉·韦斯和斯特林产品有限公司签订过合同。[31]为了获得拜耳公司药品在美国的经营权，斯特林公司同意返还药品 50% 的销售收入，并（在此之后）给予 IG 法本少数股份。由于德国和美国的关系恶化，当时对这件事情保密符合双方的利益，因此这些钱通过 IG 法本的美国子公司转入它在瑞士的账户——此举也让法本公司节省了大量税务支出。然而，在纳粹看来，德国的专利和商标好像被白白交给了美国人——政府想知道这是为什么。1938 年 3 月，IG 法本尝试提出了一个既能满足政府要求，又不损害公司利益的解决方案。巧合的是，威廉·韦斯的副手厄尔·麦克林托克（Earl McClintock）当时要到勒沃库森出差。麦克林托克一到科隆，就立即被带到了瑞士的巴塞尔，这不禁让他大吃一惊。在那里，他惊奇地发现，IG 法本的董事长赫尔曼·施密茨正在酒店的房间里等候他。

在为这次神秘的会面安排道歉之后，施密茨转入了正题。纳粹当局对他们两家公司之间的协议安排提出了令人尴尬的疑问，而美国人将不得不通过向 IG 法本公司支付产品和技术授权费来帮忙化解这个问题。麦克林托克抗议说，斯特林公司已经用股票和部分美国销售收入支付了这笔钱，IG 法本提到的问题根本就不存在：交易就是交易，即便纳粹不喜欢，那也不是斯特林该操心的事。不过，施密茨还是满怀希望地建议，也许美国人可以假装付钱，每年寄给勒沃库森一张 10 万美元的支票，然后 IG 法本会想办法再把这笔钱秘密还给他们。麦克林托克同意回到纽约后与他的同事们讨论此事，虽然他很清楚同事们会做何反应——这个提议几乎肯定是非法的，可能会被视为企图欺骗公司的股东，但是，在纳粹政府的压力下，IG法本只能死死抱紧这个方案，九个月后仍在试图说服斯特林公司答应这个计划。1939年1月，IG法本公司药品联合销售业务的负责人威廉·曼写信给威廉·韦斯，告诉他法本公司急需一张10万美元的支票并威胁说："事情已经到了非常严重的地步……很可能会让我们原有的协议受到影响。"

与另外一些跨国协议相比，IG法本与斯特林公司之间的麻烦几乎小到微不足道。纳粹党也一直在调查法本公司与标准石油公司的协议，现在当局正在向IG法本施压，要求终止这些协议。药品只涉及单纯的贸易问题，而合成油和人造橡胶是具有重要战略价值的产品，控制它们关系到重大的国家利益。如果与这些项目相关的信息和资金一直在流向海外，就必须立即停止这种合作。

但是，就像纳粹政权的许多其他规定一样，这项规定也同样留有余地。很快就有人发现，纳粹其实非常欢迎IG法本能利用其与标准石油公司的特殊关系获益，只不过前提是要对德国有利。一个典型的例子就是，在1938年，IG法本从标准石油公司的一家子公司收购了大量四乙基铅（tetraethyl lead）库存。四乙基铅是生产高辛烷值汽油的重要原料。当这种物质被添加到IG法本洛伊纳工厂生产的汽油中后，能显著提高燃料的性能，使其达到飞机燃料的水平——这显然引起了德国空军的极大兴趣。乙基汽油公司（Ethyl Gasoline Corporation）是标准石油公司和通用汽车公司（General Motor）共同拥有的子公司，它于20世纪20年代后期在美国开发出这种添加剂，并且从此成为其主要生产商。随着纳粹重整军备的步伐开始加快，政府官员认为，德国也应该具备同样的生产能力。他们刚刚与 IG 法本签订了"汽油合同"，就立刻要求法本公司取得相关的技术授权。[32]

IG 法本与标准石油公司进行了接触——标准石油公司是法本公司氢化项目的合作者——标准石油公司向其子公司提议，由 IG 法本和乙基汽油公司共同组建一家合资公司，然后在德国建设并经营专门生产四乙基铅的工厂。虽然杜邦公司对此表达了强烈反对，认为任何这种技术转让都可能会产生军事后果，但是乙基汽油公司的董事会还是希望能让合作继续下去。比如，在 1934 年 12 月 15 日，一名杜邦公司的高级职员在给乙基汽油公司总裁 E. W. 韦布（E. W. Webb）的信中写道："据说，德国正在秘密进行重新武装。对于军用飞机，四乙基铅无疑是一种宝贵的添加剂……在任何情况下，您或乙基公司的董事会都不应该向德方透露与制造四乙基铅有关的'专业技术'秘密。"[33]尽管如此，乙基汽油公司最终还是从美国政府那里设法取得了技术输出必需的放行许可。

无论做什么事情都需要时间：IG 法本公司直到 1936 年初才开始在柏林附近的加佩尔（Gapel）建造第一座四乙基铅工厂，而第一批数量很少的添加剂直到 1938 年才正式生产下线，这些都让德国政府颇为沮丧。航空部敏锐地意识到国际局势正在迅速恶化，危机可能会比预想中来得更快。为了使德国空军的飞机在必要时能够维持长时间作战，航空部通过卡尔·克劳赫给 IG 法本下达指示，要求它从海外联系人那里获得四乙基铅。[34]

IG 法本公司知道，无论是提出的时机还是请求的内容，　235

都让这项任务变得特别棘手。一年以前，克劳赫、赫尔曼·施密茨和 IG 法本的首席律师奥古斯特·冯·克尼里姆曾在伦敦与标准石油公司的代表会面，就购买价值 2000 万美元的普通航空燃料进行过谈判。① 很难说美国人对这笔交易做何感想，但是他们肯定已经意识到，这些燃料的真正买主是德国空军，而不是 IG 法本。正如冯·克尼里姆后来所承认的："IG 法本购买价值 2000 万美元的燃油，这本身就很不寻常。我们的业务是通过氢化工艺生产燃油，而不是贩卖汽油。"[35] 当时，标准石油公司的高管痛快地批准了这笔交易，但是 IG 法本知道，有关这笔交易的传闻肯定已经人尽皆知。如果 IG 法本现在去寻找四乙基铅，特别是在国际局势愈发紧张的时候，所有人都会猜到这笔交易的目的。尽管如此，克劳赫、施密茨和冯·克尼里姆还是再次动身前往伦敦。这一次，他们见到了乙基出口公司（Ethyl Export Corporation）——标准石油公司的另外一家子公司——的高管，询问能否"借到"500 吨这种至关重要的添加剂。IG 法本的代表们依然非常谨慎，完全没有提及德国空军，但是 500 吨是一个很大的数字，而谈判桌上的美国人不可能对它的用途没有丝毫怀疑。然而，乙基出口公司还是同意以"租借"的方式完成这笔交易，1938 年 7 月 8 日，克劳赫告诉航空部，四乙基铅即将装船。

标准石油公司的高管们对此视而不见，很可能是因为他们当时正极力游说 IG 法本履行双方在合成燃料和合成橡胶方面

---

① 德国空军还没有完全依赖 IG 法本的合成燃料，航空部也在尽力继续通过中立机构从国外采购，增加传统航空汽油的储备。不过，航空汽油的库存正在迅速减少，因为德国空军的机群在不断扩大，它们要进行更多的飞行训练，同时还要在西班牙为佛朗哥将军执行战斗任务。

所达成的协议，该协议规定这两家公司有交换科技信息的义务。[36]然而，纳粹高度重视对商业机密的保护，这成为信息交流的巨大障碍。1937 年 3 月，IG 法本驻柏林办事处发表了一份备忘录，提醒所有员工，任何泄露国家正在进行的科技工作细节的人都将会受到严惩（包括死刑）。随后在 7 月 14 日，德国当局担心美国人知道他们重整军备计划的实际进度，于是命令 IG 法本尽可能地对标准石油公司进行掩饰："在启动大规模生产之前，IG 法本工业集团应该谨慎地告知协议中的合作伙伴，自己打算开始生产异辛烷（isooctane）和乙烯润滑油（ethylene lubricant）。但是要让对方感觉，这不过是一次大规模的试验。在任何情况下，声明中都不能涉及具体的产量。"

与此同时，合成橡胶方面更是问题重重。1930 年，卡尔·博施、卡尔·克劳赫和弗里茨·特梅尔代表 IG 法本公司与标准石油公司展开谈判，双方共同组建了联合美国科研公司（Jasco），根据新订立的协议，标准石油公司承诺愿意将其在合成橡胶领域取得的所有最新专利和技术交给 IG 法本。而标准石油公司并没有要求 IG 法本分享有关丁钠橡胶的技术工艺，双方仅是达成了一项谅解协议，即从合成橡胶的最初设计阶段到正式生产阶段，任何新的发现两家公司都可以进行联合开发。这笔交易在当时对这家石油巨头非常有利，因为它的注意力都集中在如何获得 IG 法本的合成燃料技术上，该技术能给它带来更大的利益，而丁钠橡胶似乎还有很长的路要走。不过现在，IG 法本的合成橡胶已经在商业上成了现实。出人意料的是，这种产品不仅在德国国内非常畅销，而且已经开始进入国际市场。顺理成章的是，标准石油公司也想要开拓美国的丁钠橡胶市场，它既可以自己生产这种产品，也可以向当地的轮胎制造商出售生产许可，于是标准石油公司向 IG 法本求助，希望获得必要的技术专利。但奇怪的是，法本公司似乎并不想合作。

就在这个时候，标准石油公司的专家发现了另一种合成橡胶工艺，这反而加剧了这家石油公司的不安。虽然它还处于早期研发阶段，但是这种工艺——用来生产"丁基橡胶"（butyl）——看起来很有前途。然而，由于 IG 法本在该领域拥有专利专有权，标准石油公司在法律上有义务将这项技术交给法本公司。[37] 除非 IG 法本愿意让这家石油企业分享它在丁钠橡胶上取得的成功，否则标准石油公司将会被完全排挤出合成橡胶业务。此外，还有更广泛的政治上的担忧。标准石油公司的高管们知道，欧洲爆发战争的可能性越来越大。在这种情况下，标准石油公司与 IG 法本的协议将不可避免地受到美国政府的审查，他们的脑海中暗藏着一种不安的想法，那就是标准石油公司有一天可能会遭到指控，被认为是他们给德国人提供了战略优势。因此，当务之急是要让天平回到对自己有利的位置。

自从英、法两国对德国重新占领莱茵兰采取了不抵抗政策之后，德国的外交政策变得越来越咄咄逼人。[38] 在 1937 年 11 月 5 日的一次绝密会议上，希特勒与五名关键人物讨论了有可能诱发战争的若干原因，这五人分别是陆军部长兼武装部队总司令维尔纳·冯·布隆贝格陆军元帅、陆军总司令维尔纳·冯·弗里奇男爵（Baron Werner von Fritsch）上将、空军总司令兼国会议长赫尔曼·戈林上将、海军总司令埃里希·雷德尔（Erich Raeder）海军上将和德国外交部长康斯坦丁·冯·诺拉特男爵（Baron Konstanin von Neurath）。希特勒的军事副官弗里德里希·霍斯巴赫（Friedrich Hossbach）上校当时也参加了会议并进行了记录，这就是后来著名的《霍斯巴赫备忘录》（"Hossbach Memorandum"），该备忘录作为机密文件一直到战后才被解密。希特勒一开始就告诉大家，他要说的话是"深思熟虑和四年半执政经验"的成果。在接下来的四个小时里，他阐述了自己未来几年的雄心壮志：德国获得更多生存空间的权利，他为获得生存空间而进行军事征服的计划，英国和法国可能会做出的反应，最晚不迟于 1943 年发动进攻的必要性——尽管机会可能会来得更早，以及更多。最重要的是，元首让所有人都确信，他打算尽早将奥地利和捷克斯洛伐克并入第三帝国。1938 年 3 月 11 日，希特勒达成了这些目标中的第一个，他派兵进入奥地利，实现了奥地利与德国的合并。不出所料，英、法两国大声抗议，但是没有采取任何行动。然后，随着德国在捷克斯洛伐克的野心日渐明显，政治气氛迅速升温。

238

　　事态的发展让标准石油公司变得越来越急迫，它立刻更加努力地想从 IG 法本手中获得丁钠橡胶的权利。[39] 在德国吞并奥地利三天之后，标准石油开发公司的负责人弗兰克·霍华德在柏林会见了弗里茨·特梅尔，要求得到授权许可。特梅尔答应会尽其所能，但是他同时也解释说，在目前的政治环境下，这项交易必须得到政府的批准。他暗示，如果标准石油公司能够先交出丁基橡胶的合成工艺，会更容易说服纳粹党同意这项交易。霍华德觉得，自己根本就没有资格去讨价还价。他知道 IG 法本所承受的压力，也相信特梅尔是真心实意想帮忙。不管怎样，标准石油公司又会有什么损失呢？丁钠橡胶是一种如日中天的产品，而丁基橡胶仍然处于试验研制阶段。他同意向国内转达这个信息，然后就返回了新泽西州，等待事情的进一步发展。

霍华德将会为自己的天真追悔莫及。[40]如果说有人想要守住 IG 法本丁钠橡胶的秘密，那么这个人一定非弗里茨·特梅尔莫属。自从 1926 年 IG 法本联合企业成立以来，特梅尔作为第二事业部的负责人始终是合成橡胶的鼓吹者，即便是在随后几年经济动荡的岁月里，他也一直在坚持自己的信念。当他的同行普遍对这个项目失去兴趣时，他却以某种方式找到了维持该项目的资金，甚至还曾派遣他的学生奥托·安布罗斯到爪哇和苏门答腊的天然橡胶种植园，进行了一次耗资不菲的实地考察。1931 年，面对经济大萧条，特梅尔被迫削减了丁钠橡胶开发项目的支出，但是自从纳粹党表示有兴趣支持这项技术的那一刻起，他就不知疲倦地工作，让这项技术得以重新启动并投入使用。他的梦想是，即便在没有政府资助的情况下，丁钠橡胶的生产效率和性价比仍然可以达到与天然橡胶产品竞争的水平。但是在这一天到来之前，IG 法本必须依靠军方补贴，这意味着与当局保持良好关系是必不可少的。在相对平稳的年代，与美国人分享丁钠橡胶技术也许可以接受，但前提必须是 IG 法本在合成橡胶领域已经建立起一种他人无法撼动的商业优势；不过现在要这样做，会有疏远纳粹政权的风险。而这种情况根本就不能出现。

239　　在与霍华德会谈结束几天之后，弗里茨·特梅尔与负责"四年计划"的勒布上校和另外两位采购官员坐在一起。[41]会议议程只有一个，那就是如何"阻止美国提高合成橡胶的生产能力"。特梅尔在讲到他与霍华德的会谈时解释说，毫无疑问，美国迟早会得到这项技术，因为它背后所涉及的科学原理并不复杂。不过他认为，如果让美国人相信 IG 法本很快就会分享丁钠橡胶的生产工艺，就可以将这个时间点继续向后推迟。当然，时间不可能一直拖延下去："我们的经验是，如果一个人不愿意冒险，不想对合作伙伴有所隐瞒，担心这会破坏双方友好的关系……就不可能长期阻止某件事情在美国的发展。"但是如果能让标准石油公司暂时保持等待状态，德国就可以赢得宝贵的时间。因此，在勒布上校的支持下，特梅尔于 4 月 9 日写信给霍华德，解释说他已经"在与政府主管部门进行协商，以便获得橡胶类产品在美国必要的行动自由（Freedom of Action，指专利或交叉授权储备充足，可以上市某类产品）。正如预期的那样，这些谈判进行得相当困难，预计相关讨论需要耗费数月时间……我将会及时向您通报谈判的结果"。[42]

十天之后，霍华德答复了。[43]他理解特梅尔的困难并希望他谈判顺利；但与此同时，他也表达了心中的疑问：为什么 IG 法本不允许标准石油公司与橡胶生产商和轮胎制造商接洽，以及反对将他们组织成一个丁钠橡胶技术开发联盟的讨论呢？稍微推迟一段时间也许可以接受，但是现在这件事却需要等待几个月的时间才能解决。霍华德没有说的是，标准石油公司也正在遭受来自轮胎制造商的压力，他很难阻止这些人自行研发合成橡胶。就在当天，他不得不写信给橡胶制造商弗雷德·贝德福德（Fred Bedford），解释为什么需要等待 IG 法本的许可："我们知道他们遇到了一些困难，其中既有复杂的商业问题……也涉及德国的民族立场，但是我们并不了解全部情况。根据我们此前签订的协议，他们对这套工艺的开发利用拥有完全的控制权，因此我们唯一能做的就是继续施加压力，争取权利，但同时我们也要忠实地维护他们预先所设定的限制条件。"[44]

240

在随后的六个月里，标准石油公司和 IG 法本之间的信件往来仍然以同样的方式继续。最后，霍华德又一次前往柏林，试图说服特梅尔让渡丁钠橡胶的权利，但是毫无结果。特梅尔这一次的借口是，德国吞并捷克斯洛伐克的苏台德地区（发生在当年的 10 月 1 日）引发了一些意想不到的问题，但是他承诺很快将访问美国，将整个事情彻底解决。[45] 1938 年 11 月底，特梅尔抵达纽约，在与标准石油公司董事会举行了一次毫无结果的会谈之后，他花费几周时间走访了多家轮胎工厂，特梅尔向制造商保证，IG 法本与标准石油公司之间的谈判已经进入最后阶段，很快就会得到令大家全都满意的解决方案。然后，他就突然返回了德国——整件事情依然悬而未决。随着欧洲的政治形势日益恶化，霍华德和他的同事们产生了一种不安的感觉，他们与 IG 法本的关系正在一步步陷入困境。

有一件事特梅尔的说法是正确的：德国吞并苏台德地区确实引发了一系列问题，但是这些问题可能并不像他所说的那么夸张。虽然官方不太可能对 IG 法本发出事先警告，通知它希特勒要占领苏台德的计划，或者在六个月前通知它德国将会吞并奥地利，但是毫无疑问，法本公司的高管并非对这些行动一无所知。到 1938 年春天，在欧洲任何一份报纸上人们都能够看清希特勒的扩张主义野心，IG 法本的战备物资动员工作也已经进行了将近两年；他们开发和生产成千上万吨的材料，从炸药和毒气，到合成航空燃料和军用轮胎，所有这些都明显地助长了德国武装部队的侵略能力。IG 法本的许多重量级人物一直与纳粹高层保持着经常性联系：卡尔·克劳赫即将被任命为赫尔曼·戈林的处理化学生产重点问题的全权代表；IG 法本公司商业委员会主席格奥尔格·冯·施尼茨勒经常在柏林宴请纳粹官员。之所以会这样，是因为自从德国收复莱茵兰以后，战争在理论上已经成为未来的一种可能走向，因此很难想象，IG 法本的高管们在和他们政府中的同僚交谈时，从未尝试打探有关元首下一步行动的内幕消息，比如具体的时间、地点和方式。事实上，考虑到法本公司早已成为纳粹政权的主要财政支持者，向纳粹的金库捐助了数以百万计的马克，他们甚至能够对自己说，作为股东他们有权获得这些情报。

一定有某些信息事先被透露出去了，因为在 1938 年，IG 法本已经为即将发生的爆炸性事件做好了非常充分的准备。[①]比如，在德奥合并之前，法本公司突然重申了它对收购奥地利主要的化学和爆炸物企业斯柯达-韦茨勒工业股份有限公司（Skodawerke Wetzler AG）的兴趣。[46]这家公司的母公司是奥地利工商信贷银行（Creditanstalt），由罗斯柴尔德（Rothschild）银行家族所有。实际上，早在 1927 年，IG 法本就曾考虑收购斯柯达-韦茨勒工业公司的少数股权，但是由于 IG 法本已经控制了奥地利另外两家最大的化学品生产商——德意志-马特赖碳化物股份有限公司（Carbidwerke Deutsch-Matrei AG）和诺贝尔炸药股份有限公司（Dynamit Nobel AG），所以它决定

---

① 在德奥合并发生前几天，IG 法本公司的首席谈判代表保罗·黑夫利格尔对当时身在巴黎的一名同事发出警告，让他尽快离开法国，这显然是因为德国即将吞并奥地利，有可能会引发一场全面战争。在纽伦堡法庭上，检察官认为，黑夫利格尔的先见之明清楚地证明了 IG 法本公司事先知道将要发生的事情。检控方还指出，在德国军队跨越边境的前一天，这名 IG 法本的高管参加了一次公司动员大会，并且在会上建议将公司总部从法兰克福迁往柏林，因为法兰克福更靠近法国，所以较为危险。黑夫利格尔回答说，在德奥合并之前，他曾做出过各种"假设"，然后"我们突然意识到——就像晴天霹雳一样——一件理论上有可能发生的事情，一旦发生就可能会造成非常严重的后果"。[47]

与对方缔结联合销售协议。IG 法本当时只关心将斯柯达-韦茨勒工业公司挡在西欧市场之外，这种有限协议被认为已经足够了。

然而，在 1937 年末，法本公司突然采取了不寻常的手段，派遣保罗·黑夫利格尔前往维也纳向斯柯达-韦茨勒工业公司的所有者施压，要求他们出售公司的多数股权。这一新的举动几乎可以肯定是一种防御性的策略，它源于某些担忧，或者说是源自政府内部的消息，即德国与奥地利即将以某种形式合并。IG 法本公司肯定知道，一旦奥地利成为大德意志国家的一部分，独立的斯科达-韦茨勒公司（只要它已经完全实现了雅利安化）就很有可能获得资格，开始同它竞争帝国"四年计划"中的化学合同。法本公司早已经将这些合同视为自己的囊中之物，并且认为除了设法保护这些合同，它别无选择。令人沮丧的是，罗斯柴尔德家族对奥地利的独立依然充满信心，拒绝出售旗下的这家企业。不过，他们同意考虑成立一家合资企业的折中方案。

但是在这桩交易开始落实之前，德奥合并改变了局势。[48] 纳粹军队在 3 月 11 日越过了边境。几天之内，马克斯·伊尔格纳的办公室以令人生疑的高效为政府官员炮制了一份冗长的文件，题为《奥地利化学工业的新秩序》（"A New Order for the Greater Chemical Industries of Austria"），同时他向所有人（包括希特勒派往新的德国占领区的私人经济代表威廉·开普勒）提出建议，让 IG 法本全面接管斯柯达-韦茨勒工业公司，以加快奥地利工业雅利安化的速度。罗斯柴尔德家族是犹太人，工商信贷银行董事长约瑟夫·约哈姆（Josef Joham）是犹太人，斯柯达-韦茨勒工业公司的总经理伊萨多尔·波拉克

(Isador Pollack) 是犹太人。必须有人来接替他们，那么又有谁能比 IG 法本这家多年来一直对斯柯达－韦茨勒公司兴趣浓厚，并且已经证明其是德国政府可靠盟友的公司更为合适呢？

开普勒此前与 IG 法本公司的合作并不愉快，双方总是发生争执，而这一次开普勒照样有他自己的观点。[49]开普勒一度对黑夫利格尔说："IG 法本想要收购奥地利所有的化工厂，这种做法完全是不可取的。"当然，他的这种保留态度并不会改变罗斯柴尔德家族的命运，作为犹太人，他们现在不得不交出公司，交给 IG 法本或者其他人。不过，与开普勒的分歧确实打乱了 IG 法本的计划，接管工作拖延了好几个月的时间。当他和他的下属最终屈服于 IG 法本的游说，于 1938 年批准这项交易时，约瑟夫·约哈姆已经逃离了这个国家，而伊萨多尔·波拉克则在一次入室搜查中被党卫军暴徒在家中活活踢死。IG 法本以极低的价格收购了斯柯达－韦茨勒工业公司（作为回报，IG 法本承诺向股东支付 25 年的股息），几个月之后，这家企业与 IG 法本旗下的另外两家奥地利公司合并成为 IG 法本的一家全资子公司，即多瑙化学股份有限公司（Donau-Chemie AG）。

如果说 IG 法本在德奥合并的过程中，主要还是一个置身事外的冷眼旁观者的话，那么它很快就会参与希特勒的下一次领土扩张，为纳粹德国兼并苏台德地区积极奔走。[50]根据《凡尔赛和约》中的规定，捷克斯洛伐克共和国于 1919 年正式成立，顾名思义，这个国家的人口主要是捷克人和斯拉夫人。但是它也包含了大量少数民族群体，其中有一些人对被纳入这个新国家心怀不满。最激烈的反抗者是苏台德地区的 350 万日耳曼人，他们希望能够重新被划归德国。德奥合并之后，苏台德

243

地区的日耳曼人在狂热的纳粹党徒康拉德·亨莱因（Konrad Henlein）的领导下加强了抗议活动，并且在柏林的支持下，要求"民族自决"的呼声在几周之内就席卷了布拉格当局。捷克斯洛伐克总统爱德华·贝奈斯（Eduard Benes）拒绝了分裂分子的要求，为了保护这个刚刚成立不久的国家，他准备与希特勒对抗。

1938 年 5 月 24 日，在赫尔曼·施密茨和 IG 法本董事会的全力支持下，格奥尔格·冯·施尼茨勒的商业委员会批准了一项计划（该计划后来由马克斯·伊尔格纳做了进一步的修订），法本公司将向苏台德地区的亲德报纸提供资金支持，同时要求派驻捷克斯洛伐克的销售代理人参与"按照德国模式实现复兴"的宣传运动。[51]与此同时，根据 IG 法本公司管理其国外资产的新政策，IG 法本开始对自己在该国的控股企业推行"雅利安化"改造。

随着政治局势日益紧张，希特勒向爱德华·贝奈斯及其政府开出了一系列越来越难以满足的要求。希特勒再次孤注一掷，正如英国的内维尔·张伯伦（Neville Chamberlain）后来曾说过的那句名言："因为在一个遥远的国度发生了一场纷争，而我们对争吵的双方一无所知。"他相信法国和英国——捷克斯洛伐克的主要盟友——无意开战。有了 IG 法本提供的大笔广告费用，苏台德地区的报纸在宣传上变本加厉，它们刊登各种有关"暴行的报道"，讲述虚构出来的捷克人和斯拉夫人对日耳曼人的攻击，宣扬纳粹国家只有一个种族，并呼吁全世界德意志侨民给予帮助。

IG 法本之所以这样做的动机非常复杂。[52]一方面，在公司董事会中确实存在对困境中的苏台德日耳曼人的真正同情，但

是法本公司也希望借此证明，它是日后接管捷克斯洛伐克最重
要的企业奥西希联合体（Aussiger Verein）的不二之选。奥西 244
希联合体是欧洲第四大化工企业，它（在英国帝国化学工业
公司的帮助下）成功地限制了 IG 法本在捷克的影响，将这家
德国企业在捷克化工产业中的参与程度降到了最低。因此，IG
法本认为奥西希联合体是一个精明且危险的潜在对手。虽然奥
西希的总部在布拉格，但是它的大部分生产能力都集中在苏台
德地区。如果该地区被并入第三帝国，那么这家化工联合体就
极有可能被迫将旗下的工厂出售给一家德国企业。IG 法本公
司非常希望能够成为这些工厂新的所有者，因为如果有另外一
家公司接管了这些产能，就会对 IG 法本在德国国内心脏地带
的工厂构成严重的挑战——特别是在染料领域，奥西希联合体
的实力尤为强大。因此，法本公司公开支持希特勒将苏台德地
区纳入帝国版图的计划。

　　当冯·施尼茨勒、伊尔格纳和特梅尔把注意力转向游说政
府的时候，赫尔曼·施密茨的办公室为苏台德日耳曼人救助基
金（Sudeten German Relief Fund）和纳粹领导的苏台德日耳曼
自由军团（Sudeten-German Free Corps）提供了十万帝国马克
的捐款，这支自由军团武装当时正忙于在捷克斯洛伐克边境煽
动叛乱。[53]与此同时，IG 法本的销售办公室开始四处寻找奥西
希联合体以前的德国雇员，以便在这家捷克公司被迫出售时，
有合适的人选来替代其中的犹太人员工。

　　事态的发展相当迅速。9 月 30 日，一场仓促安排的和平
会议在慕尼黑举行，爱德华·贝奈斯政府没有受邀参加，在会
上，希特勒、墨索里尼、法国总理爱德华·达拉第（Eduard
Deladier）和英国首相内维尔·张伯伦共同决定，将苏台德地

区移交德国。IG 法本公司迅速而果断地做出了反应。甚至在张伯伦还没有飞回英国、挥舞协议书的副本，宣布"我们这个时代的和平"之前，法本公司的董事会就已经指派冯·施尼茨勒、特梅尔、伊尔格纳，以及有机和无机化学品的生产主管汉斯·屈内作为公司派驻苏台德地区奥西希联合体工厂的特别代表。[54]随后，赫尔曼·施密茨一反常态，向媒体进行了公开表态。他给希特勒发了一封电报："苏台德地区重回帝国怀抱，这是您，我的元首，彪炳史册的成就，此情此景令我毕生难忘。IG 法本工业集团向您提供 50 万帝国马克，以供您用于苏台德地区事务。"[55]

245

在同样乐观的情绪下，法本公司的特别代表与奥西希联合体取得了联系，开始就"购买"苏台德地区工厂事宜进行谈判。[56]正如他们所担心的那样，还有其他一些企业也有意参与收购。吕特格尔工业股份有限公司（Ruettgerswerke AG）和冯海登化工厂都急于得到奥西希的这些工厂。在这两家企业中，后者给 IG 法本带来的威胁更大。1905 年英国剥夺了拜耳公司的阿司匹林专利，始作俑者就是冯海登化工厂，此后这家企业就不断给 IG 法本造成麻烦。现在，它竭力游说纳粹当局，声称自己是唯一能够对"IG 法本追求权力和加强垄断"进行制衡的力量。与此同时，奥西希联合体也在尽力避免出售旗下工厂的命运，它开始向捷克政府寻求帮助，希望能够保住自己的资产。

然而，冯·施尼茨勒可不是顶着华丽贵族头衔的等闲之辈，他凭借超群的能力才爬上了公司的高位。[57]他很快就与冯海登化工厂达成了妥协，两家公司将联合竞购这些工厂，然后他威胁奥西希联合体的董事会说，他将向德国政府申诉，苏台德地区的"动荡和社会治安的崩溃"正在变得不可避免。为了不让希特勒有更多口实来干涉捷克的国内事务，布拉格当局建议奥西希联合体按照 IG 法本开出的条件出售这些工厂——只比捷克人估值的一半略多一点。1938 年 12 月 7 日，交易双方在协议上签字。

当然，希特勒从来都不缺采取军事行动的理由。三个月后，他派遣德国国防军占领了包括布拉格在内的捷克斯洛伐克全境，苏台德地区日耳曼人领袖康拉德·亨莱因被任命为当地新的纳粹政府首脑。

当 IG 法本公司正忙于接管奥地利和捷克的化工企业时，标准石油公司希望获得丁钠橡胶技术的请求问题仍然没有解决。弗里茨·特梅尔参与了同奥西希联合体的谈判，这或许能让他暂时得到一些喘息，但是弗兰克·霍华德和他的同事不可能无限期地等待下去。然而，随着新的一年拉开序幕，IG 法本有一个更为紧迫的问题需要与标准石油公司讨论：如何保护双方业已达成的协议，以及 IG 法本在美国的其他利益如何能够不受国际局势恶化的影响。很显然，欧洲的战争已经不可避免。[58]在英国，内维尔·张伯伦从慕尼黑归来时，迎接他的人们心中怀有一份欣慰之情，但是现在，人们对希特勒一直逍遥法外的憎恶正在成为社会中一种相当普遍的情绪。在法国，公众的情绪也在变得黯淡。法国人在 1914～1918 年遭受过极其深重的苦难，此后他们就一直都信不过东边的这个邻国。在慕尼黑，法国总理达拉第并不像张伯伦那样相信希特勒会在苏台德之后止步，他警告英国人说，让步只会鼓励更多的侵略。几个月后，他的悲观态度被事实所证明。纳粹先是接管了捷克斯洛伐克的剩余地区；然后他们强迫立陶宛政府交出了梅默尔

（Memel）港。1939 年 4 月初，希特勒的西班牙盟友佛朗哥将军赢得了内战，贝尼托·墨索里尼命令意大利军队进入阿尔巴尼亚。面对潜在敌国三个方向的包围，法国加紧构筑毗邻德国边境的马奇诺防线，并且与英国一起做出保证，一旦纳粹发动袭击，他们将会向波兰、希腊和罗马尼亚提供军事援助。到 4月底，大多数西欧政治家私下承认，如今的问题已经不再是与希特勒的战争是否会到来，而是战争将如何开始，何时开始。

IG 法本以前也遇到过这种情况。在第一次世界大战开始前的几个月里，染料工业利益共同体采取了一些措施（后来证明这些措施是无效的），以保护其海外资产不被敌对国家没收。[59]这一次，它决心把工作做得更好。幸运的是，赫尔曼·施密茨是一位企业伪装方面的大师。1938 年底，在纳粹官方的怂恿下，他开始设计复杂的计划，通过将 IG 法本的海外持股暂时转移到看似无关的子公司和合作伙伴名下，来掩盖 IG 法本的真正所有权。施密茨知道，只有 IG 法本找到顺从的合作伙伴——要么是中立者，要么是潜在敌国的公民和企业——他们值得信任且愿意配合，同时允许法本公司日后收回自己的资产，他的这些计划才会奏效。这种障眼法在某些国家更容易得逞。比如在美国，标准石油公司是理想的合作伙伴。虽然这家石油巨头还没有得到 IG 法本的丁钠橡胶技术，但是它仍然愿意在爆发国家间冲突时阻止它们的联合合成燃料业务（在美国注册成立的标准石油-IG 公司）被美国政府接管，并且保护它们在战前签订的卡特尔协议免受美国反垄断部门的调查。换句话说，赫尔曼·施密茨用胡萝卜和大棒确保了标准石油公司的合作：伸出援助之手，在未来几年内享受 IG 法本在美国的部分资产带来的好处，否则将面临把一切都交给外侨资产管理局的风险。

　　1939 年 7 月，施密茨邀请瓦尔特·杜伊斯贝格前来，正式商定有关隐藏公司海外资产的安排。瓦尔特是举世闻名的卡尔·杜伊斯贝格的长子，他在美国为法本公司工作并已入籍成为美国公民。施密茨向他提出一项建议，并且请他转告标准石油公司的沃尔特·蒂格尔：IG 法本在合资公司中的股份应该转卖给瓦尔特这样的美国公民，或者卖给像标准石油公司这样的美国企业。正如施密茨所预料的那样，蒂格尔立即心领神会，他告诉自己的同事，"鉴于目前动荡的形势"，标准石油公司应该合作。8 月 30 日，双方匆忙达成了一项交易，标准石油公司同意从 IG 法本手中收购标准石油-IG 公司 20% 的股份（价格仅为 2 万美元），而瓦尔特·杜伊斯贝格将从 IG 法本那里收购联合美国科研公司（Jasco）50% 的股份（价格更低，只有 4000 美元）。[60] 从理论上讲，如果美国的外侨资产管理人今后要寻找 IG 法本在美国的资产，标准石油公司和 IG 法本都将不受影响——只是，认为美国当局不会发现瓦尔特·杜伊斯贝格的身世，这种想法确实有些可笑。当然，标准石油公司的高管们对此感到非常高兴，因为从表面上看，这份协议让他们公司获得了 IG 法本大部分在美产业的所有权或控制权。不过，有些事情仍然没有解决。这家石油巨头仍然未能获得法本公司的丁钠橡胶技术，以及其他重要的专利。如果 IG 法本不尽快提供这些信息，标准石油公司就会在市场上丧失良机。

248

　　但是在最后几个月的和平时光里，IG 法本做出的回应甚至还不如以前，它的注意力越来越多地集中在其他地方，它的经理们全力以赴，它的工厂加班加点，以完成德国军方在最后关头下达的大批订单。[61] 克劳赫终于放弃了他在 IG 法本的日常职责（虽然他保留了自己在董事会中的席位），他决心倾尽老东家的最后一分产能，以确保新主人得到发动大规模战争所需要的所有原料：合成燃料和橡胶、铝、镁、烈性炸药、镍、塑料、润滑油和润滑脂、四乙基铅、甲醇、毒气、药品、感光材料、染料，以及现代机械化武装力量里不可或缺的其他数以千计的产品。赫尔曼·施密茨、弗里茨·特梅尔、格奥尔格·冯·施尼茨勒、威廉·曼、弗里茨·加耶夫斯基、马克斯·伊尔格纳、海因里希·霍兰、海因里希·比特菲施、汉斯·屈内、克里斯蒂安·施耐德、奥托·安布罗斯、卡尔·劳滕施莱格和恩斯特·比尔京都在竭尽全力满足这些订单。IG 法本仍在生产阿司匹林和人造黄油、丝绸染料和家用洗涤剂、化肥、油漆和杀虫剂，但是整个公司现在处于战时状态，它昔日在民用市场上的强大身影正在逐渐消失。此后，这家企业所取得的全部重大科技创新都集中在军事领域，它在国外的销售机构变成了外交部的地下钱庄，它获得的经济情报则交由军事情报局（Abwehr，军方的情报部门）和党卫军负责。当然，IG 法本还在继续赚钱——在接下来的几年里，它的利润翻了一番，并且从额外的政府贷款、补贴和税收减免中获益近 10 亿帝国马克——但是它的独立性已经荡然无存。

此时此刻，不止 IG 法本一家公司达到了如此程度的企业军事化。[62]在整个工业化世界，大公司正迅速转变为政府政策的执行者。以英国为例，帝国化学工业公司从 1937 年底就开始为军工生产做好准备，它建立起新的工厂，最终生产了几乎所有英国战时使用的炸药、轻金属和基础化学品。在德国国内，其他企业也全力参与战争准备。但是，IG 法本投入备战已经有很长一段时间了，它在配合一个具有侵略意图的政权时也更加从容。毫无疑问，对于准备入侵波兰的德国军队而言，IG 法本产品的重要性毋庸置疑。对华沙、克拉科夫、罗兹和卢布林发动袭击的亨克尔（Heinkel）和容克-斯图卡（Junkers Stuka）轰炸机主要就是用 IG 法本的轻金属制造的。在这些飞机中，大约 75% 的发动机使用了 IG 法本高质量的金属镍，机身使用了 IG 法本的铝，机翼用的是 IG 法本的镁。就连挡风玻璃上的雨刷器都是用 IG 法本的丁钠橡胶制造的。飞机发动机不仅燃烧 IG 法本出产的航空汽油，而且还采用该公司生产的润滑油和润滑脂进行润滑。飞机携带的磷基燃烧弹 90% 以上是由 IG 法本工厂生产的材料制成。德国国防军 150 万人的入侵部队也同样大量装备了 IG 法本的产品。据估算，步兵 35% 的装备，包括餐具、皮带扣、织带和头盔等，都采用了该公司的材料——随着战争的进行，这一比例还会增加。当然，机械化部队更是高度依赖 IG 法本的丁钠橡胶和燃料，此外还有一些车辆特别加装了 IG 法本的轻金属装甲。陆军炮弹中所含有的烈性炸药有 85% 来自 IG 法本及其子公司，在第二波次部队中，还有装备 IG 法本芥子气的作战单位。诸如此类的例子不胜枚举——从突击部队用来渡河的橡皮艇，到通信部队用来加密信息的恩尼格玛密码机（Enigma machine）上的塑料按键，IG 法本的合成材料被完全融入向前挺进的军队中。无论是克虏伯、西门子、蒂森、蔡司（Zeiss）、弗利克（Flick），还是其他任何一家德国工业巨头，都无法做到这一点。就在战争前夜，强大的 IG 法本已经成了希特勒的卡特尔。

1939 年 9 月 1 日凌晨，当弗兰克·霍华德正拼命联系弗里茨·特梅尔，想进一步为标准石油公司的"收购"计划商讨相关细节时，德国空军的第一波次俯冲轰炸机正飞向东方，飞过安装着 IG 法本合成轮胎的卡车和半履带车队，以及正在装填 IG 法本弹药的炮兵部队。其他国家的军队现在可能还在为得到智利的硝酸盐、亚洲的橡胶和英美的石油而发愁。而闪电战——IG 法本在合成化学方面的科技使这种战术如虎添翼——即将展现它的威力。

第 10 章　战争与利润

在战争的最初几天，纳粹帝国笼罩在一种不真实的古怪气氛中。[1] 美国记者和作家威廉·夏伊勒（William Shirer）当时正在柏林，他后来描述了 9 月 1 日他在街头的所见所闻，空气中弥漫着一种奇特的冷漠感，报童"喊着号外"，但是没有人想买来一读，建筑工人在菩提树下大街新建的 IG 法本大楼工地上忙碌着，"好像什么事情都没有发生"。

但是，如果夏伊勒能够走进 IG 法本的办公室，他就会发现这是一种胜券在握式的平静——在这种平静的背后，是 IG 法本的高管们早已提前获悉德国将要入侵波兰：实际上，他们甚至清楚地知道战争爆发的具体时间。这条绝密信息是由克劳斯·翁格维特（Claus Ungewitter）提供的，他在德国经济部任职，是帝国化学事务专员，同时他也是一名忠实的纳粹分子，与党卫军高层关系密切。为了能够让 IG 法本公司清楚地了解政府意图，早在 6 月份，他就已经和格奥尔格·冯·施尼茨勒进行过深入的交谈。冯·施尼茨勒后来回忆道：

> 1939 年夏天，翁格维特博士告诉我，与波兰的战争要到 1939 年 9 月的采收季节才会开始。这让我非常担心。即便没有人直接告诉我们政府的战争计划，IG 法本的管

理层也不太可能相信，如此庞大的军备生产和战争准备，除了希特勒和纳粹政府要不计代价地发动战争之外，还会有其他意义。从希特勒上台伊始，备战的车轮就已经启动，自1936年起它加速运转，到1938年达到了不可思议的速度。我们这些在IG法本工作的人都很清楚这个事实……1939年6月或7月，IG法本和所有重型工业都被完全动员起来，为入侵波兰做最后的准备。[2]

冯·施尼茨勒并不是唯一的知情者。大约在同一时间，翁格维特与IG法本路德维希港和奥帕工厂的厂长卡尔·伍斯特（Carl Wurster）也进行过相似的交谈，告诉他战争将在"采收季节"开始。[3]伍斯特后来回忆说，他立即把这些话转告给他的上司奥托·安布罗斯和弗里茨·特梅尔，并且告诉他们，这位纳粹官员建议IG法本应该把重要产品的生产从路德维希港转移到其他地方去（大概是因为路德维希港是著名的合成材料制造中心，它地处德国西部边境，容易遭到空袭）。恩斯特·施特鲁斯（Ernst Struss）是弗里茨·特梅尔的助理兼办公室主任，根据他后来的回忆，他与翁格维特还曾有过一次会面——安布罗斯和特梅尔当时也在场——在会谈中，这位纳粹专员显然是尽了最大努力想让所有在座者理解他的观点，并且再次重申了他的警告。

IG法本在得到这些消息之后，也进行了相应的准备，希望能在战争中发挥自己的作用。[4]在这些会谈结束几周之后，法本公司决定成立一个销售促进协会（Association for Sales Promotion），军事情报局可以利用这个协会作为它在海外行动的掩护。与此同时，马克斯·伊尔格纳向政府移交了IG法本收集的大量地图、照片和文件，这些资料详细记录了遍布欧洲和美国的化学和爆炸物工厂的地理方位和生产能力。此外，IG法本在法兰克福的总部，还有莱茵河流域的工厂都容易遭受空袭，采取何种防范措施成为公司董事会中讨论的话题。到 8 月中旬，法本公司高管已经在实施他们的动员计划，并且谨慎地通知尚在国外出差的员工尽快回国。

253

　　不用多说，波兰人根本没有做好战争准备，他们很快就在德军席卷边境的强大攻势下屈服了。在入侵战争打响后的几天之内，波兰的主要城市已经在轰炸中变得满目疮痍，它的空军已被摧毁，它的士兵被德军毁灭性的力量压垮。9 月 6 日，克拉科夫陷落；几天后，华沙也被重重围困。正当这个支离破碎的国家在德军的连续打击下摇摇欲坠时，苏联军队从东部跨过了国界——几周以前，斯大林和希特勒已经秘密商定要瓜分这个国家，并且确立新的边界——苏军占领了将近一半的波兰领土。到 9 月的第三个星期，波兰实际上已经被肢解了。

　　IG 法本毫不迟疑，它抓住时机迅速进入了波兰。[5] 一支由格奥尔格·冯·施尼茨勒领导的小队紧随德国国防军的脚步，他们带着马克斯·伊尔格纳两年前编制的一份关于敌国化学工业的全面调查报告，决心在其他人还未到来之前率先抢占最大的战果。这份题为《波兰最重要的化工厂》（"The Most Important Chemical Plants in Poland"）的文件，最近几个月才刚刚根据法本公司的旅行推销员系统搜集到的信息进行了更新（也许正是考虑到有可能会入侵波兰），列出了数十个潜在的目标。其中有三家企业格外引人注目：博鲁塔公司（Boruta）是波兰最大的染料制造商和中间化学品生产商；沃拉公司

（Wola）由三个犹太人家族拥有；温妮卡公司（Winnica），IG
法本已经通过它控股的瑞士 IG 化学公司与其建立了联系。当
然，与法本公司这样的德国巨头相比，这些企业几乎不值一
提：波兰染料和中间化学品市场的总价值仅为约 2000 万马克，
而且早在战争爆发之前，IG 法本就已经几乎控制了这个市场
四分之一的份额。但是，冯·施尼茨勒和他的同事担心，德国
国防军会在 IG 法本提出并购这些企业之前抢先将所有的库存
物资据为己有；如果这些物资被军方一次性抛售到市场上，整
个行业的价格就会被严重压低。此外，就像在奥地利和捷克斯
洛伐克一样，IG 法本不希望任何可能的竞争对手收购这些企
业，进而在德国国内市场对它造成威胁。

因此，甚至是在这个国家被完全征服之前，冯·施尼茨勒
就已经穿过正在燃烧中的市镇，奔走在挤满难民的道路上，寻
找机会。他和他的同事出现在每一家工厂的门口，简短地告知
工厂主和经理，作为"前波兰国家"的一部分，这些企业现
在需要接受检查。[6] 然后，他给柏林拍发了一份电报，向经济
部建议立即安排一次会议。"我们认为，上述产品的库存应该
由专家负责管理，这一点至关重要，因为这样做才符合国家的
经济利益，"他在电报中写道，"但是，只有 IG 法本的专家拥
有这种能力……我们打算在下一周的周中向柏林主管部门提出
专家名单，以便做进一步的审议。"

不过，当冯·施尼茨勒返回国内再次致电经济部时，他发
现政府官员并不想在压力之下做出仓促的决定。[7] 不过，他们
同意 IG 法本可以临时代管这些工厂，并且可以为这三家公司
任命两名受托人——赫尔曼·施瓦布（Hermann Schwab）和
伯恩哈德·舍纳（Bernhard Schoener）；但是，对于 IG 法本轻

卡尔·杜伊斯贝格。Wikicommons, public domain.

20世纪30年代早期，齐柏林飞艇正在飞过莱茵河畔的 IG 法本路德维希港工厂。规模如此庞大的工业设施让德国的化学工业被全世界羡慕和敬畏。©BASF digital Solutions GmbH

1918 年 4 月 10 日，埃斯泰尔战役中因吸入毒气而失明的英国军队士兵。

弗里茨·哈伯，因其从空气中"固定"氮素的方法而荣获诺贝尔奖，并且在 1915 年 4 月的伊普尔战役中首次将化学武器投入实战（左）。Wikicommons, public domain.

卡尔·博施，巴斯夫的工程和化学天才，他在 1935 年之前一直担任 IG 法本公司的董事会主席（右）。Wikicommons, public domain.

一台博施高压反应器。正是因为发明了这种巨大的双层钢铁管，工业合成硝酸铵才成为可能。©BASF Corporate History

卡尔·杜伊斯贝格在勒沃库森的豪华别墅，组建 IG 法本的协议就是在这座别墅中达成的。房子顶部那面旗帜曾经是杜伊斯贝格是否在家的标志。©Portal Rheinische Geschichte

1930 年完工时，IG 法本公司位于法兰克福的总部是当时世界上最大的办公大楼之一。今天，它是法兰克福大学的一部分（上）。Wikicommons, public domain.

法本公司大楼内部采用大理石装饰，再现了它当年的辉煌（下）。Wikicommons, public domain.

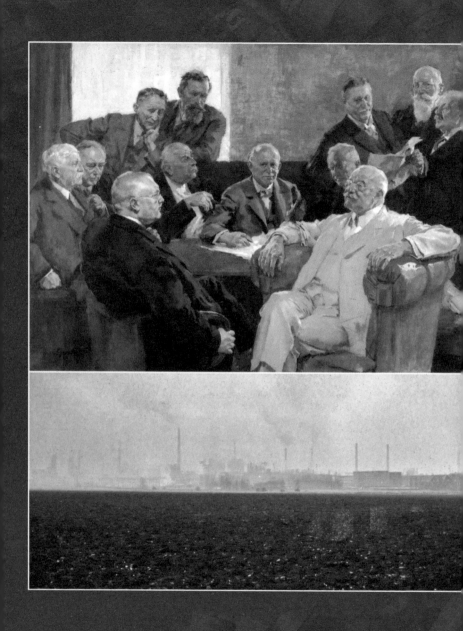

IG 法本公司创始人的画像，其中卡尔·博施（前排左侧）和卡尔·杜伊斯贝格（前排右侧）非常突出（上）。Wikicommons, public domain.

洛伊纳，合成汽油的诞生地（下）。Wikicommons, public domain.

一座损毁的洛伊纳合成汽油加油站。实现燃料等战略原材料的自给自足不仅是纳粹军事计划制定者的关键目标，同时也是纳粹宣传的绝佳素材。Wikicommons, public domain.

今日施科保的丁钠橡胶工厂。在20世纪30年代中期，IG法本在合成化学方面的大部分尖端技术都被用于满足德国国防军的需求，像施科保的丁钠橡胶生产厂就是一个证明。之后，这家卡特尔企业还希望能将这项技术用于奥斯维辛的工厂（上）。Wikicommons, public domain.

1942年7月，IG法本的马克斯·福斯特（居中头戴软呢帽者）带领党卫军领袖海因里希·希姆莱（左二）参观合成橡胶制造厂工地。不到一小时之前，希姆莱刚刚在比克瑙观看了一群荷兰犹太人被毒气杀死（下）。Wikicommons, public domain.

1943 年夏天，在奥斯维辛 IG 法本合成橡胶制造厂劳动的奴工（上）。Wikicommons, public domain.

1944 年 5 月，在比克瑙对犹太人进行"筛选"（下）。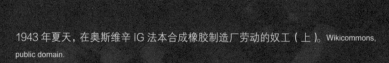 Wikicommons, public domain.

齐克隆 B。Wikicommons, public domain.

1944 年 6 月 26 日，奥斯维辛 - 比克瑙建筑群。Wikicommons, public domain.

莫诺维茨的奴工从 IG 法本公司的火车上卸下水泥，这张照片被列入 IG 法本审判案的证据（上）。Wikicommons, public domain.

IG 法本在莫诺维茨的丁钠橡胶工厂（下）。Wikicommons, public domain.

纽伦堡 IG 法本案的法官：（从左至右）詹姆斯·莫里斯、柯蒂斯·格罗弗·谢克（主审法官）、保罗·M. 赫伯特和克拉伦斯·F. 梅里尔（候补法官）（上）。Wikicommons, public domain.

1947 年 5 月 5 日，IG 法本公司被告人在开庭前阅读起诉书（下）。Wikicommons, public domain.

1947 年 8 月 27 日，特尔福德·泰勒准将在纽伦堡法庭上对被告人进行案件审理开篇发言。Wikicommons, public domain.

率地认为自己可以完全接管这些波兰企业，经济部官员则坚决反对。经济部的冯·汉内肯（von Hanneken）将军于 9 月 21 日致函 IG 法本，他强调"有关工厂的产权状况不容改变"，目前的临时任命不应被视作"在为变更产权做出准备"。

　　然而，冯·施尼茨勒并没有轻易罢手，他很快就直接向赫尔曼·戈林发出呼吁，戈林的"四年计划"办公室已经组建了一个新部门，即东部信托总局（Main Trusteeship Office East），负责没收和处置波兰的资产。[8] 就在当局审议冯·施尼茨勒的请愿书时，IG 法本的其他高管确保了三家目标公司重要"资产"的"安全"，并且开始调查波兰其他规模较小的化工厂的情况。卡尔·伍斯特乘坐一辆宽敞的梅赛德斯-奔驰汽车出发了，同行的还有一名司机、一名翻译和一名来自帝国经济发展局（Reich Office of Economic Expansion）的代表，他们要在这些规模较小的工厂中进行挑选，查看哪些设施可以拆除并运回德国。

　　与此同时，莫西·什皮尔福格（Maurcy Szpilfogel）正在了解 IG 法本所说的"确保资产安全"到底是什么意思——什皮尔福格是沃拉公司的三位犹太合伙人之一，他在乡下拥有两座庄园，在华沙还有一处大型房产：

　　　　德国人越过边境之后，我先是逃到了奥威克（Orwick）我哥哥家，后来又逃到了我在华沙的家里，我在那里存放了一部分沃拉工厂生产的染料。1939 年 9 月，［IG 法本的］施瓦布和舍纳来到我家。他们自我介绍说是 IG 法本的专员，然后就告诉我，我所有的染料和房产都被没收了。他们禁止我继续留在我自己的家里。他们没收

255

了我的汽车，然后将染料全都封存起来。根据当时的德国"法律"，被剥夺了财产的犹太人每家每月可以从"受托人"那里领到 500 兹罗提（zloty）。但是施瓦布却将这 500 兹罗提分给了三个家庭；也就是我自己、我的妻子和她年迈的母亲——老人和我们住在一起；我已婚的女儿和她的丈夫；还有我生病的儿子，他当时住在疗养院里。然后我不得不向 IG 法本缴纳 150 兹罗提的所谓房租。但是当时，哪怕是一户生活水平最普通的人家，一个月 350 兹罗提也是根本活不下去的。

什皮尔福格曾经在德国留学，是著名的卡尔斯鲁厄理工学院的优秀毕业生，虽然他认为目前这种待遇让人难以接受，但是与即将到来的苦难相比，这根本不算什么。几个月之后，就连这笔可怜的津贴也被完全取消了，他和他的家人被赶出家门，并被要求去其他地方寻找住处。1940 年，他们被迁到新设立的华沙犹太人区。在那里，绝望中的什皮尔福格写信给格奥尔格·冯·施尼茨勒——大战之前他们就已相识——请求对方允许他回到曾经拥有和管理过的沃拉工厂工作。冯·施尼茨勒没有回复。正如什皮尔福格后来所回忆的那样，接下来所发生的事情标志着波兰犹太人悲剧命运的开始：

> 表面上看，犹太人区被交给犹太人自己管理；这样做的目的是迫使犹太人自己采取那些自我灭绝的措施。当犹太人区的大清洗启动之后，犹太人委员会（Jewish Council）主席的一项主要任务就是，根据党卫军的命令将一定数量的犹太人隔离起来——一开始是 5000 人——

然后把他们带到某个集合点去……他们让犹太人区里的其他居民相信，这些人被分配到某个农场工作。

　　还有一次，德国人为了消灭犹太人展开了大规模的围捕，他们清空一栋栋房屋、一座座公寓、一条条街区，命令所有人都到街上集合，周围全是荷枪实弹的士兵。凡是跑回房子里的人，都会被立即枪决。那些在街上聚集的人被带到集合点，然后装上卡车，被运走去迎接他们的命运。有一天，我的妻子和孩子到街上去，然后就再也没有回来。[9]

当莫西·什皮尔福格挣扎着要活下去的时候，IG 法本却在挖空心思要扣押他的工厂。[10] IG 法本公司就波兰工厂的归属问题向戈林发出了呼吁，但是没有成功，因为在事情解决之前，没收敌方财产的职责被转移到了海因里希·希姆莱的党卫军手中。于是，冯·施尼茨勒开始接触希姆莱派驻波兰的副手、党卫军旅队长乌尔里希·格赖费尔特（Ulrich Greifelt，后来，他被证明对波兰人质的大屠杀负有责任），并与他建立起友谊。① 最后他们达成了一项协议：IG 法本成功地取得了博鲁塔工厂的全部所有权，作为回报，它向希姆莱承诺，将会对德国波兰占领区内新成立的瓦尔特高（Warthegau）省进行投资，投资额为 500 万马克。此外，法本公司还以 7.2 万马克的价格

---

① 冯·施尼茨勒并不是唯一一个与党卫军领导层建立联系的人。海因里希·比特菲施不只是 IG 法本的合成燃料专家，同时还兼任党卫军上校，他是希姆莱朋友圈中的一员，这个圈子由来自工业界、纳粹党、帝国政府的约 36 位有影响力的人士组成，他们定期举行聚会，商讨希姆莱感兴趣的问题。[11]

向政府购买了温妮卡公司和莫西·什皮尔福格的沃拉公司的技术设备，然后将它们的工厂彻底关闭。法本公司在波兰又收购了三处被没收的产业：位于西里西亚的一个法国人拥有的煤矿和两座小型制氧工厂，所有这些资产的售价都非常低。虽然与IG法本之前的并购相比，它在波兰的收获并不算大，但是这些交易都是在党卫军的协助下进行的，这巩固了双方早已得到证明的富有成效的工作关系。

法本公司与纳粹高层之间日益密切的联系并不是IG法本内部每一个人都乐于接受的。[12]在德国国内，IG法本与政府不断强化的关系已经很难让卡尔·博施的内心再继续保持平静。几个月来，他一直深陷于抑郁和酗酒的折磨中，他始终心有自责，认为在某种程度上自己应该对祖国的侵略行径负责。自从1933年他批准了IG法本对纳粹党的首次大规模捐款以来，他的这种愧疚感就与日俱增。当时他这样做，似乎是为了恢复国内政治和经济的稳定，但更重要的是，让他有机会为自己所珍视的高压项目争取到新政权的财政支持。但是此后，稳定的局面早已被专制独裁所取代，虽然氢化技术为IG法本带来了巨额利润，但是也为希特勒提供了发动战争的工具。与纳粹党打交道成了一种负担，当博施在心理上难以承受这份重担时，他放弃了对IG法本的日常管理，转而担任公司的监事会主席。在这个高高在上但缺少权力的位置上，他眼看着自己的犹太人同事被剥夺了工作，他的企业成了世界上最大的军用物资生产商之一。1939年5月，博施曾在慕尼黑的德意志博物馆发表演讲，公开质疑元首的决定并对他的经济政策嗤之以鼻。在过去，卡尔·博施发出的反对声音会让政客们不寒而栗；而现在，纳粹分子却把他从博物馆的理事会中清理出去，并且禁止他发表公开言论。由于无法再抨击敌人，甚至是从社会边缘发出批评的声音都不再可能，博施躲回到他在海德堡的家中，闭门谢客，终日以酒为伴。到 1940 年 2 月，他的身体和精神状况都非常糟糕，朋友和家人坚持要他去西西里岛休养。4 月初，他回到德国，度过了生命中的最后几周时光。他对医生说的最后一句话，预言了精神错乱的希特勒将会导致德国毁灭，法本公司也会一并垮台。4 月 26 日，卡尔·博施走到了生命尽头，享年 65 岁。

IG 法本的很多人都在哀悼卡尔·博施，但是对于这家企业而言，法本公司的动作相当迅速，它已经在物色博施的接班人了。虽然监事会已经不像从前那样拥有权力，但是它仍然能对公司政策发挥影响，从 IG 法本"家族"中选出一位继任者，让他坐上这个备受瞩目的监事会主席的宝座，仍然具有重要的象征意义。[13]最佳人选很快就产生了：卡尔·克劳赫，赫尔曼·戈林委任的处理化学生产重点问题的全权代表。新的职位带来了新的工作压力，这让克劳赫最终不得不放弃他在董事会中的位置，但是他的辛勤付出得到了慷慨的补偿。除了正常的职务酬劳之外，他还一次性获得了 40 万帝国马克的特别奖金，以及每个月 5000 马克的额外津贴。就公司本身而言，IG 法本认为这笔钱花得很值。IG 法本公司监事会主席的头衔不仅让克劳赫变成了德国举足轻重的人物，而且让法本公司与政府最高层的关系变得更为紧密。

事实证明，在随后的几个月里，这些关系将会发挥至关重要的作用。1940 年 4 月初，德国人击败了丹麦和挪威。5 月 10 日，纳粹的战争机器开始横扫荷兰，同时通过阿登山地（Ardennes）对法国发起大规模的进攻。到 6 月 22 日，西线的战事几乎已经全部结束；被击败的英国远征军大部分已经从敦刻尔克撤回了英国本土，荷兰、比利时和法国也已经宣告投降。希特勒赢得了一场辉煌的胜利，整个欧洲大陆都在他的控制之下——或是在胆怯的中立国和顺从的盟友手中。

德国国内到处都在庆祝德军的胜利，特别是对法国的征服，更是成为法兰克福的 IG 法本总部中人们津津乐道的话题。公司内有几位高管曾经参加过第一次世界大战，战后法国人的所作所为给他们留下了痛苦的记忆。凡尔赛的屈辱、苛刻的赔偿条款、对染料工业利益共同体莱茵兰地区工厂的占领，以及法国军事当局将卡尔·博施、赫尔曼·施密茨和奥古斯特·冯·克尼里姆定罪并试图投入监狱的做法——所有这些屈辱都让他们记忆犹新，如今亲眼看到胜负逆转，他们在心里感到极大的满足。更重要的是，法国大部分地区现在已经被德国占领，进攻法国庞大的化学工业的时机已经成熟。1926 年，为了恢复战前在法国化工行业中的主导地位，新成立的 IG 法本曾经尝试收购法国主要的化学企业库尔曼集团（Etablissements Kuhlmann），但是法国当局迅速立法，禁止德国公民持有法国公司具有表决权的股票，致使此次收购计划流产。IG 法本不得不接受一项不尽如人意的卡特尔协议，即《加卢斯协议》（Gallus Vertrag），根据该协议，两家公司在 1927 年约定不进入对方现有的染料市场，并且在双方都有业务的领域采取共同定价。[14]因此，IG 法本的许多人认为，正是因为牺牲了法本公司的利益，法国化学工业才得以发展壮大，法国人利用战后德国科学、技术和产品遭受封锁的机会，占据了它本不应该享有的特权地位。如果说，在奥地利、捷克斯洛伐克和波兰，法本公司的行动主要是防御性的，目的是防止对其国内业务可能出现的竞争，那么在法国则完全提供了另外一种可能：在压抑已久的怨恨和复仇的欲望驱使下，IG 法本要重新击败这个新兴的对手，取代它的位置并重建法本公司对欧洲化学工业的霸权，这是一个绝好的机会。

IG 法本很快就意识到，要完全吞下法国化学工业并不现实。首先，它的规模太大，法本公司庞大的管理系统已经不堪重负，要承担新增的职责将变得非常困难。而且，采取这种激烈的行动也毫无必要。如今只需要法国人承认他们在 IG 法本体系中所处的从属地位，取消对德国进口商品的惩罚性限制，并且放弃那种无视专利权、直接抄袭 IG 法本产品的令人愤怒的做法（尤其是制药公司的这种做法）。在两次世界大战之间，IG 法本在法国染料市场的份额从 1914 年之前巅峰时期的90% 下降到 10% 左右。现在这种情况将被扭转。在法国本土市场，法国制药商一直享有对 IG 法本 10 比 1 的销售优势，现在这种优势行将终结；在欧洲各地和海外出口中，法国人以低于IG 法本的价格销售药品，这种做法也将结束。今后，法国将在 IG 法本的"新秩序"中得到一席之地，1940 年 8 月，法本公司准备向赫尔曼·戈林提出这项意义深远的计划，其中对整个欧洲化学工业"在今后各个时期"的发展都做了极其严格的规划。[15]

IG 法本将它的建议提交给古斯塔夫·施洛特尔（Gustav Schlotterer），经济部对外贸易司的二号人物。[16]施洛特尔指出，　260
这一次（与之前不同，法本公司在提议收购波兰企业时，带有明显的利己动机）IG 法本认真制定了计划，考虑了德国的军事和战略要求。施洛特尔同意重建 IG 法本在欧洲的主导地位，他认为这将符合德国的最大利益。只是，他建议法本公司的老板们在与法国同行打交道时要有足够的耐心，而不要咄咄逼人。他说，第三帝国的经济霸权和法国日益短缺的原材料供应，会让法国人很快就坐到谈判桌前；最好的结果是他们毕恭毕敬地回来，惭愧而迫切地希望维持工厂运转；如果我们强迫他们坐下来谈判，他们不仅会抗议，而且还会在谈判中试图获得与 IG 法本平起平坐的地位，这样的结果反而不好。时间在法本公司这一边。它要做的就是等待。

IG 法本董事会接受了施洛特尔的建议，同时也利用这段时间收集了谈判对手的必要情报。法本公司的目光很自然地落在了法国国家染料卡特尔（French national dyes cartel）身上，这是一家由老对手库尔曼集团牵头的联合企业。[17]IG 法本董事会的设想是将所有隶属于国家染料卡特尔的公司合并成一家企业，然后由 IG 法本控股，从而将它的影响力扩大到整个法国染料行业。与此同时，德国占领当局进一步施加压力，没收了库尔曼公司的一家小型工厂，并且切断了法国工业维持运转所迫切需要的煤炭和电力供应。

这些手段取得了预期效果。由于缺少必要的能源和原材料，工厂很快就无法继续运转，法国的染料企业开始纷纷倒闭。[18]库尔曼集团的一位高管约瑟夫·弗罗萨尔（Joseph Frossard）意识到，如果没有 IG 法本的支持，工厂就无法恢复生产，于是他尝试与法本公司进行谈判。早在 1919 年，他就是卡尔·博施在法国政府中的主要联系人，并且在最后时刻帮助促成了在巴黎的一项协议，法国政府同意维持德国化工企业的经营和完整，以换取保密的合成硝酸盐技术。很显然，弗罗萨尔希望这段历史能让他在与 IG 法本接洽时收到好的效果，

但是时过境迁，博施已经不在了，而法本公司的其他人对他的
到来并不重视。依照政府的建议，法本公司高层决定先静观其
变，他们让弗罗萨尔和他的同事参考汉斯·赫门（Hans
Hemmen）大使做出的一项决定——赫门是被派驻到威斯巴登
停战委员会（Armistice Commission at Wiesbaden）的德国经济
代表团团长——即推迟所有关于工业问题的讨论，直到就法国
被占领区和非占领区之间的边界达成协议。"我们认为现在还
不是开始谈判的时候"，一位 IG 法本的高管傲慢地说。事实
上，正如冯·施尼茨勒后来承认的那样，此举的意图是想让法
国人先尝尝"自作自受"的滋味。

　　然而，冯·施尼茨勒知道，谈判不可能无限期推迟。到最
后，德国国防军一定会坚持要法国的工厂重新开工，以满足它
对化工产品永无止境的需求。这种情况一旦发生，IG 法本就
会失去谈判的筹码。因此，在 10 月的最后一个星期，大约是
阿道夫·希特勒和贝当元帅（Marshal Pétain）抵达蒙图瓦尔
（Montoire）共同商讨法国投降的种种细节的时候，冯·施尼
茨勒要求赫门大使安排一次会面。

　　1940 年 11 月 21 日，谈判在威斯巴登拉开帷幕。[19]德方在
选择会谈地点时参考了赫门的建议，他认为这样可以在实际谈
判中给 IG 法本带来优势，虽然法国人会故作镇定，但是周围
的环境很可能会对他们造成强大的心理压力。在库尔曼集团的
勒内·迪舍曼（René Duchemin）的带领下（弗罗萨尔没有出
席），法国代表团回应了赫门提出的邀请。他们公开提议，认
为最好的方案是恢复 1927 年的《加卢斯协议》。虽然战争打
乱了一切，但是法方的专家向他们保证，这份协议仍然具有法
律效力，重新做出安排也不会太过复杂。法方漫不经心地补充

说，正是根据希特勒与贝当最近作为盟友和伙伴所达成的协议精神，他们才提出了这一建议。

包括冯·施尼茨勒和弗里茨·特梅尔在内的德国人都冷冰冰地板着面孔，在沉默中聆听对方的发言，直到以顾问身份出席会议的赫门大使突然"大发脾气"。[20]他高声喊道，法国人的提议简直让他"无话可说"。1927年的协议是可耻的《凡尔赛和约》的产物。在德国最近取得历史性胜利之后，还认为那份协议是有效的，这就是一种侮辱。他不允许再继续讨论这件事。法国人有两个选择。他们要么承认自己输掉了战争，在化工领域臣服于IG法本；要么就由第三帝国出面决定他们的命运。

面对这一出乎意料又充满敌意的反击，法国人的气势顿时就被压倒了，而冯·施尼茨勒则开始宣读一份事先准备好的声明。[21]他说，在1913年之前，IG法本在欧洲化学工业中的领导地位已经确立，但是自从第一次世界大战结束之后，法国人一直在利用他们与德国同行之间不对等的关系。现在他们必须面对现实。是法国向德国宣战，但是这一次法国人被打败了。在未来几年中，欧洲需要一个强大而团结的化学工业，法国人必须承认，只有IG法本具有这种强大的领导力。那么这在现实中将会意味着什么呢？IG法本和法国企业之间的所有竞争将立即结束：法国染料的销售将被限制在现有的国内和殖民地市场；在其他方面，从生产到出口，IG法本对法国化学工业具有无可争议的控制权。这时，赫门宣布休会。

会谈在第二天早上继续进行，冯·施尼茨勒对IG法本的计划进行了更详细的说明，德国方面打算建立一家单一的法德染料公司，由德国的法本公司控股；IG法本还将控制所有的出口贸易，法国企业与比利时之间一些不太重要的现有合同可以作为例外。[22] 对此，法国人大为震惊。赫门前一天发出的威胁——如果法方继续抗议，就把整个事情交给德国当局处理——让法国人深感不安，请求再给他们些时间与维希政府协商。当他们离开威斯巴登的高压氛围，重新找回自己的勇气时，迪舍曼宣称，他宁肯把自己的手砍掉，也不愿意在这样一份把法国化学工业出卖给 IG 法本的协议上签字。

　　鉴于这种毫不妥协的态度，谈判一直拖到了第二年的春天，法国人只能得到最低限度的煤炭和电力供应，这是为了避免让他们的工厂完全荒废。[23] IG 法本在一些非核心问题上态度有所软化，比如，它同意新公司的董事长交由法国人担任，并答应在非染料产品的生产中对库尔曼集团提供技术上的帮助。但是，法本公司对自己的主要诉求寸步不让，它要建立一个由 IG 法本控股的单一的全国性染料企业。德方还曾一度威胁说，如果法国人拒不服从，IG 法本就会安排没收整个库尔曼公司，因为犹太人雷蒙·贝尔（Raymond Berr）曾在战前担任过库尔曼集团的副总裁。1941 年 3 月 10 日，双方在巴黎举行会谈，最终以法国人让步收场。实际上，法方一直就没有太多选择。由于缺乏订单和原材料，他们的许多工厂被迫关闭，维希政府也受到了来自德国当局的巨大压力，因此要求法方代表务必合作。两天后，当冯·施尼茨勒宣布要成立一家新公司时，法国代表闷闷不乐地坐在新闻发布会的现场。这家名为染料和化学品公司（Compagnie des Matières Colorantes et Produits Chimiques）的企业——人们一般称它为弗朗科洛尔公司（Francolor）——将由法国人担任总裁（约瑟夫·弗罗萨尔后来被任命为总裁），但是 IG 法本将拥有该公司 51% 的股份，并且将派遣自

263

己的人担任这家公司八个最高管理职位中的四个：奥托·安布罗斯、弗里茨·特梅尔、赫尔曼·魏贝尔（Hermann Waibel）和冯·施尼茨勒本人。作为对获得这家公司控股权的回报（按战前价格估算，该公司的价值约为 8 亿法郎），IG 法本向法国人提供了一笔微薄的补偿金——这笔钱仅相当于 IG 法本在新公司所占股权的 1%，而且还是以迅速贬值的法郎来支付的。

　　虽然还有若干细节问题有待敲定（包括正式书面协议引言部分的精准措辞），但是 IG 法本的人们几乎无法抑制他们的喜悦。[24]1940 年 7 月 23 日，特梅尔、安布罗斯等人在巴黎一家花园咖啡馆里彻夜饮酒庆祝。当其他顾客离开后，这些德国人突然放声高歌，他们甚至在绕道回酒店的路上还在继续唱着。第二天早上，在与"法国绅士们"的最后一次会议上，特梅尔想起了一句流行歌词，他潦草地在一个文件夹中记录下这句话："因为强盗就在森林里（Denn im Wald da sind die Räuber)。"① 1941 年 11 月 18 日，弗朗科洛尔公司正式成立，法国各大染料制造商的所有财产和资本都落入了德国人之手。

　　但是 IG 法本对法国化学工业的掠夺并没有就此罢手。[25]威廉·曼是法本联合企业旗下拜耳公司制药部门的负责人，他同样野心勃勃，想要效仿他的同事对库尔曼集团所做的一切，将法国最大的制药商罗纳-普朗公司（Rhône-Poulenc）抓在手中。曼认为，IG 法本的权益在战争爆发前的法国药品贸易中

---

　　① 有关这项交易的文件只有很少几份被保留到了战后，纽伦堡法庭的检察官在其中发现了这个文件夹。当法庭宣读特梅尔记下的这句话时，奥托·安布罗斯咯咯地笑了起来。很明显，巴黎的那个夏天仍然能唤起他们那段美好的回忆。

遭到了严重损害，对此罗纳-普朗公司应负很大责任。最初，他想让 IG 法本获得该公司的控股权，但是他后来发现，这家法国公司的许多资产都位于维希政府控制的领土上，这就成了一个很大的问题，因为曼无法用扣押对方财产的办法来恐吓对方。于是，曼邀请罗纳-普朗公司与 IG 法本共同成立一家联合销售公司，不过在所谓的"提议"背后他暗示说，如果法方拒绝合作，它很快就会发现自己正处于激烈的价格战中——IG 法本肯定会赢得价格战——并且法国人会因为滥用拜耳的商标和专利权而被要求赔偿。当法方拒绝考虑这一提议时，曼一不做二不休，威胁要将此事交给德国政府处理——这显然已经成为压制棘手的外国企业的标准做法。这一威胁果然奏效。来自罗纳-普朗公司的反对声音消失了，名为塞拉普利克斯（Theraplix）的合资销售公司很快得到批准。此后，法国成为拜耳公司一个利润丰厚的市场，拜耳公司药品的销售额最终达到每年约 2000 万法郎。

此外，IG 法本还加强了对法国其他化工领域的控制。[26] 在 1942 年至 1943 年，德国占领当局和维希政府以提高效率和合理规划为名，关闭了大约 1300 家由私人家族经营的小型染料公司和制药企业，但与此同时 IG 法本的市场份额在不断扩张，它成为这一时期真正的受益者。在此过程中，法本公司还收购了两处合金矿山，获得了柯达公司（Kodak）在法国的感光材料部门 25% 的股份，取得了一家新成立的合成纤维联合企业的产权，最重要的是，它结束了法国产品在中立国家与 IG 法本的竞争。总之，对森林里的强盗来说，这是一笔不错的买卖。

虽然 IG 法本对法国的化学工业张开了血盆大口，但是它在西欧其他被占领国家——比利时、荷兰、卢森堡、丹麦和挪威——表现得相对克制。[27] IG 法本之所以会这样，在一定程度上，是它对德国经济部古斯塔夫·施洛特尔在柏林所下达的一项指令的回应。[28] 有报道称，随着德国军队横扫荷兰，鲁尔区的煤炭和钢铁制造商成群结队地涌向低地国家，他们做派贪婪、寡廉鲜耻，这让施洛特尔大为震惊，他坚持要求德国其他行业要加强自律。无论在哪里，对德国有利的收购都会得到支持，当然也不会反对没收犹太人的财产，但是任何新的收购方案都必须得到官方批准，它们必须以适当的方式在恰当的时间进行，要确保那些对德国战争进程具有潜在价值的重要工厂不会变成一堆废铁。由于履行官方的审批程序显然需要一些时间，IG 法本紧盯着自己在法国和波兰的更大利益，觉得没有必要赶到其他地方去蹚浑水。

法本公司之所以能保持克制，还有一个重要的原因，那就是这些国家的化学工业几乎不会对它构成威胁。以荷兰和比利时为例，它们主要生产重化工产品，IG 法本对这一门类没有太大的兴趣。与此同时，IG 法本在以高压化学为主的核心生产领域拥有非常明显的优势，因此它就能够表现得慷慨大度，乐意放对方一马。在比利时，IG 法本只是强行终止了特尔特雷（Tertre）的一家有机染料工厂的建设项目，同时巩固了它与布鲁塞尔一家颇具规模的制造商索尔维公司（Solvay et Cie）的现有合作关系；在荷兰，IG 法本仅仅是迫使该国两家主要的染料企业停产。来自挪威企业的挑战更是微不足道。挪威唯一的大型化学品制造商挪威海德鲁公司（Norsk Hydro）是 IG 法本在多个领域的合作伙伴，法本公司持有这家挪威企业25% 的股份（后来增加到31%），而且赫尔曼·施密茨在它的董事会中还占有席位。在第二次世界大战期间，IG 法本在挪威的资产并没有太大的经济价值，但是它具有重要的战略意义，法本公司曾试图向汉堡的核物理学家保罗·哈特克（Paul Harteck）提供来自威默尔克水电站（Vemork hydroelectric plant）的重水。

当然，如果德国继续入侵英国，情况就会大不一样了，因为届时强大的帝国化学工业公司就会成为 IG 法本的目标。[29] 虽然后来帝国化学工业公司的老板和英国政府都不愿意承认，但是在 20 世纪 20 年代和 30 年代，这家公司与 IG 法本之间确实有过非常密切的合作。① 如在 1929 年，帝国化学工业公司联合挪威海德鲁公司，一起加入了由 IG 法本主导的氮业辛迪加；1930 年，它又与 IG 法本、标准石油公司、荷兰皇家壳牌公司（Royal Dutch Shell）共同签署了一项协议，旨在遏制合成燃料技术的扩散。1935 年，当帝国化学工业公司在英格兰东北部的比灵赫姆（Billingham）建造一座大型氢化工厂时，IG 法本为它提供了技术支援和建议——而此时，法本公司与纳粹政权早已有过数年合作。但与此同时，这两家公司又是激烈的竞争对手，为了寻求战略优势，它们一直在设法侵占对方的市场。如在捷克斯洛伐克，帝国化学工业公司多年来一直在帮助奥西希联合体抵抗 IG 法本，而 IG 法本则利用它在日本的关系暗中破坏帝国化学工业公司在亚洲的利益。事实上，也许除了美国的杜邦公司，帝国化学工业公司才是 IG 法本最大的国际竞争对手。因此，马克斯·伊尔格纳的经济研究部一直在大力收集

266

① 在纽伦堡审判中，帝国化学工业公司与 IG 法本的关系首次被提及，但在几天之后，英国外交部的一份内部备忘录中不无感激地指出："《泰晤士报》在报道里谨慎地省略了有关帝国化学工业公司的内容。"[30]

有关帝国化学工业公司资产和产品的情报，这种做法完全在情理之中，如果纳粹德国能够成功占领英国，这些信息将成为又一场大范围收购的依据，其规模将让 IG 法本在波兰或法国的行动相形见绌。但是最终，IG 法本只能将这些情报交给德国空军，将其用于对英国城市和工业设施的轰炸。

当然，战争本身就是你来我往，空袭行动也遵循相同的原则。[31]当 IG 法本的一些高管正跟随德国国防军昂首阔步挺进时，他们在国内的同事却在紧张地注视着天空，英国皇家空军（Royal Air Force）同样在展翅飞翔。早在战争开始之前，德国当局就已经得出结论，距离德国西部边境过近的勒沃库森、奥帕和路德维希港，非常容易遭受敌人的空袭。因此，政府命令各家工厂必须定期进行防空演习，并且要预先储存生产和维修所需的原材料，以防万一。当希特勒的军队似乎就要轻松取胜时，这些预防措施有所放松，但是到了 1940 年年中，盟军的轰炸日益频繁，IG 法本的高管们不得不重新严肃地对待这一威胁。

让他们略感宽心的是，实际情况并没有他们预想的那么糟糕。在 1940 年 6 月和 12 月，盟军对该地区进行的第一波空袭中，打击目标主要集中在科隆、路德维希港和曼海姆的中心城区，因此对城市周边莱茵河畔的工厂几乎没有造成破坏——不过，这些城市作为交通枢纽，对它们的袭击一度使进出鲁尔区的原材料运输中断。1941 年 5 月、8 月和 10 月进行的第二波次打击造成了更严重的破坏，但是当时 IG 法本在当地的各级主管已经能够非常熟练地分派资源并快速完成修复。[32]虽然这些工厂往往规模庞大，这在空袭中是一大劣势（目标越大越容易被击中），不过它们临近丰富的水源却是重要的有利因素，这意味着空袭引发的大火将更容易被扑灭。在盟军积累到足够数量的飞机并战胜德国空军强大的地面和空中防御，然后采用饱和式轰炸（这种战术在战争后期被证明具有毁灭性的效果）之前，他们所进行的空袭与其说是真正的威胁，不如说只是一种麻烦。

除了空袭，劳动力的迅速流失是 IG 法本在国内面临的最大难题。[33]早在战争爆发之前，IG 法本就失去了数千名工人，不管是因为自愿还是因为征召，他们中有些人加入了武装部队，另一些人则转到了军工企业。起初，为了填补离职工人的空缺，大约有 4000 名德国征募劳工被补充到法本工厂中——这些男人由于年龄原因、政治上"不够可靠"或体弱多病而被认为不适合服兵役。但是，随着军方订单数量的不断增加，IG 法本在各地的经理感到有必要采取更激进的措施，如招聘女工。与英国和后来的美国不同，纳粹政权不赞成在工业生产中使用妇女，在整个战争期间，它的这一态度给 IG 法本（和其他大型制造类企业）造成了很大的困难。尽管如此，当 IG 法本参加了一项让部分生产环节实现自动化，以降低劳动强度的计划之后，纳粹当局最终同意适当放宽限制。从 1939 年至 1941 年初，有超过 3 万名妇女进入重工业部门工作，其中约有 3000 人最终被分配到 IG 法本。

但是与技术娴熟的德国男性工人的数量相比，女性劳工在工业中的占比仍然是微乎其微。[34]于是，IG 法本不可避免地要再次效仿卡尔·杜伊斯贝格等人在第一次世界大战期间的做法——尽管这种做法一直饱受争议：从中立国家招募外籍劳工，从被占领土征用工人。1940 年 6 月 21 日，第一批 500 名

268

比利时战俘抵达路德维希港。在六周时间内，一支由大约1000名意大利和斯洛伐克志愿者组成的劳工队伍也加入进来（他们中的一些人是因为更高的工资承诺才背井离乡来到德国的）。到当年晚些时候，IG 法本又在法国和荷兰强行征召了数千人。

虽然 IG 法本的各地主管因为得到了更多男性劳动力而感到庆幸，但是他们最初还是有所担心，怕这些新来的工人可能会在公司最近雇用的德国妇女中引发问题，为此主管们警告女员工，不要与外国人或者战俘有所来往。"与囚犯接触，必须以工作关系为前提。否则将会受到严厉处罚……请谨记，我们的父辈、兄弟、子侄、同事都在前线进行着艰苦的战斗。"[35]但是这种谨慎完全是不必要的；即便是最热情的外国工人，也不太可能愿意在下班后与他们的德国"同事"有所接触：他们生活在远离工厂车间的地方，被关押在专门为他们建造的工棚和战俘营里，那里的伙食很差，条件相当简陋，居住环境让人感觉冰冷、狭窄、压抑，每一天都是煎熬，他们根本没有过多精力去做别的事情。[①]

不过，外籍劳工的到来似乎确实缓解了工厂的一些压力。[36]法本公司的产量迅速上升，管理人员可以更从容地调整多余的民用产品的产能，以满足当时源源不断的军需订单。在洛伊纳，为民用市场生产的汽车合成燃料已经几乎完全停工，取而代之的是生产陆军和空军所需的高辛烷值柴油，而勒沃库

269

———————

① 虽然这些被征召来的外国劳工在战争初期忍受了种种痛苦，但是他们中的大多数人来自"文明的"西欧或南欧，因此也得到了与其身份相符的待遇：与后来落入 IG 法本手中的波兰人、俄国人和犹太人相比，他们所经历的苦难根本算不了什么。

森、伍珀塔尔（Wuppertal）、兰德斯堡、沃尔芬、奥帕、法兰克福和慕尼黑等地工厂的情况也差不多，纯粹的"民用品"生产已经被彻底边缘化了。

随着工厂的顺利运转，IG 法本终于能够将注意力重新投向国外市场，这些市场在和平时期的最后几周里曾经一度遭到忽视。法本公司昔日的海外伙伴对重新合作的前景表示欢迎，但是他们很快就发现，在战时与 IG 法本合作会带有一些意想不到的附加条件。

1939 年 9 月入侵波兰让斯特林产品有限公司的威廉·韦斯感到震惊。[37]自从 20 世纪 20 年代与卡尔·杜伊斯贝格合作以来，他一直与 IG 法本旗下的拜耳公司保持着良好的关系。虽然两家公司偶尔也会发生争执，比如，围绕拜耳品牌具体在某个国家的权利归属，有时候双方律师还会在法庭上唇枪舌剑辩论不休，但是韦斯从来不让这些纠纷影响到他的个人友谊，尤其是与 IG 法本制药部门负责人威廉·曼的友谊。当然，韦斯读过报纸，听过所有关于阿道夫·希特勒和德国正在发生剧变的故事，但是他对欧洲政治的理解还是过于粗浅。因此，当威廉·曼刻意淡化新政权令人厌恶的一面并告诉他，新的统治者支持商业发展，而且有关犹太人受到迫害的指控并非事实时，韦斯接受了这些说法，打消了心中的疑虑。即使当他得知，IG 法本派驻拉丁美洲的商业代表马克斯·沃雅恩被迫停止了在畅销的反纳粹报纸上投放广告，以及法本公司在该地区的巡回销售团队正在分发纳粹宣传品时，他仍然抱着乐观的态度。然而，真相早晚会浮出水面。IG 法本向斯特林公司提出要求，让它为差不多 20 年以前就已得到的商标和专利权支付十万美元的年费，而这样做只是为了安抚纳粹政权，此时韦斯才终于恍然大悟，意识到纳粹党对法本公司的影响之深。

270　　即便如此，事态发展之快还是让他措手不及。战争开始时，英国像 20 年前一样封锁了德国的跨大西洋贸易，危及 IG 法本在南美热销的阿司匹林品牌卡菲阿司匹林的出货量，这款产品能够为法本公司带来巨大的利润。[①] 韦斯认为，绕过障碍的唯一办法就是在伦斯勒的斯特林公司自有工厂生产这款药品，并从那里向南美地区供货。根据多年经验他能够猜到，IG 法本很可能会把他的这种做法看作一种挑战，即斯特林公司正试图将 IG 法本从这个最赚钱的市场中排挤出去。于是，他想出了一个借口。他提出要接手 IG 法本在拉丁美洲销售的所有药品的生产和销售，并且为德国人托管这些生意直到战争结束。[38]这个提议对赫尔曼·施密茨来说犹如雪中送炭：这位 IG 法本的老板正在想方设法隐藏法本公司在美国的一系列资产，同时他也注意到保护 IG 法本利润丰厚的南美市场的重要性。[②]事实上，他已经批准了一项类似的"隐蔽"方案，帮助 IG 法本向南美大陆出口感光材料和溶剂，其中涉及一个名叫阿尔弗雷多·莫尔（Alfredo Moll）的中间人，他在布利诺斯艾利斯工作。因此，施密茨愿意接受韦斯的提议，唯一的条件是必须起草一份具有绝对约束力的合同，以确保一旦局势恢复正常，

① 根据韦斯 1923 年与拜耳（1925 年加入 IG 法本）达成的协议，卡菲阿司匹林在勒沃库森生产，然后交由斯特林公司在南美销售，韦斯方面从中抽取 25% 的利润。

② 后来在纽伦堡法庭上，检察官列出了 117 家分布于中美洲和南美洲的 IG 法本子公司、贸易伙伴、销售代理和其他由法本公司持股的企业，证明法本公司在该地区拥有广泛的商业利益。此外，还有几十家该地区的公司被排除在这份名单之外，因为调查人员无法确定它们与 IG 法本的确切关系。

可以让一切回归原状。就这样，双方签订了协议，就像许多
IG 法本的海外交易一样，这项合作也隐藏在一系列精心设计
的幌子公司背后。不幸的是，对韦斯来说这笔交易有一个巨大
的缺陷：无论从哪个角度来看，斯特林公司都变成了 IG 法本
的直接子公司，而 IG 法本如今在世界许多地方都被视作纳粹
政权不可或缺的一部分。

　　接下来发生的事情似乎是不可避免的。1940 年 6 月，德
国空军开始轰炸伦敦，随着每一部新闻片在美国影院上映，社
会上反对德国的舆论也日益强硬起来。[39]联邦调查局的 J. 埃德
加·胡佛（J. Edgar Hoover）敦促司法部围绕纳粹对美国工业
领域的渗透展开调查，参议院也紧随其后，调查结果的细节很
快就被透露给了新闻界。1941 年 5 月 29 日，《纽约先驱论坛
报》（New York Herald Tribune）发表了一篇关于美国企业在南
美医药贸易中肮脏交易的文章——作者宣称希特勒在暗中操纵
这些交易，将其中的盈利用作战争经费——并将卡菲阿司匹林
和斯特林公司列为罪魁祸首。很快，从财政部到证券交易委员
会（Securities and Exchange Commission），所有人都不约而同
地将目光转向威廉·韦斯的业务。

　　鉴于强大的审查力度，联邦调查人员很快就发现了韦斯与
IG 法本之间的秘密交易，随后他遭到指控，罪名是与潜在的敌
国势力相互勾结。[40]在压力之下，韦斯的生意面临土崩瓦解。斯
特林公司在伦斯勒的工厂停止为南美地区继续生产和运输 IG 法
本的药品，6 月下旬，它的资产被财政部暂时冻结，甚至连获利
颇丰的卡菲阿司匹林品牌也受到拖累——斯特林公司不得不承
诺将推出一款全新产品，它将采用新的名称，与曾经为它赚过
很多钱的德国产的阿司匹林展开竞争。虽然韦斯心烦意乱，但

271

是他知道，如果不配合联邦政府他就很可能会受到刑事指控。1941 年 8 月 15 日，他在发给勒沃库森的电报中通知 IG 法本，他必须终止双方签订的所有协议。IG 法本愤怒地回复，坚持要求对方履行合同条款，但是没有得到任何回应。两天后，美国当局禁止韦斯在斯特林公司担任一切职务，但是允许这家公司在新团队的管理之下继续经营。12 个月后，韦斯死于一场车祸。

与此同时，标准石油公司作为 IG 法本在美国最大的合作伙伴，处境更为艰难。[41]战争爆发时，弗兰克·霍华德正在巴黎，他尝试通过已经濒临瘫痪的法国电话系统，在最后一刻敲定与 IG 法本的交易——标准石油公司想要收购 IG 法本在合资公司标准石油-IG 公司中所占的 20% 股份。虽然交易取得了进展，但是一切都发生得如此匆忙，以至于许多细节都没有来得及解决，尤其是霍华德最关心的问题：如何将 IG 法本最重要的专利权合法地转让给标准石油公司。由于无法直接与法兰克福或柏林取得联系，霍华德只好向纽约方面求助，让纽约的同事帮忙给 IG 法本传递他的建议，希望能够尽快在中立国与 IG 法本的高管会面。

会谈时间最终被安排在 1939 年 9 月 22 日，会谈地点是荷兰海牙（当时荷兰还是中立国）。但是在谈判举行之前，与会双方必须克服旅途中的种种困难，并且预先取得各自政府对会谈的首肯。这些工作对霍华德来说并不复杂；他在抵达伦敦之后，得到了美国驻英国大使约瑟夫·肯尼迪（Joseph Kennedy）的支持，肯尼迪还设法与英国外交部疏通了关系。[①]

---

① 奇怪的是，美国的一位商界大佬提议要与一个正式参战国家的代表举行会议，而英国政府对这一消息丝毫不感兴趣。

但是，IG 法本方面却没有这么顺利，它委派合成燃料专家海因里希·比特菲施向纳粹当局再三申请，才获准参会。比特菲施对政府解释，法本公司出售它在标准石油-IG 公司的股份只是权宜之计，这是隐藏资产的一种方式，也是保护具有战略价值的重要专利的最佳手段，否则这些专利肯定会被敌国政府没收。一旦战争结束，这些权利就会被公司全部收回。与此同时，比特菲施向纳粹官方保证："德国的利益不会受到损害。"[42]

当霍华德现身会场时，他发现 IG 法本的专利专家弗里德里希·林格（Friedrich Ringer）正在等他。[43]大部分悬而未决的问题很快就得到了解决。林格签字移交了超过 2000 项专利的使用权，IG 法本同意，标准石油公司今后将在美国及其盟国享有这些专利的独家使用权，而世界其他地区的专利权则仍然归 IG 法本所有。林格还告诉霍华德，IG 法本现在认识到，将法本公司在联合美国科研公司的 50% 股份转让给瓦尔特·杜伊斯贝格是个错误：美国当局肯定会发现这是 IG 法本在企图掩盖它在这家企业中的股权。因此，林格获得授权，要将杜伊斯贝格名下的联合美国科研公司股权出售给标准石油公司。整个联合美国科研公司，还有梦寐以求的 IG 法本丁钠橡胶专利权，这自然让霍华德兴奋不已，但是当他发现法本公司仍然无法或不愿意提供实际生产中所涉及的技术细节时，原本澎湃的心情再次一落千丈。林格承诺回到德国后会向上级反映此事，同时他坚称自己无权批准转交技术信息。

1939 年 10 月 16 日，IG 法本给标准石油公司发去了一份电报，其中对这个问题做了最终说明。[44]按照协议，法本公司正在为转让丁钠橡胶专利进行资料上的准备，但是"对于贵方所提出的有关技术信息的问题……我方不得不通知贵方，在目前情况下，我方无法提供此类信息"。一直到最后，法本公司还是设法隐瞒了真正具有价值的技术细节。正如比特菲施当初所保证的那样，德国的利益得到了保护。

而此事也关系着美国的利益。因为法本公司一直严守丁钠橡胶的秘密，所以直到 1941 年 12 月，在日本偷袭珍珠港，并且派遣军队横扫东南亚之后，它所造成的全部后果才最终显现出来。由于日军切断了世界上最大的天然橡胶供应，美国不得不依靠本土资源。几个月后，橡胶短缺变得越来越严重，在投入了巨大的人力、物力之后，美国科学家终于开发出他们自己的合成橡胶技术。

美国同日本和德国相继宣战，对标准石油公司来说，更直接的后果是，美国司法部于 1941 年 3 月开始的一项反垄断调查走向继续深入，它要揭开这家石油巨头与 IG 法本之间的关系。[45]不久，标准石油公司与德国人长期合作的方方面面都被揭露出来。结果，标准石油公司及其六家子公司，以及沃尔特·蒂格尔、弗兰克·霍华德和沃尔特·法里什（Walter Farish，继蒂格尔之后出任公司总裁），被指控与 IG 法本公司共谋在全球范围内限制合成油和橡胶的贸易并最终被判有罪。与此同时，美国的外侨资产托管人利奥·克劳利（Leo Crowley）查封了 IG 法本在美国的所有资产，包括标准石油-IG 公司和联合美国科研公司的所有股票和专利。虽然石油公司高管们的律师设法通过谈判将被告人的个人罚金降至每人仅5000 美元，但是蒂格尔、法里什和霍华德很快就收到传唤，到参议院各委员会群情激愤的听证会上为自己的行为进行解释，这让他们在公众面前颜面尽失。1942 年 11 月，来自股东的压力最终迫使他们黯然辞职。同样可以预见的是，在经过董事会重组之后，标准石油公司这家全国最大的石油企业幸存了下来。在战争期间，任何一届政府都不会强迫这样一家企业倒闭——无论它的最高管理层在行为上有多么不光彩。

如果在 1940 年，面对标准石油公司在美国的窘境，IG 法本公司中有人曾感到丝毫愧疚的话，他们所表现出来的要么是无奈地耸耸肩，要么就是沉默不言。最重要的是，德国通过巧妙的手段，守住了一项被证明极具价值的技术工艺的秘密。实际上，德国对合成橡胶的胃口超出了所有人的预想。到 1940 年 1 月，施科保工厂已经达到了年产四万吨的目标，而 IG 法本第二座丁钠橡胶工厂许尔斯工厂的产量到 6 月份已经接近最高水平，然而这仍然无法满足德国国防军的需求。战事进行到 1940 年夏末，德军的高级指挥官们心里非常清楚，在波兰和西欧的战役让有限的资源几乎消耗殆尽，而英吉利海峡另一边的英国仍然在顽强抵抗，这场战争似乎还要持续一段时间。1940 年 9 月，希特勒的将军们提醒他们的元首说，必须解决原材料短缺问题，特别是如果他要继续进攻苏联的话。他们最大的要求就是提高丁钠橡胶的产量。[46]

1940 年 11 月，德国经济部和国防军最高统帅部（Wehrmacht high command）召集 IG 法本的代表参加了一系列绝密会议，其间向他们透露了第三帝国的需求。[47]双方很快就达成了共识，同意再新建两座合成橡胶工厂。第一座工厂可以在路德维希港的现有设施基础上进行改造，工程很快就能完工；另外一座将建在德国新占领的东方领土上，它将位于盟军轰炸机的航程之外，它的产能将满足预计会激增的需求。建设的速度至关重要；施工方面所有烦琐的行政手续全都被一笔勾销；必须尽快确定工厂的选址。

为此，IG 法本的奥托·安布罗斯前往西里西亚，开始对可能的建厂地点进行仔细的考察。[48]他要找的地方必须有丰富的煤炭、丰沛的水源、便捷的铁路交通，最重要的是，当地要有充足的劳动力。1941 年 2 月 6 日，他找到弗里茨·特梅尔和卡尔·克劳赫，三个人坐在一起开始讨论他的考察结果。安布罗斯告诉他们，他找到了一个非常理想的地点。那是在波兰占领区内的一座小镇附近……

第 11 章　奥斯维辛的合成橡胶

在丹尼斯·埃维（Dennis Avey）的记忆中，这一天的开始和
往常并没有什么两样。当天一大早，他所在的小队就被催促着赶
往施工现场，分派给他们的任务是为工厂即将建成的一个变电所
铺设电缆。像平时一样，这些人尽量不慌不忙地往前走，他们笨
拙地摆弄着自己的器材，故意妨碍对方的工作，当警卫的注意力
转移到其他地方时，他们就抓住机会，小心翼翼地放下工具休息
片刻。在其中一次休息时，埃维站直身子伸展四肢，以舒缓背部
的酸痛，他下意识地环顾了一圈四周，注意力瞬间被明亮的电弧
和火花吸引，那是高耸的脚手架上电焊枪发出来的光芒。脚手架
环绕着 921 号大楼上面的一座烟囱，它是施工现场五座巨型烟囱
之一，也是其中最大的一座。集中营里一些爱说笑的人曾经把这
些高塔称为"玛丽皇后"号（Queen Mary），这是一艘著名的跨
大西洋邮轮的名字，但是这个称呼并没有真正流行起来。[1]

有一名武装党卫军士兵站在几十码开外，在他冷峻的目光
注视下，一支由"条纹衫"（stripeys）组成的"特遣队"
（Kommando）正在沟渠中忙碌。① 雨一直在下，已经下了好几

---

① 在英国战俘的俚语中，"条纹衫"可以指政治犯、刑事犯或犹太人，但
是不包括战俘。"特遣队"是集中营里对劳动队的称呼，一支"特遣队"
最多可以有 50 名囚犯。

个小时，地上的泥土早已与地面冰冷的雨水融为一体，黑色的泥浆沾满了他们瘦弱的面孔与双手，甚至很难辨认出他们竟然是人。毫无疑问，他们就是人，一群正在拼尽全力安装沉重的陶瓷管的人，泥泞湿滑的沟底让他们很难站稳，另一群人则拿着镐头和铁锹，徒劳地将脚下的淤泥铲上沟口，但是泥浆很快又都滑落回沟底。埃维知道，如果特遣队中的任何一个人对这项毫无结果的任务表现出丝毫懈怠，他们的队长，或者说狱头（kapo）——他往往是受到上面欣赏的刑事犯，条纹外衣上绿色的三角形标识出他的身份——就会拿起一根棍子狠敲他们的脑袋。

埃维已经无数次被这种囚犯之间地位上的差异震撼。作为一名英国战俘，他显然比沟渠中那些饥肠辘辘、筋疲力尽的囚徒（Häftlinge）要幸运得多。他很少挨打，伙食和衣服也相对更好。比如，在那件破旧的军大衣下面，他还穿了一件厚厚的军用束腰外套，虽然上面打着补丁，尺寸也不太合适，但是至少能够为他遮挡刺骨的风雨。他脚上还有一双靴子，而"条纹衫们"只能穿着破木鞋站在泥水里，那鞋子永远都是快要散架的样子。然而，当他环顾四周的时候，他还是诅咒命运把他带到了这个可怕的地方。在每一个方向，他都能看到一群又一群特遣队的囚犯，到处是尚未完工的建筑物，这些人就在建筑物之间的泥地里忙碌着，他们每一队人后面都跟着带队的狱头和负责看管的党卫军看守。有一些人推着独轮车，上面堆着高得离谱的砖块和一袋袋水泥；另一些人则扛着巨大的铁梁、金属管或铁路枕木，被压得直不起腰。尽管囚犯们的脚步踉跄，他们仍然在小跑着完成这些工作；带队狱头下达命令时就像是在咆哮，他们的音量甚至盖过了工地上锤打和焊接的喧

嚣，以及警犬亢奋的狂吠声。一股酸臭味弥漫在空气中，这是　　278
湿漉漉的水泥、长期没有洗过澡的身体、露天的厕所和卷心菜
汤散发气味的混合，除此之外，还有另一种更可怕的气味，一
种甜腻的令人作呕的腐臭味，它黏在喉咙和鼻子里，黏在衣服
和头发上。这股气味的源头在西边几公里之外，但是风经常会
把它吹过来。

埃维永远不会忘记那股味道。"我们都知道它代表什么，
也知道它的来历。当它飘过来的时候，你的一部分意识会试图
忽略它。大脑中会有反复的斗争，然后说服自己，你要考虑的
只是自己如何活下去，而不是发生在其他人身上的事情。但是
在那里经常可以闻到这种气味，此后的很多年里我还会在噩梦
中回想起它。"

为什么丹尼斯·埃维会来到这里，这一切还要从头说起。
埃维原本是一名见习工程师，1939 年加入了英国陆军，随第
七装甲师前往北非，在利比亚同意大利人作战时被俘。在经历
了三次失败的越狱和转换了无数个战俘营之后——包括有一次
被囚禁在德国可怕的煤矿深井中——他和其他 1200 名英国战
俘一同被带到这里，被迫和成千上万的犹太人、俄国人和波兰
政治犯一起参与第三帝国最大的建筑工程建设。在可怕的环境
中生活了几个月之后，他开始怀疑自己是否还能再撑下去：
"殴打，持续的暴行，就发生在你的身边。我每天都会目睹六
七个人被杀，或者因为劳累死在他们工作的地方。我不得不告
诉自己，把目光移开，试着去适应这一切。"

但是他无法真的做到习以为常。在那个特别的日子里，事
情突然就发生了。当埃维站在那里舒展筋骨的时候，一个犹太
人囚犯在泥泞中蹒跚而过，他努力保持着平衡，尽量把手中的

一大块木板牢牢抓住。但是这木板还是从他的手中滑落了，没等他捡起来，一名党卫军看守就扑了过去，把他推倒在地，大声咒骂并用枪托反复击打他的头部。"我根本没有时间考虑。我也不知道是为什么。我见过很多人像这样挨打，但是这一次我无法控制自己。于是我冲了过去。但遗憾的是，我没有看到有个党卫军军官从我身后走来。他掏出手枪，狠狠砸在我的脸上。然后我失去了一只眼睛。"埃维昏了过去，他根本不知道自己要维护的那个犹太人囚犯是谁，也不知道那个人随后会发生什么。但是埃维不抱任何幻想。"如果他没有被当场杀死，那他很可能会被带到几公里以外的比克瑙（Birkenau），然后像其他人一样被毒气毒死。"

这就是奥斯维辛的 IG 法本合成橡胶工厂的待人之道。

39 岁的时候，奥托·安布罗斯找到了那个他寻找已久的地方。在他的童年时代，他的父亲，一位农业科学家，就经常带他去工作的实验室。[2] 这段经历让安布罗斯非常渴望成为一名工业化学家。这股热情贯穿了他的整个求学时代，从巴伐利亚的学校（他当时的一个朋友就是未来的党卫军领袖海因里希·希姆莱）到进入大学，然后在新成立的 IG 法本公司担任研究职务。几年之内，他对化学研究的饱满热情、积极主动的做事风格和友善的为人态度，引起了卡尔·博施、卡尔·克劳赫和第二事业部主管弗里茨·特梅尔的注意。后者直接把安布罗斯招至麾下，安排他到路德维希港工作。这一切迅速点燃了这个年轻人的热情，他着手做自己最期待的项目——将丁二烯分子与钠元素结合起来制造合成橡胶。不久之后，特梅尔将他派往南亚进行考察，让他到种植园中实地了解天然橡胶的生产方式并收集有关生产成本的重要信息，以便在申请公司的项目资金时，特梅尔可以使用这些数据。这不只是一次激动人心的考察之旅，回到德国后不久，安布罗斯便成为 IG 法本在合成橡胶领域最核心的研究者——合成橡胶已经被纳粹政权视为实现其战略资源自给自足的关键要素——他将自己的毕生所学和大量精力都投入该产品的技术攻关中。1936 年，当施科保工厂生产出第一批仅有几磅重的丁钠橡胶时，他非常兴奋；1937年，当这种合成材料在巴黎国际博览会上获得金奖时，他也一同沉浸在巨大的荣耀中。此后，安布罗斯成为一颗冉冉升起的新星。

　　但是，安布罗斯的惊人崛起并不只是因为他的化学专长。其实，他还怀有巨大的野心，并且善于利用身居高位的朋友。对安布罗斯而言，特梅尔一直是一个强大的盟友，但是前者也一直与卡尔·克劳赫保持着密切的联系，在"四年计划"的黄金年代，他与希姆莱多年的友谊也提高了他的地位。因此，他得到越来越多的自由，他可以充分发挥想象力，去思考如何更好地履行 IG 法本对国防军的承诺（他甘愿承担法本公司毒气研发计划的重任，这表明他对这种合作关系的后果漠不关心）。到 1937 年，也就是安布罗斯加入纳粹党的那一年，他凭借自己日益增长的影响力，顺利进入了法本公司的董事会，成为负责橡胶和塑料业务的董事——他坐在了德国在备战时期一个至关重要的位置上。

　　虽然安布罗斯后来坚持说，他并没有特别热心于增加 IG 法本的丁钠橡胶产能（其理由是，管理现有的产能已经是很大的挑战），但是毫无疑问，在 1940 年秋天，当政府的经济部和德军最高统帅部提出迫切要求时，他非常热情地给予了回

280

应。[3] 其实，IG 法本已经独自在提高产能方面采取了一些的行动，早在 1939 年它就投资近 400 万帝国马克，在布雷斯劳附近的拉特维茨（Rattwitz）为兴建一座合成橡胶厂打好了地基。在德军成功入侵法国之后，似乎已经没有必要再增加丁钠橡胶的产能，这个项目随即也被束之高阁，但是安布罗斯知道，至少在理论上，这个项目还可以重新启动。

从一开始，IG 法本就对选择在拉特维茨建厂不太满意——那里有许多地质和地形问题——因此，在承诺将满足国防军不断增加的需求之前，安布罗斯决定看看其他地方是否有更好的选择。[4] 制造丁钠橡胶需要用到大量煤炭、淡水和石灰，而且合适的地形对工厂的建造也非常重要。在他战前的旅行中，安布罗斯知道有一个地区拥有所有这些条件——那就是上西里西亚（Upper Silesia），这里以前是德国的一部分。在波兰被占领之后，该地区的煤田（1921 年失去）又回到了德国人手中，调查证据表明，这些煤矿储量丰富，而且未被充分开发。该地区还有丰富的石灰石矿藏，几条主要河流纵横交错，这些对于一家合成橡胶工厂来说都是至关重要的——为了达到生产目标，每小时它都需要获得超过 14 立方米的淡水。

安布罗斯拿出地图，和下属们一起对多个地点进行了实地走访。[5] 为了防止备选方案无法达标，他们再次考察了拉特维茨，然后前往下西里西亚（Lower Silesia）的海德布莱克（Heydebreck）、格罗斯霍维茨（Grosshowitz）和格罗斯-多本（Gross-Dobern），后两处均在奥珀伦（Oppeln）附近，还有埃米利恩霍夫（Emilienhof）——在戈戈林（Gogolin）附近。①

---

① 后来 IG 法本在海德布莱克兴建了一家合成燃料工厂。

当他的队伍进一步向东进入上西里西亚时，安布罗斯提醒部下要注意所有的公路和铁路线路并要求他们牢记，任何备选区域都必须能够承载大量拥入的人口——管理人员、工程师和专业工人，他们将从 IG 法本在莱茵河流域的母厂搬迁到这里。尤为重要的是解决这些人的居住问题。房屋短缺是该地区的致命弱点，安布罗斯知道，除非他能找到解决这个问题的办法，否则新工厂将很难吸引高级员工前来。

安布罗斯是在什么时候第一次接触到奥斯维辛（Auschwitz）——或波兰人所说的 Oswiecim——的周边地区，目前尚不清楚，不过很有可能是在 1940 年 11 月下旬，当时有传闻说另一家德国企业石油开采有限公司（Mineralölbau GmbH）正考虑在附近开设一家工厂，安布罗斯因此可能会到那里去了解情况。无论如何，到 12 月中旬，奥斯维辛已经在安布罗斯的"备选"清单上被列为首选目标，其中有一个地点让他特别感兴趣。这个地方坐落在奥斯维辛和附近两个村庄莫诺维茨（Monowitz）与德沃里（Dwory）之间的一大块平地上，位于维斯图拉河（Vistula）、索拉河（Sola）和普热姆沙河（Przemsza）三河交汇处的南部。这里的地势稳固，适合建筑，而且由于它高出水平面近 20 米，一般而言它不会遭到洪水的威胁，非常安全。此外，维索拉（Wisola）、布热什切（Brzeszcze）、齐迪茨（Dzieditz）和雅韦索维茨（Jawiszowitz）的煤矿都在附近，而且此地距离克拉科夫（Krakow）周围更大的矿区只有 30 多公里，这就进一步增强了该地区的吸引力。这里的交通状况也相当便利，有三条主要的铁路线在该地区汇合。[6]

通过询问当地政府，包括德裔市长古切（Gutsche）先生，安布罗斯的专家们对奥斯维辛的实际情况有了更多了解。[7]他们不得不承认，这个地方并不算吸引人："除了宽阔的市集广场之外，城镇本身给人的印象非常糟糕。"但是，正如他们向安布罗斯报告的那样，仅就住宿情况而言，当地可能会有一些优势："奥斯维辛的居民包括 2000 名日耳曼人、4000 名犹太人和 7000 名波兰人。日耳曼人都是农民。如果工业在这里建立起来，犹太人和波兰人将会被转移到其他地方，这样一来，这座城镇就能够满足工厂职工的居住需要。"

安布罗斯还注意到了奥斯维辛的另外一个重要特点。[8]1940年 3 月，党卫军占领了该镇过去的奥地利骑兵兵营，正在将其改造成一个关押波兰政治犯和战俘的拘留营。进一步了解后他才知道，那里已经关押有几千名囚犯，而且预计还会有更多犯人。当安布罗斯准备返回德国向公司董事会汇报此行的结果并讨论各地的优势时——尤其是他在哪里才能找到必要的建筑劳工的问题——最后这一条信息在他的头脑中挥之不去。

希特勒计划将波兰作为对抗苏联的缓冲区，这是建立奥斯维辛集中营的大背景。[9]按照 1939 年 8 月他与斯大林达成的协议，波兰的一半国土和 2000 万人口将被置于第三帝国的控制之下。根据 1939 年 10 月 7 日公布的《巩固德意志种族法令》(Decree for the Consolidation of the German Nation)，元首的设想是要按照纳粹的种族主义和帝国主义意识形态，将这片领土的西部地区（上西里西亚、但泽－西普鲁士、瓦尔特高及东普鲁士）完全德意志化。这将涉及驱逐当地居民、安置新迁入的德国人口，当然，这还包括系统性地清除所有犹太人和犹太人影响。德控波兰占领区的其余部分——被称为"总督辖区"

（General Government），实际就是殖民地，它的行政中心位于克拉科夫——将置于党卫军和军事统治之下，遭受经济上的剥削，这里还将成为收纳波兰人、犹太人、政治反对派和其他不良分子的"垃圾场"，直到纳粹政权能够找到更为持久的解决方案。

让安布罗斯感到满意的是，党卫军帝国领袖（Reichsführer）海因里希·希姆莱被安排负责这个"重新安置"（resettlement）计划。[10]希姆莱一直怀有一个想法，他要建立一个属于纯正日耳曼人的东欧，这个新的职位为他实现这一野心提供了机会。此外，他还由此找到了借口，让他可以光明正大地不断扩大党卫军组织，进而提高他的地位，使他在希特勒面前能够与戈林和戈培尔并驾齐驱。希姆莱已经迈出了第一步，将他手中控制的各邦警察部门合并在一起。安全警察（Sicherheitspolizei，缩写为 Sipo）——由盖世太保（政治警察）和刑事警察（Kripo）组成——已经与党卫军保安处（Sicherheitsdienst，缩写为 SD）合并为一个新的机构，即帝国保安总局（Reichssicherheitshauptamt，缩写为 RHSA）。在他的副手、党卫军保安局局长莱因哈德·海德里希（Reinhard Heydrich）的领导下，帝国保安总局将成为希姆莱对被占领国家进行剥削和奴役的主要工具。

海德里希是最适合从事这项工作的人。甚至在他获得新的晋升之前，他就曾在被征服的波兰领土上实施过恐怖统治。入侵波兰前夜，在希姆莱首肯和赫尔曼·戈林授权下，海德里希安排了七支党卫军和保安局的别动队（Einsatzgruppen）随同德军越过边境。别动队的主要任务包括，清除任何有可能组织起来反抗德国统治的人——于是，海德里希的手下对当地的律师、医生、教师、贵族、高级公务员、商人、地主、知识分子、作家和牧师痛下杀手。此外，别动队还对所谓违反军法的平民进行野蛮的报复性袭击，他们为了确保给德军伤员腾出床位而杀害精神病院的病人，并且越来越频繁地对犹太人进行屠杀。尽管如此，别动队针对犹太人的野蛮举动在海德里希看来做得还远远不够。对波兰的征服使大约 200 万犹太人处于德国的控制之下，其中约有 70 万犹太人生活在将被吞并的地区，其余的则分散居住在波兰总督辖区内的乡村。在把犹太人赶出德意志祖国之后，纳粹领导人决心把他们也赶出第三帝国新兼并的省份。

1939 年 9 月 21 日，海德里希将几支党卫军别动队的指挥官召回柏林，商讨纳粹政权对"犹太人问题"的处理办法。虽然措辞谨慎，但是内容仍然让人不寒而栗，这次会议为即将到来的噩梦确立了行动框架。他首先强调："所设想的总体措施（即最终解决方案）必须严格保密。"必须对"最终解决方案（需要相当长的时间）和达成这一目标的各个阶段"做出区分。第一个阶段，即"将犹太人从农村向大城市集中"，必须迅速实施。如果可能的话，波兰西部大部分地区"应该完全清除犹太人"，或至少应该把他们聚集在尽可能少的安置中心。在波兰的其他地方，犹太人应该只集中在位于铁路枢纽或铁路沿线的城市，以便"日后的措施更容易实施"。

在希姆莱规划好华沙和罗兹（Lodz）的犹太人区六天之后，他将海德里希提拔为新的帝国保安总局局长，这预示着未来的情况将会更糟。当希特勒的《巩固德意志种族法令》赋予希姆莱对某个种族拥有生杀予夺的权力时，党卫军、帝国保安总局和海德里希的别动队已经做好准备，他们身上的野蛮力量即将付诸行动。

1940 年初，奥斯维辛的旧骑兵站第一次引起希姆莱的注意，当时他正在考虑如何巩固对边境地区的统治，同时也在寻找合适的地方建造集中营来关押政治上的反对派。[11]起初，人们对选择这一地点是否合适还抱有怀疑。希姆莱的检察员提醒前者，军营建筑早已破旧不堪，而且那片土壤松软潮湿，容易滋生疟疾。但是，他们指出这里最大的优势是很容易与外界隔绝，这始终是集中营选址的一个理想因素。此外，正如奥托·安布罗斯后来所注意到的那样，该地区有良好的交通网络，这将使运输囚犯更加便利。然而，在希姆莱的眼里，最不可抗拒的因素竟是一些更浪漫的东西。五个世纪以前，这个地区曾经处于日耳曼人条顿（Teutonic）骑士的控制之下，直到后来它被人夺走，这在日耳曼历史上是一段非常有魅力的往事，希姆莱认为这个细节非常重要，不容忽视。他开始设想如何利用监狱劳工把奥斯维辛变成一座模范的日耳曼城镇，其中居住着纯正的雅利安人，他们将通过自己的农庄实现自给自足。同时，希姆莱还将纠正这个历史性的失误并以此为使命，为恢复日耳曼人的种族强权再向前迈出一步。1940 年 4 月 27 日，他正式批准兴建奥斯维辛集中营。

第一批受此影响的人是 1200 名波兰难民，他们被驱逐出兵营旁边的临时住所，还有 300 名来自奥斯维辛镇的犹太人，党卫军强迫他们清理营地[12]1940 年 6 月初，当集中营正式宣布启用时，1000 多名来自克拉科夫和维斯尼茨诺维（Wisnicz Nowy）附近监狱的波兰人——其中大部分是士兵和学生——被带到这里，他们要对营区做进一步的建设。随后在 8 月和 9 月，又先有 1666 名和 1705 名政治犯从华沙被运送而来。在最初这个阶段，这些新囚犯大多是波兰的政治知识分子，也包括一些犹太人，他们是在党卫军别动队的占领区行动中被清除出来的。虽然他们不是有组织屠杀的目标，但是他们还是会经常遭到党卫军的残暴对待：饥饿、骚扰、难以忍受的工作条件、不分青红皂白的殴打、绞刑和枪杀。到1940年深秋，随着第一阶段的建设接近完工，希姆莱的规划师们已经为他雄心勃勃的农业计划拟定好方案，7000多名囚犯走进了营区大门，党卫军集中营里常用的侮辱和镇压手段也已准备就绪。然而，奥斯维辛要成为所有纳粹集中营中规模最大、手段最残酷的一个，还有相当长的一段路要走。要实现这一点，需要新的契机。

没有人知道，希姆莱是如何首先发现 IG 法本对奥斯维辛怀有兴趣的。也许是他的老同学奥托·安布罗斯传递了这个消息，但是这个消息也有可能是来自海因里希·比特菲施，他是希姆莱朋友圈中的一员，甚至这个消息可能是从第一事业部负责人克里斯蒂安·施耐德那里传来的，他是党卫军的名誉上校，与柏林的党卫军帝国领袖办公室关系密切。[13]或者，希姆莱可能是从他的"四年计划"联络人乌尔里希·格赖费尔特，或是党卫军少校鲁道夫·霍斯（Rudolf Höss）那里得到的消息，霍斯刚刚被任命为奥斯维辛集中营的指挥官，他无疑会掌握有关安布罗斯访问该地区的传闻。有一点很明确：当希姆莱确实发现 IG 法本对这里感兴趣时，他决定尽其所能留住这家企业，让法本公司谨慎的试探变成积极的决定。他很清楚，在小镇附近建立一座大型工厂，会为他的计划带来巨大的好处。大量资金及大批建筑材料会随之而来——他可以利用这些材料将奥斯维辛变成一座重要的日耳曼人城镇——当种族纯正的雅利安人拥入工厂时，必然会极大推动他的人口复兴计划。此外，集中营里的囚犯也有机会受雇于工厂，他们所创造的收入，将为希姆莱在其他地方推行雄心勃勃的计划提供资金。因此，让 IG 法本做出恰当的选择至关重要。

但是，正当希姆莱还在考虑应该如何更好地实现这一目标时，安布罗斯已经在开始思考奥斯维辛之外的其他备选方案了。每当他要向同事们提出选址建议的时候，他的办公桌上就会出现另一份报告，其中记录着奥斯维辛糟糕的市镇面貌和恶劣的住宿条件。"奥斯维辛和周边的村庄给人一种破败、肮脏的印象"，有人宣称。"最大的难题将是如何为工厂找到足够多的职工。"[14]

1941 年 1 月底，安布罗斯派遣 IG 法本的两名工程主管马克斯·福斯特（Max Faust）和埃里希·桑托（Erich Santo）去往当地再次考察。[15]他们见到了新上任的上西里西亚省省长弗里茨·布拉赫特（Fritz Bracht）和他的首席区域规划师弗勒泽（Froese）先生。布拉赫特和弗勒泽在与党卫军当局匆忙商讨之后，便极力劝慰法本公司的到访者，让他们完全放心。弗勒泽告诉他们，政府已经聘请了一位来自布雷斯劳的建筑师，委托他为奥斯维辛的全面建设制定一份总体规划，当地的波兰人和犹太人即将遭到驱逐，这些人很快就要搬离这里。关于建筑施工中的劳工问题，"目前集中营有大约 7000 名囚犯，随后营区还会进一步扩建。在与党卫军帝国领袖协商之后，雇用囚犯参加工厂的建设应该是可行的。"

最后这一点已经足以让安布罗斯摆平所有的阻力。[16]1941 287 年 2 月 6 日，他见到了弗里茨·特梅尔和卡尔·克劳赫，提出奥斯维辛是建设 IG 法本合成橡胶工厂最合适的地方，他对这个选项最为满意。他承认，那里存在住房不足的问题，而且这个问题必须解决。正如他手下的一名专家明确指出的那样，"至少在建造工厂建筑的同时，就必须开始兴建大规模的定居点，包括学校、文化中心等，以便为工作人员创造适当的生活条件，提供哪怕一点点生活上的舒适感"。但是，这些挑战并非无法克服，只要更为严峻的劳动力问题能够得到解决，其他问题全都可以迎刃而解。将当地的犹太人和波兰人迁走，为IG 法本的工作人员腾出空间，这将减少可用于建筑工程的人数。除非这个问题得到妥善解决，否则工厂建设的时间将会变得遥遥无期。

这一暗示让克劳赫心领神会，他直接向高层寻求解决方案。2 月 25 日，他通知安布罗斯："赫尔曼·戈林已经向帝国最高当局发布了特别指令……在这些指令中，帝国元帅戈林命令有关部门，立即满足你们在技术工人和劳工方面的要求，甚至不惜牺牲其他重要的建筑工程和计划。"① 戈林还曾写信给希姆莱，要求"让临近的集中营提供……尽可能多的熟练和非熟练的建筑工人……用于建造合成橡胶工厂"。[17]整个建筑项目大约需要 8000~12000 人。

虽然党卫军帝国领袖最初对 IG 法本要求的囚犯人数感到吃惊，但是他还是很愉快地答应了。多年来，希姆莱一直想要通过压榨德国国内集中营囚犯的劳动，特别是把他们用于军需生产，来增加党卫军的收入和扩大其在经济上的影响力。但是由于他的下属缺乏商业经验，这些尝试大多以失败告终。现

---

① 1940 年 7 月，作为对在波兰和法国作战胜利的奖赏，希特勒任命戈林为帝国元帅，这是德国武装部队中军人所能获得的最高军衔。

在，有了 IG 法本的专业指导，他就有机会把事情做好。希姆 288
莱立即采取了一系列措施，命令党卫军集中营监察员里夏德·
格吕克斯（Richard Glücks）"以一切可能的方式，利用集中营
的囚犯来帮助完成建设项目"，同时任命他的私人参谋、党卫
军少将卡尔·沃尔夫担任他与法本公司之间的联络官。随后他
动身前往上西里西亚，在那里与 IG 法本的高管见面，并且亲
自向奥斯维辛集中营的指挥官鲁道夫·霍斯指派了新的任
务。[18]为了满足 IG 法本的需要，希姆莱告诉霍斯，在押的囚犯
人数必须从目前最多时的一万人增加到至少三万人。奥斯维辛
注定要成为第三帝国最大的集中营。

　　当霍斯在全神贯注听取帝国领袖的指示时，IG 法本方面
也取得了自己的进展。[19]合成橡胶工厂需要建造一个大型的高
压氢化车间。为了让这笔投资物超所值，法本公司的经理们建
议，这个设施还可以用于合成燃料的生产，其产量将有望达到
数十万吨。把两种产品的生产设施结合到一起，安装在同一座
工厂中，这在技术上是相当大的挑战，而且把不同业务部门的
生产程序进行合并，这与法本公司正统的组织思想背道而驰，
但是，如果这种做法能够成功，其潜在收益也将十分惊人。因
此，在奥托·安布罗斯被任命为合成橡胶业务负责人的同时，
海因里希·比特菲施被授予监管合成燃料生产的职责。在奥斯
维辛的合成橡胶厂建成之后，这里将成为世界上最大的工厂之
一，而它将会由这两位 IG 法本的高管共同管理。

　　面对如此庞大的项目，当人们为它在战后所能带来的潜在
经济收益浮想联翩时，IG 法本董事会又做出了另一项重大决
定。此前，这家联合企业是在"四年计划"的支持下，利用
政府贷款和补贴新建了其他数十座工厂，而现在，这家新工厂

将完全由 IG 法本独立出资。整个项目耗资近九亿帝国马克，这将是该公司历史上规模最大的一次投资。[20]虽然风险之大非比寻常，但是回报预期更是大得惊人。从长期来看，IG 法本将对合成橡胶厂的产量和利润拥有独立控制权。

有了纳粹高层、国防军最高统帅部、国家经济机构和 IG 法本董事会的全力支持，安布罗斯现在也开始激励他的团队投入行动。1941 年 3 月，在迅速召开的一系列会议上——参加会议的有卡尔·沃尔夫少将、奥斯维辛集中营指挥官鲁道夫·霍斯、海因里希·比特菲施、弗里茨·特梅尔、安布罗斯本人及瓦尔特·迪尔费尔德（Walter Dürrfeld）和马克斯·福斯特，最后这两人由 IG 法本委派负责工厂的总体建设——与会者就 IG 法本与党卫军合作的细节进行了反复讨论。在这个过程中，交易双方开始形成明显的互惠共生关系。比如，双方在某次会议上，拟定了"因犯的薪资标准，非技术工人每天 3 马克，技术工人每天 4 马克。其中包括交通、饮食等各种开销，除了某些小型奖励（香烟等）之外，我们（IG 法本）不会为犯人支付其他费用"。[21]当然，这些钱并不会发到犯人的手中；法本公司会直接把钱存入党卫军的金库。①

在另一次会议上，瓦尔特·迪尔费尔德提出了要在工厂建设阶段寻找合适的监工。霍斯急忙打消了他的疑虑。党卫军会为 IG 法本提供特别挑选的狱头，这些人全都行事残忍、性情冷酷，每个狱头负责监管 20 名囚犯。迪尔费尔德后来告诉安布罗斯，这些人是"从职业罪犯中挑选出来的，会从其他集

① 儿童的生产效率较低，他们轮班工作，每班时长 9 到 11 小时，IG 法本会为每名儿童支付 1.5 马克。

中营抽调到奥斯维辛"。[22]

与此同时，IG 法本占据了莫诺维茨的周边地区，其中一部分，是 IG 法本借助地方政府权力从波兰农民手中征用的土地，其他部分，则是它购买的党卫军以前没收的土地。IG 法本还从党卫军控制的生产部门购买沙子、石子和砖块，此外，它还购买了附近菲尔斯滕格鲁伯（Fürstengrube）煤矿的大部分股份，党卫军为此特别设立了集中营的一个分营，分营中的囚犯专门为这座煤矿工作。IG 法本的高管们不断提醒他们的新伙伴，时间就是生命。为了真正能对战争进程有贡献，合成橡胶厂必须在两年之内——最好是在 1943 年中期——投入生产。越早为来自德国本土的 IG 法本管理人员提供必要的设施，就能越早开始建设施工。[23]

为了更好地配合法本公司，党卫军和行政当局对法本公司近乎唯命是从。1941 年 4 月 3 日，第一次针对犹太人的驱逐行动拉开了帷幕——一支又一支沉寂无语的队伍从老城区（Old Town）和被毁的犹太教堂蜿蜒向前，火车站是他们的终点，那里有五列德国铁路公司（Reichsbahn）的火车在等着把他们运走。[24]① 当被驱逐者的队伍途经市政厅时，IG 法本的经理们从他们的临时办公室走出来，看着那些人列队走过。超过 3000 名犹太人被带到索斯诺维茨（Sosnowitz）的拘留营；其余的人则集中在本德津（Bendzin）。对于他们中的大多数人来说，只有当他们的生命走到尽头时，他们才会再次看到奥斯维辛。

4 月 7 日星期一，在奥斯维辛附近的卡托维茨（Kattowice）

---

① 1939 年，盖世太保摧毁了这座犹太教堂。[25]

举行了合成橡胶工厂的奠基仪式，奥托·安布罗斯登上讲台，面对人群发表讲话。[26] 所有相关部门都出席了此次典礼：帝国国土规划局（the Reich Authority for Spatial Planning）、帝国巩固德意志种族专员办公室（the Office of the Reich Commissioner for the Consolidation of the German Nation）、帝国经济发展办公室（the Reich Office for Economic Development）、上西里西亚省省长办公室、当地的供水和电力部门、奥斯维辛市政府，此外还有奥斯维辛集中营的党卫军高级军官代表。在内容广泛的演讲中，安布罗斯向他们介绍了这项大胆的技术创新将会带来的令人振奋的科技发展前景，将为该地区带来的经济效益，以及集中营劳工在推动这项事业发展中的重要作用。然后，他话锋一转，谈到合成橡胶工业在种族和意识形态方面的意义：

> 通过奥斯维辛项目，IG 法本公司提出了一个规模庞大的新企业计划。它决心尽其所能，建立起一个充满活力的企业，能像德国西部和中部的许多工厂那样，在塑造周边环境中发挥作用。IG 法本以这种方式履行了它崇高的道德责任，它将调动手中的所有资源，确保这个工业基地成为强大而健康的德意志精神在东欧的可靠基石。[27]

安布罗斯对自己的发言大受欢迎感到高兴，对一切都进展顺利颇为满意，五天之后，他写信给弗里茨·特梅尔汇报事情的进展："我们与党卫军建立起了新的友谊，这种关系将让我们受益匪浅。"[28]

IG 法本与纳粹长达八年的来往，最终发展到了一种非同寻常的地步，以至于这家公司的主要高管竟然用明白无误的种族主义术语来描述新工厂的价值，并且公开颂扬公司与暴虐的纳粹政权合作的种种好处。能够利用奴隶劳工是法本公司决定在集中营旁边兴建工厂的一个关键因素；现在，IG 法本的参与将对集中营的扩张产生决定性影响，最终还会将它变成一台工业化的杀人机器。奥斯维辛集中营的囚犯已经在饥饿、劳累、疾病、枪伤和殴打中死亡。在之后的几个月中，由于 IG 法本的参与，第一批送往毒气室的囚犯将会被筛选出来。

　　但是，很快人们就发现，安布罗斯和他的团队对情况的估计显得过于乐观了。虽然这家工厂，也就是合成橡胶制造厂（Buna-Werke）的建设一开始很顺利，但是很快就遇到了问题，部分原因是这个项目过于庞大和复杂。[29]对于一座占地面积在 2.5 平方公里以上的工厂——在其他所有工作开始之前必须先清理和平整土地——它必然会在技术和组织方面给管理该项目的工程和设计人员造成压力。一开始，施工的蓝图非常简单。整座工厂不过是图纸上网格交错的几何图案，将原材料（煤炭、淡水、石灰）从北边运进来，南边出来的就是丁钠橡胶。但是，由于这家工厂还要生产合成燃料和其他化学品（如甲醇），这就使具体的规划安排变得异常复杂。于是，人们不得不投入大量宝贵的时间用于修改施工图纸和调整建设细节。

　　此外，在战时建造一座工厂的很多现实问题也逐渐暴露出来。[30]水泥、钢铁和木材等基本建筑材料比预想中更难获得，而更让人出乎意料的是，充足的淡水和电力供应也难以保障（预计建成后的合成橡胶制造厂其耗电量将比整个柏林市还要多）。此外，奥斯维辛远离莱茵河畔 IG 法本的那些母厂，这

292　在运输上也造成了很大的困难。从路德维希港、奥帕和洛伊纳运来的重要设备，很多都因为铁路系统负载过重而被耽搁，或者因为盟军的轰炸而延误。有时候，货物被运到了错误的目的地；有时候，成套的货物又无法同时到达，人们不得不重新安排运输。

更为严重的困难是劳动力短缺。[31]海因里希·希姆莱曾向IG法本承诺，集中营将满足他们的大部分需求，但是事实上，这些劳动力迟迟无法就位。要在如此庞大的建筑工地周围安装上铁丝网，所需要的时间比预想的更长，在1941年底全部完工之前，党卫军拒绝让超过1000名囚犯同时在合成橡胶制造厂的工地上工作——而且对他们在白天的户外劳动也提出了限制，并且执行最严格的监管。一部分来自德国IG法本工厂的技术专家已经先期到达，党卫军也在为他们准备合适的住房，与此同时，党卫军刚刚开始在附近的比克瑙新建一座大型的战俘营，它也是奥斯维辛集中营的一个卫星营，这里原本是一座被遗弃的村庄，坐落在党卫军农场的白桦林里。如此之多的项目都要由囚犯来施工——否则他们可以全部投入工厂项目中——同时，党卫军能够从周边村庄找到的波兰"自由"工人的数量也在减少。

随着工期延误的情况不断恶化，合成橡胶制造厂的直接建设负责人、IG法本的瓦尔特·迪尔费尔德和马克斯·福斯特，开始在发给奥托·安布罗斯和公司董事会的每周报告中罗列他们的担忧。[32]他们怀着某种渺茫的希望，想要向总部表明，在第三帝国蛮荒的边缘地区建造一座工厂，其复杂程度要远远超出最初的设想，希望以此让预先安排好的工期能够多少有所宽限。与此同时，他们向现场的下属和党卫军施加压力，敦促他们让集中营的囚犯更努力、更快速地工作，以减少建筑工程中积压的一些任务。鲁道夫·弗尔巴（Rudolf Vrba）是其中的一名囚犯，他后来描述了奥斯维辛的保安部门如何将这种压力转化为行动：

> 有的人在奔跑中摔倒，然后就会遭到脚踢，甚至枪杀。狱头们目露凶光，他们踏着血迹斑斑的道路，在成群的囚犯中间围赶他们的猎物，而党卫军的人会直接从腰间拔枪射击，就像是电视节目中的牛仔，他们仿佛进入了一部怪诞的、永远也不会结束的恐怖电影；在这种混乱的气氛之上还有一种可怕的不协调感，那是一群安静的人，穿着无可挑剔的便服，虽然路上堆着尸体，但漫步的他们依然目不斜视，他们用明黄色的折尺测量木材，在黑色皮面的笔记本上做着工整的笔记，对身边血腥的场面视而不见。这些穿着浅灰色西装的人，从来没有和工人们说过话。他们也从来不和狱头或者卫兵说话。偶尔他们会对一名党卫军一级小队长（senior SS N. C. O.）说上几句，这几句话又会引发另一场暴行。党卫军的人会凶狠地猛踢狱头并大声怒吼："让这些猪动起来，你这个懒鬼。难道你不知道，那堵墙要在 11 点之前完工吗？"狱头从地上爬起来，他会把怒火撒到囚犯身上，他挥舞着鞭子抽打他们，动作越来越快。[33]

对于这种暴行，奥斯维辛的 IG 法本高管们几乎很难假装什么都没有发生。[34]然而，他们似乎忘了，正是他们提出的要求在煽动暴力。相反，他们所担心的是，这些暴行可能会伤害

293

生产效率。在一份 1941 年 8 月发往法兰克福的每周进度报告上，他们抱怨说："在过去的几个星期里，囚犯们越来越频繁地在工地上受到狱头们的鞭打，那些身体最虚弱的囚犯确实已经无法更努力地工作，所以鞭子总是抽打在他们身上。建筑工地上发生的这种极其令人不快的场面，开始使自由工人及德国人的士气变得低落。"发件人接着澄清说，他的不快与殴打的道德性无关，他关注这件事，完全是因为殴打关系到公司财产这一事实。"因此，我们要求他们不要在建筑工地上实施这种鞭打，而是要将惩罚转移……到集中营去。"

与囚犯所遭受的对待相比，IG 法本的人员显然更担心一再拖延的工程进度。[35] 当殴打犯人的问题再次出现在之后的周报中时，很明显，进度上的挫折感让法本公司的高级职员们对党卫军的做法更加宽容："这项工作，特别是波兰人和囚犯的工作，仍然有很大的提高空间……只有蛮力才能对这些人起作用……指挥官总是解释说，在对待囚犯这一点上，不对他们施行体罚就不可能完成任何工作。"

这种宽容，很可能是指挥官霍斯和迪尔费尔德之间日益增长的友谊的产物。[36] 两家的来往越来越多，他们的妻子也彼此成了朋友，有时候他们还会安排一起到周围乡间去打猎。① 事实上，从个人层面来看，IG 法本和党卫军之间的关系在奥斯维辛正变得越发融洽，正如这一年的最后一份周报所显示的那样："12 月 20 日，IG 法本的代表参加了武装党卫军的圣诞派对，整场活动充满了节日气氛，最后以饮酒狂欢收场。"然

---

① 即便 IG 法本的经理们返回了德国，他们也保持着与霍斯的来往。霍斯经常会去洛伊纳和路德维希港，他这样做是为了能够"在更有利的位置来利用集中营囚犯的劳动"。[37]

而，这种欢闹并没有解决 IG 法本的劳工问题，虽然又有一批囚犯被送到奥斯维辛，但是这个问题每周都在恶化。

1941 年 6 月 22 日星期日，希特勒发动了针对苏联的"巴巴罗萨计划"（Operation Barbarossa），表面上是为了打击所谓的犹太-布尔什维克妄图统治世界的阴谋，但其实是为了满足他对"生存空间"的追求。[38]这场有史以来规模最大的军事入侵行动，一开始就取得了惊人的成功。胜利的消息接踵而至，德国国防军将斯大林的部队赶回了乌拉尔山（Urals）并俘虏了数百万苏联红军。德军不知道该如何处置这些人，但是很显然，他们并不打算履行《日内瓦公约》（Geneva Convention）给予战俘的保护，也不准备遵守最基本的国际战争准则。于是，德国军队欣然接受了此前只有党卫军及其别动队才会采取的野蛮行径。最高统帅部要求各部队严格遵守臭名昭著的"政委令"（Commissar Order）——1941 年 3 月，希特勒向他的将军们下达了"政委令"，根据该项指令，苏联共产党在红军中的党代表将被筛选出来并被立即枪决——然后请党卫军在俘获的苏军队伍中搜寻德国国防军有可能遗漏的其他苏共党员，以及"鼓动者"（agitators）和犹太人。其余的几十万普通俄国士兵，则被囚禁在简陋的由带刺铁丝网圈成的围栏里——通常，这些临时监狱比田野上光秃秃的围场大不了多少——然后他们只能听天由命，很多人死于饥饿、暴晒和疾病。

对于希姆莱来说，俘获大批苏联战俘是一件天大的好事。[39]早在 1941 年 3 月，他就已经知道对苏作战即将开始，当时，在与 IG 法本的会议上，他通过代表向这家垄断企业保证将提供数万名强迫劳动的劳工。在经历了令人尴尬的间断之后，现在，他想要兑现当初的承诺，以补充目前人数日渐减少的劳工队伍——他们既有党卫军从集中营提供的波兰和德国政治犯，也有 IG 法本从第三帝国的各种机构中设法拼凑的外国劳工（这些外籍工人来自波兰总督辖区、荷兰、比利时、法国、捷克斯洛伐克和其他地方）。此外，希姆莱还需要工人来实施他的计划，把奥斯维辛改造成一座示范性的日耳曼人城镇。于是，他向军方提出，要从他们手中运走十万名俄国人。对此，最高统帅部自然是欣然应允。

第一批一万名苏军战俘于当年 10 月抵达奥斯维辛，然后立即就被带到比克瑙的新营地。在那里，俄国人在极其严厉的监管和极度匮乏的物质条件下被迫开始建造自己的战俘营。根据规划，这座战俘营将包括 174 栋房屋，每栋房屋被分割为 62 个隔间，每个隔间中的床铺分成上中下三层。每四名囚犯共用一层，每个人睡觉的空间最多只有棺材大小。每 7000 名囚犯拥有一个公共厕所——它基本就是一个棚子，里面有一条深沟，每隔一段时间就会更换深沟上面的木板——每 7800 名囚犯共用一间盥洗室。

但是直到 1941 年圣诞节，战俘们只得到了很少的工具和建筑材料，这些东西要么是从被废弃的比克瑙村徒手拆下来的，要么是从莫诺维茨的 IG 法本工厂里捡来的，他们只完成了两栋房屋，另外还有 28 栋尚处于不同的建造阶段。在此期间，天气变得越来越差。从 11 月开始，他们就暴露在波兰冰天雪地的寒冬中，气温已经降到零摄氏度以下，现在——他们精疲力竭、遭到殴打、忍饥挨饿、疾病缠身，而且没有栖身之所——大多数人逐渐失去了活下去的信念。到 1942 年 1 月底，最初来到这里的一万名俄国人中已经有近 8000 人死亡。到 2

月的月底，这一万人中竟没有一个人活下来。①

　　这对希姆莱而言是一次巨大的打击，特别是他不能指望从同一个来源继续得到后续补充。[41]由于苏联战局一直悬而未决，与战争密切相关的各种工业的劳动力短缺问题已经引起了希特勒和最高统帅部的关注。1942 年 1 月 8 日，控制着所有战俘资源的赫尔曼·戈林颁布法令，宣布今后大部分苏联战俘将被用于军需工业、采矿业、铁路维护和农业。其结果是，希姆莱只能被迫从其他地方寻找工人，来履行他对 IG 法本的承诺。于是，悲剧不可避免地发生了，他的目光落在了唯一一个他拥有绝对权力的群体——犹太人——身上。

　　如果说海德里希的别动队、党卫军和盖世太保在入侵波兰期间的所作所为骇人听闻，那么在"巴巴罗萨计划"开始之后的几个月里，他们在俄国的暴行更是变本加厉。[42]数以千计的犹太人被屠杀，理由是他们涉嫌抢劫或违反了戒严令的规定，或者只是在错误的时间出现在了错误的地点——而安全机构积极鼓励种族屠杀，试图用这种方法取悦当地民众。但是直到 1941 年 7 月底，纳粹才开始采取明确的步骤，以彻底消灭犹太人。

　　有很多原因可以证明，那个夏天是一个转折点。[43]其中一个原因是，在对苏联红军的第一阶段大胜之后，希特勒的言论变得越来越像是救世主——他一再强调自己的决心，要彻底铲除犹太人-布尔什维克主义反对德意志祖国的阴谋。几乎可以 297

---

①　当然，他们中的许多人都被特别标明了死亡原因。比如，党卫军曾把几百名苏军政委带到奥斯维辛，目的就是让他们在该地区的采石场从事重体力劳动，最终活活累死。[40]

肯定的是，作为希特勒最忠实、最谄媚的副手，希姆莱将这些言论解读为他的领袖愿意不加约束地对俄国犹太人采取行动的信号，而他个人有责任实现元首的愿望。

希姆莱的行动也可能是受到了 7 月 16 日会议结果的影响，当时希特勒确认了入侵前所做出的决定，对谁将负责新占领的东方领土的行政事务进行了安排。令希姆莱懊恼的是，民政事务的总体责任被交给了阿尔弗雷德·罗森堡（Alfred Rosenberg），一个在波罗的海地区出生的性格沉闷的德国人，他被同时代的一些人视作纳粹党中主要的知识分子之一。① 这一任命并没有对帝国领袖手中党卫军和警察的角色产生直接影响，但是由谁来负责俄国的长期殖民和重新安置问题——希姆莱认为这项工作是他在波兰活动的自然延伸——一直没有解决。因此，希姆莱要寻找间接的方式来扩充他的职权——也许是希望提醒元首，他适合承担负责"重新安置"的角色。换句话说，解决犹太人的"问题"，可能是打动元首的一种显而易见的方式。

严格来讲，对"犹太人事务"的专门管辖权属于赫尔曼·戈林，但是在 1939 年，他将驱逐所有德国犹太人的任务交给了莱因哈德·海德里希——1941 年初，一道新的命令强化了海德里希在这方面的作用，当时希特勒指示他制订一项计划，将犹太人驱逐到德国控制下的某地，然后再流放到在地理上含义模糊的所谓"东方"。希姆莱想到，如果海德里希现在去找戈林，要求扩大权力以处理俄国境内的犹太人问题，那么

---

① 希姆莱曾经觊觎过这一职位，罗森堡的胜出让他颇为恼怒，不过，纳粹外交部长里宾特洛甫也有相似的野心——而且毫不掩饰——结果同样让里宾特洛甫大感失望，不过这却缓和了希姆莱的情绪。

这种权力也就相当于赋予了希姆莱——作为海德里希的上司，他相应地拥有最终的管理责任。

在一封由海德里希起草并由戈林在 7 月 3 日签署的信件中，希姆莱的所有要求都得到了满足：

> 1939 年 1 月 24 日，分配给你的任务是以最适当的方式通过移民和驱逐解决犹太人问题，作为对该项任务的补充，我在此责成你提交一份全面方案，包括组织、思想和物质等方面的准备措施，以执行预期中的犹太人问题的最终解决方案。[44]

几天之后，党卫军别动队——有时候是在国防军的协助之下——开始在东部地区屠杀犹太人，包括男人、妇女和儿童。[45]在随后的几个月里，立陶宛、白俄罗斯、乌克兰、塞尔维亚和波兰总督辖区都发生了大规模的种族清洗。1941 年 8 月，德国、奥地利、波希米亚和摩拉维亚的犹太人也开始被向东驱逐——此举在行政上的标志是取消了德国犹太人的国籍，并且强制他们佩戴黄色的"大卫之星"（Star of David）。此后，将由各地的党卫军和纳粹指挥官根据优先顺序、资源情况和主观意愿来决定如何对待他们。因此，那些抵达明斯克（Minsk）、里加（Riga）和考纳斯（Kaunas）的犹太人，他们一下火车就立刻遭到了枪杀。但是在 1941 年 10 月，有两万名犹太人被火车运到了罗兹，由于人数太多难以迅速处理，他们被暂时安置在这座城市已经拥挤不堪的犹太人区里。为了应对如此庞大的数量，当地的党卫军首领威廉·科佩（Wilhelm Koppe）使用卡车把犹太人运送到切尔姆诺村（Chelmno）。在那里，这些犹太人又被装进密闭的厢式货车，每次装 100 人，然后通过车辆排出的废气让他们中毒送命。希姆莱在 1941 年 8 月访问明斯克之后提出了一套指导性原则，他要求寻找除大规模枪杀以外的其他杀人手段，以减轻行刑者的"神经紧张和精神压力"。而切尔姆诺的这种新方法正好符合希姆莱的要求。10 月份发生在切尔姆诺的谋杀是一种更为系统性的屠杀的开始。两年之内，仅在该地就有超过 36 万犹太人和吉卜赛人被杀害。

到了 1941 年秋末，希姆莱清楚地意识到，在希特勒眼中驱逐计划是成功的，犹太人被转移到东方之后的命运已经不再是他感兴趣的内容。然而，围绕消灭犹太人的具体措施，最终却变得有些烦琐。现在，有许多不同的机构和个人都主动参与了杀害犹太人的行动，希姆莱知道，是时候该去协调各种不同的方案并建立他的整体权威了。

299　　　因此，海德里希被说服向第三帝国所有相关部门和机构的官员发出邀请，其中包括司法部、东部占领区事务部（the Occupied Eastern Territories）和内政部的官员；帝国总理府；纳粹党务部（the Party Chancellery）；外交部；"四年计划"办公室和波兰总督辖区办公室；以及希姆莱控制下的各个党卫军和帝国保安总局的机构，如帝国巩固德意志种族专员办公室，种族和移民总局（the Race and Settlement Main Office）等。他们被要求于 12 月 9 日在柏林国际刑警组织办事处旧址万湖路（Am grossen Wannsee）56 号举行会议，"就有关最终解决方案剩余工作的进一步任务，在中央相关的各部门中形成统一意见"。

这次会议——由于美国参战，会期在匆忙中被临时推迟到 1942 年 1 月 20 日——就是臭名昭著的万湖会议（the Wannsee

Conference)。[46] 召开会议的目的是为大屠杀计划进行组织上的分工，给负责执行计划的各个国家机构分配任务。海德里希的"犹太问题专家"、党卫军中校阿道夫·艾希曼（Adolf Eichmann）保留了会议记录，在经过一定技术性处理之后，这些会议记录后来得到了更广泛地传播。

海德里希向他的听众解释说，整个计划将涉及 1100 万犹太人——这个数字包括那些生活在英国和爱尔兰等尚未被纳粹控制的国家的犹太人。所有人都将被火车运往东欧用于中转的犹太人居住区。然后，身体健康的人将被筛选出来工作，只是他们的数量会因为不可避免的自然消耗而减少。没有被选中的人会被立即杀掉："他们中幸存下来的那些人必须被看作犹太势力可能重整旗鼓的种子，因此要彻底予以摧毁。在实施最终解决方案的过程中，为了找到每一个犹太人，我们要从西向东梳理整个欧洲。"

会议上，没有一个人提出异议；相反，与会者讨论的议题主要集中在诸如如何给"犹太人"这个概念进行准确的法律定义，以及如何处理"半犹太人"或那些与雅利安人结婚的犹太人等问题上。关于后者的一个建议是，他们应该被送到布拉格附近的特莱西恩施塔特的一个特殊的犹太人居住区，与那些知名的犹太人住在一起——如果这些犹太裔名人被直接驱逐到东方，很可能会引起公众过多的关注。讨论的另一个议题似乎集中在具体的灭绝手段上，会议纪要后来曾经历过艾希曼大量的编辑处理，这个议题被简化为围绕"各种可能的解决方案"的讨论。

万湖会议的召开达到了它的中心目的。海德里希一开始就明确表示："在处理犹太人问题上，'最终解决方案'的首要

300

责任……要不分地域界限，完全集中到中央，由党卫军帝国领袖和德国警察总监全权负责。"没有人反对；每个人都明白：希姆莱才是总负责人。

三天后，希姆莱与希特勒举行了会晤。现在已经无从找到他们当时会谈的会议纪要，但是党卫军领袖无疑会把自己的活动告知他的元首——如果不这样做就太危险了。无论如何，在这次会面中，党卫军帝国领袖在处置犹太人事务上拥有全权这一点显然得到了确认，因为不久之后，希姆莱在给党卫军集中营监察员里夏德·格吕克斯下发的一条信息中告诉后者，由于没有更多的苏联战俘，他将接收一大批犹太人——其中一些人显然是要被送去奥斯维辛的："因此，你们是否已经做好准备，在接下来的四个星期接收十万名犹太男人和最多五万名犹太女人？"[47]

1 月 30 日，希特勒站在柏林体育宫（Sports Palace）的麦克风前，讲述了他对最终胜利的信心。"战争不会像犹太人所想象的那样结束，也就是雅利安人被连根拔起，"他宣布：

> 这场战争的结局将是彻底消灭犹太人。这是第一次，他们没有让别人血流成河，而且这也是第一次，犹太人将按照他们自己的古老教法，以眼还眼，以牙还牙，遭到报应。而且——全世界的犹太人应该也会很清楚——随着战争愈演愈烈，反犹主义也会愈演愈烈。为了反对犹太人，必然会有牺牲，我们这样做的根本原因，每一座战俘营和每一个家庭都会给出答案。胜利的时刻终将到来，这个有史以来全世界最邪恶的敌人将被彻底灭绝，他们将会消失，至少消失一千年。[48]

正当普通德国人通过广播、新闻短片和报纸接受这些纳粹宣传时，新的死亡集中营已经拔地而起，它们将与切尔姆诺的毒气卡车一起发挥效力。[49] 其中有三座死亡营分别建在贝乌热茨（Belzec）、特雷布林卡（Treblinka）和索比堡（Sobibor）附近，它们原本是靠近之前波兰和德国边境的偏远村庄的名字——这些名字终有一天会成为欧洲犹太人大屠杀的同义词。

301

第四座死亡集中营位于一片白桦林中间，它在仍未完工的苏联战俘营营房上面建立起来，这里距离欧洲最大的工业建筑工地只有几公里远。在所有被送到那里的人中，有多达一半的人被立即"筛选"出来从事强迫劳动；另外一半人——老人、病人、残疾人和婴幼儿——将被推进毒气室，用杀虫剂杀死，然后火化。奥斯维辛-比克瑙死亡营的存在，在很大程度上应归功于 IG 法本公司与希姆莱的党卫军签订的合同，现在，这家化学公司巨大的合成橡胶制造厂就像是一只吃人的巨兽，150 万人将丧生于此。

第 12 章　IG 奥斯维辛工厂和最终解决方案

在 1942 年春季的几个星期里，合成橡胶制造厂［人们有时候也称它为 IG 奥斯维辛工厂（IG Auschwitz）］的情况似乎有所好转——至少从工厂经理们的角度来看是这样。建筑材料开始按时运达，一些被驱逐出境的犹太人和来自法国、比利时和乌克兰的新劳工也开始加入建筑队伍中。第三帝国的土木工程机构托特组织（Organisation Todt）也参与进来，尽管只是临时性的帮助，它还是在工厂的供水系统和火车站的外围区域额外修建了若干不可或缺的建筑。① 但是 IG 法本的乐观情绪并没有持续太久。5 月，政府宣布军需品的运送将优先于铁路上的所有其他商业运输——被运往合成橡胶制造厂的铁、木材、水泥和砖块的运量立刻减少了。当时，党卫军也已经开始将波兰的政治犯从奥斯维辛转移到德国，以

① 托特组织是由土木工程师弗里茨·托特（Fritz Todt）在第二次世界大战之前创立的，其目的是实施纳粹的高速公路建设计划。之后，托特利用征召的劳工修建和维护公路、铁路、军事防御工事如西墙（West Wall），以及其他各种公共工程。1940 年 3 月，托特被任命为军备部长，1942 年 2 月他死于飞机失事，之后该职务由希特勒的建筑师阿尔伯特·施佩尔继任。

便给从西方运送到这里来的数量更多的犹太人腾出空间。为
了容纳这些新来的囚犯，比克瑙的建设——至今还只有几座
营房——不得不加紧进行，但是这样一来，额外的囚犯劳动
力供应也就减少了，虽然希姆莱曾经就此向 IG 法本公司保证
过。事实上，党卫军曾经告诉 IG 法本的经理们，预计在
1942 年会提供 4000~5000 名囚犯，但是在这一年前六个月的
大部分时间里，实际人数只能勉强达到这个数字的一半左
右。[1] 瓦尔特·迪尔费尔德和马克斯·福斯特的每周施工报告
又恢复了他们此前沮丧的语调，奥托·安布罗斯和海因里
希·比特菲施不得不一再踏上令其厌倦的旅程，他们横穿整
个帝国前往奥斯维辛，与那里的同事们商讨如何才能使事情
重回正轨。

　　工作效率亟待提高，IG 法本很快就发现了其中的一个
主要障碍。合成橡胶制造厂与集中营相距超过六公里，建筑
工地本身也非常大，从厂区正门开始还要继续延伸 2 英里。
囚犯们必须徒步走完这段距离，为了在天一亮就抵达施工现
场、站到指定的工作位置上，他们在凌晨四点就被叫醒点
名。当他们开始工作时，早已经饥肠辘辘，甚至在路上还曾
遭到过毒打，这种常规性操作使他们筋疲力尽，不再适合劳
动，而且在傍晚回程的时候，囚犯们往往还要把白天死去的
同伴的尸体背回去。IG 法本公司一直都知道，身体虚弱会
是一个问题；在与党卫军就劳务费用进行谈判时，法本公司
曾估计，一名集中营囚犯的生产力充其量只能达到一名自由
的普通德国工人的约 75%。但是它并没有预料到，来回奔
波的路上会浪费多少时间和体力。正如安布罗斯向同事们指
出的那样，如果能让囚犯住在离工地更近的地方，从而缩短

每天往返的路程，那么法本公司花钱买到的劳动力才可能真正物有所值。[2]

安布罗斯的见解与犯人的福祉毫无关系，法本公司对于犯人本身始终保持着漠不关心的态度。比如，它从未建议过应该为这些工人提供合适的服装（如有必要，由 IG 法本出资），或为他们提供适当且足够的食物以保持体力。有人说，这种建议也许会引起党卫军及纳粹当局的愤怒和怀疑，但是 IG 法本其实能够找到足够充分的理由，比如，合成橡胶制造厂对战局的发展至关重要，而且要赢取这场战争，就必须有一支身体健康的劳动大军。然而，法本公司从来没有做过这方面的考虑，甚至没有因为担心后果而拒绝采取这些措施；它的做法就是对囚犯们的福祉置若罔闻。法本公司没有对囚犯的境遇提出过强烈抗议，它只是简单地找到了一种方法，能够更快地把他们送到合成橡胶工厂，这样他们仅有的一点气力至少会被用来为 IG 法本服务，而不是被党卫军白白浪费。

因此，在 1942 年 6 月下旬，法本公司董事会达成了一项解决方案，在当时那种扭曲的逻辑中，这个方案对公司的董事们来说一定具有某种程度的合理性，但实际上，它使这家企业直接变成了大屠杀的同谋。[3] IG 法本公司决定在奥斯威辛建立并管理属于自己的集中营。

当然，这并非一个全新的想法，因为当时已经为建造合成橡胶制造厂设立了七座小型"建筑工程营"，其中包括德国空军为 1200 名英国战俘设立的战俘营（丹尼斯·埃维就被关押在那里），以及其他为征募的波兰人、外国劳工和自由的德国工人提供的军营式的住所。[4] 虽然这些设施条件简陋且气味难闻，但是它们根本不能与法本公司现在正在筹划的项目相提并论：这将是一座 IG 法本拥有的巨大的监狱，里面关押着数以千计的犹太人奴工。在此之前，没有一家私人企业尝试做这样的事情，因此还有几个棘手的问题需要考虑。很明显，仅仅是建造集中营就需要花费数百万马克，而且，法本公司还要在安保、住房及集中营本身必要的基础设施方面投入资金，具体花费多少都需要仔细核算。此外，这还有可能带来另外一个问题，即疏远国家的安全机器，这些机构中的专家有可能会认为这项计划是对他们专业领域的侵犯。因此，必须非常谨慎地向党卫军高层提出这个设想。

幸运的是，机会突然就出现在了眼前。7 月中旬，指挥官霍斯主动与瓦尔特·迪尔费尔德取得了联系。[5]他说，奥斯维辛的 IG 法本工作人员应该做好准备。党卫军帝国领袖将要亲自来看望他们。

希姆莱于 1942 年 7 月 17 日抵达奥斯维辛，过去的几个月他一直都在忙碌不停，在他精力充沛的副手莱因哈德·海德里希遭到暗杀（在布拉格被捷克抵抗组织所杀）之后，他亲自接管了帝国保安总局。[6]希姆莱决定充分利用种族清洗的天赐良机，这不仅是因为对苏战争为他打开了方便之门，而且希特勒最终同意将该项事务划归到他的职权范围之内，他现在要向元首证明，关于最终解决方案他已经胸有成竹。

因此，奥斯维辛现在变成了一个更为广阔的愿景的一部分。[7]希姆莱最初的计划被搁置一旁，他原本想把这座城镇变成一个模范的日耳曼人定居点——但是用于建造高质量住宅的材料根本无法获得——如今，他决定利用这里的营地来帮助党

305

卫军在军需工业中立足。① 他曾下令把比克瑙的囚犯人数增加到 20 万，并且告诉阿道夫·艾希曼（帝国保安总局犹太人办公室主任，负责运送犹太人），这里应该装满囚犯，可以让他们一直工作，直到最后倒地死去。希姆莱对 IG 法本的承诺仍然有效，而且必须兑现，但是他要在满足法本公司需求的同时，让这家公司在他的奥斯维辛规划之中占据一席之地。所有规划中最重要的一点是，他决心让奥斯维辛成为工业化消灭犹太人的中心。

从上一年开始，奥斯维辛就一直在进行大规模屠杀的技术实验，最初这是党卫军"安乐死计划"（euthanasia program）的一部分，其目的是要消灭生病的囚犯。[9] 所有这些试验中，齐克隆 B（Zyklon B）的效果最为"令人满意"，这是一种氢氰酸（hydrocyanic）或普鲁士酸（prussic），从 1940 年 7 月开始它在集中营被作为杀虫剂使用，用于熏蒸藏满虱子的营房和囚犯衣物。齐克隆 B 本身是一种氰化物颗粒，即便极小用量也会对人造成致命伤害，它通常被储存在密封的金属容器中，在约 26 摄氏度的温度下，它一旦与空气接触就会变成气体。齐克隆 B 是由 IG 法本的子公司、总部位于美因河畔法兰克福的德国害虫防治公司［Deutsche Gesellschaft für

---

① 希姆莱在促进党卫军获取经济利益方面颇有野心，他将奥斯维辛和其他集中营的军需生产看作实现这一目标的途径之一。但是，除了为德国国防军小规模生产过滑雪板和弹药箱以外，这个项目从未被真正启动过；党卫军不具备必要的资金、原材料、机械设备和专业知识。这位帝国领袖的想法也遭到了军备部长阿尔伯特·施佩尔的反对，后者后来回忆说："希姆莱想把集中营变成直接隶属于党卫军的巨大的现代化工厂，特别是用于武器生产……然而，希特勒站在我这边。战前我们曾与制砖和加工花岗岩的党卫军工厂打过交道，那些经历让人很不愉快。"[8]

Schädlingsbekämpfung，简称德格施公司（Degesch）〕生产，并于 1941 年 8 月在囚犯身上进行了实验。奥斯维辛集中营第一次把齐克隆 B 用于集体屠杀发生在 1941 年 9 月 5 日前后，当时约有 900 名苏联战俘和其他生病的囚犯在集中营惩罚区地下室的牢房里被释放毒气杀害。虽然这种气体被证明确实有效，但是无论是毒气的使用方式还是随后的清理工作——尸体必须被脱光衣服，抬上手推车，然后拖到刚挖好的埋尸坑——都被认为缺乏效率。为了让情况有所改善，指挥官霍斯下令将随后的屠杀行动转移到营区焚尸场（后来被称为"旧焚尸场"或"1 号焚尸场"）。在那里，停尸房被改造成了毒气室，门窗被彻底封死，在天花板上留有几个小孔，氰化物颗粒可以通过这些小孔倒入室内。1942 年 2 月，齐克隆 B 再次被使用，有 400 名被认为不适合工作的上了年纪的斯洛伐克犹太人死于这种毒气。

　　到那时，"最终解决"已经开始实施，第一轮向奥斯维辛大规模运送犹太人的工作即将展开，比克瑙的两座新毒气室也正在建设中。[10]第一座毒气室被称为"红屋"（Red House），也就是 1 号地堡，这里原本是一个波兰农民的房产，波兰人被重新安置后，毒气室就建在了这幢被废弃的红砖房子里，并于 3 月 20 日投入使用。第二座毒气室被称为"白屋"（White House）或 2 号地堡，它建在不远处一栋白色墙面的建筑里，两个月后开始运转。在此期间，党卫军还决定在这个地方再建造两座大型的焚尸场，这些建筑最终会有属于它们自己的更先进和定制化的毒气室。

　　于是，可怕的、工业化的大屠杀仪式开始在奥斯维辛迅速上演，它一方面反映了在特雷布林卡、索比堡和贝乌热茨死亡集中营已经在进行的种族灭绝［为了纪念遭遇暗杀的海德里希，这项计划的代号被定为"莱因哈德行动"（Operation Reinhard）］，但是另一方面，奥斯维辛又与其他地方有很大的不同，首先是集体屠杀的规模在奥斯维辛更为巨大，其次是这里的屠杀在事实上具有了一种劳动的职能。[11]运抵的犹太人经过"筛选"被分为两类，一类是适合工作的人，另一类——主要是老人、病人和儿童——则立即遭到杀害。① 这就是希姆莱最想看到的操作流程。

307

他在 7 月 17 日抵达奥斯维辛集中营的主营区时，还举行了欢迎仪式。[12]就在几天之前，根据指挥官霍斯的命令，一些看起来体弱多病的囚犯被送进了毒气室。在希姆莱到访的那个早上，那些被认为适合出现在现场的人得到了新的制服，他们被要求提前数小时就在营房前面列队准备迎接。直到最后一刻，当一名叫扬克尔·迈泽尔（Yankel Meisel）的囚犯被发现没有扣好衣服上的全部纽扣时，引发了看守们的一阵慌乱。因为这个罪过，他被窘迫的监区看守带回营房，殴打致死。当载着帝国领袖和他的助手们的豪华车队驶入集中营大门时，迈泽尔的惨叫声刚刚消失。就在此时，营区的管弦乐队奏响了威尔第（Verdi）《阿依达》（Aida）中的《凯旋进行曲》（Triumphal March）。希姆莱下了车，饶有兴趣地听了一会儿，然后和霍斯一起走过去检阅囚犯。犯人鲁道夫·弗尔巴

---

① 对于幸存者来说，他们并不会因为侥幸不死就得到什么好处。如果他们没有死在党卫军或狱头的手中，或者死于疾病、营养不良和过度劳累，那么他们中的绝大多数人也逃不过之后的某次筛选，这种筛选会在集中营里定期进行，以便腾出地方给新来的人。他们的生命将平均延长大约 3 个月，这段时间里的生活极其残酷、艰难，物质条件也非常匮乏，在大多数情况下他们只能有一个结局。

站在第一排：

> 他从我身边经过，我们的距离如此之近，近到我抬手
> 就能触碰到他，在那一刻，我们的目光相遇了。那是一双
> 冷漠无情的眼睛，似乎什么也看不到；然而我发现自己在
> 想："如果他知道是怎么回事，也许他会让情况有所改
> 善。也许食物会变得更好。也许不会有那么多殴打。也
> 许……也许我们会受到更为公正的对待。"你看到了，我
> 已经忘记了扬克尔·迈泽尔。其他人也都一样，因为海因
> 里希·希姆莱正面露微笑。[13]①

308

帝国领袖的随行人员随后前往营区的设计办公室，在那
里，党卫军的首席建筑师汉斯·卡姆勒（Hans Kammler）向
他展示了奥斯维辛集中营下一阶段的发展规划，包括新焚尸场
的设计图，这些焚尸场将在民用承包商的帮助下建成。[15]在营
区进行了简短的参观之后，一行人又驱车前往相距不远的比克
瑙。在那里，希姆莱参观了人满为患的营房，以及简陋的厕所
和盥洗设施，然后前往奥斯维辛火车站（直接通往比克瑙的
铁路支线还没有建成），观看刚从荷兰运来的犹太人下车。一
名党卫军军医在站台上对他们进行了筛选。那些被认为适合工
作的男女与其他人分开，然后被押往营地。其余的人被装上卡
车，运往比克瑙的"浴室"。

希姆莱和他的助手们跟着车队回到了比克瑙，这样他就可

---

① 帝国领袖有充分的理由保持心情愉悦。就在前一天，希特勒告诉他，俄
国人将在圣诞节前被打败，并确认了希姆莱将全面负责对俄国领土的日
耳曼化（Germanizing）改造。[14]

以从头到尾看到整个屠杀的全过程。[16]他冷漠地注视着赤身裸体的囚犯，看他们被剃光毛发（通常，剃下来的头发会被装进麻袋里运走，然后被织成保暖袜，供 U 型潜艇上的水兵和德国空军飞行员使用，或者用作豪华床垫的填充物）。然后，他看到这群人被赶到封闭的 2 号地堡毒气室。当齐克隆 B 颗粒从屋顶倒入后，他把眼睛贴在密封门上的小观察窗上，静静地看着里面的人在剧烈的痛苦中死去。整个过程大约需要 20 分

309 钟。希姆莱又逗留了一会儿，特别工作队（Sonderkommando，也作特遣队）开始清理尸体，然后运往集中营周围的埋尸坑掩埋——这是在焚尸场建成之前的临时措施——此后，希姆莱回到了他的车里，沿着公路前往 IG 法本合成橡胶制造厂的工地。① 目睹数百名荷兰犹太人被杀还不到半小时，党卫军帝国领袖就面带微笑，与他当天的正式向导马克斯·福斯特互相行纳粹礼致意，现场随行的还有一小队 IG 法本的工程师。

　　哪怕希姆莱对他刚才的经历感到一丝不安，他也没有表现出来。[17]当这些人轻快地在工地上走动时，他不时对各处投去锐利的目光，并且向 IG 法本的工作人员抛出大量问题。其间，福斯特停下来向他展示了一套工厂的设计图，希姆莱对 IG 法本在设计上修修补补的做法表示怀疑——虽然这种做法的初衷是为了使奥斯维辛的合成橡胶制造厂比施科保、许尔斯和路德维希港的工厂更为高效。他说，按照现有的规划进行建设，忍受建设中的某些缺陷，当然比把时间浪费在不断修改方案上更有意义。也许，希姆莱是想通过这句话来转移法本公司对党卫

---

　　① 在短短几个星期之内，就有超过 10 万具尸体被扔进这些埋尸坑里；最后，这些尸体又被挖出来焚烧，以防止当地的供水受到污染。

军未能完全兑现劳动力配额的批评，他立刻就把福斯特推到了守势一方。福斯特赶紧向他保证，工厂将在 1943 年中如期建成（尽管福斯特肯定知道这是不可能的），既然能够如期完工，IG 法本也就没有理由再去抱怨劳动力短缺了。另外，希姆莱没有反对 IG 法本建立自己的集中营的计划，如果是在其他情况下，他的态度很可能不会这样。相反，他对事情的进展整体表示满意，在与周围的人一一握手之后，他启程返回奥斯维辛，在党卫军军官食堂吃了一顿愉快的晚餐，最后到卡托维兹（Katowice）的上西里西亚纳粹党地区领袖弗里茨·布拉赫特（Fritz Bracht）家中彻夜闲聊。

第二天，他观看了一场鞭刑，受罚者是一名被控偷窃的女人；然后又进行了另一轮视察，其中包括一个专门负责清理被害犹太人物品的部门；此后，希姆莱表扬了鲁道夫·霍斯的成绩，并且把他晋升为党卫军一级突击大队长（Obersturmbannführer，相当于中校军衔）。[18]在此过程中，他再次表达了奥斯维辛在大屠杀中的核心作用。"艾希曼的计划将会继续，并且从现在起每个月都会加速进行。你一定要确保比克瑙那边工程的完工。吉卜赛人要被消灭。而且你要以同样无情的手段，消灭那些无法工作的犹太人。"

310

莫诺维茨营地，或者被称为奥斯维辛 3 号营区，无论从哪个方面来看，它都像是一座官方的集中营。[19]虽然它由 IG 法本出资建造（使用囚犯劳工）并由这家企业支付运行费用，但是它配备了与奥斯维辛和比克瑙营区相同的瞭望塔、武装警卫、电网、警报器、绞刑架、惩戒室、停尸房和探照灯。它的木制营房最终将容纳大约 1.1 万名囚犯，与其他营地的住宿条件相比，这里的个人空间同样狭窄，洗涤和卫生设施也一样简陋不便。党卫军提供囚犯和警卫，对集中营的安全、纪律和内部组织拥有最终权力，甚至奥斯维辛集中营的口号"劳动创造自由"（Arbeit macht frei）也出现在莫诺维茨营区的大门上。事实上，莫诺维茨和其他营地之间唯一真正的区别是，IG 法本负责提供食品和卫生保健——这种区别对大多数囚犯来说毫无意义，因为这两方面的供应与国家提供的没有什么两样，它们全都供应不足，根本无法满足实际需要。①

第一批 600 名囚犯于 10 月 28 日抵达，在随后的两天里，又有 1400 人相继来到这里。[20]实际上，这比原定计划晚了几周时间，主要原因是另外两个营地暴发了斑疹伤寒，造成了整个进度的推迟。在短时间内，为了保证隔离疫情，被指定关押在合成橡胶制造厂的囚犯——其中包括来自布痕瓦尔德集中营的405 人——被直接送往莫诺维茨，而没有经过奥斯维辛主营或比克瑙。但是人数的增长仍然比预期要慢。为了补齐这一缺口，党卫军在 1 月 23 日、24 日和 27 日又改道运输，直接从捷克斯洛伐克的特莱西恩施塔特犹太人区运来 5022 名犹太男女。然而，在经过"筛选"之后，这批人中只有 614 名男性和 316 名女性被认为适合劳动。其余的 4092 人，"由于他们的身体状况太差，而且其中还有大量未成年人"，被直接送进了毒气室。②

与此同时，严酷的条件和骇人的工作量继续造成囚犯的死

---

① IG 法本之所以要负责食品供应，是因为它想切断莫诺维茨与伤寒肆虐的其他集中营之间的联系。如果不这样做，每天都需要分数次从比克瑙运来食物，这样疾病肯定就会随之而来。

② 1 月 23 日抵达的 2000 名犹太人中，最终只有三人幸存下来。

亡，IG 法本消耗这些强制劳工的速度几乎与纳粹当局供应他们的速度一样快。[21] 1942 年 12 月底，在莫诺维茨集中营有 3800 名囚犯，到 1943 年 2 月底，只有 1500 人还活着；如此高的死亡率甚至让党卫军都感到惊讶。党卫军劳工办公室（SS Labor Office）的负责人格哈德·毛雷尔（Gerhard Maurer）前来调查此事。他在 2 月 10 日向迪尔费尔德和福斯特承诺，他将把营区的人数增加到 4500 人，其中大部分是从柏林运来的犹太人。[①] 但是这一目标并未实现，因为闷罐车厢里有太多的儿童和老人，数量之多让人出乎意料。到 1943 年 3 月，莫诺维茨营区的囚犯数量已经恢复到 3000 人以上，但是其中大约有 730 人因为伤病正在接受治疗，他们无法有效地完成每天的工作。

这种超常规的人员流动直接造成了 IG 法本对这家工厂未来长期发展的担忧，高层的焦虑与日俱增。[23] 法本公司在政治上和财政上倾其所能，对合成橡胶制造厂的成功寄予厚望，期待自己的巨额投资最终能够带来可观的红利。但是在 1942 年中期，它听说标准石油公司被迫将其丁钠橡胶的专利许可权转让给了其他美国制造商，而且美国政府——美国与远东地区的战略供应已经被切断——承诺要投入数亿美元来建立和支持这个新的工业，它拥有良好的发展前景，有望成为一项规模巨大的产业。虽然这个消息并不让人完全感到意外，但是它粉碎了 IG 法本垄断国际合成橡胶市场的希望。现在唯一的希望是，德国在欧洲的胜利将足以确保 IG 法本在本土的地位，然后凭

312

———————

① 劳工办公室是党卫军经济管理总局（Main Economic-Administrative Office）的下属机构，党卫军经济管理总局在德语中的缩写是 SS WVHA。[22]

借自身先进的技术在战后的国际舞台上与美国人展开竞争。成本效益对这一策略至关重要：为了生存，法本公司所有的合成橡胶工厂，特别是奥斯维辛的合成橡胶制造厂，必须尽可能地节约成本。IG法本从经验中知道，要想确保效率就必须进行全盘考虑，从工厂最初的基础设施建设就要把效率因素纳入其中——这是一个辛苦而严格的过程，不能急于求成，也没有捷径可走。遗憾的是，柏林的政权并没有太多耐心。纳粹政府曾经问过，IG法本是否可以增加合成橡胶和合成燃料的供应，无论是哪一种产品，法本公司都说可以。现在，政府期望它能尽快交付。一边是渴望自己能够精心打造这座合成橡胶工厂，另一边是政府迫切需要大量的产品，法本公司进退两难，无形中感到了巨大的压力。

通过弗里茨·特梅尔、海因里希·比特菲施、奥托·安布罗斯、赫尔曼·施密茨和董事会中的其他成员，这种压力被传递给成橡胶制造厂的建设负责人瓦尔特·迪尔费尔德和马克斯·福斯特。[24]他们两人又将这种压力继续传递给他们的下属——从德国各地IG法本工厂请来的数百名监工、工程师、设计师、管理员和熟练工人，由他们对工作进行实际的监督管理。由于重要物资供应的延误和劳动力的不足，以及与党卫军的密切来往和周围环境的日益疯狂，他们中的许多人也逐渐变得凶残。到1942年圣诞节，第一个大型碳化物生产车间在厂区北端初具规模，这个车间对丁钠橡胶合成工艺至关重要，但是在其他地方，道路和铁轨仍未完工，大片土地仍需平整，一公里一公里的管道和电缆仍需铺设。在绝望中，IG法本的主管们也变得毫无怜悯和同情之心，他们把疲惫而憔悴的劳工逼得更紧，将合成橡胶制造厂工地和莫诺维茨营区变成了人间地狱。

　　对于在这里工作的许多"自由的"外国工人，特别是那些从比利时、荷兰和法国招募来的工人来说，日益恶化的环境让他们也不堪忍受。[25]通常情况下，他们唯一能够得到的新衣服是党卫军从新来的囚犯那里没收的衣物，这些衣物非常破旧，被认为不能运回德国出售，于是 IG 法本买下来，再通过营区仓库重新分配。许多外国劳工也只能穿标准的营地木鞋，这是莫诺维茨一家手工工场制作的，不过与囚犯相比，他们至少可以选择一双合脚的鞋子。他们的伙食也很差，和给囚犯喝的那种稀汤一样，只是分量稍微多了一点，而肥皂和烟草等"奢侈品"越来越少。他们的居住环境也比预期的要差。法本公司的德国雇员被安排在奥斯维辛镇及周边地区，资历较深的人会住在公司精心建造的现代化住宅中，但是外国工人则被安置在四面漏风的木屋里，这种房子与 IG 法本后来在集中营里建造的那种木屋非常类似。然而，与这些相比，让工人们更加难以忍受的是，他们经常能看到与他们一起工作的囚犯遭到残暴对待。虽然这些外国工人被称为志愿者，但是他们基本都不是心甘情愿到这里来的（不管他们乐意与否，大多数人都是被纳粹占领当局指派为 IG 法本工作的），他们会公开表达自己的不满，在恶劣的天气下会中断工作返回营房，还会不定时的休息，有时甚至完全拒绝工作。1942 年 8 月，IG 法本被迫将 160 名表现最恶劣的比利时和法国"懒骨头"送回国去，并且开始威胁其他人，如果他们不合作，就把他们转移到奥斯维辛集中营的主营去。不出所料，许多人突然不辞而别，在没有证件或授权的情况下，踏上了危险的返乡之旅，穿越被占领的欧洲大陆。最终约有 23% 的"自愿"外国劳工以这种方式离开了奥斯维辛，不过到底有多少人最后回到了家乡还不得而知。

对于犹太囚犯来说，他们的处境要糟糕得多，他们在莫诺维茨和合成橡胶制造厂的遭遇和其他地方的大规模枪杀或毒气室毒杀一样，都是纳粹种族灭绝政策的结果，只不过死亡的形式对第三帝国而言更为有利可图。他们的处境也是自相矛盾的：考虑到纳粹对 IG 法本公司施加的巨大压力，要求该公司完成合成橡胶制造厂项目，对于纳粹政权来说，让犹太人活着工作，而不是杀死他们，然后再寻找替代者，似乎是更为合理的做法。但是即便是在极其严重的人力资源危机中——当德国国防军在莫斯科和斯大林格勒遭到血腥的失败时，这种危机在德国更是频繁出现——在纳粹的种族主义意识形态面前，这种逻辑总是居于次要地位，纳粹将消灭犹太人视为一项神圣的使命，几乎超越了第三帝国的所有其他需求。因此，犹太人在莫诺维茨和合成橡胶制造厂的时间必然是短暂的，因为这是精心策划的通过劳动消灭犹太民族的计划的一部分。那些能够在规定强度下工作的犹太人，或者有特殊技能的犹太人，可能会暂时逃脱被送进毒气室的命运；否则，他们就会立即被送去毁灭，然后有其他人代替他们的工作。只要火车能够源源不断地运来新的工人，那么在党卫军，甚至 IG 法本的工厂经理眼里，让囚犯们能再多活片刻已经变得毫无必要。①

---

① 众所周知，纳粹当局竭尽全力确保犹太人的运输顺利进行，甚至试图说服可能被驱逐的人，告诉他们在东方有良好、诚实的工作和舒适的环境等着他们。比如，在 1942 年 12 月，荷兰犹太人收到明信片，据说这些明信片是已经被送到莫诺维茨 IG 法本集中营的人寄出的。他们说："伙食很好，有热的午餐，晚上有奶酪和果酱三明治……我们有集中供暖系统，睡觉时盖两条毯子。这里有高档的淋浴设施，能够调节热水和冷水。"26

那些在偶然或特殊情况下得以幸存的人的故事，证明了莫诺维茨集中营和合成橡胶制造厂管理者的野蛮和残暴。[27]比如，凯·法因贝格（Kai Feinberg）在 1942 年底来到这个营地。他是挪威犹太人，当时有人威胁说，如果他不去自首，就逮捕他的妹妹，于是他向奥斯陆的维德昆·吉斯林（Vidkun Quisling）当局自首。但是，他全家后来都被捕了，挪威的合作主义政府将 521 名犹太人全部移交纳粹，随后他们被迁往奥斯维辛：

　　三周之后，在 1942 年 12 月 23 日，我的父亲、他的两个兄弟，还有我被关进了莫诺维茨的特别集中营。那里条件之恶劣让人难以忍受，而繁重的工作让我们几乎无法喘息。我们凌晨 4 点半就得起床。然后要花三刻钟的时间才能走到我们上班的地方。工作的第一天——1942 年 12 月 24 日，圣诞节的前一天——我们不得不一直干到 12 月 25 日凌晨 3 点，而这一整天我们粒米未进。我们给火车卸货，搬运铁架和袋装水泥，以及重型烘炉。1943 年 1 月 5 日，父亲已经非常虚弱，当我们不得不以双倍的速度向前拖动一袋重达 50 千克的水泥时，他就在我眼前倒下了。他被他的工友们抬回了营地。他不断遭到卫兵们的殴打，最后一天打得最厉害……1943 年 1 月 7 日，他就在我面前死去。我父亲的一个弟弟在工作中弄伤了右臂，于是他被送去了毒气室。在我父亲死后大约一两个星期，他的另外一个弟弟身体已经非常虚弱，然后就死在了工地上。我本人则坚持工作到 1943 年 1 月 15 日；之后我染上了肺炎，不过在 2 月 15 日我又重新恢复工作，一直干到

2 月底。最后，我被宣布为不再适合工作，因为我已经无法走路了，他们决定用毒气杀死我。碰巧那一天没有一辆卡车开到合成橡胶制造厂，我反而被送回了奥斯维辛集中营。[28]

诺贝特·沃尔海姆（Norbert Wollheim）也有相似的经历。1943 年抵达莫诺维茨之后，他与妻子和三岁大的儿子分开了，按照惯例——他被剥夺了所有财产，剃了头发，除了虱子，身上文了一串数字 107984，然后被带到合成橡胶制造厂：

除了那些主管和高级工长工作的建筑物外，其他建筑大都还没有完工。一般来说，从加入的那一刻开始，我们只做搬运、挖坑这种最苦最累的工作。我被安排到可怕的"4 号死亡分队"（murder detail 4），它的任务是卸载成袋的水泥或建筑钢材。我们不得不整天都以奔跑的速度从到达的货运车厢上卸下水泥。体力不支的囚犯会被德国 IG 法本的工长和狱头殴打，直到他们恢复工作或被留在那里死去。我目睹过这样的情况……我还一再注意到，特别是在党卫军也亲自在场的时候，IG 法本工头的残暴程度甚至有过之而无不及。[29]

另一名囚犯鲁道夫·维特克（Rudolf Vitek）也证实了这一点："IG 法本的狱头、工长和监督员以极不人道的方式强迫犯人们工作。他们毫无怜悯之心。鞭打、虐待，甚至直接将犯人杀死，这些都是常态。许多犯人在干活时，突然就直挺挺地倒在了地上，他们喘不上气来，像畜生一样死去，这都是由于

316

干活的速度过快造成的。"[30]

　　对于那些在合成橡胶制造厂可怕的轮班工作中活下来的囚犯来说，当他们回到莫诺维茨的集中营时，也几乎得不到任何喘息的机会。如果有人在回程路上表现得体力不支就有可能被认为不适合第二天工作，所以当瞭望塔出现在视野中时，囚犯们强迫自己振作精神，试图忽略他们的饥饿和疲惫，身上的疼痛、割伤和淤青，以及脚上正在溃烂的脓疮。在他们穿过大门，经过绞架，进入主广场之后——在此过程中，总是伴随着集中营管弦乐队演奏的德国流行曲调，这给人一种超现实的感受——囚犯们在特遣队的指挥下排成队列，开始点名，点名的过程长达一个小时，特遣队员对囚犯的人数进行反复清点和计算，以确保没有人愚蠢到想要从警卫的眼皮底下溜走。只有当每个人都被标记为在场时（甚至连死人也要用担架抬回去清点），囚犯们才被允许一瘸一拐地回到他们的营房。营房是又长又矮的木棚子，一排挨着一排，就在集中营的高压电网后面。[①] 集中营并非没有便利设施：比如，那些担任狱头和监区队长（Blockmeister）的"政治犯"和"刑事犯"，他们作为雅利安人是营区中的德国贵族，能够获得更好的宿舍和其他特权，其中最引人注目的是他们可以进入 49 号营房（Hut 49）的女囚监区（Frauenblock），也就是营地妓院。作为雅利安人囚犯奖励计划的一部分，IG 法本设立了这个妓院，里面有十几名甚至更多的女囚。要想进入妓院，狱头和他们的小圈子必

----

① 死人的尸体被扔到阅兵场旁边的一个平台上，他们躺在那里，就在狱友们的视野中，直到几天后有从比克瑙开来的卡车草草收尸。鲁道夫·维特克后来说："每天晚上，400 至 500 人的分队带回来 5 至 20 具尸体，这种情况并不罕见。"

须先得到营地负责人的许可，而且每周不得超过一次。但是对绝大多数囚犯来说，生活条件几乎不能再简陋了。每一座营房的屋顶都会漏雨，营房内狭小的空间要让 148 人容身，房间里堆满了三层铺位的床架，以至于两张床架之间几乎都无法站人。每个铺位上至少要睡两人，通常睡三个人，他们整个人都躺在爬满臭虫的草垫上，身上盖着几条薄毯子。[31]

317　　囚犯们最关心的事情就是食物，或者说是并不充足的食物。IG 法本负责莫诺维茨营区的伙食，包括早上的一小份面包和人造黄油，中午和晚上是一勺稀得像水一样的"橡胶汤"（buna soup）。平均来说，这种质量低劣的饮食为每个囚犯每天提供约 1100~1200 卡路里的热量，这导致每人每周体重下降 6~9 磅。三个月之内，大多数囚犯就会因为饥饿和营养不良而变得虚弱不堪，无法从事任何形式的劳动，于是被筛选出来送往比克瑙。那些被分配到最艰苦的工作岗位上的囚犯，他们消耗热量的速度更快，死亡的速度也更快；而其他人，要么因为太虚弱无法防止自己的口粮被偷，要么不得不以物易物，去修补他们出现缺损的囚服，或者购买一些其他必要的物品或服务。① 以物易物、吃饭和修补都必须在晚上点名和 9 点熄灯

---

① 官方规定，犯人除了木鞋、内衣和带条纹的囚服之外，几乎不允许携带任何其他物品。这些东西都是别人以前穿过用过很多次的，而且从来没有洗过，无一例外的肮脏、污秽、破破烂烂。尽管如此，衣服上任何明显的缺损——如缺少一颗纽扣——都必须在被营地警卫发现之前补好，否则就会遭到殴打甚至更严重的惩罚。所有人都在猜测，囚犯们在没有必要手段的情况下是如何做到这些的，但是他们确实找到了某些方法。集中营还会给每个犯人发一个破旧的金属饭碗，但是没有勺子，新来的囚犯通常要放弃一部分口粮，才能得到一个用废金属或木头偷偷做成的勺子。不可避免的是，针对这些物品的偷盗行为非常普遍，甚至诞生了繁荣的黑市贸易，任何可能有用的破烂都会成为黑市上的抢手货。

之间的短暂时间内进行——这也是唯一的机会，如果有人非常渴望，他们可以尝试寻求医疗服务来治疗自己的伤口、瘀伤及其他疾病。[32]

莫诺维茨的医院，或称 Krankenbau，由八座木屋组成，与集中营内的其他营房一模一样，但是有铁丝网将它与其他营房隔开。[33]无论任何时候，医院都收容着整个营地大约十分之一的人口，但是很少有囚犯愿意在这里待超过两个星期，因为这样有可能被判定为病得太重已经无法康复，然后被送往比克瑙——由于面临床位紧张的压力，IG 法本公开赞同这一政策。这座医院由囚犯负责管理，他们通常具有一定的医疗经验（但并非总是如此），然后由三四位德国医生和一两名办事员进行监督。健康检查会在集中营内无差别进行，无论天气好坏，囚犯们都要在露天排队，等候进行体检，做完检查的囚犯将会被如何对待，完全要遵从德国监管者的决定。在药物极度缺乏的情况下——具有讽刺意味的是，甚至连拜耳生产的普通的阿司匹林也供应不足——即使是对病情最严重的人，所能得到的治疗最多也不过是卧床休息。最常见的疾病是痢疾和腹泻、黄疸、肺结核、肺炎和其他各种传染病，以及与重体力劳动有关的损伤——疝气、肌肉拉伤等。营养不良所导致的四肢肿胀，以及长期穿着不合脚的破木鞋，使双脚不可避免地肿胀起泡，这让许多囚犯还接受了放血治疗。大多数情况下，需要很长时间才能愈合的骨折根本得不到治疗，受害者会被直接送到比克瑙；开放性的伤口则会任其自然发展，或溃烂或好转。

诚然，虽然受到了种种限制，设备和药物存在短缺，但是营地医院中的囚犯医生们还是成功地挽救过一些人的生命。[34]在这所医院里可以进行一些简单的手术——虽然没有麻醉

318

药——而且会对传染病人进行隔离，这无疑防止了更严重疫情的发生。然而，在大多数情况下，治疗只能推迟病情发展，但是无法改变结果，正如其中一名囚犯医生罗伯特·魏茨（Robert Waitz）后来指出的那样："由于生活条件恶劣，囚犯的身体和精神都在缓慢衰弱。最后的目标明确无误：让 IG 奥斯维辛工厂所雇用的囚犯丧失人性，最终被消灭。我听到一个党卫军军官对莫诺维茨的囚犯说：'你们都被判决了死刑，但是执行判决还需要一段时间。'"

这种暂时的缓刑，也是 IG 法本另外一座集中营里的囚犯无法逃脱的命运——这座集中营位于韦索拉（Wesola）附近的菲尔斯滕格鲁伯煤矿。早在 1941 年 2 月，安布罗斯的合成橡胶制造厂项目得到批准之后不久，法本公司就获得了这家煤矿 51% 的控股权。菲尔斯滕格鲁伯煤矿的管理层随后又收购了位于利比翁日（Libiaz）的雅尼纳（Janina）煤矿。[35] 这两座矿井都需要额外的工人来满足 IG 法本对煤炭的需求（必须在岩石上开凿新的矿井），而法本公司也在尽最大努力提供劳动力。最初，新增的劳动力由苏联和英国战俘提供，此外，法本公司还招募了"东方工人"（Ostarbeiter），但是招募来的人很快就流向了其他工作，而战俘（特别是英国人，他们有国际公约的保护）也难以令它满意。比如，在 1943 年 7 月 6 日，雅尼纳煤矿的经理向英国战俘营的管理部门投诉说："最近，我们矿上白天雇用的战俘拒绝工作，提前下班，或者拒绝服从技术主管指令的情况越来越多。第 4522 号战俘拒绝做他的工作，声称他不会为德国工作。"

十天之后，诸如此类的投诉使 IG 法本的瓦尔特·迪尔费尔德、奥斯维辛集中营的指挥官鲁道夫·霍斯，以及一个名叫迪尔贝格（Düllberg）的菲尔斯滕格鲁伯煤矿的经理坐在一起，举行了一次会谈，会谈期间，他们确定了要设立一座分营的计划，专门用来关押从奥斯维辛集中营转移过来的囚犯。[36]第一批囚犯于 9 月 2 日抵达，当时营房的建设仍在进行中，六个月后，囚犯人数增加到 1300 人左右。与此同时，在雅尼纳煤矿，英国战俘搬出了他们的住处，取而代之的是更多来自奥斯维辛的囚犯——到 1944 年，那里的人数达到了约 900 人。

　　营地的生活和矿井的工作条件十分恶劣，使得这里成了事实上的流放地，专门关押那些从合成橡胶制造厂转移过来的特别难对付的囚犯。[37]殴打、杀戮和筛选，以及由此造成的高死亡率，使这里与莫诺维茨营区的情况同样糟糕，甚至更糟。一个名叫扬·拉夫尼茨基（Jan Lawnicki）的囚犯和另外九人被送到了菲尔斯滕格鲁伯煤矿，作为对合成橡胶制造厂两名囚犯特遣队员企图逃跑的惩罚：

　　　　抵达菲尔斯滕格鲁伯煤矿之后，我们惊恐地意识到，莫诺维茨的条件似乎很糟糕，但是与矿上的条件相比，那里完全是可以忍受的……菲尔斯滕格鲁伯的条件和其他地方很不一样，这里的工作环境特别危险，而且劳动量极大。我们干活的地方经常淹没在水中，我们要在没过脚踝的水里吃力前进，或者坑道非常低矮，我们不得不一直弯腰干活。我们的工作实行定额制，根据分配地点的不同，每个人都必须完成一定数量的工作，统计时以装满煤炭的矿车作为单位……狱头、工长［Vorarbeiter］和一些职业矿工会不断推搡我们，还打我们的脸……我在矿上工作的那段时间（五个星期），有一个犯人自杀了，还有两个犯

320

人疯了。此外还有因为井内塌方而受伤的情况。当我们完成工作后，他们把我们拉回到地面，然后我们必须快速走下铁制台阶，通道两旁是列队的党卫军士兵，他们用尖叫、踢打和拳头催促我们前进。[38]

在近乎完全黑暗的地下坑道中劳动了 10 个小时之后，和莫诺维茨一样，囚犯们不得不忍受返回营地的行军和列队点名，伙食和住宿条件同样恶劣。[39]由于工作导致的伤病和极度疲惫在这里比在合成橡胶制造厂更为常见，筛选的次数也就越来越多。有一次，IG 法本雇用的狱头疯狂地殴打采矿的囚犯，以至于党卫军都抗议说，他们让囚犯的身体状况恶化得太快。很少有囚犯能在这里活过 4~6 周。

然而，只要火车能够不断开到奥斯维辛和比克瑙，似乎就能源源不断地为 IG 奥斯维辛的建筑工地提供新的劳工。[40]事实上，法本公司在当地的经理们现在开始直接参与囚犯的筛选过程，以确保他们能从每一列新来的火车上得到最好的囚犯。技能正变得和体力同等重要，法本公司希望能在急功近利的党卫军之前，把药剂师、电工、泥瓦匠和焊接工搞到自己手上。在 1943 年 11 月，迪尔费尔德本人在党卫军一级突击队中队长（Hauptsturmführer）、莫诺维茨集中营的党卫军指挥官海因里希·施瓦茨（Heinrich Schwarz）的陪同下，亲自去火车站接车。有一次，他们对 3500 名囚犯进行了筛选，把其中大约一半人送去了比克瑙。当然，合成橡胶制造厂还远没有完工，IG 法本迫切希望看到它能够建成，但是运转到现在，整个项目已经有了一种可怕的自洽逻辑，似乎生产合成橡胶与消耗囚犯劳工变成了一回事儿。仅在 1943 年，就有超过 3.5 万名囚犯来到莫诺维茨。到这一年的年底，已经有超过 2.5 万人被杀；剩下的人也都奄奄一息。

所有这一切都指向一个显而易见的问题。IG 法本的经理们是否知道，在他们送去比克瑙的犹太人身上到底会发生什么？答案既简单又明确：是的，他们知道。他们当然知道。即便没有人直接告诉他们大屠杀的情况（几乎可以肯定，他们中的一些人是知情的），他们也不了解确切的细节，但是法本公司的雇员在奥斯维辛生活和工作，无论在工作中还是私下里他们都与党卫军保持着密切联系，这就使任何处于高级职位的人不可能长期被蒙在鼓里。然而，由于 IG 法本的高层在战后彻底宣称他们对种族灭绝一无所知，因此有必要深入研究这个问题。

首先要注意的是，到 1943 年中期，关于比克瑙发生的事情的传闻甚至在 IG 奥斯维辛工厂最基层的员工中也已经非常流行。[41] 到那一年的 12 月，直接在合成橡胶制造厂工作的德国平民超过了 2500 人。最初，他们中的许多人是法本公司在路德维希港、法兰克福、勒沃库森、柏林和洛伊纳等地的雇员，通过公司内部转岗直接调来这里，但是随着合成橡胶工厂初具规模，公司又从德国其他地方招募了很多新人——这些年轻的应征者之所以会到这里来，有的是为了在东方的新领土找到晋升或冒险的机会，有的只是渴望让家人远离盟军对德国本土日益频繁的轰炸。这些生活在异国他乡的陌生人，彼此都住得很近——要么住在 IG 法本新建的"化学家新村"（chemists' estate），这里有两百多套公寓，要么就住在从当地波兰人那里征用的房子里——他们组成了一个关系紧密的群体，一起工

作，一起休闲；他们与该地区另一个规模很大的德国社区同样
322 联系密切，那里的居住者是管理集中营的党卫军军官和士兵。
比如，在1943年3月的"国防军日"（Wehrmacht Day），党
卫军邀请了几名IG法本的雇员到营地参加"聚餐，随后在下
午还有娱乐活动"。

就像其他那些在困难条件下聚在一起的人一样，这些人无
所不谈——谈起了他们的工作，谈起了他们每天在工厂的所见
所闻，谈起了他们看管的犹太人、战俘和外国平民。他们互相
抱怨着自己的生活条件，抱怨着项目执行中的困难，抱怨着工
厂最高管理层非常明显的挫败感。最重要的是，他们闲谈——
虽然是私下相当谨慎地谈论——关于集中营铁丝网后面发生的
事情，谈论着笼罩在小镇上空的可怕恶臭，这种臭味有时候非
常刺鼻，以至于在48公里外的卡托维兹都能闻到。

赫尔曼·米勒（Hermann Müller）是其中一位雇员，他后
来回忆起1943年夏天，他应邀到奥斯维辛集中营主营区参加
党卫军军营中的一次酒会：

> 我到IG奥斯维辛工厂没多久，对这种可怕的、甜甜
> 的味道很好奇……工厂里有一两个人告诉我别犯傻，不要
> 问任何问题，其他人说他们（集中营当局）在处理感染
> 了伤寒的病人。那天晚上我喝醉了，问一个我很熟悉的党
> 卫军的人，这是不是真的。他把我悄悄地拉到一边，告诉
> 我说，这可是布尔什维克犹太人"爬上比克瑙的烟囱，
> 对他们来说这是一种解脱"。你知道吗？我不好意思承认
> 我同意他的观点。我们被告知所有关于犹太人的坏事，以
> 及他们如何试图摧毁德国……现在我知道那是错误的，纳

粹告诉我们的一切都是谎言，但是当时我还很年轻，没有意识到这只是宣传。后来我发现，在我工作的地方每个人都知道正在发生什么。过了一小段时间后，我的这位党卫军朋友来看我，让我不要再重复那些他告诉我的话，否则他会受到非常严厉的惩罚，但是我不得不跟他说，通过和别人聊天我发现，这件事已经人人皆知了。[42]

1943 年 7 月，另外一位刚到 IG 奥斯维辛工厂任职的雇员格奥尔格·布尔特（Georg Burth）在写给国内一位同事的信中使用了稍微委婉的措辞："犹太人正在发挥特殊的作用，你完全可以想象。这些人的饮食和待遇与我们的目标是一致的。很显然，他们的体重几乎不会增加。而且可以肯定的是，他们只要想稍稍'换口气'，子弹就会立即在空中飞来飞去，此外，还有很多人已经因为'中暑'而消失得无影无踪。"[43]

此时，IG 法本雇用的狱头已经公开将送去比克瑙毒气室作为威胁，逼迫在合成橡胶制造厂的囚犯更加卖力地工作。[44] 其他囚犯在不断地失踪，还有几乎令人无法忽视的气味，这些都加强了这种威胁的效果，英国战俘查尔斯·科沃德（Charles Coward）后来明确表示："奥斯维辛集中营的囚犯完全知道，人们正在被毒气熏死，然后焚烧……他们抱怨焚烧尸体散发出的恶臭。法本的人当然都知道是怎么回事。这是众所周知的事情，如果有人说不知道，那么他就没有在奥斯维辛生活过，没有在工厂里工作过，甚至没有到过工厂。"[45]

但是如果法本公司的高管们完全知情又会怎样呢？在瓦尔特·迪尔费尔德和马克斯·福斯特向公司董事会提交的每周报告中，没有发现任何有关大屠杀的内容，不过考虑到党卫军决心对外界隐瞒最终解决方案（即使他们无法阻止它在 IG 法本的合成橡胶制造厂雇员中成为公开的秘密），这一点也不足为奇。如果在其他更机密的公司信件中提到过屠杀犹太人，这些文件几乎肯定在战争结束前就被销毁了。[46][1]然而，无论通过哪条渠道都没有太大区别，因为法本公司董事会中的几名成员有充分的机会亲眼看到发生了什么。奥托·安布罗斯、海因里希·比特菲施、弗里茨·特梅尔、奥古斯特·冯·克尼里姆、卡尔·克劳赫、克里斯蒂安·施耐德和弗里德里希·耶内（负责工厂发展）都在 1942 年至 1944 年访问过合成橡胶制造厂，其中一些人还曾多次到访。比如，安布罗斯在那段时间曾先后 18 次访问奥斯维辛，有时候还会停留几天。海因里希·比特菲施曾经七次来访。[2] 至于 IG 奥斯维辛工厂的工作人员，他们居然不知道从莫诺维茨"筛选"出来的犹太人的命运，这简直让人难以置信。瓦尔特·迪尔费尔德和马克斯·福斯特等人几乎每天都与党卫军高层接触；他们经常看到囚犯被带到比克瑙（通常是在公司的建议下），并且他们就生活在从比克瑙焚尸场飘出来的无处不在的恶臭之中。迪尔费尔德甚至还参

324

---

① 1945 年初，当德国开始崩溃时，IG 法本公司有计划地销毁了数千份文件，以防止它们落入盟军手中。显然，没有办法确切知道这些文件中的内容，但是纽伦堡法庭的检察官认为，其中有许多份文件提到了奥斯维辛。

② 另外，卡尔·克劳赫只去过奥斯维辛一次。然而，他对这种合作模式非常着迷，以至于在 1943 年 7 月，当有可能新建一座合成燃料工厂时，他以 IG 法本公司监事会主席的身份写信给希姆莱："亲爱的帝国领袖，在这次讨论中，我特别高兴听到您所提出的建议，您可能会帮助兴建一座新的合成工厂……以类似奥斯维辛的方式，在必要时提供集中营里的囚犯。我也已就此写信给施佩尔部长，如果您能继续在此事上为我们提供资助和帮助，我将不胜感激……希特勒万岁。"但是，这个计划后来无果而终。[47]

加了对犹太人的筛选，至少曾有一次明确的记录，他直接问指挥官霍斯，犹太人是否真的在 Oswiecim（奥斯维辛）集中营被火化。霍斯说他不能谈论这件事，这种回答算不上否认。

　　无论如何，有很多迹象表明，到 1943 年底，IG 法本公司的高层已经对这个消息有所耳闻。[48]比如，有一次弗里德里希·耶内乘火车前往奥斯维辛探亲，去看望儿子诺贝特（Norbert），他当时是合成橡胶制造厂的一名工程师。诺贝特后来告诉纽伦堡的检察官，他的父亲曾向他问起有关毒气的事，并且说自己是从坐在同一节车厢的一名警官那里听说的。1942 年底，在另一次从柏林到奥斯维辛的火车旅途中，安布罗斯和特梅尔的助手——后来任公司董事会秘书——恩斯特·施特鲁斯竟然与一位乘客就是否在屠杀犹太人发生了争执：“他用响亮的声音告诉火车包厢里的其他人，在奥斯维辛集中营里，大批的人被送进焚尸场焚烧，奥斯维辛的空气中充满了死亡的味道。我对他的这种说法深感不满。我跳起来告诉他，他不应该散播这样的谣言。”[49]

　　施特鲁斯说，他当时拒绝相信这个故事并把它抛诸脑后，但是谣言仍然在 IG 法本上下流传。1943 年，当他再一次访问奥斯维辛时，他向高级工程师汉斯·海德布罗克（Hans Heidebroek）求证这些说法是否属实。海德布罗克证实了这一点并补充说，受害者在被焚烧之前就已经被毒死了。施特鲁斯说，回国后他就把这个消息告诉了自己的上司——但是令他深感震惊的是，安布罗斯和特梅尔后来出于明显的原因，都否认收到过这个消息。[50]大约在同一时间，IG 法本的溶剂和塑料部门主管卡尔·劳滕施莱格从路德维希港的下属那里听说了毒气的事情（由此可见这些消息传播了有多远）。另外，几乎可以肯定，瓦尔特·迪尔费尔德在 1943 年 1 月，告诉了到访合成橡胶制造厂的第一事业部负责人克里斯蒂安·施耐德，而奥帕工厂的经理马丁·米勒-昆拉迪（Martin Müller-Cunradi）也参观了营地，他把格奥尔格·冯·施尼茨勒也带进了这个消息圈。董事会主席赫尔曼·施密茨是一个行事隐秘又注重细节的人，他一定也对奥斯维辛发生的事情了如指掌。他主持最重要的会议，审阅重要的报告，批准所有重大的决定。合成橡胶制造厂是他的公司最大的一项投资，他经常行使自己的权利，询问助手和下属相关的进展情况——特别是在事情进展不顺利的时候。这些人对施密茨只字不提有关对犹太人使用毒气的事情，这简直让人难以置信。

对于董事会中的其他人来说，杀虫剂齐克隆 B 的需求量迅速增长，这就应该给他们敲响了警钟。[51]齐克隆 B 由 IG 法本的子公司、美因河畔法兰克福的德国害虫防治公司（德格施公司）所生产。IG 法本控制了该公司 42.4% 的股份，这相当于在德格施公司监事会的 11 个席位中占有五席，同时在它的董事会中占有三席，分别由 IG 法本的三名董事卡尔·伍斯特、海因里希·霍兰和威廉·曼出任。在这三人中，身为德格施公司董事长的威廉·曼最清楚齐克隆 B 的去向——它们被卖给了党卫军；因为他会定期审查德格施公司的账目——虽然其他两人也会收到这些文件的副本。① 曼是否曾质疑党卫军为什么需要这么多杀虫剂，此后一直是争议的焦点。可以肯定的是，德格施的总经理格哈德·彼得斯（Gerhard Peters）确实知道

---

① 根据账目，IG 法本在 1942 年、1943 年和 1944 年（这些是实施"最终解决方案"的年份）持有的德格施公司股份的股息是 1940 年和 1941 年的两倍。[52]

齐克隆 B 被用于对大批人员的清算，但是他对此事守口如瓶，没有与党卫军以外的任何人谈论过。公司的另外一位高管、德格施公司的分销和销售代理商特施和施塔贝诺（Tesch and Stabenow）公司的布鲁诺·特施（Bruno Tesch）也是知情者之一，他在 1942 年 7 月的一份报告中提到了这一点，他的两名同事也看过这份报告。但是这些人似乎都没有把这个消息告诉威廉·曼。因此，从表面上看，曼和他 IG 法本的同事们似乎被免除了罪责，他们并没有将这种杀虫剂变成大规模杀伤性武器：如果他们不知道这种武器的存在，他们就不可能因为使用这种武器而受到指责。

然而，令人感到非常奇怪的是，曼是一位训练有素的化学家，对齐克隆 B 的致命性非常了解，但是他没有将这两件事联系在一起。如果像证据显示的那样，奥斯维辛-比克瑙集中营所发生的事情在 IG 法本的同事中已经成为一个公开的秘密，那么就有理由相信，曼应该也清楚这些事情。此外，他收到的数据显示，1942 年和 1943 年，齐克隆 B 在奥斯维辛的消耗量是在毛特豪森（Mauthausen）集中营（一座更传统的党卫军集中营）的十倍。就数据本身而言，这种差别也许可以用奥斯维辛-比克瑙的规模更大来解释，因此可以想象需要更多的杀虫剂来熏蒸建筑物和衣物。不过，鉴于法本公司上下流传的关于奥斯维辛毒气的传闻，即使是一个没有什么好奇心的人，也肯定会有所警觉，更何况还是生产齐克隆 B 的公司的董事长。奥斯维辛集中营的指挥官鲁道夫·霍斯当然也这么认为。战后，霍斯描述了在 1942 年和 1943 年党卫军的卡车曾经多次驶往德绍（Dessau）的德格施工厂：

我敢肯定，这家公司知道它所交付的齐克隆 B 的用途。这一点，他们完全可以从下列事实中得出结论：奥斯维辛一直在大量订购毒气，而党卫军的其他部门则只订购过一次或每隔半年才订购一次。我记不清我们从特施和施塔贝诺公司那里购得的齐克隆 B 的确切数量，但是我估计，他们在三年内至少供应了 10000 罐，也就是 10000千克。

尽管如此，威廉·曼还是声称自己并没有将二者联系到一起。后来，他否认对齐克隆 B 的使用情况知情，并且表示他关注德格施的销售数据只是例行公事。虽然这种漫不经心不符合一个生性勤奋的人的性格，但是至今还没有确凿的证据能够直接反驳他的说法。

但是，威廉·曼显然对党卫军在奥斯维辛“工作”的另一面了如指掌，因为他亲自批准 IG 法本为其提供资金。[53]这笔钱以支票的形式支付给了党卫军一级突击队中队长约瑟夫·门格勒（Josef Mengele），比克瑙臭名昭著的“死亡天使”。门格勒的专长是遗传学，从 1943 年 5 月起，他在比克瑙集中营的囚犯医务室旁边建立了一个特殊的实验室，试图利用大约1000~1500 对同卵双胞胎来证明他的种族理论。在筛选过程中，这些孩子首先被确定身份，当他们被从自己的母亲身边带走之后，等待他们的是最可怕的医学实验。有些人被摘除器官，有些人被阉割、致盲或故意感染致命疾病，以测试原型血清和药物——其中许多是由 IG 法本的拜耳公司制药部门提供的。其中有一种名为 B-1034 的药物，是拜耳公司用于治疗斑疹伤寒的实验性药品，几乎可以肯定的是，1944 年 5 月，他曾在来自罗马尼亚波尔茨（Portz）的十岁双胞胎女孩埃娃（Eva）和米丽娅姆·莫泽斯（Miriam Mozes）身上用这种药物做过实验。注射后，埃娃出现高烧症状，四肢肿胀到正常大小的数倍，由于党卫军技术人员在给她注射药物时，为了保证她不会乱动，用橡胶软管把她绑在了床上，所以这让她更加痛苦。有一次，门格勒站在她的床脚处，看着她的体温曲线表，不由得笑了起来。"真可惜她还这么年轻，"他对同事说。"她最多还能活两个星期。"①

虽然有源源不断的囚犯像豚鼠一样被用于门格勒的实验，但是他的研究并不便宜，而 IG 法本似乎一直愿意负担这些费用。正如威廉·曼在给奥斯维辛的党卫军联系人的信中所说："我已经附上了第一张支票。正如我们双方所希望的，门格勒博士的实验应该继续下去。希特勒万岁。"[54]

IG 法本在奥斯维辛的其他雇员则更直接地参与了对囚犯的实验。[55]比如，赫尔穆特·费特尔（Helmuth Vetter）是法本公司的长期雇员，也是奥斯维辛和莫诺维茨的党卫军军医。1943 年，在没有挑选实验人选的情况下，他在 IG 法本的营地医院对 200 名女囚进行实验，在她们的肺部注射了链球菌，导致她们死于肺水肿。这项工作是为了测试拜耳公司制药部门正在研发的新药，费特尔的成果论文被收录在提交给德国国防军医学科学院（Wehrmacht Medical Academy）的报告中。还有一次，拜耳公司直接与奥斯维辛集中营指挥官霍斯就购买 150 名女囚的费用讨价还价，这些女囚将被用于费特尔的镇静剂和麻

328

---

① 门格勒还在成年人身上进行过实验。虽然无法确定具体的数字，但是人们相信有几千人死于他的"研究"。

醉剂实验。党卫军希望的价格是每名女囚 200 马克，但是 IG
法本只愿意支付 170 马克。当然，最终还是 IG 法本如愿以偿，
拜耳公司再次给霍斯的信中写道："实验已经进行。所有测试
者均已死亡。我们将尽快与您联系，以相同的价格重新订购一
批实验者。"费特尔显然很享受他的工作。"我已经全身心地
投入工作中，"他给勒沃库森的同事们写道，"尤其是围绕着
新药上市，我有机会在整个准备阶段开展临床试验。我感觉自
己就像是在人间天堂。"他的报告会定期交给海因里希·霍
兰，诺贝尔奖得主、IG 法本的首席医药科学家。

IG 法本的药物研发和党卫军形成了一项庞大的研究计
划，奥斯维辛进行的人体实验显然只是这项计划中的一小部
分。[56] 此外，IG 法本旗下的马尔堡（Marburg）贝林制药厂
（Behringwerke）血清研究部门开发的，用于治疗斑疹伤寒和
其他发热症的药物在布痕瓦尔德和毛特豪森集中营的囚犯身
上也进行了常规测试。IG 法本还参与了党卫军的一项秘密计
划，开发一种专门针对俄国人的化学阉割方法。1942 年 11 月
初，在路德维希港工作的生物化学家卡尔·陶博克（Karl
Tauboeck）接到马丁·米勒-昆拉迪的指示，重温了他对生长
于热带的花叶万年青属（Caladium seguinum）灌木植物的知
识。最近在德累斯顿，一家由党卫军资助的小型制药公司的科
学家发现，这种灌木可以用来使小鼠绝育。党卫军迫切需要通
过第三方对该公司的实验结果进行验证，因此要求 IG 法本提
供一名合适的专家。党卫军的两个人将陶博克带到德累斯顿，
他在那里检查了测试结果，发现这项研究确实有效，不过他也
意识到这种植物对人类有剧毒。当天晚些时候，"党卫军的人
告诉我，这项研究是在党卫军帝国领袖希姆莱的明确指示下进

行的，目的是找到一种方法，以降低东方民族的生育水平。我在得悉事情的真相之后，向他们发誓我会保守秘密。"陶博克冒着职业风险，拒绝继续参与这个项目，因为它已经带有"犯罪性质"。党卫军后来发现在德国不可能种植花叶万年青，但是他们确实用其他绝育药物在奥斯维辛和布痕瓦尔德的集中营里进行过实验。

在纽伦堡的法庭上，布痕瓦尔德的党卫军高级军医瓦尔德马尔·霍芬（Waldemar Hoven）提供了他对党卫军与 IG 法本制药部门合作的看法：

> 很明显，在集中营用 IG 法本制剂进行的实验只是为了 IG 法本的利益，这家公司竭尽全力要确定这些药品的有效性。在我看来，他们是在让党卫军处理集中营里的脏活。IG 法本并不打算将这些事情公之于众，而是围绕着这些实验制造烟幕，这样他们就可以把利润留给自己。是 IG 法本主动进行了这些实验。[57]①

综上所述，这些证据让人很难相信，IG 法本中那些资历较深的人会对奥斯维辛集中营的罪恶一无所知——无论是医学实验，还是对奴工和犹太人的侮辱、折磨与谋杀，或者大规模的工业化种族灭绝。即使是那些与合成橡胶制造厂项目没有直接关系的法本公司高管，不需要只局限在上西里西亚地区，依然可以找到证据证明，他们与纳粹的关系是多么密切。1943

330

---

① 党卫军军医瓦尔德马尔·霍芬和赫尔穆特·费特尔因其所犯罪行被判处死刑。

年 5 月，奥托·安布罗斯与希特勒的会面就足以证实这一点。此次会面的主要议题是化学武器及是否应该将其用于对苏战场。

事情的起因源于希特勒最亲密的三名副手，约瑟夫·戈培尔、马丁·鲍曼（Martin Bormann）和罗伯特·莱伊（前 IG 法本的化学研究员）敦促他在对苏作战中使用塔崩和沙林（IG 法本在 20 世纪 30 年代末为国防军研制的两种致命性的神经毒气），以扭转德军在斯大林格勒令人担忧的局面。[58]奥托·安布罗斯是毒气研发项目的主要推动者，战争爆发时，他获得了军方的资助，在西里西亚的代亨富尔特建立了一座绝密的武器制造工厂（代号为 N-Stoff）。这座工厂由 IG 法本和最高统帅部通过一家名为阿诺加纳（Anorgana）的子公司共同管理，现在工厂的发展已经颇具规模，拥有巨大的地下设施和连接隧道，地面上还有一片占地达 2.6 平方公里的厂区。在最严格的安保措施下，超过 3000 人（包括 500 名来自奥斯维辛集中营的囚犯）在那里工作，他们所生产的塔崩储备量超过 1.2 万吨，此外，他们还开发了一系列与之相匹配的载具——从炮弹、炸弹、步兵地雷到手榴弹、航空毒剂布洒器和机枪子弹。在其他工厂，如巴伐利亚根多夫（Gendorf）的工厂，IG 法本还生产了数千吨第一次世界大战时期的化学武器，包括芥子气、氯气和光气。后来发现，其中一些毒剂曾经在集中营的囚犯身上进行过测试。在代亨富尔特，一些囚犯因为意外接触到塔崩和沙林而死亡。

希特勒在他位于东普鲁士的指挥部召开了一次秘密会议，新任的军备和战争生产部部长阿尔伯特·施佩尔带着安布罗斯一同参加了会议。施佩尔强烈反对使用塔崩和沙林，但是他又希望元首能够掌握所有真实的情况。希特勒主要是想知道，盟军是否也有这种毒气，因为遭到报复的风险会影响他使用这种毒气的决心。当安布罗斯告诉他，盟军很可能已经拥有了这些 331 武器——其基本的化学成分从 1902 年起就已经被公开了——甚至可能发展出了远超德国的工业能力，能够以更大的规模生产这些武器时，他显然非常失望。① 这个问题似乎暂时被解决了，但是在第二年又有人把它提了出来。与此同时，安布罗斯和 IG 法本不得不开始思考，为一个日益焦虑的政权生产大规模毁灭性武器是不是明智之举。

虽然位于莱茵河流域的 IG 法本工厂在 1940 年和 1941 年的第一波空袭中得以幸存，并且保持着良好的状态，但是它们仍然非常容易受到盟军的轰炸。[60] 它们并非总是盟军的直接打击目标，但是由于这些工厂靠近德国其他一些主要制造业中心，这也就意味着法本工厂的生产经常会因为当地的电力和供水及交通运输的中断而暂停。比如靠近曼海姆和路德维希港这两座城市的奥帕工厂，它生产一系列合成和重化工产品，这些对战争经济至关重要，尤其是用来制造化肥和炸药的氮素，以及生产合成燃料所需要的异丁基油（isobutyl oil）。奥帕工厂比一些老旧的 IG 法本工厂能够更好地应对空袭，因为它在建造中采用了钢筋和混凝土，而不是用砖和砂浆，但是自 1943 年深秋之后，这座工厂开始受到区域轰炸的严重干扰。最后，

---

① 虽然盟军还没有制造出塔崩和沙林毒剂，但是英国人到 1944 年已经储备了 3.2 万吨芥子气和光气——足以覆盖近 2600 平方公里的德国领土。目前还不清楚苏联是否研制出了更致命的神经毒剂，不过在冷战期间，双方都在利用他们缴获的德国科学技术生产这种毒剂。[59]

它自己也成了打击目标，到 1944 年中期，它遭受了盟军的反复轰炸。位于路德维希港的巴斯夫工厂已经颇有年头，由于厂区中基本是砖结构建筑，而且离城市中心较近，更易受到攻击，经常成为盟军轰炸机的目标。特别是这座工厂在 1943 年7 月 19 日发生过一次巨大爆炸之后——其原因与轰炸无关——爆炸将工厂的核心部分炸得支离破碎，这让工厂后面的维修工作难上加难。那次事故造成了 50 人死亡，近 700 人受伤，受害者当中就包括最早实现合成甲醇的科学家马蒂亚斯·皮尔（Matthias Pier）。10 月，盟军的轰炸机开始在路德维希港造成更大的破坏，此后花费了数周时间，人们才让一部分生产线重新恢复生产。①

在 1943 年底和 1944 年初，其他地方的情况也差不多。[61]勒沃库森多次遭受袭击，法兰克福的赫希斯特工厂、施莱布施（Schlebusch）和杜伊斯堡的炸药厂，以及其他几个地方也都受到了若干次打击。虽然盟军还没有采用战略轰炸——这种战术将在 1944 年末和 1945 年重创德国工业——但是当时空中打击的力度正在不断加强，每次空袭都会造成人员伤亡和财产损失。

由于 IG 法本越来越依赖外籍工人和奴隶劳工，这些人被安排在工厂中从事生产，不可避免地，伤亡人员中也就包含了大量这样的工人。[62]随着东线战场在征召越来越多的德国人，企业中外国"雇员"的数量也在不断飙升。到 1943 年，IG 法本在德国约有三分之一的劳动力，也就是大约六万人，是由法

———————

① 最终，修复工作完全是徒劳的。到 1945 年 4 月，盟军有 65 次空袭命中了路德维希港和奥帕的工厂，造成价值约四亿帝国马克的损失，在 1470 座建筑物中只有 6% 没有受损。

国、荷兰、比利时、意大利、波兰、乌克兰、捷克和俄罗斯的强迫劳工，以及大量战俘（英国、俄罗斯和意大利）组成的。到战争结束时，这个数字将会上升到十万人以上。许多工人一直以为他们在工作一段时间后就可以离开，但是随着 IG 法本对劳动力的需求越发迫切，这种可能性也消失了。事实上，绝大多数人都是被强行关押的，尤其是那些来自东方的劳工，他们经常受到最恶劣的对待。大多数非战俘工人都被安置在劳工营中——仅在路德维希港—奥帕地区就有五座这样的大型营地——哪怕是最好的劳工营，内部设施也相当简单，至于那些条件很差的营地，它们与上西里西亚的集中营同样简陋。许多劳工营都设有自己的监狱，工人们稍有过错（最常见的是酗酒和无故旷工）就会受到监禁；此外，他们还对告密者和盖世太保十分恐惧，盖世太保总是在寻找"破坏分子"和"渗透进来的布尔什维克"。①

333

　　对于 IG 法本的中层和高层管理人员来说，他们的生活和平常一样，或者说，在一个与世界大多数国家处于战争状态的警察国家里，他们的生活还算正常。[64]职级较高的人享有普通德国人所没有的特权，不过他们的工作负担也在明显加重，因为他们要在盟军轰炸，还有劳动力和原材料短缺的情况下努力

---

①　虽然权利遭到了剥夺，但是不得不说，IG 法本在德国境内使用的外籍平民劳工，所享有的待遇至少与克虏伯公司、赫尔曼·戈林钢铁厂和西门子公司等德国其他工业巨头工人的相当，在某些情况下甚至还略好一些。德雷克塞尔·施普雷彻（Drexel Sprecher）是纽伦堡法庭美国检控小组的成员，他认为克虏伯公司对奴工的剥削，其"病态的虐待、毫无意义的残暴，以及非人性的迫害"，比 IG 法本的所作所为还要糟糕。但是，没有一家企业是无辜的。到 1944 年底，超过 750 万外国平民——他们中既有男人，也有女人和儿童——在第三帝国的矿山、工厂和农田里工作，他们中的无数人遭到雇主的羞辱、毒打、忍饥挨饿，甚至被杀害。[63]

维持工厂的运转。当他们在纳粹圈子里曾经拥有的影响力明显减弱，尤其是卡尔·克劳赫的星光开始渐渐黯淡时，他们的任务变得更加困难。虽然克劳赫还在继续担任处理化学生产重点问题的全权代表一职，希特勒也为他颁发了骑士铁十字勋章以表彰他的杰出贡献，但是他的影响力主要来自赫尔曼·戈林的支持，而戈林自己的权力正受到元首其他亲信的挑战——最明显的是海因里希·希姆莱（他希望为他的党卫军积累更多的经济影响力），以及越来越受元首信赖的马丁·鲍曼（被誉为"希特勒的影子"、纳粹党秘书处的实际负责人）。克劳赫的权威也受到了军备部长阿尔伯特·施佩尔的削弱，施佩尔自1942 年上任以来就明确表示，如何安排德国产业的优先顺序他有自己的想法。他宣布，化学工业部门必须和其他同样需要基础原材料的军工企业一起排队等候资源调配。从现在开始，除非有特殊原因，否则化工行业就只能在现有的配额制度下谋求生存。克劳赫抗议说，仅仅依靠配额将使提高合成橡胶、燃料和其他战争物资的产量成为空谈，但是他的抗议根本无人理会。德国经济部计划和原材料司司长汉斯·凯尔（Hans Kehrl）是 IG 法本的老对头，他辛辣地暗示，也许是时候把克劳赫的部分职责分派给其他机构了——这无疑是在克劳赫的伤口上又撒了一把盐。到 1943 年 3 月，克劳赫被迫放弃了他对化工业生产的管控，但是保留了在研究、开发和新工厂建设方面的权力。

但是对克劳赫和 IG 法本公司来说，更糟糕的事情还在后面。[65]1944 年 5 月 12 日及之后发生的事件使这位并不顺心的全权代表跌落到前所未有的低谷。就在那一天，也就是施佩尔后来所说的"让这场技术战争分出胜负的一天"，美国第八航空队派出 935 架轰炸机袭击了德国的合成燃料工业。其中有 200 架飞机飞往同一个目标：IG 法本在洛伊纳的巨型工厂。

第二天，施佩尔赶到现场，他和 IG 法本的工作人员一起穿过"彼此缠绕、断裂扭曲的管道系统"。眼前的景象让他感到震惊。他认识到，这些空袭代表了"一个新的空战时代的来临"；如果继续下去，它们将标志着"德国军备生产的终结"。虽然被破坏的设施可以修复，但是，即使是最乐观的预测也认为，燃料生产在几周之内都不会恢复。5 月 19 日，施佩尔来到希特勒位于上萨尔茨堡的堡垒，亲自向元首汇报了情况。"敌人在我们最薄弱的地方打击我们，"他说，"如果他们继续这样做下去，我们很快就会丧失所有的燃料生产能力。我们唯一的希望是，对方的空军总参谋部也像我们的一样散漫！"

四天之后，克劳赫奉命带着海因里希·比特菲施和另外两名 IG 法本的燃料专家参加了希特勒召集的紧急会议。戈林元帅、施佩尔，以及陆军元帅、最高统帅部总监威廉·凯特尔（Wilhelm Keitel）也出席了会议。会前，在贝格霍夫（Berghof）通风的走廊里，施佩尔警告工业家们"不要掩饰，说出真相"。戈林本来不想让这四个人参加会议，据施佩尔说，他担心希特勒会责怪他没有为燃料工厂提供足够的空中掩护，戈林赶紧强调，要求他们不要说任何过于悲观的话。

但是克劳赫和比特菲施还是根据施佩尔的要求做了报告，他们告诉希特勒，如果空袭继续下去，保证生产的希望将会变得渺茫，在报告过程中，他们像往常一样使用了一系列令人印象深刻的 IG 法本的图表和统计数据来支持自己的观点。当希特勒提出异议，坚称情况肯定没有那么糟糕时，凯特尔和戈林

335

都跳出来安慰他。然而，根据施佩尔的说法，工业家们是"一群更强硬的人"，他们顽强地坚持自己的预测。元首似乎终于明白了这一点，他甚至指出，由于基本的军备生产被集中在一两个地方，导致它们太容易遭到攻击。"在我看来，"他说，"生产燃料、合成橡胶和氮素的工厂在战争中是一个特别敏感的问题，因为所有重要的军需材料都是在少数几家工厂中生产的。"

戈林急于回避任何有关德国空军责任的讨论——在这个问题上，帝国元帅感到越来越容易受到指责——他开始批评克劳赫在建造工厂时没有设置足够的伪装和防御工事。[66]虽然克劳赫一定对来自自己保护人的责备深感震惊，但是他还是设法提醒大家，这些工厂早在战前就已建成，当时唯一的标准就是成本和效率。幸运的是，希特勒没有再纠缠此事，但是克劳赫意识到，他再也无法依靠戈林的支持。帝国元帅抛弃了他，从那一刻起，克劳赫成了一个被边缘化的人物。

6月初，在经过几周奋力地维修之后，燃料工厂刚刚恢复运转，美国空军又对洛伊纳等地进行了新一轮轰炸，造成了比之前更大的损失。[67]同一天，德国控制的罗马尼亚普洛耶什蒂（Ploesti）炼油厂也遭到了空袭。综合来看，空袭使第三帝国的燃料产能下降了50%以上。戈林的回应是，他承诺将派遣更多的飞机去保护燃料生产厂，但是就在这一周的晚些时候，盟军在诺曼底登陆了，他不得不把德国空军转向法国，这就让工厂面临更多的袭击。到1944年6月底，施佩尔警告希特勒说，在工厂彻底修复之前，德国的燃料产量只能达到其所需的10%。通过某些方式，IG法本设法让洛伊纳恢复到四分之三的产能，但是在此后的7月7日和7月19日盟军发动的新一

轮空袭中，这座工厂再次沦为废墟。空袭现在来得如此密集而　336
迅速，以至于要让洛伊纳这样的大型工厂重新恢复生产，唯一
的办法只能是拆卸其他小型燃料工厂中的重要设备——当然，
这会使它们丧失生产能力并进一步降低德国的燃料产量。这就
像 IG 法本试图建造一座纸牌屋，只不过在每次被打翻之后，
它只能用更少的纸牌重新开始搭建。当然，纸牌会越来越少，
直到最后全部用光。

第 13 章　诸神黄昏

虽然普通德国人仍然可能对战争的最终结果抱有希望，但是在 1944 年的最初几个月里，他们的乐观情绪肯定经受了痛苦的考验。[1] 盟军对德国国内的空袭正变得越发频繁和猛烈，而来自每一条战线的消息——即便是经过了纳粹宣传部门的过滤——也越来越令人失望。事实上，自从上一年年初在斯大林格勒遭到惨败以来，第三帝国在战场上的形势又遭遇了一连串的逆转：英国皇家空军对汉堡和柏林发动了毁灭性的打击，德国国防军在库尔斯克遭到了猛烈反击，隆美尔被赶出了北非，意大利倒向盟军阵营，红军在可怕的列宁格勒围城战中坚守了 900 个日夜，然后他们越过战前乌克兰和波兰之间的边界，在第聂伯河（River Dneiper）畔的卡涅夫（Kanev）俘虏了十个德国师。在其他方向上，盟军已经在意大利的安齐奥（Anzio）建立了桥头堡，人们开始谨慎地猜测，未来一年的某个时候，对法国将会有一次更大规模的进攻。德国虽然还没有被击败，但是充满胜利喜悦和乐观期望的日子很快就要变成遥远的记忆。公开对元首的能力提出质疑，对他带领国家走向最终胜利表现出信心不足，这显然也是极不明智的做法，因此在整个第三帝国，人们都压抑着自己的怀疑和不安，尽可能地坚持下去。

令人惊讶的是，在那个冬季和初春，这种否认现实的心态无论是在奥斯维辛，还是在其他地方都非常普遍，尽管镇上的德国人肯定能够感觉到俄国人已经就在几百公里之外，他们的威胁正在从东方逼近。[2] 事实上，在许多方面，集中营里的工作还在照常进行，只是德国大规模的军事损失造成的人力短缺增加了对犹太人奴工的需求。现在，其他公司也跟着 IG 法本来到了这个地区——钢铁和金属工业、煤炭开采企业，以及其他化学品制造商——虽然它们都无法与合成橡胶制造厂多达 1.1 万人的奴工大军相提并论，但是它们也有巨大的劳工需求，为了接纳和提供新的劳动力，在该地区又建起了一连串规模较小的集中营分营。

屠杀仍在迅速进行：老弱病残及那些不能工作的人，仍然像以前一样被筛选出来送进毒气室。[3] 但是从 1943 年底开始，专门为屠杀犹太人而建造的"莱因哈德行动"死亡集中营——索比堡（杀害 20 万人）、贝乌热茨（杀害 55 万人）、切尔姆诺（杀害 15 万人）和特雷布林卡（杀害 75 万人）相继关闭。只留下奥斯维辛继续接纳从被占领的欧洲各地转移来的犹太人社群。① 其中，最大的犹太人群体来自匈牙利。为了给他们的到来做准备，党卫军在比克瑙修建了新的焚尸场，并且将铁路线直接延伸到集中营内，从而提高了筛选和屠杀的效率。1944 年 5 月 15 日至 7 月 9 日，约有 43.8 万人被运

---

① 死亡集中营之所以被关闭，一方面是因为俄国人越来越近，另一方面则是因为第三帝国对犹太人劳工的需求越来越大。其实死亡集中营的运转一直都是盈利的。1943 年 12 月，负责"莱因哈德行动"的党卫军军官汉斯·格洛博科尼克（Hans Globocknik）向海因里希·希姆莱提交了最后决算报表。从被害者身上拿走的现金和财物总价值超过 1.8 亿帝国马克。

339 送到这里，其中有 85% 的人被立即杀害。其余的人或者就地安置，在奥斯维辛当地工作；或者继续被送往其他地方的集中营：卑尔根-贝尔森（Bergen-Belsen）、达豪（Dachau）、布痕瓦尔德、毛特豪森、拉文斯布鲁克（Ravensbruck）、萨克森豪森（Sachsenhausen）、格罗斯-罗森（Gross-Rosen）；或者进入波兰和德国境内，以及周边地区的其他 370 个党卫军奴工工厂。

1944 年 2 月，从意大利北部运送来 650 名犹太人，其中有一个名叫普利莫·莱维（Primo Levi）的年轻人，他是来自都灵（Turin）的化学家。在列车终点站，125 人通过筛选被安排去合成橡胶制造厂工作，莱维就在其中。作为这群人中仅有的三名幸存者之一，他后来写下了自己在莫诺维茨的经历，其中充满了令人心碎的细节。和成千上万在他之前来到过这座集中营的人一样，很快他就感受到了恶劣环境的影响：

> 在我到达后的两个星期，我已经有了一种挥之不去的饥饿感，这种长期的饥饿是自由的人无从知道的，我在夜里会梦到它，而且我的四肢都会感受到它。我已经学会了不让别人抢我的东西，事实上，如果我发现某个地方有一把勺子、一根绳子、一颗扣子，而我可以不受惩罚地得到它们，我就会把它们装在口袋里，然后把它们完全变成我自己的东西。在我的脚背上，已经长满了永远都无法愈合的疮，它们引起的疼痛早已让我麻木。我推动运货的马车，我拿着铁锹干活，我在雨中腐烂，我在风中颤抖；我的身体已经不再属于我：我那浮肿的

肚子，纤细的手脚。[4]

　　奥斯维辛这架机器还在运转，但是对于那些为了自身利益而让普利莫·莱维和其他成千上万的人受苦的 IG 法本经理们来说，奥斯维辛项目终于失去了它的吸引力。[5] 的确，人们在这里已经取得了一些成就：碳化物车间和炭化炉即将完工，1943 年 10 月下旬，第一辆满载甲醇的卡车终于驶出了工厂大门——在奥斯维辛的拉茨霍夫（Ratshof）酒吧，IG 法本的高级雇员们为此还专门组织了热烈的庆祝活动，并且特邀奥托·安布罗斯和鲁道夫·霍斯前来参加。虽然甲醇是航空燃料和炸药不可或缺的成分，对第三帝国继续进行战争的能力来说非常重要，但是它并非丁钠橡胶——只有这种天然橡胶的黑色黏稠替代品才是 IG 法本未来的寄托，才值得近十亿马克的投资。该项目的进度还远远落后于计划。在来自柏林的巨大压力下，IG 法本的那些人——迪尔费尔德、福斯特等人——知道，他们必须坚持到底，不惜一切代价驱使他们的奴工大军完成工厂的建设。但是，由于原材料短缺、机械故障、劳动力不足，甚至还有——虽然其严重性难以估量——丹尼斯·埃维和合成橡胶制造厂的其他 1200 名英国战俘中的一些人所进行的破坏活动，导致工程进度极为缓慢。正如埃维所记得的那样：

340

　　　　一开始，他们不允许我们进行铆接，但是过了一段时间，在有人监督的情况下，他们开始让我们干这个活；但是他们不能总是一直盯着我们，你知道，我们的人太多了。所以在他们不注意的时候，我们就会在铆钉上动手脚，于是几个月之后，它们就会爆开，然后不得不重新再做一遍。当时有一个气柜（gas holder），需要一再翻修，其实就是这个原因……还有的时候，我们会把发动机里的润滑油抽出来，用沙子和它混在一起，然后再灌回去，这样当他们启动发动机时，就会损坏其中的齿轮。或者我们会把冷却风扇的叶片掰弯，诸如此类。基本上，只要我们能做到的都会去做。当然，你必须非常小心，因为德国人总是提防有人破坏，会对所有东西进行检测。如果你被抓住了，他们就会开枪打死你。但是我在总工程师办公室里有一个线人，我们知道哪些东西在什么时候会被使用，所以我们只对那些要被闲置几周的东西下手。这样一来，当它不能正常工作时，他们根本不知道是谁搞的。这给他们带来了无穷无尽的麻烦。[6]

从 1944 年中期开始，盟军的空袭让工厂建设变得更加困难。[7]自从 1943 年底在意大利的福贾（Foggia）建立空军基地以来，美国空军在理论上已经能够飞临奥斯维辛执行任务，不过直到 4 月，盟军侦察机的第一道尾迹才出现在工厂上空。从 5 月开始，当德国的洛伊纳和其他燃料生产厂遭到攻击时，上西里西亚的工业基地，特别是在合成橡胶制造厂和海德布莱克的 IG 法本燃料生产设施，似乎将会成为下一个目标。当人们意识到，美国的飞行堡垒轰炸机（Flying Fortress）可能很快就会向他们飞来时，对于所有从第三帝国本土搬到这里的德国人来说，这完全让他们措手不及，因为他们原本认为 IG 奥斯维辛工厂超出了敌机的航程。他们匆忙测试防空警报，在周围的乡村设置防空火力，还挖掘了新的掩体（这项工作消耗了更多珍贵的囚犯劳力）。虽然如此，仍然没有一个人对随后的空袭做好了充分的心理准备，从 8 月 20 日开始，在接下来的六个月里盟军的日间轰炸一直在断断续续地进行着。虽然奥斯维辛处于盟军飞机航程的极限距离，飞行员只有几分钟时间对工厂投弹，但是他们能毫不费力地找到并命中这个大型目标，造成巨大的破坏。

当营地里的德国人拼命寻找掩护时，囚犯们却被拒绝进入由他们修建的掩体。[8] 在第一次空袭中，萨洛蒙·科恩（Salomon Kohn）和其他一些囚犯试图进入其中一个防空洞，但是工厂的防空办主任又把他们赶了出来，他大喊道："滚出去，你们这些猪猡！这个防空洞不是为你们准备的。你在想什么，德国人怎么可能和你们犹太人共用这个地方？"在抵达莫诺维茨五个月之后，普利莫·莱维竟然还活着，他还记得："当大地开始颤抖时，我们惊魂未定，一瘸一拐地拖着自己的身体穿过烟幕弹的腐蚀性烟雾，来到合成橡胶工厂内广阔的荒地，那里肮脏而荒芜；我们一动不动地躺在那里，像死人一样挤在一起，但是仍能感受到休息带给身体的短暂快乐。"[9]①

对于工厂里的英国战俘来说，情况也好不到哪里去，他们不得不四处寻找他们能找到的掩体。[10] 不幸的是，他们中的很多人都没能逃过轰炸，丹尼斯·埃维后来回忆道："在美国人的空袭中，我们失去了大约 40 名同胞。飞机飞走后，我帮着

341

---

① 作为一名合格的化学家，莱维在几个月后成功地在工厂的 IG 法本实验室找到了一些低下的粗活。虽然他的生活条件和饮食并没有改善，但是逃脱了那些让很多人丧命的最繁重的工作。

给他们挖了坟墓，很遗憾，那些坟墓都没有墓碑，然后轰炸机回来了，又把他们都炸出了地面。我想，最后我们只找到了13具尸体。"

一次次的空袭从根本上扑灭了IG法本在奥斯维辛生产丁钠橡胶和合成燃料的希望。[11] 如果假以时日，轰炸所造成的破坏是可以恢复的，实际上有一个由志愿者组成的应急分队——由工程师、燃料技术员和其他专家组成的突击小队（Stoss Kommando）从路德维希港被派到这里，为完成工厂的建设做最后努力。但是时间已经不在IG法本这边了：军事形势正在急速恶化，进一步的努力变得毫无意义，于是这支应急分队接到命令后又回去了。在此期间，党卫军已经开始逐步解散奥斯维辛当地主要的集中营。到1944年11月，当希姆莱下令结束整个第三帝国有计划的大屠杀时，15.5万名囚犯中大约有一半被运往德国境内的集中营。在最后的杀戮狂欢中——包括10月28日在布拉格附近的特莱西恩施塔特集中营处决了2000名犹太人——有4万多人被杀害。随后，焚尸场被关停并逐步拆除。① 1945年1月17日，随着苏联红军进入布达佩斯和华沙，对上西里西亚的进攻已经进入倒计时，党卫军开始第二阶段也是最后阶段的撤离，他们要将奥斯维辛幸存下来的5.8万名囚犯向西押往布痕瓦尔德、卑尔根-贝尔森、毛特豪森、达豪等集中营。其中，约有一万人来自合成橡胶制造厂和莫诺维茨集中营——他们包括犹太人、来自十几个国家的

---

① 1944年10月7日，奉命摧毁焚尸场的犹太人特别工作队举行了著名的起义，因为他们知道，一旦党卫军消除了杀人机器的痕迹，他们就会被视为幸存的目击者而遭到灭口。除少数人以外，所有人都被枪杀、绞死或折磨致死。

强制劳工和战俘。① 只有 800 名病入膏肓的囚犯被留在营地的
医院里任由他们自生自灭。在菲尔斯滕格鲁伯煤矿，身体极度
虚弱无法离开医院的囚犯遭到了杀戮，他们有的被枪杀，有的
被手榴弹炸死，还有的被烧死在营区的棚屋里。

数千人在死亡行军中丧生。[12] 无论是虚弱或生病的人，还
是试图休息或想要逃跑的人，他们都成了党卫军枪口下的亡
魂。"我们开始数枪响的次数，"幸存者阿哈龙·贝林
（Aharon Beilin）后来回忆说，"这是一支很长的队伍——有
5000 人。我们知道每一声枪响都意味着一个生命就此终结。
有时候在一天之内，就能数到 500 人。而我们走的时间越长，
开枪的次数就越多。人们已经耗尽了力气，也找不到食物。"
有的人在雪中过夜时就被冻死了。1 月 19 日从莫诺维茨出发
的 4500 名犹太人几乎全部被杀，因为他们在空袭警报响起时

343

---

① 在冰天雪地的捷克斯洛伐克和奥地利行军数天之后，丹尼斯·埃维成功
地从战俘队伍中逃脱，随后的几个星期他都在逃亡，然后借着深冬的掩
护穿越了敌后的德国。有一次，他甚至蹑手蹑脚地穿过了纽伦堡市郊，
那里的武装党卫军（Waffen SS）正在设置路障和炮兵阵地，准备做最后
抵抗，盖世太保则在处决逃兵。当他最终与美国人相遇时，他已经非常
虚弱，处在饿死的边缘。皇家空军用飞机将他送回了英国，但是他归心
似箭，不愿在陆军接待中心再多待上几个小时，于是又悄悄溜走，搭车
返回了家乡。此时，埃维已经是身心俱疲，几天后他去了曼彻斯特，自
己住进了医院。他在医院里度过了接下来两年中的大部分时间；除了失
去一只眼睛，他还患有肺结核，营养不良和过度疲劳也对他的身体造成
了长期不良影响。最后，他重操旧业，返回了工程师的岗位，甚至还成
了一名非常成功的综合全能马术比赛的业余选手。但是多年来，他发现
自己无法谈论奥斯维辛的那段经历："我们有时候会看到从火车上下来的
人，他们经过我们的营地，排着队前往比克瑙。当你看到队列中的孩子、
婴儿，还有他们的妈妈，你知道，烟囱就是他们的归宿，他们会直接从
那里爬上天空……你永远无法忘记那一幕。我这一生，始终被它所萦绕，
而你恰好是来这里埋葬它的。"2004 年，为了撰写本书我对他进行了采
访，这是他自 1945 年以来第一次谈及自己的经历。

躲进了一片树林。党卫军把他们包围起来，然后用机枪向林中扫射。最后只剩下一百多人继续他们的行程。

与此同时，IG 法本已经将自己的人员撤回了德国。[13]他们中的最后一批人于 1945 年 1 月的第二个星期乘坐两趟专列离开了奥斯维辛，专列是为镇上余下的男性德国平民预留的（德国妇女和儿童在 1944 年 10 月就已经撤离了）。在撤离前的几天里，瓦尔特·迪尔费尔德和马克斯·福斯特对合成橡胶制造厂进行了巡察，他们监督拆除了关键设备，并且销毁了那些无法运回法兰克福和柏林的文件。虽然他们下了很大功夫（盟军在他们撤退后的 1 月 19 日又发动了一次短暂的空袭），工厂的大部分基础设施仍然完好无损，但是这已经不重要了，IG 奥斯维辛工厂已经彻底宣告了失败。大约有 20 万人（第三帝国的日耳曼人、外国劳工、战俘和奥斯维辛集中营的囚犯）在不同时期参与了工厂的建设，总计耗资超过 9 亿帝国马克，并且造成——保守估计——约 3.5 万人丧生。如果将菲尔斯滕格鲁伯煤矿和雅尼纳煤矿的死亡人数计算在内，这个数字将超过 4 万。纽伦堡法庭的一些检察官提出的数字要高得多，他们的结论是，大约有 20 万人在为 IG 奥斯维辛工厂工作时死亡，有的是死在了工作现场，有的则被法本公司送去了比克瑙的毒气室——但是根据当时掌握的不完整资料，这个数字应该是被高估了。无论哪个数字是正确的，有一件事是清楚的：虽然生产了一些炸药级的甲醇，但是没有一磅丁钠橡胶或一公升合成汽油运出过合成橡胶制造厂的大门。经过近四年的紧张建设，IG 法本却让自己的声誉沾满了大屠杀遇难者的鲜血，变成了一个永远被玷污的名字。现在，随着苏联红军的逼近，巨大的合成橡胶制造厂只是静静地伫立在那里，它是一座布满弹痕的纪念碑，纪念着这个曾经不可一世的企业，以及它的野心、贪婪和愚蠢。

党卫军的军官们——IG 法本在这场灾难中的合作者——在接下来的几天里也撤走了。[14] 他们在离开之前，也试图销毁自己的罪证。奥斯维辛、比克瑙和莫诺维茨营区行政办公室里的档案、名单和其他文件在集中营周围的巨大篝火中被点燃。已经遭到拆除的焚尸场最终被彻底炸毁，原本被用作临时存放犹太人个人财物的那些巨大仓库连同数片营区都被烧成瓦砾——死去的犹太人的财务总是在仓库中汇总后再被运往德国国内。然而，并不是所有的东西都能烧掉：俄国人后来发现仓库里有 37 万套男装、83.7 万件女士大衣和裙子、4.4 万双鞋和 7.7 吨头发。1 月 20 日和 21 日，党卫军撤走了所有瞭望塔上的哨兵，只留下一小部分巡逻队守卫各个营地和它们的分营。在接下来的几天里，又随机处决了 700 名不同种族和国籍的囚犯，之后，剩下的党卫军也开始悄悄溜走了。1 月 17 日，党卫军军医约瑟夫·门格勒是最后一批从这里离开的人之一。他的实验几乎坚持到了最后一刻，直到用光了他的人体实验品，他才关闭了实验室。然后带走了所有的实验报告，其中记录了他亲手犯下的每一宗谋杀。

对于留在莫诺维茨医院的 800 名重病囚犯来说，党卫军和 IG 法本把他们遗弃在这里任其自生自灭，没有食物、药品、暖气、电力和饮用水，在集中营被解放之前，他们要经历一场可怕的挣扎，以维持生命。[15] 他们躺在冰冷肮脏的铺位上，饱受痢疾、斑疹伤寒、白喉和其他各种疾病的折磨。他们透过破碎的窗户，看着德军沿着营地旁边的那条公路撤退，整个撤退行动前后持续了足足三天时间。然后，盟军的飞机最后一次轰

炸了咫尺之遥的合成橡胶制造厂，他们在无助的恐惧中瑟瑟发
345　抖。在那之后，他们就只能靠自己了。绝大多数人已经丧失了
自理能力，他们无法到外面去，不能在冰天雪地里寻找残羹冷
炙，也无法捡拾柴火，甚至都没有办法自己去上厕所。少数几
个还有一点力气的人尽了最大努力帮助他们——其中就有普利
莫·莱维，当时他患有严重的猩红热——但这是一种无望的举
动。在苏联红军到来之前，又有 500 多名囚犯死于疾病、寒冷
和饥饿。

　　1945 年 1 月 27 日大概中午时分，莱维和另一名囚犯正把
一具尸体抬到他们棚屋外的一处露天墓地，这时他们看到四个
年轻的苏联人骑马走过来。士兵们慢慢地走到铁丝网前，他们
紧盯着眼前的棚屋、地上的尸体，还有聚到他们面前的那几个
脏兮兮的囚犯——这些人瘦得皮包骨头，露出紧张的神色：

　　　　他们没有向我们打招呼，也没有向我们微笑，他们的
　　心理似乎不仅受到同情心的压迫，而且受到一种因为困惑
　　而造成的自我克制的压迫，这种克制使他们紧闭嘴唇，让
　　双眼紧紧盯着那凄惨的场面。这是一种我们所熟知的羞愧
　　感，在被筛选之后将我们淹没的羞愧感，是每一次我们都
　　不得不注视或屈服于某种暴行时的羞愧感：德国人不知
　　道，正义之士会在他们的罪行中体验到这种羞愧感；无论
　　是因为这样的罪行竟然存在，还是因为它不可挽回地出现
　　在了现实世界，或者因为人类的善意被证明太过软弱或完
　　全无效，这些都让正义之士背负上了一种愧疚感，并且无
　　法用它来为自己辩护。[16]

来自乌克兰第一方面军（the First Ukrainian Front）第六十军的士兵，在集中营周围发现了至少 600 具未被掩埋的尸体，还有大约 7000 名活着的囚犯，其中大部分都在比克瑙。[17]尽管苏联红军提供了所有的医疗救助，在 IG 法本的莫诺维茨集中营仍然活着的 300 人中，还是有 200 人将在未来几天内死去。普利莫·莱维是极少数被装上马车，从营地大门带出去的幸存者之一。

在德国，IG 法本的资深高管们终于醒悟过来，他们可能会因为与纳粹的关系而被追究责任。[18]1944 年 7 月，英国广播公司（BBC）开始根据特别工作队和波兰抵抗组织从集中营偷偷传出来的报告，详细报道奥斯维辛和其他地方的犹太人所经历的事情。随后的几个月里，在进行广播的同时，盟军还多次发出警告，声称任何参与这些罪行的人都将遭到追捕，并且将作为战犯被绳之以法。

赫尔曼·施密茨对这些威胁性的言论非常在意，开始为自己的人身安全苦恼。1944 年 7 月 20 日，在针对希特勒的刺杀行动失败后，纳粹政权威胁要对"所有叛徒和破坏分子"进行严厉的报复，这使他更加焦虑。施密茨并没有参与阴谋，但是纳粹德国社会最高层弥漫着恐惧和不信任的气氛，助长了他日益严重的妄想症。他的行为变得越来越古怪和自相矛盾。前一分钟，他还强迫症似的要确保绝对保密，把自己关在办公室里，并且会给办公室里的电话包裹上一个茶壶的保温套，显然是想阻绝任何盖世太保的监听装置；下一分钟，他又和其他工业界领袖一起，试图与美国战略情报局（American OSS）战时负责人艾伦·杜勒斯（Allen Dulles）联系，提出和平建议，

346

从而招致对他失败主义的公开指责。[19]虽然施密茨实际上与美国人有相当密切的联系，但是这些做法都没有奏效。战前，当IG法本开始将大量资产从德国人手中转移到美国代理人手中时，负责处理法本公司在美商业利益的正是杜勒斯所在的苏利文和克伦威尔（Sullivan and Cromwell）律师事务所。

董事会中的一些成员对日益加剧的危机做出了可预见的反应。[20]1944年秋天，IG法本的首席法律顾问奥古斯特·冯·克尼里姆起草了一份冗长的文件，他以律师的方式考虑了战后法本公司的生存前景并得出结论：作为联合企业，它将不可避免地遭到盟军的肢解，但是可以继续存活下去。威廉·曼是坚定的纳粹分子，敦促同僚应该继续忠于民族社会主义事业，他认为IG法本必须遵照元首的愿望，让生产远离日益逼近的盟军，将企业转移到德国腹地。但是大多数高管开始考虑个人的出路，以及如何能让自己和家人不落到俄国人手里。对某些人来说，这并不是一个太大的问题，他们只要待在莱茵河沿岸那些建有IG法本工厂设施的城镇或城市中，平时不要离家和办公室太远，注意保持低调，直到美国人或英国人到来。而对于那些通常在柏林工作的人来说，他们有更迫切的理由去其他地方。比如在1月份，马克斯·伊尔格纳宣布，自从菩提树下大街的IG法本办公室遭炸弹损毁之后，在那里工作已经变得相当困难，于是他要把整个部门搬回法兰克福。（据说他带走的敏感文件足足装满了两节车厢，但是这些文件一直没有被找到过。）3月初，格奥尔格·冯·施尼茨勒悄悄回到了他在奥伯乌瑟尔（Oberursel）的庄园，换上了苏格兰花呢的服装和锃亮的英格兰皮鞋，以强化他平和的乡绅形象。卡尔·伍斯特和海因里希·比特菲施回到了路德维希港。奥托·安布罗斯动身前往故乡巴伐利亚，去那里的根多夫化工厂。冯·克尼里姆回到了风景如画的海德堡，除了他之外，还有几位公司董事也住在这座城市。就连威廉·曼最终也决定谨慎行事，他与海因里希·霍兰一同回到了勒沃库森。与此同时，弗里茨·特梅尔正在计划系统地销毁存放在 IG 法本法兰克福总部大楼中的文件，以免它们落入盟军手中；大约有 15 吨的纸张最终被烧成灰烬。没有一个人——甚至包括卡尔·克劳赫，可以说他从个人与纳粹的关系中获益最多——选择追随他们的元首继续留在德国的首都。

在美国第三集团军（U. S. Third Army）即将进驻法兰克福之前的那几天里，赫尔曼·施密茨最后一次到访 IG 法本总部大楼。[21] 在和一些同事一起参加了一个简短的会议——大概是讨论盟军到达后该如何应对——之后，他和其他几个人乘火车回到了他们在海德堡的家。据同去的恩斯特·施特鲁斯说，他们在终点站下车后，立刻就被眼前的战争场面惊呆了，为了躲避战斗，他们花了好几个小时在盟军和德军战线之间来回穿梭。他们乘坐的火车也曾多次遭到枪击，有好几次，这些 IG 法本的大佬们不得不纡尊降贵，趴到座位下面躲避子弹。这是他们中的许多人与希特勒的这场战争距离最近的一次，但是他们并不特别享受这种经历。

到 1945 年 4 月，战事已经向东发展，美国人向易北河（Elbe）挺进并与俄国人实现了会师。早在 5 月份战争结束之前，随着柏林陷落、阿道夫·希特勒自杀，以及所有德国军队无条件投降，IG 法本的高层成员已经安全地在西方国家的战线之后安身。当然，他们现在告诉自己，他们要做的就是避开公众视线，很快一切就会恢复正常。毕竟，这个世界永远都需要化工产品。

348

为了占领 IG 法本的主要化工厂，盟军确实也下了不少功夫。[22]1945 年 3 月，美军在面向勒沃库森的莱茵河沿岸集结，当时河面上的桥梁已经被全部炸毁，对岸不断传来轻型武器和迫击炮的射击声。当美国人在考虑如何渡河时，为了防止战争物资仍在生产，他们的炮兵对厂区内的任何活动迹象进行炮击。巧合的是，虽然工厂已经全部停产，但是厂内的固体燃料发电机还在运转，因为这是勒沃库森当时唯一的电力来源。为了让这些发电机继续工作，同时避免因为冒烟招来炮弹，典型的 IG 法本创新思维派上了用场：工厂的工程师们最终挖掘了一个排气管网络，通过受损建筑物破损的窗户和开裂的屋顶以不易察觉的方式排放烟雾。员工们也武装起来，他们不是为了抵抗盟军，而是为了阻止撤退的德国国防军最后炸毁工厂。不管工人们对纳粹有什么看法，很明显战争现在已经失败了，没有人愿意看到自己的生计受到进一步的威胁。因此，当美军在 4 月 14 日最终占领勒沃库森时，没有遇到任何抵抗，幸存的拜耳公司员工心甘情愿地同意清理废墟、修理机器，并且保证尽快恢复生产；两个月后，当英国人接管该地区时，他们继续保持着合作。工人和管理层都认为，对阿司匹林和其他药物的需求量会很大，勒沃库森应该首先提供这些药品。①

---

① 很快人们就发现，勒沃库森的损失出奇的小。虽然在 1944 年 5 月至 1945 年 3 月，工厂遭到了 14 次空袭，其中 7 次可以被归为重型轰炸，但是炸弹炸毁的主要是砖房而不是机器，只有 15% 的厂区被认为无法修复。事实上，除了燃料制造和运输业，德国大部分工业的情况都是如此。战后，美国的《战略轰炸调查报告》（U. S. Strategic Bombing Survey）显示，德国的战时工业资产最多只有 20% 遭到摧毁。虽然大片的住宅区和市中心的居住区在空袭中被毁，但是轰炸机往往没有命中郊区的工业基地。比如，在 1945 年，位于埃森的克虏伯工厂生产的坦克比以往任何时候都要多，但是由于铁路网被摧毁，它无法将坦克送达前线的部队。[23]

在德国西部的其他 IG 法本工厂，从北方的埃森和许尔斯到南方的杜拉赫（Durlach）和罗特韦尔（Rottweil），情况也都大致相同：工人们会与厂区周围的国防军进行几天的激战，然后心存感激地向盟军投降。[24]3 月 28 日，位于法兰克福市郊的原赫希斯特集团旗下的多座工厂几乎被完好无损地移交美国人。甚至连路德维希港和奥帕的大型工厂也设法避免了被完全摧毁——尽管那里的破坏比其他地方更为严重，因为那里生产的合成燃料和丁钠橡胶使它们成为盟军轰炸中特别重要的目标。这些工厂于 3 月 24 日被盟军占领，最终被移交法国人，然后他们立即启动了一项让工厂重新运转的计划。在德国东部，情况则有所不同。

苏联红军夺取了 IG 法本在奥斯维辛、海德布莱克和西里西亚的代亨富尔特的工厂，并且接管了该公司在洛伊纳的大型合成燃料设施，但是俄国人似乎对拆除设备的兴趣远大于让它们重新运转。占领合成橡胶制造厂后还没有几天，俄国军队就开始拆卸工厂的高压设备，以便运回苏联再重新组装。

但是，盟军对 IG 法本的兴趣远远不止占有它的厂房建筑。[25]紧随作战部队其后的是特种分队，它们的任务是保障 IG 法本公司手中的技术及其科学家的安全。对英国人和美国人来说，这是一个涉及面更广的被称为"回形针计划"（Project Paperclip）的行动的一部分，该计划有两个关键目标。第一项是尽可能多地掌握德国的战时科技，以便利用它们增强自己的实力；第二项是拒绝向俄国人分享这些知识，俄国人也有一个类似的计划，即"奥萨瓦基姆行动"（Operation Osavakim）。1944 年，"回形针计划"开始启动，当时挑选、培训了大约 3000 名专家并将他们组建为行动分队，在盟军攻入德国之后，

350

他们被集体运往欧洲。行动分队拥有充分的后勤、情报和军事支持，有权征用任何他们需要的运输工具。在尽快展开行动的命令下，他们取得了巨大的成功，搜集了大量数据和资料，涵盖了从火箭和弹道学到鱼雷、反坦克武器和潜艇建造等各个方面。事实证明，他们非常善于识别和抓获掌握关键技术的德国科学家和技术人员，共抓捕了数千人，并将其中许多人带回英国和美国进行审讯。①

IG 法本不可避免地成了"回形针计划"的主要目标。[26]3 月 25 日，也就是美军清理路德维希港周边地区的第二天，一支英美联合专家小组从伦敦搭乘飞机来到这里。到达工厂之后，调查人员发现厂区受损严重，于是他们开始搜捕和审问能够找到的少数几位高级管理人员。两天后，一些德国人被装上卡车，带到附近的森林里，在那里他们要挖出埋在大树下的一箱箱技术和科学文件。通过对这些文件的快速浏览，专家小组发现"它们的价值是如此之高，需要尽快将其完整地运往伦敦进行审查和复制"。随后，奥帕的整个实验室也被拆散，运往英国。② 此外，他们还追查到了

351

---

① "回形针计划"最著名的战果可能就是俘获了沃纳·冯·布劳恩（Wernher von Braun）和来自佩讷明德（Peenemünde）V2 火箭中心的 400 名科学家，他们中的许多人后来参与了美国的弹道导弹研发及太空计划。在这起案例和其他几起案例中，盟军对这些被扣留者的战时经历远没有对他们的专业技能那么关心——尽管其中许多人是狂热的纳粹分子，而且往往有明确的初步证据表明他们参与了战争罪行。有些人被带回了英国，他们被关押在看守严密的伦敦南部温布尔登（Wimbledon）的贝尔坦学校（Beltane School）内，那里又被称为"墨水瓶"（Inkpot）。那些被带到美国的德国科学家则被分散安置在华盛顿特区和得克萨斯州的秘密地点。

② 许多文件并没有军事价值，但是它们可以作为经济上的战利品——大量专利和技术设计方案被转交给了同盟国的化学工业。毫不奇怪，英方的调查员中就包括好几位来自帝国化学工业公司的专家——这家公司是 IG 法本过去的合作伙伴和竞争对手。

合成燃料专家的下落。几周之后在洛伊纳，49 名合成燃料化学家及其家属在一支美国行动分队枪口的威逼下，被从俄国占领区转移到了德国西部的新住所。在海因里希·比特菲施被捕之后，其他人也被查明身份并被集中在一起，他们被带到伦敦，由英国情报调查小组委员会（the British Intelligence Objectives Subcommittee）进行审讯。①

但是与其他技术相比，盟军迫切想要了解的是 IG 法本的秘密化学武器计划。[27] 1943 年底，英国在布莱切利公园（Bletchley Park）的恩尼格玛密码破译小组截获并破解了德国最高统帅部关于塔崩和沙林的暗号——这两种致命性神经毒剂是为德国国防军研制的。由于担心相关的专业技术落入俄国人手中，同时又急于为自己获取这种技术，英国人和美国人把找到两位参与研发和生产的最核心的专家作为头等大事：格拉尔德·施拉德尔是研制这些武器的科学家，而奥托·安布罗斯则是负责制造它们的人。英国化学战勤务部队（the British Chemical Warfare Service）的保罗·塔尔（Paul Tarr）中校率领了一支 50 人的行动小组，负责追查这两个人的踪迹。

在埃伯菲尔德工厂的实验室，行动小组很容易就找到了施拉德尔，他没有多说什么，就交出了自己的研究笔记和保险柜里的东西。[28] 但是他声称并不知道安布罗斯的下落。实际上，美军已经在巴伐利亚州的根多夫找到了安布罗斯，不过由于对

---

①　比特菲施似乎受到了礼貌的对待，他向英国情报调查小组委员会的调查员详细介绍了 IG 法本的合成燃料项目，但是他没有提到任何关于 IG 奥斯维辛工厂的内容，只是将其视为 "由政府资金资助" 的企业，但是这并非实情。他也没有提到他曾负责这家企业的合成燃料项目，并且曾先后七次到访过这家工厂。

352　他的情况知之甚少，他们正准备放他离开。在战争的最后几周，当美国大兵进入这个小镇时，他们惊讶地发现这里竟会有一家化工厂，而它的许多生产设施都被安置在地下掩体中。这家工厂的经理是个开朗的男人，留着整齐的灰白胡须，穿着剪裁得体的西装，经理飞快地跑出来迎接美军，并且主动带他们四处参观。当他们向工厂中装满液体的大桶内窥探，在空荡荡的办公室里徘徊时，经理告诉他们，这是一家为国内市场生产肥皂和家用清洁产品的洗涤剂厂。地下室里并没有什么不正常的地方；工厂只是遵照政府对所有德国企业的指示，为员工提供防空设施。然后他告诉他们，自己的名字叫安布罗斯，他只是一名普通的化学研究员，原本来自法德边境的路德维希港，但是由于战争原因而迁居到了根多夫。在参观结束后，他还为他们提供了一些车辆的清洁产品。

　　不过，这支部队的指挥官还是心中有所怀疑，因此逮捕了这名化学研究员，等待总部对其身份的确认。[29]一连几天，这位军官都没有收到上级的任何回复，他开始觉得这个人可能真的像他自己所说的那样清白。但幸运的是，有人把逮捕安布罗斯的消息转告给了塔尔中校，他放下手头的一切工作，以最快速度赶往巴伐利亚。塔尔在听取格拉尔德·施拉德尔的汇报时发现，IG 法本的大部分化学武器生产是在西里西亚的代亨富尔特进行的，那里现在已经处于苏联红军的控制之下。因此，了解那里究竟制造了什么及制造的数量多少，是至关重要的情报，而奥托·安布罗斯正好可以告诉他答案。他对这个人的审问才刚刚开始，就接到了一张由盟军远征部队最高司令部（Supreme Headquarters Allied Expeditionary Force，缩写 SHAEF）发出的对战犯嫌疑人安布罗斯的逮捕令。安布罗斯

将被立即转移到卢森堡蒙多夫莱班（Mondorf-les-Bains）的
"阿什坎"（Ashcan）拘留中心。

但是，安布罗斯从未踏入过这座拘留中心。[30]在押运途中，
他和他的押送者进入了法国占领区——法国占领当局大概和
美、英两国一样，希望能够让这位化学武器专家为己所用，因
此拒绝让他离开。就这样，他暂时留在了那里，在法国人的监
管下在路德维希港工作。①

在随后的几个月里，IG 法本的其他高管也相继落网，只
是当时对他们进行的这种扣押基本是一种临时性的、未经多方
协调的行动。[32]1945 年夏天，德国几乎处于完全混乱的状态。大
小市镇满目疮痍。公路、铁路、桥梁和房屋都被摧毁了。供电、
供水和电话系统陷入瘫痪，食品极度短缺。两支庞大的同盟国
军队盘踞在曾经不可一世的第三帝国的废墟上，数百万难民、
集中营的囚犯、获释的奴工和盟军战俘在废墟中穿行，他们试
图找到回家的路，或者至少能找到暂时栖身的庇护所。与此同
时，5000 万德国平民在废墟中惶恐不安地等待着自己的命运，
还有数百万表情麻木的德国战俘正走向巨大的集体拘留营

353

---

① 安布罗斯透露给法国人的确切内容始终笼罩着一层神秘色彩，因为同盟
　国对任何与德国化学武器有关的事情一直讳莫如深。因此，没有人能够
　肯定地说出在根多夫是否发现过少量的塔崩和沙林；如果发现过这些毒
　剂，也不能够肯定地说出它们的最终下落。然而，众所周知，1945 年 7
　月盟军在德国某地发现了大量神经毒剂，并且将其带回英国的波顿唐国
　防科技实验室进行分析——这些毒剂之所以能被发现，最有可能的信息
　来源就是安布罗斯。当然，正如安布罗斯之前向希特勒指出的那样，这
　种毒气的制造难度并不大，而西方强国可能很快就会开始生产这种毒气。
　与此同时，尽管党卫军在红军到达之前曾经竭尽全力要销毁那里的库存，
　苏联也可能已经从西里西亚的 IG 阿诺加纳代亨富尔特工厂（IG-Anorgana
　Dyhernfurth）获得了大量毒气。[31]

（mass holding camps），等待处理和甄选。似乎这是扫过欧洲大部分地区的一场人类大迁徙，他们是一群满身尘土、衣衫褴褛、饥肠辘辘、四肢无力、无家可归、精疲力竭的人，他们在寻找某样东西或某个人——一顿饭、一位亲人，或者仅仅是一个可以让他们倒头安眠的地方。1945 年 3 月，就在战争即将落幕的前夜，一位有先见之明的愤世嫉俗者在柏林街头涂鸦："享受战争吧——和平将是可怕的。"但是现实比任何人预想的都要糟。

在这种情况下，盟军为了找到赫尔曼·施密茨、格奥尔格·冯·施尼茨勒和其他 20 多位 IG 法本的高管，足足花了几个星期的时间。[33]他们的名字被列入了预先准备好的审查名单，一旦发现他们的踪迹就立即逮捕，但他们也是享有这一殊荣的许多德国杰出人物中的一员。盟军决定，凡是在第三帝国拥有影响力和权威地位的人，至少都要被暂时扣押并接受审问，因为他们对占领军有潜在的安全威胁，或者他们曾经是纳粹政权的参与者。商业领袖和工业家被列入这些名单并非毫无道理，他们可能为希特勒的战争提供过机器设备，但是在那些跟随作战部队进入德国的军事警察和情报人员眼中，很少有人认为 IG 法本的管理层具有重要的价值。① 不过有些人则坚决要求追

① 实际上，IG 法本公司一些职位略低的人物在一开始反而比董事会成员更受欢迎，因为他们被认为对同盟国更有经济价值。瓦尔特·雷佩（Walter Reppe）就是一个很好的例子。他是德国在战前最主要的乙炔（acetylene）科学家之一，他在化学领域创立了一个全新的分支，对塑料的发展具有巨大意义。后来他担任过路德维希港工厂的负责人，但是并没有直接卷入战争罪行。尽管如此，他还是在 1945 年夏天被捕并遭到拘押。负责招募和利用德国科学家的华盛顿联合情报调查局（Joint Intelligence Objectives Agency）局长欧内斯特·格鲁恩（Ernest Gruhn）上校曾试图把他带去美国，但是没有成功。雷佩最终被释放并加入了巴斯夫公司的管理委员会。[34]

查他们的下落。1941 年，在终结 IG 法本公司与标准石油公司合作关系的司法过程中，美国司法部反垄断部门和他们在财政部的同事一直认为，IG 法本通过大量的附属公司、合作项目和秘密协议组成了错综复杂的国际网络，对自由世界的经济健康构成了威胁，并且在将世界拖入战争中发挥了重要作用。在德国战败之前，美国官员对此无能为力，但是他们已经下定决心，一旦战争结束就会解散这家公司。

其中的两名官员拉塞尔·尼克松（Russell Nixon）和詹姆斯·马丁（James Martin）设法找到了格奥尔格·冯·施尼茨勒。[35]他们被派往驻德美军当局的反垄断部门［Cartels Division，这是众多美方机构之一——这些机构还包括中央情报局（CIA）的前身战略情报局，以及对外经济管理局（the Foreign Economic Administration）——驻德美军当局的反垄断部门现在对 IG 法本的情况非常关心］，1945 年 4 月底，尼克松和马丁与他们的其他同事一同抵达法兰克福，随后就发现法本公司的总部正处于一片混乱之中。不知何故，这座巨大的建筑物竟然在盟军的空袭和炮击中安然无恙，但是现在被齐膝深的废纸所淹没。[①] 美国第三集团军已经接管了这栋大楼，将它作为临时指挥部，参谋人员已经下令"清理垃圾"，所有人都已做好准备。结果数百吨 IG 法本的文件被人从窗户扔到院子里，要么在巨大的火堆中燃烧，要么被获释的外国劳工运走。这些人漫无目的地在大楼周围闲逛，寻找可供燃烧的材料和引火物。调查人员拼命阻止这种可能对重要证据造成破坏的行为，他们将

355

---

① 有一个未经证实的说法是，这栋建筑之所以能在盟军的轰炸中幸免，是因为艾森豪威尔将军想在战后把它作为美国占领当局在德国的总部。

文件的剩余部分带到附近的德国国家银行大楼妥善保存，但是原本分门别类整理完好的档案现在已经残破不堪，所有文件都被胡乱扔进一个个巨大的纸堆。最后，美方调查小组找到了弗里茨·特梅尔的秘书恩斯特·施特鲁斯，然后安排他监督将这些文件转移到格里斯海姆（Griesheim）更安全的地方，在那里他对文件进行了一定程度的整理和复原。但是有很多文件再也没有找到。①

与此同时，尼克松和马丁开始寻找格奥尔格·冯·施尼茨勒的踪迹。[37]他最后一次被人看到是在3月底的法兰克福，当时他正准备动身前往他在奥伯乌瑟尔的乡间庄园。5月的第二个星期，尼克松和马丁在那里找到了他。关于他们的第一次会面有各种说法，其中的细节略有不同，但是所有版本都认为，冯·施尼茨勒男爵很有礼貌地接待了他们。他穿着标志性的苏格兰花呢西装和英式粗革皮鞋，与他美丽的妻子莉莉（Lilly）一同招待来访者，在双方会面房间的壁炉上方还挂着一幅雷诺阿（Renoir）的巨幅画作。② 在给他们端上白兰地（他们拒绝了）之后，冯·施尼茨勒说，他很高兴"这一切不愉快的事情都结束了"，他期待着再次见到帝国化学工业公司和杜邦公司的老朋友。当他被要求陪同来访者返回法兰克福时，他礼貌地拒绝了。正如盟军远征部队最高司令部会议报告所记录的那样："他回答说，由于路途遥远，自己又年事已高，所以无法

356

---

① 令纽伦堡法庭的调查人员颇感震惊的是，施特鲁斯一直是在无人监督的情况下工作的，他用来搬运文件的工具竟然是以燃烧木柴为动力的卡车。在这一过程中，有多少重要的 IG 法本文件被化为灰烬，至今也无人知晓。[36]

② 后来的情报显示，这幅画很可能是从卢浮宫洗劫而来的。[38]

前往。第二次邀请是一个端着汤普森冲锋枪的中士发出的……这一次，董事先生真的来了。"

另外，赫尔曼·施密茨在被拘押之前接受过几次询问。[39]施密茨在海德堡的住处是一栋非常简陋的灰泥粉刷的房子，当美方调查人员第一次登门拜访他时，这位 IG 法本的老板挑战了他们的权威，拒绝回答任何问题。第二天他们又来了，搜查了房屋，但是除了希特勒、戈林等人发来的一些祝贺"施密茨顾问"60 岁生日的电报外，什么也没有找到。然而，调查人员在睡了一宿之后，又回来展开进一步的搜查。在满是灰尘的地下室后面，他们发现了一扇门，通向一个设施齐全的防空洞。他们在这里发现了一个箱子，里面塞满了一千多份 IG 法本的文件。其中就包括法本公司试图掩盖其美国子公司所有权的相关文件。

但是，英国陆军情报部门的埃德蒙·蒂利（Edmund Tilley）少校却非常意外地有了突破性的发现。[40]他显然是一时心血来潮，顺便想问施密茨一些一般性的问题，但是他粗鲁而权威的态度，很快就使这位 IG 法本老板流下了眼泪。利用这个时机，蒂利让施密茨吐露了保险柜的下落，它就藏在桌子后面的一个密室里。在其他文件中，少校还发现了一本相册，里面有 IG 法本在上西里西亚臭名昭著的合成橡胶制造厂的照片。"在第一页上，"他后来写道，"有一张照片，上面是奥斯维辛一条狭窄的老街。说明文字中对当地犹太裔居民的描述并没有什么夸赞……从第二页开始，是题为'新奥斯维辛工业规划'的部分。"就像收集色情图片的人一样，这位 IG 法本的老板把自己最可耻的秘密藏了起来。

当施密茨在董事会中的最后几位同事也被从家中或办公室

357 里带走并送去关押时，盟军当局正在考虑要如何处理整个德国工业，特别是 IG 法本公司。[41] 1945 年 8 月，波茨坦会议（Potsdam Conference，会议将德国划分为四个占领区，并且围绕今后将如何处理战败国制定了一套宽泛的准则）试图确定一些更广泛的背景性问题，比如赔款和恢复工业生产的理想水平。最终，苏联和西方之间日益增长的分歧导致这些协议中的许多内容被各方忽视或撤销，甚至做出不同的解释，但是在一件事上，各国达成了广泛的一致。德国经济应该去纳粹化和去卡特尔化，对于那些曾经在德国的战争准备中起主导作用的工业，应该让它们永远也无法再积聚起如此巨大的生产力。

这意味着 IG 法本将要迎来它的末日。[42] 1945 年 9 月，德怀特·D. 艾森豪威尔（Dwight D. Eisenhower）将军委托撰写的一份报告认为，该公司对德国的战争实力至关重要，如果没有它的制造能力、科学创新和技术专长，希特勒永远也不可能如此接近胜利。因此，这位盟军最高指挥官建议，凡是用于战争目的的 IG 法本工厂全都要摧毁，剩余工厂的所有权被分拆，以打破垄断，公司的研究项目和设施要被接管，并且全面剥夺其公司财产以进行赔偿。六周之后，作为联合占领当局的盟国管制理事会（Allied Control Council）通过了一项法律，确认将正式没收 IG 法本的所有资产，并很快任命官员去实施艾森豪威尔的其他建议。这家曾经不可一世的联合企业即将解散。

虽然从法律和行政上来说，整个过程实际上需要几年时间才能完成，但是这一决定的主要结果是按照地域对 IG 法本进行拆分，存续企业的规模和形态将大致与每个占领区中的工厂和生产相对应。因此，位于英国占领区的勒沃库森及其卫星工厂将形成一个独立的实体；法国占领区内的路德维希港和奥帕将构成另外一个基地；而原来的赫希斯特公司位于美国占领区的法兰克福附近，它将成为第三家。其他曾由 IG 法本在东部经营的工厂，将被吸纳到由苏联管控的国有经济中。

　　人们最终在实践中的做法，其实取决于每个大国如何看待 IG 法本的主要问题，也就是它在何种程度上参与了希特勒的战争。[43]最初，美国人无疑受到了反垄断斗士们长期以来对法本公司口诛笔伐的影响，似乎下定决心要采取最强硬的手段。甚至在盟国管制理事会对艾森豪威尔将军的建议做出正式表态之前，美军就宣布要炸掉美国占领区中的三个炸药厂，"这是数百座工厂中的第一批……被指定实际摧毁的工厂"。最后，美国军事当局却宣布，在最终解决这一问题之前，他们所在地区的 IG 法本设施已经被重组为 47 个独立单位。与此同时，新的反托拉斯法禁止了从固定价格和配额，到压制技术和发明等一系列反竞争行为。

　　但是，随着事态的发展，盟军的观点开始改变，他们不再认为应该彻底摧毁 IG 法本的资产。[44]一方面，英、法两国对拆分法本公司的态度并不明确；两国占领区的经济状况更加困难，因此它们并不乐见这家企业完全丧失生产能力。伦敦和巴黎的政府都认为，要为数百万饥饿的德国人的生活条件负责是一项沉重的负担，它们不愿意剥夺让昔日敌人自力更生的机会。也许更重要的是，国际局势正在恶化。随着西方和苏联纷纷采取冷战立场，美国的保守派评论家开始质疑，为什么美国当局要如此坚决地拆分这个行业，它有朝一日可能会帮助德国成为抵御共产主义统治欧洲的堡垒。

　　现在，政治气氛发生了变化，以战争罪审判 IG 法本曾经的经理人已经不合时宜了。

358

第 14 章　案件调查

359　　纳粹党集会的露天会场虽然受损严重，但是看到它时还是会让人不寒而栗。[1] 也许是因为它鼎盛时期的景象已经深深地印在了人们的脑海里。多年来，新闻纪录片一直在忠实地记录着那场发生在这堵高墙内的可怕的、精心编排过的闹剧——探照灯光柱组成的大教堂、燃烧的火炬和招展的旗帜、敬礼的手臂和渴望的脸庞。这里是妄想达到顶点的地方，从这里开始，一个民族被带向了深渊。如今到这里来的游客并不多，他们想知道这一切真的已经结束了，他们想得到历史不会再次重演的保证，但是在他们离开时，他们往往还是惴惴不安，仿佛阅兵式上纳粹士兵军靴的回声还没有消失，某种堕落的精神依然存留在破碎的水泥建筑和茂盛的杂草中。

　　特尔福德·泰勒准将爬上了一堵残破的高墙，眺望对面的纽伦堡老城（Altstadt）。纽伦堡市曾经是历史建筑的宝库，街巷中遍布着传统的桁架房屋（gingerbread houses），中世纪教
360　堂的尖塔勾勒出城市的天际线。现在，人们目力所及之处，看

到的却只是一个巨大的爆炸现场，一片废墟的海洋。① 在泰勒将军 1945 年 4 月第一次来到这里时，他为这里的破坏情况而震惊，但是很快他就适应了这一切。毕竟，与那些曾经为这些建筑物装饰上鹰徽和纳粹标志的人所带来的痛苦相比，这些砖头和灰泥所遭到的破坏又算得上什么呢？14 年前，就在离他现在所站之处不到 2 公里的地方，新任命的弗兰肯地区（Franconia）纳粹专员下令逮捕了 250 名犹太商人，"让他们用牙齿从田地里拔草"。这些人后来都被杀害了。

　　泰勒将目光转向司法宫的方向——这是纽伦堡为数不多仍然完好无损的建筑。他只能望见远处那个山形的屋顶。两年多来，他与数百人一起在那里辛苦工作，将那些犯下了历史上最令人震惊、最残暴罪行的罪犯绳之以法。在这个过程中，既有成功的经验，也有失败的教训。现在，他和他的团队准备再次尝试——这一次，他要说服一个由法官组成的评审团，认定德国的 23 名主要工业家犯有发动侵略战争、掠夺他国资产、剥削奴工劳动和参与大规模屠杀的罪行。他知道，这些被告人中至少有一人，但是很可能有更多人，曾参加过当年那些人山人海的纳粹党集会，这些集会就是在他面前的这片场地上举行的。正是被告人任职的那家巨型企业，给那些曾经面向整个会场声嘶力竭叫嚣的纳粹领袖们提供了数以百万计的马克。作为回报，他们得到了……什么？权力、影响力、财务稳定、免于逮捕？无论这里列举什么，都远远不及他们的实际收益。

---

①　1945 年 1 月和 3 月，英国皇家空军对纽伦堡进行了猛烈轰炸。然后，这座城市又陷入了德国人和韦德·海斯利普（Wade Haislip）将军的第十五军之间的激战。双方都对对方阵地进行了炮击，造成了巨大的破坏。

泰勒又在那里站了一会儿，陷入了沉思，然后从墙上爬下来，走向正在耐心等待他的司机。是时候要启动审判了。

对大多数人来说，"纽伦堡"这个词就是著名的国际军事法庭（International Military Tribunal，缩写 IMT）的同义词，它在 1946 年对 21 名幸存的德国纳粹领导人进行了审判。[2]除了一两个例外，受审者的名字早已被外界熟知，如果有人名声还不够大，那么他们很快就会恶名远扬。在那场审判中所发生的一切——决心伸张正义者与一心挟私复仇者之间的幕后冲突，野蛮暴行和种族灭绝的可怕揭露，控方和辩方的互有胜负，被告人的判决、刑罚和命运——已经成为我们理解世界对纳粹主义、大屠杀和第二次世界大战所持态度的一部分，并成为此后国际社会对各种反人类罪行做出反应的一个参照点（如果它不总是作为一种参照模式的话）。

但是，国际军事法庭只是众多此类诉讼、审判和裁决中的第一个，它与之后的审判在复杂程度、公正程度、完整程度和最终效果等方面各不相同，它们试图从不同角度去提出纳粹的罪行（直到最近还在继续这样做）在国际军事法庭纽伦堡审判结束之后的三年里，最早的，也可以说是最重要的 12 项后续审判也在美国管辖下的纽伦堡举行。[3]其中一些审判旨在挖掘出于种族动机的纳粹暴行的具体细节——比如，党卫军别动队对苏联犹太人的迫害——这比之前的审判更为深入。另外一些审判则针对德国国防军最高统帅部或德国空军，或者尝试探究纳粹医学实验和安乐死（"医生的审判"）在内心深处所引发的道德和伦理危机。其中有三项审判旨在起诉与纳粹有关的工业界领袖：克虏伯案、弗里克案和 IG 法本案。① 仅仅前面这两个案件就已经相当有分量了。克虏伯公司在为纳粹制造坦克和火炮时，一直在不遗余力地使用和滥用奴工，而且它对产品的安排有着明显的商业诉求，因此，指控它阴谋发动侵略战争是不可避免的。弗里德里希·弗里克是一位钢铁和煤炭大亨，他曾在 1933 年向希特勒的选举基金捐款，同时也是希姆莱朋友圈中的一员，他在被占领的欧洲各国大肆并购企业，并且还有使用奴工的劣迹。他的矿井井下条件非常恶劣，造成数千名工人死亡。但是，由于 IG 法本公司是世界上最大的工业集团之一，只有 IG 法本案才足以发出一个强烈的信号，表明在欧洲刚刚经历的这场悲剧中企业扮演了至关重要的角色。

当各国占领区政府开始对去纳粹化问题产生分歧时，就更迫切地需要传达出这样一个信号。[5] 去纳粹化进程旨在将纳粹主义的最后残余从德国人的日常生活中清除出去，在战争结束时，这一进程在原则上已经被各方所接受，理论上包括将纳粹党过去的支持者从任何享有权力、影响力或受人尊敬的职位上予以肃清。但是，各个占领区当局对如何实施去纳粹化有着不同的解释。俄国人的态度最为强硬——这也是不言而喻的——因为这个国家遭受纳粹主义之害最深。至于美国人，或者至少是那些掌握美军占领区行政权力的美国人，也同样在积极追查。艾森豪威尔当时的副手、负责管理美国驻德国军政府行政事务的卢修斯·克莱（Lucius Clay）将军于 1945 年 9 月颁布了严厉的第 8 号法令，下令解雇任何前纳粹党成员或同情者，

---

① 美国人还曾考虑起诉西门子、博世（电器制造商）、德意志银行、曼内斯曼（Mannesmann），以及其他数十家德国公司的董事，但是由于缺乏司法资源和政治支持，最终无法形成起诉。[4]

362

不得从事除普通劳动以外的任何工作。①

虽然英国官方公开答应了美国人的要求，克莱将军的指令在英军占领区同样适用，但是在私下里他们并不打算严格执行，他们相信，如果消灭和惩罚每一个纳粹同情者，那么德国将无法再恢复过来。[7]凡是直接参与过纳粹政权、曾在党卫军中服役或曾犯有战争罪行的人，当然应该被找出来追究责任，但是这种处理方式肯定不适合所有的小官吏和政府的小公务员——邮递员、市镇办事员、教师、普通警察——因为加入纳粹党是当时他们从业的基本资格。还有那些普通的售货员、公交车司机和工人，他们也曾投票支持过纳粹、参加过纳粹党的活动，或者为纳粹的筹款捐助过部分工资。难道他们也要遭到解雇并失去工作吗？如果该指令在逻辑上能说得通，那么它将适用于90%的德国成年人，这将造成几乎所有人都丢掉饭碗，整个国家将陷入绝对贫困，很多代人只能依靠盟军的施舍过活。对英国来说，这样的前景非常可怕。长达六年的战争，德国几乎破产，现在每年仅粮食援助一项就要花费约8000万英镑。为了让小麦能够运往德国，新当政的工党政府被迫在英国实行面包配给制——这种事情甚至在战争期间都没有发生过。

---

① 该项指令在德国民众中激起了普遍不满，最终证明其内容过于宽泛，难以执行。尽管如此，它仍然造成约37万名前纳粹分子在1947年1月之前被解除工作。此后，美国人开始将美军占领区中的去纳粹化工作移交德国法庭，对规则的解释也更加宽松。1950年，当西方各国占领区合并为德意志联邦共和国（Federal German Republic）一年之后，美国高级专员约翰·麦克洛伊（John McCloy）宣布，美军占领区中有1300万人参与了去纳粹化运动，其中多达93万人因为从事纳粹活动而受到处罚。尽管如此，就在同一年，许多前纳粹分子设法回到了他们原来的工作岗位——比如，巴伐利亚州大约85%的纳粹时期官员已经复职，巴登-符腾堡州60%的公务员是前纳粹党员。[6]

英国认为，如果要让去纳粹化举措真正发挥作用，就必须有选择地实施。

这种更加实用主义的观点导致一些在德国的英国行政人员在甄别纳粹分子时抱着一种非常随意的态度，他们在评判谁是纳粹分子、应该把谁逐出领导职位时，往往缺乏标准——特别是在工业领域，许多英国官员认为工业与政治或军事无关，因此在去纳粹化的优先名单上将工业家排在非常靠后的位置。[8]这种宽大处理的后果到 1946 年秋天已经变得非常明显，当时德国工会成员开始向英国同行抱怨说，纳粹仍然在经营 IG 法本的工厂。伦敦的工党政府无法对这种呼吁坐视不管，它要求盟国管制理事会进行调查。仅仅展开一项调查，理事会就在许尔斯的 IG 法本工厂发现，有 99 名高级雇员应该被立即解雇。尽管如此，这些人还是被允许保住他们的工作。事实上，在随后的 12 个月里，许尔斯的纳粹分子人数实际上是增加的，因为那些被美国占领区内的 IG 法本工厂辞退的人在这里又得到了工作。伦敦方面继续抗议这种情况，但是在德国当地的英国官员拒绝采取行动，他们固执地认为，德国工业家是无辜的，应该让他们继续进行经济重建工作。[①]

而美国方面，一些对美军占领区当局持批评态度的保守派人士也抱有同样的观点，但是这只会激起法律团队与纽伦堡后

364

---

① 英国的许多公务员，特别是外交部的公务员也持同样的观点，他们的影响力逐渐减少了工党政府要在英国占领区对德国工业家进行审判的兴趣，尽管英国在国际军事法庭中的两位主要律师哈特利·肖克罗斯（Hartley Shawcross）爵士和埃尔温·琼斯（Elwyn Jones）认为，德国工业界确实有案可查。结果，唯一一被英国人定罪的纳粹公司董事是布鲁诺·特施，他来自德格施公司的销售代理商特施和施塔贝诺公司，曾向奥斯维辛集中营提供齐克隆 B。[9]

续诉讼部门（Subsequent Proceedings Division）更紧密的合作，他们决心将 IG 法本的高管和其他商界领袖全都送上法庭。[10]他们相信，如果不能证明德国工业家在使希特勒上台并将国家带入战争的过程中发挥了巨大作用，那么这些工业界领袖可能会在未来故伎重演，再次尝试类似的好战行为。但是，共和党在1946 年底的选举中赢得了国会多数席位，现在，在非常注重保护企业利益的参议员塔夫脱（Senator Taft）的领导下，国会中的右翼力量开始对在德国设立后续法庭的必要性提出保留意见，他们认为真正的威胁是来自苏联的共产主义。检方律师们看到自己的机会之窗正在关闭，知道自己必须迅速采取行动，去启动审判程序。幸运的是，检控方新的领导者正要推动这项诉讼。

1945 年中期，特尔福德·泰勒还是美国陆军情报局（U. S. Army Intelligence）的一名预备役上校。[11]战争期间，他大部分时间都驻扎在英国南部的布莱切利公园，这里是英国绝密情报拦截和密码破解机构的所在地，该机构通过捕获和破译德国大部分的恩尼格玛通信——德国国防军、党卫军、德国空军和德国海军使用的军事信息加密系统——在击败纳粹德国的过程中发挥了重要作用。泰勒的具体职责是保卫"超级机密"（Ultra）的安全——盟军以这个名称来命名恩尼格玛破解后所获得的情报——并监督这些情报被传递到西欧各地主要的美国陆军和空军指挥部。这是一项无比重要又责任重大的工作，让泰勒每天都能接触到战争中最重要的盟军机密，他出色的表现也为自己赢得了杰出服务勋章（Distinguished Service Medal）。

　　但是在平民生活中，泰勒是一名律师。自 1932 年他从哈佛大学法学院毕业之后，在随后长达十年的时间里他一直在联邦的法律部门中任职，包括在 1939 年曾一度担任司法部长的特别助理。正是在这个职位上，他认识了罗伯特·杰克逊法官，一位被任命为最高法院大法官的前司法部长；实际上，泰勒曾有一次在杰克逊面前为一桩案件辩护。因此，1945 年 4 月下旬，泰勒从巴顿将军（General Patton）的总部返回英国后，收到他在陆军部的上司发来的消息：杰克逊大法官已经由哈里·S. 杜鲁门总统（President Harry S. Truman）任命，代表美国参加将在战后举行的战犯国际审判。同时，杰克逊法官想让泰勒来欧洲为他工作。对此消息，泰勒并不完全感到惊讶。

　　泰勒起初不太确定是否要接受这份邀请。虽然德国濒临战败，但是与日本的战争仍在继续，他希望被调往太平洋战场。他还想在美国待一段时间——因为他正在与一名已婚的英国女人交往，需要回家解决自己的婚姻问题。在短暂的回国期间，他对自己的情况进行了全面的思考，他的上级斩钉截铁地告诉他，日本的战争不会持续太久（他后来猜测，这是关于原子弹的明确暗示），他可以获得自由了，要么接受杰克逊的提议，要么回归平民生活，安安静静地去私人执业。他最终选择了去纽伦堡。

　　"当然，并不是因为报复心理或者反德情绪促使我做出这种选择，"他后来写道，"可以肯定的是，我痛恨纳粹主义，而且在达豪和布痕瓦尔德集中营被美军占领，囚犯获得解放的数周之前，我就已经身在德国了。但是和其他许多人一样，当时我对波兰境内大量的灭绝集中营仍然一无所知，直到几个月

以后，我才意识到大屠杀的全部内容。"他做出这一决定，仅
仅是因为他觉得自己还没有做好重返平民生活的准备。事实
上，美国在欧洲有任何让他感兴趣的工作，他都有可能会
加入。

在帮助杰克逊法官对戈林、赫斯、施佩尔、里宾特洛甫和
其他纳粹高层领导人提起公诉一年之后，特尔福德·泰勒对纳
粹政权的罪行有了更多了解，同时也意识到还有很多未完成的
工作。[12]后来杰克逊重返最高法院，泰勒被晋升为准将并接替
了他上司的职务，被任命为处理战争罪行的首席检察官。他最
大的志向是追捕那些他认为在将德国带入战争的过程中发挥过
重要作用的人——IG 法本的那些管理者们。他决定将他们绳
之以法。

很快他就发现这并不是一件轻松的事。[13]必须召集检方律
师，必须搜集和整理文件证据，必须追踪和调查潜在的证人，
必须决定被告人的人选，他们将面临何种指控，以及应该采取
什么策略使法庭相信他们有罪。把最后一点做好尤为重要。泰
勒接受任命后不久，他就失望地发现，此次美国并没有派来第
一流的法官。他曾希望坐在主审法官位置上的至少是联邦法
官，但是最高法院首席大法官弗雷德·文森（Fred Vinson）
认为，联邦法官缺席国内日常工作，这会对美国的司法系统造
成巨大的破坏。相反，构成纽伦堡后续审判的 30 名主审法官
将主要从各地的法学院和州法院中招募，其中一些人来自保守
的美国南部和中西部地区，对国际法、欧洲近代史，以及案件
所涉及的复杂问题几乎毫无经验和认识。虽然泰勒对他们正直
的人品拥有足够的信心，但是他也意识到，在这些人面前进行

法庭辩论将需要更多的耐心和时间，而且这也对他们的归纳分析能力提出了很高的要求。

就审理程序而言，泰勒将全面负责起诉的工作，并且将尽其所能使这项工作按部就班地推进，但是由于在他的统领下将有多项审判（对克虏伯案的审理几乎与 IG 法本案同时进行，其他案件的审理程序也在进行中），为此每一个审判的日常工作将委托给一位专项案件的首席检察官。[14] 在 IG 法本案中，首席检察官的角色落在了乔赛亚 · E. 杜波依斯（Josiah E. DuBois）身上。杜波依斯被招募之前，自己的律师事务所刚刚在新泽西州的卡姆登（Camden）开张。在战争的大部分时间里，他一直为美国财政部工作，包括长期担任首席法律顾问，负责追查敌人的金融资产。在这个职位上，他对 IG 法本的海外交易有了非常全面的了解，并且四处奔走，以求冻结这家企业的资金、扣押其财产并限制其对美国经济的影响。他还担任过战时难民事务委员会（War Refugee Board）的顾问——该委员会是富兰克林 · D. 罗斯福总统在 1943 年设立的内阁委员会，旨在研究如何拯救受纳粹迫害的犹太人。顽强、执着、习惯于处理商业案件中的复杂细节，他似乎完全有资格与 IG 法本展开对决——尽管他这些年相对缺乏刑事审判的经验，这是否会成为一项障碍还有待观察。在杜波依斯身后，是一支朝气蓬勃又富有理想的检方律师团队，其中一些律师刚刚从哈佛法学院毕业不久，另一些则在前一年协助完成了在纽伦堡的第一次审判。检方律师团队的人数非常少——一共只有 12 人——他们的工作条件也不太好，只能分散坐在整个司法宫内那些狭窄而简陋的办公室里，但是泰勒相信，他们只要把自己的经验和年轻的活力混合在一起，就能够顺利渡过难关。

从一开始，这支法律团队就遇到了障碍。[15] 在杜波依斯抵达纽伦堡的那天晚上他就发现，把 IG 法本案的大致轮廓拼凑起来看似简单，但是要获得支撑它的证据难上加难。他的两位新同事，德雷克塞尔·施普雷彻和贝尔·迈耶（Belle Mayer）直接到机场迎接了他。施普雷彻曾经在纽伦堡待过几个月，在审判戈林期间他是杰克逊法官的行政助理之一。迈耶则是最近才被任命为检方律师，但是此前在财政部工作时她就已经与杜波依斯相识；事实上，当之前那个被提名为专案首席检察官的人受命回国时，她就曾向特尔福德·泰勒推荐过杜波依斯。在驱车返回纽伦堡的路上，战争的创伤随处可见，残破的街道不见灯光，这两位律师谈到工作的进展，他们解释说，虽然已经找到了数千份 IG 法本的文件——主要是从恩斯特·施特鲁斯一年前从法兰克福带到格里斯海姆的那批文件中整理出来的——但是其中大部分都只是一般性的文件。

然后，迈耶对杜波依斯讲述了她几天前访问柏林的经历。迈耶指望在 IG 法本的柏林西北第 7 办事处能有所发现，但是当她赶到那里时，发现大楼已是一片废墟，到处都看不到文件的影子。然后她听到一个传闻，说是俄国人把文件藏到了柏林附近的格罗斯－本尼茨（Gross Behnitz）的一座废弃城堡里。她派去调查的两名士兵在那里发现了一个上锁的房间——据现场的警卫说，这是瑞典外交官下的命令——他们还是闯了进去，却发现里面空无一物。至于为什么瑞典人要把房间锁起来，这完全是个谜。当与瑞典使馆联系时，他们否认对此事知情，俄国人同样否认自己知情。迈耶只能猜测，要么传言是假的，要么是赫尔曼·施密茨利用他的影响力，以某种方式把调查人员骗到了其他的地方。据说，施密茨在瑞典拥有大量个人财产。为了保险起见，迈耶安排了更多士兵，让他们到柏林西北第 7 办事处使用蒸汽挖土机对废墟进行仔细筛查，但是她对取得收获并不抱太大希望。

调查线索接连走向死胡同，柏林城外的空房间只是其中一例。有报告说，马克斯·伊尔格纳曾经让人将两车厢的文件从柏林运到法兰克福的赫希斯特工厂，调查人员随即跟进。最后，他们只找到了这趟行程的一张铁路备查表，但是没有发现文件。此外，他们也没有掌握来自奥斯维辛的任何书面记录。他们怀疑，瓦尔特·迪尔费尔德和马克斯·福斯特在 IG 法本雇员撤离前几天销毁了其中一部分文件，但是肯定还有一些文件被带回了德国。不过，谁也不知道这批文件到底藏在哪儿。甚至连蒂利少校在报告中所提到的那本奥斯维辛相册——就是在赫尔曼·施密茨的私人保险柜里看到的那本——现在也不见了。

几个月来，心灰意冷的检察官们在德国各地四处追查，寻找他们从被扣押的索引中得知曾经存在过的，但现在消失得无影无踪的文件。[16] 事实上，直到进入审判程序，检方团队中的杜克·明斯科夫（Duke Minskoff）才偶然发现了可以用来指证被告人的明确证据。与杜波依斯一样，明斯科夫在 1945 年也曾作为财政部律师在德国待过几个月，当时的工作是追查纳粹领导人的个人资产。在那段经历中，他成功地让戈林的妻子埃玛（Emma）透露了价值 50 万美元的珠宝和宝石的下落，并且找到了这位帝国元帅作为储蓄而藏匿起来的一大笔现金。但是 IG 法本的人拒绝透露他们的秘密。明斯科夫和他的同事们一直在为这些失踪的文件而困扰，但是他所有寻找这些文件的努力都以失败告终。后来有一天，他在格里斯海姆对 IG 法本的仓库进行例行检查时，突然时来运转：IG 法本的一名基层员工透露，1946 年底，有一卡车文件被送到了路德维希港。负责此事的美国官员随即面露愧色，他解释说，之所以批准这次装运，是因为他觉得那些材料不过是生产所需的技术和专利文件。

检察官急忙赶到路德维希港，让法国的工厂监管人员命令 IG 法本职员去查找这些文件。[17] 等了很长时间，他才获知有些文件确实已经送达，但是都被送到采购部销毁了。明斯科夫随后找到了采购部经理，这个人承认收到过 18 箱文件，但是由于纸张短缺，这些文件都已经被打成纸浆回收利用了。此外，他坚持说，这些文件不过是路德维希港工厂在采购设备时的订单和发票，因此没有任何价值。然而，在对采购部门进行搜查时，发现这位经理保留了一些空文件夹。当明斯科夫查看它们的时候，有十个文件夹上竟标有"奥斯维辛"的字样。

现在他终于重拾信心，并且最终说服了奥托·安布罗斯的一个秘书吐露实情。[18] 她承认，从 1946 年初安布罗斯第一次被法国人带到路德维希港，一直到 1947 年 5 月被迫将他转交给美国人，这位 IG 法本董事一直用自己的办公室存放法本公司各部门发来的各种资料。这些东西后来都被销毁了。安布罗斯还与 IG 法本的其他高管长期保持着秘密通信，在信件中使用代号，从而躲开法国和美国的审查。她记不得所有的名字，但是她知道瓦尔特·迪尔费尔德被称为黑里贝特（Heribert），马克斯·福斯特是波斯特（Posth），克里斯蒂安·施耐德是穆特（Muth），而卡尔·伍斯特是施图特（Stutt）。安布罗斯本人叫巴格曼（Bargemann）。然后，她讲述了 1947 年初的一次特殊经历，她与其他惊慌失措的 IG 法本雇员如何巧妙地躲避了检控方文件搜查员的搜查：

> 2 月 20 日，当我看到一辆明显属于纽伦堡国际军事法庭的汽车停在路德维希港工厂门口时，我命令我的助手赖特（Reither）小姐把所有文件都藏起来，这些文件在我看来是很重要的。赖特小姐把这些文件搬到楼上，想把它们放进一个职员——克恩（Kern）先生——的衣橱里。克恩先生不想让文件出现在他的衣橱里，于是就把它们藏到了吊柜里。然后我打电话到阿尔特（Alt）博士（安布罗斯的私人助理）的公寓，要他把一个箱子藏起来。[19]

她坚称，这些文件后来全都被销毁了。

并不是每条小路都通向死胡同。[20]不屈不挠的贝尔·迈耶从来没有放弃过追踪 IG 法本柏林办事处的文件，就在案件开庭之前，她在法兰克福前 IG 法本总部发现了一份美国陆军的货运记录表。原来，在 1945 年 5 月下旬，美军在柏林与苏联人会合后不久，一支美军作战部队从柏林西北第 7 办事处扣押了大量文件，当时他们清查了所有能找到的官方建筑，这些文件是这次行动的部分战利品。柏林西北第 7 办事处的文件和其他数千份被缴获的文档一起被送回了位于华盛顿的陆军部，然后未经分类和审查就被丢弃在亚历山大市（Alexandria）的一个陆军仓库里。然后人们很快就把它们遗忘了。

在特尔福德·泰勒和乔赛亚·杜波依斯的鼓励和喝彩声中，迈耶立刻动身，乘坐下一趟航班飞往美国。几天之后，她给杜波依斯打来电话。在初步搜查中发现了数百份可能的罪证，包括德国国防军给 IG 法本的大量采购订单。虽然这一发现还不是他们要找的全部罪证，但是对他们的这件案子来说无疑是一个巨大的推动。这些文件被运回德国，与其他数千份文件——备忘录、报告、信函、电报和账目——一起被翻译出来，然后由检方律师和助手们认真细致地审阅。

当然，仅有书面证据是远远不够的。[21] 检方团队还横跨了饱经战争蹂躏的欧洲大陆，飞行数千英里，寻找可能会有价值的证人和证言。他们甚至飞到英国去寻找那些从党卫军押送的死亡行军中成功活下来的奥斯维辛战俘。有一些人，比如丹尼斯·埃维，已经在这场磨难中备受打击，他们不想跟任何人提起那段往事，但是检方律师还是成功采访到了其他几个人。他们还成功找到少数从集中营里活下来的犹太幸存者，并且尽其所能同那些居住在欧洲各地的企业主和经理人建立了联系，在战争期间，这些人的工厂曾经被 IG 法本接管。然后，他们开始寻找他们认为可能愿意出庭作证的德国人——前 IG 法本员工、政府公务员、国防军军官、化学工业专家，以及其他数百名可能有重要相关回忆的人。检察官每天都在问自己："我们有足够的证据来确保定罪吗？"

这是一个非常好的问题。[22] 经过四个月的准备，杜波依斯仍然没有十足的把握打赢这场官司。这并不是说缺少证据；他的律师团队实际上已经拼凑出了一份非常完整和极具说服力的有关 IG 法本与当局关系的记录。但是他也知道，这次审判将不同于纽伦堡的其他审判。IG 法本的高管们与那种脚踩马靴的纳粹党徒的刻板形象相去甚远。在任何一位中立的观察者看来，他们更像是受过良好教育、受人尊敬、立场保守的商人和科学家，其中一人甚至还获得过诺贝尔奖。如果要把这些人送上被告席，由那些在美国的小地方过着安逸生活的法官做出裁决，绝对必要的前提就是，要拆穿这些人极具迷惑性的外表。所有证据必须令人信服。

IG 法本的高管们在刚刚被捕后的几天里，曾向官方部门做过陈述，这些陈述是否真实有效，将会引起很多人的关注。[23]其中有一些证词可以被看作严重罪行的罪证，但是没有人知道它们是否会被法庭采信。早在 IG 法本案的检方团队被任命之前，美国陆军就已经将大多数被告人收押，军方最初进行问讯的情况并不理想。这些人在供述之前都没有进行宣誓，而且他们还表示自己是在胁迫之下才做出了这些陈述，因此总是能够对其中一些陈述提出异议——由于该案将根据美国法律进行审理，这就成为一个特别严重的问题，因为美国宪法第五修正案也将适用于此案。等到检察官再次约谈被告人的时候，他们早已咨询过律师。现在，面对检控方试图让他们认罪的企图，当他们愿意回答问题时，他们的答案要么就含糊不清，要么就做出措辞强硬的反驳：他们说，自己一直都是奉命行事。希特勒牢牢掌握着权力，没有人敢对他或他的纳粹党羽表示反对。他们之所以加入纳粹党，仅仅是因为如果不这样做，他们就会遭到盖世太保的调查。如果外国劳工受到虐待，他们也自称与之毫无关系。不，他们不知道有人在奥斯维辛集中营被杀害。不，他们丝毫都不反犹，他们一直在努力帮助公司里的犹太雇员。不，他们没有掠夺过外国公司的资产。他们参与的任何一起外国收购都是合法的商业交易。不，他们没有为医学实验提供药品。化学武器项目？无稽之谈，那完全是军队自己搞的东西……统一的答案表明，他们做了精心的准备，有一套编排好的辩护策略：什么都不说。什么都不承认。如果美国人认为他们有案可查，就让美国人去证明好了。但是不要让他们自证其罪。

这一切并不让人意外：检察官们早就有预感，随着审判的临近，被告人会推翻此前所有的供述。然而，检方团队也知道，如果能够用被告人最早的供词来反驳被告人自己，那么在交叉盘问时驳倒他们会更容易。尤为关键的是格奥尔格·冯·施尼茨勒给出的回答，他是 IG 法本内部最重要的部门商业委员会的主席——1945 年，施尼茨勒显然感到过一丝懊悔，他在将责任推卸给其他董事和整个法本公司之前承认了自己的错误。有一次他脱口而出："IG 法本在化学领域承担了巨大的责任，为希特勒引发战争和导致毁灭的外交政策提供了大量，甚至是决定性的帮助……我必须承认，在很大程度上 IG 法本对希特勒的政策负有责任。"[24]像这种来自法本公司权威人物的供述具有极大的杀伤力，特别是在他详细回顾了 IG 法本在"四年计划"中的作用，接管波兰和法国的工厂，以及使用奴隶劳工的情况之后。

但是在其他被告人的压力下，冯·施尼茨勒的态度开始变得摇摆不定。[25]由于监狱缺少合适的牢房，同时又需要 IG 法本的高管当面回答问题，这就造成检控方不得不经常把这些人关在一起。到 1947 年春天，格奥尔格·冯·施尼茨勒总计和他的老同事们一起待了好几个星期，其中一些人已经明确表达了他们对施尼茨勒坦率回应美国人的看法。特别是令人生畏的弗里茨·特梅尔让他在那段时间很不好过，他们两个人发生过多次对峙，特梅尔经常当着其他人的面宣称，由于冯·施尼茨勒不是一个全能的化学家，他根本不配代表整个公司做出表态，他应该保持沉默。

因此，冯·施尼茨勒也开始萌生新的想法。[26]4 月，他给杜波依斯发了一条信息，表示他要撤回之前的供词，因为他"在技术上没有资格"讲出他曾说过的很多话。此外，他还补充道，他"在 1945 年一直处于严重的精神抑郁状态"。

这个消息让检方团队中的许多人担心，他们负责的案子是否已经遭受了不可挽回的损害。[27]如果冯·施尼茨勒能够证明他的陈述是在压力之下做出的，法庭就不会将其列为证据。德雷克塞尔·施普雷彻很快就设法见到了冯·施尼茨勒男爵，发现特梅尔威胁过他，于是承诺今后将会把他们分开。

这似乎打消了冯·施尼茨勒的疑虑，经过几天的思考，他再次联系检察官说，他此前的供述终究还是准确的。但是，在未来的几个月里，他是否可以继续坚持这种说法，或者他的律师是否会让他坚持这一立场，现在还是非常令人怀疑的。

374

1947 年 5 月 4 日，检方人员强忍住内心的担忧，最终代表美国对 24 名 IG 法本的高管提出起诉：卡尔·克劳赫，法本公司的监事会主席；赫尔曼·施密茨，董事会主席；管理委员会的所有成员［格奥尔格·冯·施尼茨勒、奥古斯特·冯·克尼里姆、海因里希·霍兰、弗里茨·特梅尔、克里斯蒂安·施耐德、弗里茨·加耶夫斯基、奥托·安布罗斯、海因里希·比特菲施、恩斯特·比尔京、汉斯·屈内、卡尔·劳滕施莱格、弗里德里希·耶内、卡尔·伍斯特、海因里希·奥斯特（Heinrich Oster）、保罗·黑夫利格尔、马克斯·伊尔格纳、威廉·曼和马克斯·布吕格曼（Max Brüggemann）］；和另外四名被认为罪行严重的 IG 法本高级雇员——瓦尔特·迪尔费尔德，他在奥斯维辛曾发挥过重要作用；海因里希·加蒂诺，他在马克斯·伊尔格纳领导下的柏林西北第7办事处负责管理经济政策部（Wipo）；埃里希·范·德尔海德（Erich van der Heyde），IG 法本与德国国防军的联络人；以及汉斯·库格勒（Hans Kugler），他曾负责管理 IG 法本在欧洲占领区刚刚并购的工厂。[28]①

被告人面临五项指控罪名，其中包括"策划、准备、发动和实施侵略战争和入侵他国"；"侵吞和掠夺公私财产"；以及"奴役劳工和实施大屠杀"。第一项罪名涉及 IG 法本与纳粹的财务和政治联系——参与最高统帅部的战争计划；参与战争的经济动员；参与宣传、情报和间谍活动；准备和参与实施纳粹侵略并从中获益；以及生产和储备战争物资。在"侵吞和掠夺公私财产"的罪名下，起诉书指控 IG 法本与国防军一起在纳粹德国的征服掠夺计划中扮演了重要角色，专门策划接管奥地利、波兰、捷克斯洛伐克、法国、挪威、俄国等国的化学工业。

而"奴役劳工和实施大屠杀"则是 IG 法本最重要的，同时也是最让外界震惊的一项罪名："所有被告人，通过染料工业利益共同体股份有限公司这一机构，参与了……对集中营囚犯的奴役……在战争期间使用战俘……以及对被奴役者实施虐待、恐吓、酷刑和杀害。"

起诉书继续解释说，IG 法本在奥斯维辛：

---

① 其中有些名字我们可能还不熟悉：海因里希·奥斯特负责管理欧洲氮业辛迪加（European Nitrogen Syndicate），是最早支持与纳粹进行合作的人士之一；马克斯·布吕格曼曾担任 IG 法本的董事会秘书，但是后来因为健康原因终止了对他的审判。

除了其他罪行，还虐待奴役劳工，让他们从事长时间的、繁重而劳累的工作，完全不顾及他们的健康或身体状况。犯人们要想活下去，评判的唯一标准就是生产效率。由于无法得到充分的休息、充足的食物、必要的起居条件（床铺由肮脏的麦秆铺成，由二至四名囚犯共用），许多人死于劳动，或者因为身患重病而倒下。工人的生产率一旦出现下降迹象——尽管这是由疾病或疲惫造成的——这些工人就将接受众所周知的"筛选"（Selektion）。"筛选"最简单的含义是经过粗略检查，如果发现囚犯不能在几天之内恢复他全部的生产能力，那他就会被认为已经丧失了利用价值，并且会被送到奥斯维辛的比克瑙集中营按照惯例进行灭绝……法本公司合成橡胶制造厂的工作条件非常恶劣，以至于经常有囚犯因不堪折磨而自杀，他们或者冲向警卫，主动引发步枪射击而死亡；或者冲向通有高压电的带刺铁丝网。正是由于这些非人的待遇，合成橡胶制造厂在一年中劳工流动率至少为300%。

连同其他指控（参加党卫军等犯罪组织，以及"危害和平罪"等一系列罪名），这份长达60页的文件有力地谴责了IG法本公司与希特勒和纳粹政权之间长达12年的合作关系，虽然被告人从德国各地的监狱被重新带到了纽伦堡，但是他们并不愿意对这种关系做出清晰的解释。这份起诉书被整理出来并不容易，如果有更多的时间和资源，原本可以使它更为完善，但是杜波依斯认为这已经是一个很好的基础，可以凭借它来启动审判。

但是他还没有来得及享受这份满足感就遇到了新的问题，

376

这次的问题来自美国。[29]他很清楚，从 1946 年检方团队开始工作的那一刻起，华盛顿保守派的圈子里就一直有一种对 IG 法本案持反对意见的声音，起初这种声音还比较微弱，但是现在，它突然以一种完全敌视的态度出现了。1947 年 7 月 9 日，来自密歇根州的国会议员乔治·A. 唐德罗（George A. Dondero）在众议院对陆军部长约翰·帕特森（John Patterson）进行了尖锐的批评，指责他没有铲除渗透到美国陆军关键岗位上的"共产党的同情者"。在他指认的十名"同情者"当中，有一位就是乔赛亚·杜波依斯。唐德罗说，杜波依斯是"财政部有名的左翼分子，曾经是共产党路线的忠实追随者"。

杜波依斯从来没有加入过共产党，当他大清早喝咖啡的时候，无意中从《星条旗报》（Stars and Stripes）上看到了这些诋毁中伤，这让他感到非常愤怒。[30]杜波依斯立刻通过驻纽伦堡的记者团公开对报道中的不实之词予以否认，并且向唐德罗发起挑战，要求这位国会议员在众议院外面重复他的言论，在那里他将不再对诽谤指控拥有豁免权——唐德罗拒绝了杜波依斯的挑战。直到当天晚些时候，杜波依斯才弄明白唐德罗发表这番言论的背后深意。他在仔细阅读了这位国会议员公布的同情者名单后发现，其他被点到名字的那些人，其中有五位曾参与过美国政府对 IG 法本的调查。唐德罗的讲话全文恰好证实了他的猜测：这位国会议员很明显地将他的指责与那些"一直试图抹黑 IG 法本的人"联系在了一起。于是，就能很容易地把事情的来龙去脉推断出来了。杜波依斯记得，陶氏化学公司（Dow Chemical）的总部就位于唐德罗的国会选区。几周之前，美国的报纸曾经报道过一则传闻，说检方团队正在调查陶氏化学和 IG 法本之间可能存在的联系。显然，有人不希望在庭审时提到这种关系。

　　这件事情发生的时间再糟糕不过了，恰好是在 IG 法本案的审理法官抵达纽伦堡的时候。[31] 在司法官的大厅里，杜波依斯看到其中一位法官柯蒂斯·G. 谢克（Curtis G. Shake）正在阅读那份令人不快的《星条旗报》，检察官对此感到非常窘迫。这些法官将裁决案件的是非曲直——但是现在，检控方至少可以先对这些法官做出评价。单纯就第一印象而言，这些法官能够让检方感到放心。即将担任法庭主审法官的谢克来自印第安纳州的万塞讷（Vincennes），曾任该州最高法院首席法官；詹姆斯·莫里斯（James Morris）法官来自北达科他州最高法院；保罗·赫伯特（Paul Hebert）法官曾任路易斯安那州立大学法学院院长；而"候补"法官克拉伦斯·F. 梅里尔（Clarence F. Merrell）是印第安纳州巡回法庭的资深法官，他将坐在法官席上，但是除非有其他法官退出，否则不参与审判。他们似乎都是睿智而有经验的法律工作者。然而，当检方团队与法官们共进午餐时，莫里斯随口而出的一句话不禁又让杜波依斯产生了些许不安："我们现在要担心的是苏联人；如果在我们结案之前他们就冲进来占领了法庭，我丝毫不会感到意外。"

　　杜波依斯在 1947 年 7 月的最后几个星期里，进一步完善了他的检控策略，并在他位于丹巴赫（Dambach）的菩提树大街（Linden Strasse）的家里——丹巴赫是纽伦堡西郊的一个小村子——与特尔福德·泰勒一起进行了演练，然后和他的团队在刚修复的纽伦堡大饭店共进午餐。[32] 如果说泰勒有所担心，那么他也没有表现出丝毫迹象。他将在法庭上做开场陈述，为后续审判进行铺垫，虽然他对副手提议的方法有一些私下的保留意见，但是他知道这些检方律师已经掌握了一些令人印象深刻的证据。他也知道，给他派来的法官在素质上较为参差，至少可以说，在庭审正式开始之前，没有人知道这些证据会对法官产生何种影响。在将案件委托给杜波依斯及其团队之后，他必须相信他们的判断。他现在所能做的，就是尽可能地为他们开一个好头。

第 15 章　审判

要成为一名优秀的出庭律师，除了能够发表雄辩的演说，还要具备多方面能力；不过，正如特尔福德·泰勒将军在纽伦堡司法宫主审判室中所展现的那样，出色的演讲是一项有利的技能。[1]听众们全神贯注，完全被他的讲演所吸引。他用有力而且富有感情色彩的语言简述了被告人的案情，让在座的大约400人——法官、律师、法院官员、普通民众和新闻媒体——为之着迷，现在他的开场白即将结束："毫无疑问，被告人会告诉我们，他们专注事业、尽职尽责，他们是遭人利用的爱国者……"

泰勒略做停顿，用鄙视的眼神扫过被告席上的那 23 个人。这是律师们长久以来惯用的一种法庭技巧，并不会因此而削弱演讲的效果。他是要让法庭知道，他已经对被告人的辩护策略了如指掌，这种策略对他毫无用处："我们会听到有人说，他们原本想做的，是类似情况下任何一个爱国商人都会去做的事……而且他们自己同样是独裁统治的受害者。至于战争的杀戮和对无辜者的屠杀，这些都是希特勒和纳粹党犯下的令人发指的罪行。"

不过泰勒话锋一转，继续说道，检控方的指控将证明，被告人的这种无罪主张实际上是空洞和虚假的。被告人是纳粹计划的自愿参与者，就像他们曾经对其他人做出过裁决那样，现在将由法庭来追究他们的责任：

> 他们曾认为，只有自己才能左右世界的命运。他们曾认为，只有自己才有权发号施令。他们宣判，犹太人、波兰人和俄国人是不可触碰的贱民。他们做出的所有裁决都源自虚荣心和野心，正是丧失底线和贪得无厌使他们把自己的权力奉为至高无上的唯一善行。他们手持皮鞭和利剑来执行他们傲慢的判决。在欧洲，几乎没有一个国家能够逃脱这些人所制造的杀戮，总有一天，他们的同胞会完全明白，他们为德国所做的一切是一场多么可怕的灾难。他们曾经肆无忌惮地践踏法律和戒条，如今就用这些法律和戒条来检验他们的所作所为，这不是对他们的复仇，而是一种不可推卸的庄严责任。

泰勒讲完之后，杜波依斯和德雷克塞尔·施普雷彻从技术层面对案件的具体安排进行了介绍，随后法官们宣布当天休庭，然后鱼贯走出审判室。就在那极其短暂的肃静中——就在记者们冲向围栏，开始叫嚷着要引起他们的注意之前——控方席位上的律师们都感受到了一种强烈的轻松和满足。贝尔·迈耶的脸上带着泪水。"我没想到这一天真会到来"，她说。

1947 年 8 月 27 日。对 IG 法本的审判终于开始了。

检控方对案件的指控开局良好，但是几天之后他们就陷入了麻烦。检方律师原本的意图是，确保法官充分了解被告人所在组织的性质和结构。IG 法本远不只是一家成功和盈利的普通企业，它还是一个由合作伙伴、子公司、联合企业、垄断联盟和生产协议构成的庞大而复杂的网络，所有这一切使 IG 法本公司在国内和国外都拥有强大的势力和影响力——甚至往往比单个的政府更为强大。对这一点的采纳是检方论点得以成立的核心，也是理解被告人犯罪的手段、动机和时机的关键。

为了阐明这一点，检控方在法庭的一端设置了巨大的图表，详尽说明了 IG 法本帝国的规模和布局，他们还援引了大量支持性的报告、信函、专利许可和其他方面的企业公文作为证据——每一份文件都由德语和英语的口译员进行了正式的记录和翻译。[2]随后，法庭传唤了国际化学工业领域的专家，他们将作为证人来解释这一切。

从理论上看，这种做法似乎很合理，而且在杜波依斯等人过去参与的一些重大反垄断案件中，这种做法也会收到很好的效果。但是在纽伦堡，这是一个重大的战术失误。来到德国的法官们，他们期待着对战争罪进行审判，但是现在被要求坐下来聆听有关商业组织的长篇大论。主审法官柯蒂斯·谢克开始抱怨证词的关联性，但检控方回答说，法庭应该了解被告人所曾掌握的权力，这一点至关重要，然后"讲座"继续进行。最终，莫里斯法官失去了耐心：

> 检察官先生，根据这里的记录，这个组织只是一家商业性的大型化学企业集团，世界各地有许多类似的公司。仅就我个人而言，我完全不明白这类文件对指控有什么特殊意义。这些合同、会议纪要和信件在本案中起到任何一种证明作用的可能性微乎其微，列举大量这样的文件只会拖慢我们的审判速度。[3]

对检方律师来说，幸运的是来自路易斯安那州立大学的赫伯特法官和候补法官克拉伦斯·梅里尔对检控方的做法还比较认同，他们愿意听完杜波依斯和他的同事们认为与案情有关的证据，从而使这次庭审能够按照检控方的计划继续进行。但是在接下来的几个星期里，人们很难不注意到，另外两名法官对检控方的态度变得强硬起来。

当庭审开始聚焦 IG 法本参与重整军备计划这个问题时，棘手的情况出现了。[4]检察官利用从亚历山大城仓库中抢救出来的文件，非常详尽地介绍了卡尔·克劳赫与戈林和"四年计划"的关系，柏林西北第 7 办事处、马克斯·伊尔格纳和国防军联络办公室所发挥的重要作用，IG 法本急剧扩张的生产能力，以及它转而制造战略战备物资的情况。格奥尔格·冯·施尼茨勒的预审供词对案件的这一部分尤为关键，但是这些口供遭到了辩护律师的强烈质疑，不出所料，辩护律师认为被告人在做出这些陈述时精神状态不佳，被告人当时曾遭到"逼迫"，这违反了美国宪法第五修正案。对此检控方予以还击，冯·施尼茨勒男爵曾经向德雷克塞尔·施普雷彻做出过书面确认，这份文件提道："1945 年在法兰克福，调查人员和我之间的关系是非常自由、坦诚和友好的。"冯·施尼茨勒本人什么也没说，他的律师也没有说什么，现在他们倾向于把这件事交给法官处理，而法官显然不赞同检控方的观点。双方为此进行了长达数天的辩论，柯蒂斯·谢克宣布，他将推迟到审判后期、当他有时间考虑这些供词的价值时再做决定。但是这位法官同时也强烈暗示，除非冯·施尼茨勒出庭作证（他没有义务这样做），否则他的表述将不适用于其他被告人。这一决定意味着，法官的立场与检控方的观点相去甚远，从而导致诉讼暂时陷入了混乱局面。

与此同时，在法庭之外还有更多来自美国国内的批评。[5]
1947 年 11 月 27 日，密西西比州的国会议员约翰·E. 兰金
(John E. Rankin) 在众议院的会议上宣称："德国纽伦堡发生
的事情完全就是在丢人现眼……其他所有国家现在都已经洗手
不干了，退出了这场政治迫害的狂欢。第二次世界大战早在两
年半之前就结束了，但是仍然有某个少数族裔，他们不仅在纽
伦堡绞死了德国的士兵，还要以美利坚合众国的名义审判德国
商人。"不过，到现在为止，泰勒的检方律师团队已经习惯了
这种论调；事实上，这种话他们在纽伦堡当地早就已经听到过
了。有一次，别人告诉乔赛亚·杜波依斯，有一位法官曾公开
说，"在检控方中有太多的犹太人"，并且很想知道杜波依斯
是否也是犹太人。还有一次，德雷克塞尔·施普雷彻在纽伦堡
大饭店的酒吧遭到一名法官助理的抨击，因为他的立场过于
"反德"(anti-German)。检方律师们只能希望这样的观点并非
真正代表法官的意见。但是，当他们发现莫里斯法官的妻
子——随同莫里斯一同来到纽伦堡——经常会邀请 IG 法本董
事们的妻子出去喝酒的时候，这让他们大为不安。

案件审理在磕磕绊绊中继续进行，只有当讲到 IG 法本接
管德国占领区中的企业时，才明显提起了莫里斯的兴趣。[6]显
然，对私有财产的侵犯比此前提到的许多事情更符合他的美国
司法价值观，虽然当检控方想要借助文件来说明 IG 法本在捷
克斯洛伐克是如何掩饰其意图时，他依然抱怨"太多不相关
的证据让这个案子陷入僵局"。这已经成为他经常重复的一个
话题："我们应该加快审判的速度……依我来看，在检查审判
记录时，如果上面的内容过于烦琐复杂，责任主要出在检
控方。"

382

通常而言，证人的证词往往更受关注。[7]比如，任何一个中立的观察者都很难不被莫西·什皮尔福格的证言所打动，他讲述了他的工厂是如何被 IG 法本没收的，他从格奥尔格·冯·施尼茨勒那里得到帮助的尝试是如何失败的，随后他如何被党卫军关进了华沙的犹太人区，以及他的妻子和孩子又是如何被运走的。在非犹太人朋友的帮助下，什皮尔福格最终成功逃脱了囚禁，并且在华沙市内建筑的屋顶上躲藏了两年多时间。1943年春天，他在那里目睹了犹太人区的最后毁灭。

383 对于被告人来说，法庭上的每一天都是前一天的重复。[8]在大多数工作日，他们都会在黎明时分被美军警卫叫醒，吃一顿简单的早餐，然后被押送着穿过连接牢房的长廊，前往司法宫。上午 9 点 30 分，庭审会在那里开始。除了短暂的中间休息和一小时的午餐时间，他们会一直坐在审判室中，直到下午4 点 30 分左右柯蒂斯·谢克宣布休庭。刚开始的时候，虽然表面上有过几次虚张声势的对抗，但是大多数被告人明显对周围的环境感到紧张和害怕。IG 法本案的审判也是在法院二楼的法庭中进行的，就在一年之前，戈林、赫斯、施佩尔和其他纳粹头目正是在这个房间中被宣判有罪；其中几名战犯已经被执行了绞刑，这应该足以让每一个被控犯有类似罪行的人感到害怕。事实上，不知检控方是不是有意为之，被告席上的座次是根据被告人在 IG 法本中的职务级别来安排的，就像纽伦堡审判中纳粹战犯根据他们在纳粹党内的级别分配座位一样，这种相似的做法让被告人更为不安。

不可避免的，被告人逐渐习惯了每天的例行公事。几周之后，检察官们注意到，被告席上的人不再紧张地聆听法庭上所说的每一句话，他们似乎也不觉得诉讼程序会对自己造成什么威胁。[9]当检察官弄错了化学反应方程式的名称，或者证人结结巴巴地说出他的证词时，偶尔会有人在被告席上夸张地叹气或摇头。当他们中的一个人被叫出来回答问题时，其他人会满怀期待地向前倾着身子，他们皱着眉头，紧随控辩双方激烈的交锋做出反应；当他讲出一个特别有说服力的观点时，他们会默默地微笑，表示赞许；当他在交叉询问中犯错时，他们又会抿起嘴来。事实上，被告人很少出错，因为他们都采用了大致相同的策略：他们只不过是普通的爱国商人或科学家，从事着造福他人的工作。每一份作为罪证的文件都有另一种解释；每一位检方证人都被误导了，或者很不幸他们所了解的并非实情。当询问过于深入细致时，他们就会直接表示自己一无所知。不，他们从未见过检控方提到的那份报告。不，他们对那次会面完全没有印象。如果有同事跟他们说起过这样的事，他们也不记得了。那都是很久以前的事了。然后，当他们离开证人席，重新回到被告席的座位上时，他们会和同事们私下聊上几句，继而重新摆出略带疲倦的超然姿态。他们就像坐在年度股东大会上一样，必须回应股东们的提问，这是一份令人生厌的职责，但是又不得不忍受下去。

对于这 23 个人，特别是那些在过去曾经互为对手的人，让他们坐在一起几个月，彼此之间不可能不出现裂痕。[10]检方律师很快就意识到，同事中的很多人都避免与坐在赫尔曼·戈林之前座位上的卡尔·克劳赫交流——大概是因为他们不希望受到克劳赫与戈林密切关系的牵连。唯有马克斯·伊尔格纳是个例外，他似乎仍然对这位曾在第三帝国显赫一时的同事感到敬畏，并且经常试图与对方交谈。此外，伊尔格纳对他的舅舅赫尔曼·施密茨也是一副唯唯诺诺的样子，虽然施密茨现在的

384

形象已经大不如前。当这位董事会主席进出法庭时，其他人依然会主动站到过道两旁，这与其说是出于尊重，不如说是一种习惯。有些人对他不合身的西装和乱糟糟的山羊胡子摇头，仿佛他的不修边幅让他们感到失望，但是伊尔格纳仍然经常会赶过来为他开门，接过他手中的文件。在所有人中，弗里茨·特梅尔似乎拥有最高的权威，当被告人共进午餐和步行往返于法庭的途中，许多人都会围着他，而他始终是谈话的核心。现在他基本上对冯·施尼茨勒采取无视的态度，因为预审供词的问题已经不再那么重要了；但是当他得知施密茨可能也承认了某些极具杀伤性的证据时（比如，在早期的预审阶段，施密茨承认"绝对清楚"IG 法本巨大的利润来自希特勒的军备计划），特梅尔写给美国当局，试图让对方相信，他的这位前上司的记忆缺少可信性。据说施密茨曾就柏林西北第 7 办事处与德国国防军的密切关系发表过一份声明，特梅尔在信中写道，该声明"引起了整个 IG 法本领导层的极大关注，因为大家认为声明中包含了错误的结论"。他很乐意帮忙澄清事实。

有一天在晚饭之后，当乔赛亚·杜波依斯和隶属于检方团队的律师、捷克人扬·查玛兹（Jan Charmatz）在司法官的院子里散步时，他亲眼见识到了弗里茨·特梅尔对于"澄清事实"的巨大热情。一个人影从黑暗中向他们走来。那是埃里希·贝恩特（Erich Berndt），特梅尔的律师。令检察官大为惊讶的是，贝恩特请求他们帮忙"解决一个小问题"。很明显，当时他颇为尴尬，因为他的委托人就在他的身后，特梅尔平静地抽着烟，故意避开检察官的目光。法官允许他在无人看守的情况下，由律师陪同离开监狱，以便可以到法兰克福取回一些与他辩护有关的文件，而这一切检控方并不知情。[11]不幸的是，贝恩特解释说，当他们回来的时候，正门新来的夜班警卫没有认出他们，不让这位 IG 法本的高管再回到监狱。不知道检察官们能否帮忙？

一时间，检察官们都不知道应该暴跳如雷还是应该放声大笑，他们承诺，会尽一切努力确保特梅尔重新入狱。在被带回牢房之前，特梅尔鞠了一躬，郑重地感谢他们的帮助。

直到很久以后，杜波依斯才发现特梅尔在法兰克福到底做了什么。他没有去找他的文件，而是愤怒地召见了他的前助手恩斯特·施特鲁斯并与他当面对质，据说施特鲁斯曾经交给过检控方一份书面证词，其中指证特梅尔知道奥斯维辛的奴工状况。这个传闻是否属实？

"我只是告诉他们，"施特鲁斯回答说，"我曾在 1943 年问过您，为什么奥斯维辛有那么多人被毒气杀害和焚烧。"

特梅尔猛地站起来。"你说什么？你告诉他们了！"

于是，特梅尔试图劝说施特鲁斯照他的说法去做：如果他当时被问过这样的问题，他肯定会告诉施特鲁斯不要理会谣言。但是施特鲁斯坚持自己的那套说法。根据他的回忆，事实上特梅尔从 1943 年开始变得对他敬而远之，想必因为这位老板当时已经知道这些传闻根本就不是谣言。

特梅尔竟会明目张胆地试图影响证人，但是没有人清楚贝恩特对此事是否知情。对于全部辩护律师——将近 60 名——来说，被告人是否了解奥斯维辛的真实情况，也一直是困扰他们的主要问题。当然，他们已经发现，至少有两名法官对杜波依斯及其团队不抱好感，因此他们会故意对法庭上出示证据的复杂性和所谓的毫无关联性表现得大惊小怪，从而给已经失去耐心的法官火上浇油。其用意很明显，就是要让法官相信，美国检察官的指控缺乏明确性和针对性。人们预期检控方的策略在于，揭示被告人事先知道希特勒的侵略战争计划，并且愿意作为帮凶积极参与并实现这一目标。IG 法本所做的一切，都是基于这种最初的共谋：它为纳粹政权进行宣传和间谍活动，生产战争物资，掠夺和洗劫被侵略的国家，并且在奴役劳动和集中营中扮演了重要角色。但是辩护人始终在反驳检控方对很多事件的解读，质疑其证据的相关性，并将被告人描述成误入歧途的爱国者，他们的所作所为仅仅是在服从命令。辩护人希望通过这样的方式，利用法官心中的疑惑，确保被告人最后会被无罪释放。

来自奥斯维辛的证据打乱了辩护人的计划。现在全世界都知道集中营在纳粹灭绝犹太人的过程中所扮演的角色。这场种族屠杀是如此骇人听闻和可怕，但凡与之有关的人或事都不可能逃脱身败名裂的命运。如果法官们采信 IG 法本参与奴役、酷刑、筛选和谋杀的指控——他们可能就会对被告人产生强烈的厌恶感，从而让他们对这一公诉案件其他方面抱有的怀疑态度也随之烟消云散。奥斯维辛将成为这个案子成败的关键。

检方团队中的好几个人也都是这样想的，现在他们意识到，不从奴役和谋杀罪名开始审判是一个错误。[12]事实上，德雷克塞尔·施普雷彻和杜克·明斯科夫都敦促乔赛亚·杜波依斯改变策略。正如明斯科夫在谈到法官时所说的那样，"他们就会看到，他们所审判的是一些什么样的人，然后他们就会理解其余的一切。我们第一天就应该从奥斯维辛开始"。但是杜波依斯认为事情并没有那么简单。案件中的一切——人证和书面证据——都是按照起诉书中所指控罪名的顺序来组织的。如果停下来再重新开始，势必将造成庭审额外的支出、混乱、中断和延误，这只会进一步激怒不耐烦的法官。

因此，最重要的审判时刻要在开庭几个月后才真正出现；但是这也意味着，当这一时刻到来时，这个案子将引起社会轰动。检控方找到了大量可靠的证人——其中包括犹太人幸存者、曾经的战俘、医生、受到良心谴责的 IG 法本雇员，他们将为"支持奴役和大屠杀"这一指控作证；检控方还收集了几十份宣誓过的书面证词。他们现在开始在法庭上揭露这些事实。

挪威人凯·法因贝格在法庭上讲述了他的父亲和叔叔们的死因：

> 我们给火车卸货，搬运铁架、袋装水泥，以及重型烘炉。1943 年 1 月 5 日，父亲已经非常虚弱，当我们不得不以双倍的速度向前拖动一袋重达 50 千克的水泥时，他就在我眼前倒下了。他被他的工友们抬回了营地。他不断遭到卫兵们的殴打，最后一天打得最厉害……1943 年 1 月 7 日，他就在我面前死去。我父亲的一个弟弟在工作中弄伤了右臂，于是他被送去了毒气室。在我父亲死后大约一两个星期，他的另外一个弟弟身体已经非常虚弱，然后就死在了工地上。我本人则坚持工作到 1943 年 1 月 15 日；之后我染上了肺炎。[13]

捷克囚犯埃尔温·舒尔霍夫（Erwin Schulhof）就 IG 法本参与犯人筛选一事出庭作证：

> 技师向管理层投诉，然后投诉被转交到党卫军那里。

于是，负责劳动力调配的军官会在一大早就赶到莫诺维茨——这正是各个劳动小队离开营地上工的时间——这名军官会亲自站到营地大门附近，把那些他们认为不太健康的人筛选出来。这些人将被直接送往（比克瑙）。这些书面投诉来自 IG 法本公司。我曾经亲眼看到过这样的报告。[14]

波兰囚犯莱昂·施泰沙克（Leon Staischak）是集中营医务室的一名男护士："IG 法本在莫诺维茨营区医院的任务不过是在修理工具……囚犯住院的时间不得超过两周。那些身体过于虚弱或者病情无法在两周内康复的病人，就会被筛选出来。"[15]

还有鲁道夫·维特克，他是营区里的医生，同时也是一名囚犯："IG 法本的狱头、工长和监督员以极不人道的方式强迫犯人们工作。他们毫无怜悯之心。鞭打、虐待，甚至直接将犯人杀死，这些都是常态。许多犯人在干活时，突然就直挺挺地倒在了地上，他们喘不上气来，像畜生一样死去，这都是由于干活的速度过快造成的。"[16]

英国战俘罗伯特·费里斯（Robert Ferris）、伦纳德·戴尔斯（Leonard Dales）、弗雷德里克·戴维森（Frederick Davidson）、埃里克·多伊尔（Eric Doyle）、约翰·阿德金（John Adkin）、伯特·西尔（Bert Seal）、霍勒斯·查特里斯（Horace Charteris）、查尔斯·希尔（Charles Hill）、阿瑟·格里纳姆（Arthur Greenham）和查理·科沃德（Charlie Coward）被传唤出庭，他们描述了在合成橡胶制造厂目睹的枪杀和殴打的可怕细节，并且讲述了工厂及其营地的每一个人又是如何知晓比克瑙正在发生的一切的。[17]正如查利·科沃德所解释的那样："与我交谈的每一个人都在讲同一个故事——城里的人、党卫军的人、集中营里的囚犯、外国劳工。整个集中营的所有人都知道这件事。所有平民也都知道那里在发生什么；他们抱怨焚烧尸体散发出的恶臭。甚至在和我交谈过的法本公司员工中，很多人也都承认这一点。对此事一无所知，这是完全不可能的。"

有些最令人信服的证词来自曾在那家工厂工作过的 IG 法本员工，比如工程师诺贝特·耶内，他自己的父亲就是本案的被告人之一："在 IG 奥斯维辛工厂雇用的所有人员当中，囚犯的待遇是最差的。囚犯会遭到狱头的殴打，而这些头目必须保证完成 IG 法本的工长给他们以及他们的分队事先安排好的工作量，否则作为惩戒，他们就会在晚上在莫诺维茨营地遭到殴打。"[18]

甚至连不久前曾受到弗里茨·特梅尔恐吓的恩斯特·施特鲁斯，也即特梅尔的那名前助手也走上了法庭：[19]

> 检方律师：你曾经在 1943 年与合成橡胶制造厂的总工程师（迪尔费尔德）交谈过，他是否曾明确告诉过你，有人在奥斯维辛被烧死？
>
> 施特鲁斯：是的，我想他告诉过我，在焚烧之前他们就已经被毒气熏死了……
>
> 检方律师：在 1943 年夏天，你知道有人被焚烧和用毒气杀死吗？
>
> 施特鲁斯：是的。
>
> 检方律师：据你回忆，你把这些都告诉了安布罗斯和特梅尔？

389

施特鲁斯：是的。

此时，某些被告人身上表现出来的自鸣得意受到了施特鲁斯证言的极大打击。[20]据一名观察家说，奥托·安布罗斯在庭审的这段时间里一直闭着双眼，仿佛他想把这些真相屏蔽在他的意识之外。瓦尔特·迪尔费尔德坐在那里频频摇头，汗水不停地流下来，因为有越来越多对他不利的证据。当然，按照检控方的观点，被告席上的每一个人都犯下过同样的罪行，无论是在 IG 法本的名义下进行的医学实验，还是在合成橡胶制造厂，或 IG 法本菲尔斯滕格鲁伯煤矿发生的对囚犯的殴打、饥饿、虐待、谋杀，又或者是在波兰和德国其他地方的工厂中出现的强迫劳动。他们之所以有罪，是因为他们亲自参与了集中营内和建筑工地上的暴行；是因为他们的集体授权和批准为发生这些暴行创造了条件；是因为他们知道存在这些暴行，却没有采取任何行动去加以制止。换句话说，卡尔·伍斯特、埃里希·范·德尔海德和保罗·黑夫利格尔与安布罗斯、迪尔费尔德、特梅尔、比特菲施、曼或者任何其他与合成橡胶制造厂有更直接关系的 IG 法本高管一样，都要对 IG 奥斯维辛工厂发生的事情承担同样的责任。现在，大量极具说服力又富有感染力的证据出现在法庭上，这让检控方的观点变得难以反驳，而被告人表现出深深的不安，也就不足为奇了。

辩护人要竭力削弱检控方证词的效果，他们拿出来的证据是 386 名证人的书面证词，旨在表明 IG 法本对那些发生在奥斯维辛的事情既不知情也从未批准过，或许（更荒谬的主张是）这些事情根本就没有发生过。[21]由于时间有限，无法对所有证人进行询问，检控方传唤了 15 名被告方证人出庭作证——这些人实际上都曾在奥斯维辛生活过;其中一些人还是已经被定罪的德国战犯,他们是集中营里的特权阶层——然后戳穿了他们的谎言。杜克·明斯科夫对其中一位证人格哈德·迪特里希(Gerhard Dietrich)的交叉询问,在这类当庭质证中堪称经典:

> 检方律师:证人先生,您在证词中说,莫诺维茨的住宿条件对囚犯来说是最好的。可是,您所在的布痕瓦尔德集中营的营房,其实比莫诺维茨的要更好,因为布痕瓦尔德的营房分为两部分,还包括日间休息室,这难道不是事实吗?
>
> 迪特里希:是的,没错。
>
> 检方律师:在奥斯维辛 1 号营区,囚犯的居住条件比莫诺维茨也要好很多,难道这不也是事实吗?
>
> 迪特里希:是这样的。
>
> 检方律师:在奥斯维辛 1 号营区,有巨大的砖石结构房屋,不是吗?
>
> 迪特里希:是的。
>
> 检方律师:好的,证人先生,在某一年的冬天,一次有多达 20 名囚犯被从 IG 法本工厂的工地带回到莫诺维茨营区,因为他们已经无法自己行走,这是不是事实?
>
> 迪特里希:是事实。
>
> 检方律师:你能告诉我犯人的平均体重是多少吗?
>
> 迪特里希:100 到 120 磅。
>
> 检方律师:好的,证人先生,IG 法本的工长每晚都要填写评估表,是不是这样?

迪特里希：是的。

检方律师：而且，如果法本公司的工长报告说，营区中能够工作的人数低于 70%，作为惩罚，每名囚犯都会被拉出来抽打 25 鞭子，这是不是事实？

迪特里希：如果他报告了——是的，这是真的。

检方律师：鞭打犯人时，用来捆绑他们的柱子，不是立在莫诺维茨那个地方吗？

391

迪特里希：对此我并不清楚。

检方律师：证人先生，您说过在莫诺维茨没有工具来实施酷刑。好的，在莫诺维茨有一间牢房，关在里面的囚犯只能站立，这是不是事实？

迪特里希：是的。

检方律师：莫诺维茨有绞刑架吗？

迪特里希：有的。

检方律师：当一名犯人被绞死时，您难道不是经常会从那些绞刑架旁边路过吗？

迪特里希：很不幸。

检方律师：证人先生，我的问题是：当一个犯人在莫诺维茨被绞死时，您是不是经常会经过那些绞刑架？

迪特里希：我说了，"很不幸"。……

检方律师：证人先生，每周有两到三次，有人会开着敞篷卡车，沿着 IG 法本工厂外面的道路，把不能再工作的囚犯从莫诺维茨运往比克瑙，这是不是事实？

迪特里希：的确是这样。

检方律师：那些不能再工作的囚犯被送到比克瑙的毒气室杀死，这不是所有囚犯共知的事情吗？

迪特里希：是的。

　　当明斯科夫结束他的问话时，迪特里希泪流满面，不得不被人扶着离开证人席。[22] 下一个辩方证人是一名党卫军军官，他的任务是暗示法官，IG 法本的主管们不可能知道比克瑙发生的事情。只过了几分钟时间，明斯科夫就迫使他承认，48公里之外的卡托维茨也能闻到焚尸场的恶臭。这些辩方证人的虚假证言都被当场戳穿了，当被告人自己开始接受盘问时，他们的心情一点都不轻松。他们事先声称，对奥斯维辛和菲尔斯滕格鲁伯煤矿的情况一无所知，但是突然之间，这一声明显得非常空洞：

　　检方律师：比特菲施博士，请您看一下这份来自奥斯维辛集中营的每周报告，那里的党卫军声称，他们曾一再警告菲尔斯滕格鲁伯煤矿的管理人员停止殴打囚犯，因为这可能最终导致他们的身体情况进一步恶化。您当时是否注意到了这一点？

　　比特菲施：煤矿的相关负责人会告诉您那里的情况。我不了解这些事情。

　　检方律师：我请大家注意这份证据，这是法本公司矿物人员的另一份每周报告。"因此，是否应该对打人的工长或者矿坑主管予以谴责呢？虽然打人能够带来好处，但是劳工局（党卫军）禁止这种行为。"这是否能让您记起，是劳工局颁布的殴打禁令，而不是法本公司呢？

　　比特菲施：我不可能读过所有的周报。但是我认为，这份材料所表达的是某人冲动的个人意见。这种行为对我们来说是完全不可想象的。而且我当时并不在现场。

检方律师：您没有去过现场吗？我想请问，在您访问IG奥斯维辛工厂时——也就是合成橡胶制造厂和煤矿——您是否曾想了解过那些被迫在那里劳动的工人的工作条件呢？

比特菲施：只要我有时间。当然，迪尔费尔德先生会向我汇报。我们会谈到食物。迪尔费尔德给我展示了图表。我尽力了。

检方律师：您知不知道，在1942年的时候，一座营房里住着多达3000名外国工人，同时请您注意，那里只有三间小屋作为洗涤室使用？

比特菲施：不，没有人向我报告过，我无法想象。

这样的交锋在整个审判过程中时有发生，而且往往会持续几个小时，被告人顽固地坚持他们从未被告知过，或者他们没有读过他们收到的报告。但是在这一次对峙中，比特菲施感受到了无情的压力，他的很多说辞开始显得越来越不靠谱了：

检方律师：比特菲施博士，IG法本为奥斯维辛（燃料）部分的项目投入了多少资金？

比特菲施：在四年时间里，投资了大约1.6亿帝国马克。

393

检方律师：现在，对于这些每周建设报告——包括该项投资的进度报告——我请您想（计算）一下它们在纸面上的平均篇幅。您说大约五行、十行——这里有一份，篇幅大概是30行。您会说，25行是报告的平均长度吗？

比特菲施：这些都是细节上的东西，是小事情。

检方律师：假设您每小时能够阅读 20 到 30 页左右。那么您每个月都会花几小时时间去审阅周报吗——它毕竟关系到近 2 亿马克的投资？

比特菲施：这取决于内容。这些人（我的下属）刚刚向我报告说"什么也没有发生"。

检方律师：但是，虽然您说您没有读过这些报告，我是否可以这样理解，您的意思是说，报告的内容不能完全按照字面意思理解？

比特菲施：当然不能只从字面上理解。如果我要把这些报告应用于技术领域，您可能会把它交给一个分析委员会进行处理，那里的人大概会说，"这些东西全是胡说八道"。这些完全是一个人表达自己个人观点的私人记录。

检方律师：检控方希望提供其中的一份每周报告（NI 14515 号），报告中指出，在莫诺维茨建造了一个可以容纳 30 至 40 具尸体的房间，专门用来安置死去的囚犯。您能否解释一下，为什么莫诺维茨需要一个能够存放30 到 40 具尸体的停尸房？

比特菲施：我只能说，无论是在一个大型营区，还是在一座小型城镇，都需要一个停尸房，这纯粹是出于公共卫生的考虑。整体环境对我们来说非常重要。[23]

有时候，辩护人的防守战术执行得较为成功，取得了不错的效果。[24]比如，施密茨、克劳赫、冯·施尼茨勒和特梅尔的律师能够证明，IG 法本帮助保护了监事会中的前犹太裔成员卡尔·冯·温伯格（他的兄弟阿图尔却没有这么幸运），让他

394　离开德国，并为他在意大利开设了公司的养老金账户。这一信息提供了宝贵的佐证，反驳了他们对犹太人的困境漠不关心的说法。但是，当弗里茨·加耶夫斯基的律师尝试类似的策略时，却出现了惊人的纰漏。他们引用了格哈德·奥伦多夫的书面证词，奥伦多夫是 IG 法本董事会的前犹太裔董事，在加耶夫斯基的大力斡旋下，他于 1939 年获释，得以离开德国。但是，加耶夫斯基随后被检控方的莫里斯·阿姆尚（Morris Amchan）传唤到证人席上，他面对的证据显示，正是他当初向盖世太保告密，才导致了奥伦多夫的被捕。真相被揭穿之后，甚至连一些同为被告人的同事也禁不住笑出声来。

庭审接近尾声时，被告人走上证人席，代表自己做最后陈述。[25]有的人絮絮叨叨、自说自话，有的人言简意赅、切中要害，但是他们都在重复着辩护律师反复灌输给他们的同一条信息：他们在纳粹时期所做的一切，都是出于爱国主义，或者是因为服从命令，或者是如果不遵从纳粹路线，后果将会给他们自己或家人带来严重的影响。有一两个人确实表现出了一丝悔意，但是他们的悔悟又似乎不够真诚，没有足够的说服力。如威廉·曼，检察官对他早年热心支持纳粹党的事情做了大肆渲染，这让他颇为尴尬，大概他觉得应该对此有个解释。但是当他努力向法庭描述，他的观点现在如何发生改变时，话语中却似乎表达出他的一丝遗憾——因为事情没有如他所希望的那样发展而感到的遗憾：

从一开始，我就反对纳粹党纲领中的某些观点；不过，我在这里已经承认，在最初的几年里，由于德国当时的特殊苦难，以及对于外国人来说很难评判的社会状况，我实际上认为，民族社会主义在当时是拯救德国的唯一出路……我当时一直怀有一种乐观的信念，因为我相信，只要通过内部或外部的影响，某些方面能够而且一定会发生变化。至于我是在什么时候突然改变了这种想法，其实我很难给出一个具体的日期。

395

也许，最有效的辩护来自卡尔·克劳赫。[26] 他的律师们知道，作为戈林在化学生产领域的全权代表，克劳赫也许比其他任何人都更容易遭到"策划和准备一场侵略战争"的指控。因此，他们提出了一个独特的观点，他们认为这个观点能够立即打动法庭上最保守的那两位法官："如果把 IG 法本公司换成英国的帝国化学工业公司，美国的杜邦公司，或者意大利的蒙特卡蒂尼公司（Montecatini），你们马上就会明白其中的相似之处。"换句话说，卡尔·克劳赫只是一个诚实、勤奋、敬畏上帝的商人，他为国家的国防事业而努力工作——就像任何一个处在相似地位的爱国者一样，如果他是一个美国人，他也会为美国做同样的事情。

不用多说，无论是安布罗斯、比特菲施，还是迪尔费尔德，没有一个被告人站出来承认曾参与过奥斯维辛的罪行。

1948 年 5 月 28 日，法官们宣布退庭，开始考虑他们的裁决。IG 法本案的审判历时 152 天，涉及 189 名证人、2800 份书面证词和 6000 份文件。庭审记录长达近 1.6 万页。就在同一周，捷克斯洛伐克共产党人接管了政权，随后的那个月，苏联对西柏林实施了封锁。几天之内，所有的公路、铁路和水路交通全都被切断了，美国和英国开始组织空运。当乔赛亚·杜波依斯收拾好办公室，准备去休一个推迟已久的假期时，他试图让自己安心："我想，法官们肯定不会根据目前的状况，去推断被告人几年前的动机。"[27]

两个月后，所有人又重新回到了纽伦堡的法庭。自从庭审开始以来，旁听席和记者席很少有如此拥挤的情况。特尔福德·泰勒走进来，坐到检察官的席位上，只是贝尔·迈耶已经离开了这里。搜寻文件和证人是一项相当繁重的工作，这极大伤害了迈耶的健康，于是她只能返回美国进行休养。不过，杜波依斯依然在这里，和他在一起的还有明斯科夫、施普雷彻、阿姆尚，以及其他大多数在两年前就开始在司法宫工作的检控方律师们，当时他们满怀理想主义和热情，决心为这场残酷战争的无辜受害者寻求正义。现在他们变得疲惫，也变得愤世嫉俗了，这也许是不可避免的，因为在之前的 12 个月里他们在法庭上经历了太多可怕的见闻。但是他们仍然相信，他们的证据已经足够令人信服。毕竟，还有谁能够质疑奥斯维辛呢？

三名法官走进法庭。[28]（克拉伦斯·梅里尔选择不出庭。）在他们做出判决之前，柯蒂斯·谢克希望能说几句话。就在前一天，路德维希港的工厂发生了大爆炸。1921 年在奥帕发生的那次可怕的爆炸再次重演，共造成 200 人死亡，数千人受伤。谢克说，他想表达法庭对受害者及其家属最深切的同情，并要求法庭内的全体人员起立默哀。然后，他看了一眼被告席上的 23 名被告人，坐下来宣读判决。虽然这花了大半个上午的时间，但是判决书中传达出来的信息其实非常简单：法庭没有采信对大多数被告人不利的证据。[29]

他首先论述了第一项和第四项罪名，涉及准备和发动侵略战争以及共谋罪：

希特勒是独裁者。德国人民倾听他的言论，阅读他的观点，很自然地，把他所说的一切都当成真理。甚至连其他国家的政治家也轻信过他的话，并与他达成协议，让这位独裁者获得胜利。难道我们可以相信，普通德国人能够看透他的计划吗？……德国的一般民众，无论是职业人士、农民还是工业家，几乎不可能从这些事件中得知，第三帝国的统治者正计划让德国陷入一场侵略战争。我们得出的结论是，希特勒的计划在德国并非众所周知……检控方所面对的困难是，要如何证实被告人不仅知道德国在重整军备，而且知道重整军备的目的是发动侵略战争……在这一方面，现有证据无法证明其中的关系，反而变成了纯粹的猜测。

所有被告人，甚至卡尔·克劳赫，在第一项和第四项罪名 397
上都被宣告无罪。第二项罪名关于侵吞和掠夺公私财产，即违背所有者的意愿去夺取他们的财产："如果所有者的行为并非自愿，或者他虽然表示同意，但这是通过威胁、恐吓、施压或利用军事占领者的地位和权力才取得的，而当时的情况表明，所有者是被人诱引而违背个人意愿放弃其财产的，这就明显违反了《海牙公约》。"在此基础上，包括施密茨、冯·施尼茨勒和马克斯·伊尔格纳在内的九名被告人因其在波兰、法国和其他地方的行为而被判有罪。另外 14 人被判无罪。

关于第三项罪名——被告人被指控犯有奴役和集体屠杀——谢克说，法庭已经注意到，那些不服从纳粹国家命令的人将会面临的危险。IG 法本别无选择，它只能遵从希特勒政府的命令，这种情况可能让被告人做出紧急避险抗辩（defense of necessity）："毫无疑问，法本公司的一名高管公然拒绝执行第三帝国的生产计划或者拒绝使用奴工来达到这一目的，将会被视为叛国性的破坏行为，并且会招致迅速而激烈的报复。"① 然而，谢克继续说，"如果援引紧急避险抗辩的一方对这种命令或法令的存在或执行负有责任，或者他的行为超出了这些命令或法令的要求，或者他的行为是他自己主动参与的后果"，则紧急避险抗辩将不再适用。

因此，在这种基础上，"奥斯维辛出现了强迫集中营囚犯以及外国工人劳动的现象，而法本公司管理者为了获得和利用这种劳动，表现出极大的主动性，这就是一种反人类罪行；此外，这种强迫劳动还涉及非日耳曼民族，这也是战争罪行的表现，在这种情况下，第三帝国的奴役劳动计划不能作为被告人紧急避险的理由。"

但是谢克随后话锋一转，他明确表示，法庭认为营地的条件并不像检控方所说的那样糟糕。虽然偶尔会有一些不愉快的情况，但是法本公司也曾经慷慨解囊："莫诺维茨集中营并非没有发生过不人道的事件。法本公司的监工偶尔也会打人。虽然食物和服装都供应不足，特别是在冬天，但是……每到中午，法本公司自愿掏钱为工地上的工人提供热汤。这是在日常口粮之外额外提供的。"

对于第三项罪名，被认为与奥斯维辛存在直接关系的三名董事被认定有罪：安布罗斯、比特菲施和迪尔费尔德；还有另外两人被推定有罪：弗里茨·特梅尔，因为法庭认为安布罗斯一定曾同他谈起过使用奴工的问题，还有卡尔·克劳赫，因为

① 当然，这可能会是真的。但是，即使是在他们自己的证据中，IG 法本的董事们也没有试图声称党卫军或政府强迫他们在奥斯维辛建厂。

他曾要求戈林给他提供集中营的囚犯。至于其他被告人则全部被判无罪，没有受到任何谴责或反对，其中包括赫尔曼·施密茨，他曾经仔细审查过与党卫军的合同，并且批准了他的下属随后的行动；克里斯蒂安·施耐德、奥古斯特·冯·克尼里姆和弗里德里希·耶内，他们曾经多次到访现场视察工作；威廉·曼，他曾经把支票寄给门格勒博士以支付其实验费用；以及其他所有董事，他们收到了公司的建设报告，批准了巨额开支，听到了关于毒气杀人的传闻，但是什么也没有做。

当天下午，谢克对那些被判有罪的人进行了宣判：

奥托·安布罗斯：因奴役和大屠杀被判处 8 年监禁

瓦尔特·迪尔费尔德：因奴役和大屠杀被判处 8 年监禁

弗里茨·特梅尔：因侵吞和掠夺公私财产、奴役和大屠杀被判处 7 年监禁

海因里希·比特菲施：因奴役和大屠杀被判处 6 年监禁

卡尔·克劳赫：因奴役和大屠杀被判处 6 年监禁

格奥尔格·冯·施尼茨勒：因侵吞和掠夺公私财产被判处 5 年监禁

赫尔曼·施密茨：因侵吞和掠夺公私财产被判处 4 年监禁

马克斯·伊尔格纳：因侵吞和掠夺公私财产被判处 3 年监禁

保罗·黑夫利格尔：因侵吞和掠夺公私财产被判处 2 年监禁

海因里希·奥斯特：因侵吞和掠夺公私财产被判处 2 年监禁

恩斯特·比尔京：因侵吞和掠夺公私财产被判处 2 年监禁

弗里德里希·耶内：因侵吞和掠夺公私财产被判处 18 个月监禁

汉斯·库格勒：因侵吞和掠夺公私财产被判处 18 个月监禁

其余的人则全部无罪释放：海因里希·加蒂诺，他曾与希特勒谈论过合成燃料的问题，并且帮助 IG 法本与纳粹建立起最初的联系；奥古斯特·冯·克尼里姆，他为收购别人的公司提供了合法的理由，但是不知为何，他从未注意到奥斯维辛集中营焚烧尸体散发出的恶臭；弗里茨·加耶夫斯基，他向盖世太保报告了他的老朋友的情况；卡尔·伍斯特、海因里希·霍兰和威廉·曼，他们曾经是齐克隆 B 的生产企业的董事会成员，但是很显然他们从未想过要深究这种产品为什么突然变得如此有利可图。[30]

当首席法官结束发言后，曾担任过路易斯安那州立大学法学院院长的赫伯特法官宣布，在许多问题上他对谢克和莫里斯的多数裁决都持有异议。[31]在候补法官克拉伦斯·梅里尔的支持下，他曾试图说服另外两位法官给他时间提出反对意见，以便可以与判决一起公布。令他相当失望的是，他们拒绝给他这个机会，不过他现在明确表示，打算之后要将此记录在案。

在这一天的大部分时间里，检控方一直呆坐在那里沉默不语，只有如此少的人被定罪，而且罪名是如此不痛不痒，这让他们感到震惊。[32] "如此轻的惩罚，就像是在审判一伙偷鸡贼"，杜波依斯苦涩地嘟囔着。特尔福德·泰勒精彩的开场演说本该为检控方的胜利奠定基础，但是现在他哑口无言。如果当初他能够说服华盛顿当局派遣一些经验丰富的联邦法官来出任此次审判的法官，那么许多被告人现在可能已经被判处终身监禁，或者正在去往绞刑架的路上。现实却恰恰相反，一旦将此前的羁押时间考虑在内，一些被定罪的人可能在几个月之后就会获释。于是，他和他的同事们坐在一起，看着他们认定有罪的人逍遥法外，而其他那些参与了历史上最严重大屠杀的人则被带走，开始接受轻微的处罚，仿佛他们只是缺少社会责任感的司机开车撞倒了行人一样。这对泰勒来说，也是一次沉重的打击。

　　法庭之外，泰勒表现得相当克制。的确，他非常失望，他告诉记者，但是有很多重要问题在庭审期间被提了出来，这只会对德国的未来有利。毫无疑问，他也知道克虏伯案的法官将在第二天做出判决，在这个时候批评法官是不明智的。他没有必要担心。在大厅另一边的法庭上，爱德华·戴利（Edward Daly）法官严厉谴责了主要被告人阿尔弗雷德·克虏伯（Alfred Krupp）对奴工的残酷剥削和虐待，他的言辞与他在 IG 法本案中的同行们形成了鲜明的对比。在这家军火制造商的支持者们的惊呼声中，戴利判处阿尔弗雷德·克虏伯 12 年监禁并下令没收他的巨额个人财产。[33]

　　这对 IG 法本案的检察官们来说几乎算不上是安慰。[34] 杜波依斯怒气冲冲地离开法庭，宣称："我要做的最后一件事，就是写一本关于审判 IG 法本的书。"但是，他首先要忍受回家的旅程。几天之后，他与杜克·明斯科夫还有 IG 法本案的法官们一起登上了"帕特里克将军"（General Patrick）号——
一艘美国陆军退役的运输舰——开始了为期 8 天的返美航程。
船上气氛非常冷淡，一行人在用餐时的交谈也相当拘束。但是
有一天晚上，赫伯特法官来到杜波依斯的船舱。他几经努力，
慢慢地，才最终说出了几句安慰的话："当我第一次看到起诉
书时，很难相信这一切真的发生过。到了最后，我觉得实际上
起诉书的每一句话都已经被证明了很多遍。"

若干年后，杜波依斯将完成他的那本书，其中也回忆了这
段痛苦的回家之路：

> 无论是在那次旅途之中还是在那之后，我曾多次感到
> 一种令人窒息的愤怒，即便是在今天，这种感觉仍然是那
> 样真切。我得到可靠的消息，甚至在审判开始之前，一位
> 法官就曾经表示过，他不认为以准备和发动侵略战争的罪
> 名将工业家绳之以法是本案的目的所在……为什么谢克和
> 莫里斯法官会有这样的反应？我的结论是，恐惧是这一切
> 的根源——他们自己对 1948 年事态的发展产生了巨大的
> 恐惧。一切都是因为共产主义，它与被告人在 1933 年和
> 1934 年的动机有关，也与我们在 1948 年的庭外生活有
> 关，但是，在 1939 年 9 月，共产主义在被告人的头脑中
> 根本就不值一提。从来没有任何证据表明，IG 法本公司
> 惧怕俄国，以至于停止为这个国家生产战略物资……然
> 而，这两位法官却接受了法本公司就是"西方资本主义"
> 迷你原型的假说。[35]

但是，保罗·赫伯特法官是另一种人。[36]判决下达五个月

后，他对正式的审判程序提出了异议。这样做是对他的法官同事们的偏见和失误发起的一次出色的进攻，他们几乎在每一个方面都误读了证据：

> 在漫长的审判过程中，透过 IG 法本工业公司的书面记录，我们看到充斥其间的丑恶罪行，它的业务远远超出了正常的商业范围。从错综复杂的统计数字和翔实的信息中浮现出一幅巨大的图画，描绘着法本公司不顾经济效益，在紧张危急的战争气氛中狂热地献身德国的重整军备计划……没有任何记录表明，法本公司在帮助希特勒建立一个军事力量强大到足以征服世界的德国的计划中，曾经拒绝贡献自己的力量和帮助。

关于奥斯维辛，他写道：

> 在法本公司，使用奴隶劳工是被当作一项公司政策得到正式认可的。根据最基本的刑法概念，在我看来，把公司机构作为掩护，以保护授权采取这一行动的公司主要管理者，这完全没有合法的先例。正如特梅尔是安布罗斯的上级，董事会是他们两人的上级一样，没有理由认为，安布罗斯和特梅尔掌握的情况没有向董事会进行充分汇报并得到讨论。其实，有强有力的证据表明他曾经这样做过……奥斯维辛集中营的条件是如此可怕，以至于能得出这样的结论：被告人，也就是公司主要的董事们对这些情况一无所知——这是完全不可思议的，因为他们要对法本公司与这个项目的关系负责……严寒、饥饿、繁重的劳

402

动、监工对工人的虐待，共同描绘出一副恐怖的画面，我相信，检控方丝毫没有言过其实，而且证据充分证明了这一点……我认为，被告人，即董事会的成员们，必须为无数反人类罪行承担大部分罪责。

遗憾的是，赫伯特的意见只具有历史意义。少数被定罪的IG 法本董事已经开始在相对舒适的兰茨贝格监狱短暂服刑，而被宣告无罪者则放开手脚，准备重整旗鼓。事实上，现在似乎只有一个问题还没有解决。IG 法本这家巨大的企业今后将会何去何从？

尾　声

虽然艾森豪威尔将军曾在 1945 年底提议要解散 IG 法本，
但是由于同盟国在具体的措施上存在分歧，而且占领区官员更
关心如何让遭受重创的德国经济重新恢复起来，于是，想要把
这家卡特尔企业最终解体的动议被暂时搁置下来。随后，面对
日益严峻的冷战态势，拆分 IG 法本的计划被进一步推迟，直
到 1949 年，法本公司的工厂仍在盟军的严密监管之下顽强地
生存。同年 6 月，当美、英、法三国成立了文官管理机构盟国
驻德国最高委员会（Western High Commission），代替了此前
由四国组成的军管政府之后，法本公司的前股东才说服新的占
领当局，将原来 IG 法本的资产和股票转移到三家大型后继公
司手中。[1]因此到 1951 年，在经历了制定法律协议的过渡期之
后，除了拜耳、赫希斯特和巴斯夫之外，还有爱克发、卡勒、
卡塞拉和许尔斯（Hüls）等六家较小的公司相继重建。到 20
世纪 50 年代中期，当德国的化学生产再次达到 1936 年的水平
时，这六家小公司又被三家最大的公司重新兼并。到 20 世纪
70 年代中期，三大巨头重新跻身全球最大的三十家企业之列，
并且在 20 世纪的第三个 25 年里为德意志联邦共和国（Federal
Republic of Germany）的"经济奇迹"发挥了决定性的作用。
每一家公司的利润比 IG 法本这家联合企业以往任何时候都要
高。仿佛 IG 法本时代只是它们历史上的一个小小插曲。

今天，这样的成功故事还在继续。拜耳公司的全球总部仍然在勒沃库森，现在它是全球十大制药和化工企业之一，同时也是最大的阿司匹林生产商，这款产品在染料工业利益共同体和第一次世界大战之前的几年里，对卡尔·杜伊斯贝格商业实力的增长起到了关键作用。[2] 1999 年，拜耳甚至重新获得了在美国使用其商标的权利。

巴斯夫集团（BASF Group）现在是全球最大的化工企业，实现了卡尔·博施当年对 IG 法本的夙愿，成了真正的跨国巨头。[3]在涉足药品和其他消费品领域多年之后，它于 2000 年以近 70 亿美元的价格将其制药部门出售给了伊利诺伊州（Illinois）的雅培实验室（Abbott Laboratories）。巴斯夫此后重新回归核心业务，其中石油化工、天然气、塑料和农用化学品仍然是它的主要业务板块。集团旗下拥有 160 家子公司和87000 名员工，如今的年营业额超过 360 亿欧元。具有讽刺意味的是，博施在 20 世纪 30 年代初极力发展的合成燃料技术现在又重新流行起来。随着世界石油储量的下降，原油价格不断上涨，许多业内专家预测，工业化国家很快将会被迫重拾当年纳粹曾经资助过的 IG 法本技术。

赫希斯特是三大巨头中唯一没有留名于世的企业。[4] 1999年，它与法国化学企业罗纳-普朗公司合并，后者的工厂在第二次世界大战期间曾经遭到 IG 法本的掠夺。由此产生的公司被称为安万特（Aventis），之后在 2004 年这家企业又经历了新一轮合并，此后成为赛诺菲-安万特（Sanofi-Aventis）集团。合并后的新公司总部设在巴黎，现在它是世界第三大制药企业。和其他两家前 IG 法本的公司一样，它的盈利能力极强，2005 年的收入超过 270 亿欧元。

　　意料之中的是，这三家后继企业都渴望公开与 IG 法本撇清关系，其中一个很重要的原因是曾经的奴工和集中营幸存者很可能会起诉它们要求赔偿。[5]这种可能性在 20 世纪 50 年代初就已经成为现实。1949 年，从严格的法律角度来看，这个曾经强大的企业只存留下很小的一部分：IG 法本清算公司（IG Farben in Liquidation company）。它保留了最低限度的员工，日常工作只限于管理公司的养老基金，以及尝试收回被华约国家没收的资产。但是在 1951 年，前合成橡胶制造厂的奴工诺贝特·沃尔海姆对这家公司提出了起诉并要求赔偿。此案在法兰克福审理，沃尔海姆在三名德国法官面前讲述了他的经历——他和他的家人如何与其他数千人一起在柏林被捕，然后被运往奥斯维辛，他的妻子和三岁的儿子被筛选出来送到比克瑙杀死。此后又讲到他在莫诺维茨和合成橡胶制造厂的遭遇，他在殴打和饥饿中挣扎求生，其间不断受到被送往毒气室的威胁。在包括两名英国战俘在内的 12 名狱友的证词支持下，沃尔海姆要求至少获得 10000 德国马克的赔偿。IG 法本清算公司重新采用了在纽伦堡的辩护策略，控辩双方在法庭上进行了激烈的交锋。无论在沃尔海姆身上发生了什么，罪责都应该由其他人背负——党卫军、纳粹、堕落的囚犯，还有建筑承包商。相比之下，IG 法本则尽了最大努力改善囚犯的处境。事实上，被告人律师们争辩说，通过给囚犯提供工作，法本公司把许多人从毒气室里拯救出来。

　　法官们不认同这种说法。在听取了沃尔海姆的证词，并且研究了此前法本案的 1.6 万页庭审记录后，他们得出了一个与证据相符的结论：

平等、正义和人道是所有文明之士熟知的法则，IG
法本公司应该与独立个人一样，它不能逃避自己的责
任……他们一定知道筛选的内情，因为了解员工的情况是
他们作为人所应肩负的职责。他们所谓的完全不知情只是
证实了他们对犹太人囚犯的境遇漠不关心，他们有义务照
顾这些囚犯，至少在他们掌握这些囚犯的命运的时候应该
这样做。他们有义务尽其所能保护原告的生命、身体和健
康——但是他们未能履行这一义务。对于这种至少是疏忽
所造成的错误，公司必须承担责任。[6]

沃尔海姆的胜诉使残存的 IG 法本面临一连串类似的指控，
这些指控最终交由本杰明·B. 费伦茨（Benjamin B. Ferencz）
处理，他是特尔福德·泰勒在纽伦堡审判时的副手之一，也是
成功提起公诉的党卫军别动队案（Einsatzgruppen trial）的首
席检察官。[7]经过他的多方努力和长达数月艰苦的辩诉协商，IG
法本清算公司（现在由奥古斯特·冯·克尼里姆领导）最终
不得不向 5855 名合成橡胶制造厂和莫诺维茨集中营的犹太人
幸存者支付了一笔数额不是很大的赔款。最高的个人赔偿金额
仅为 1250 美元。费伦茨一直在为大屠杀受害者争取赔偿，直
到他在 20 世纪 90 年代初退休为止。后来，针对瑞士多家银行
（被指控藏匿纳粹从犹太人手中没收来的资金）和德国工业界
的集体诉讼促成了两个捐赠基金的建立，以彻底解决犹太幸存
者的索赔问题。总计来看，一名集中营劳工今天有望从这些基
金中得到的最高赔付大约是 8500 美元。在写作本书时，仍然
有数千项索赔悬而未决。因此，一些批评人士不可避免地指
出，IG 法本的三家后继公司每年有超过 1000 亿美元的营业收

人，不知道为什么它们却没有向这些基金捐助更多的款项。

它们的回答始终如一——从 20 世纪 50 年代到现在都是如此——它们是 IG 法本解体后成立的新公司，因此对 IG 法本时代发生的事情没有明确的法律或道德责任。[8]它们还指出，它们在不承担责任的情况下，向上述基金中的第二项基金——纪念、责任和未来基金会（Foundation for Remembrance, Responsibility, and the Future）进行了慷慨捐助，德国工业界在 2001 年向该基金会捐赠了约 25 亿美元。实际上，巴斯夫在设立该项基金的过程中发挥了主导作用。但是，这种行动能否让那些希望它全面承认战时罪行的人感到满意，就是另外一回事了。时至今日，还没有任何一家在第二次世界大战期间使用过奴工的德国企业曾向幸存者正式道歉。

它们之所以这样做，很可能是受到了在纽伦堡被定罪的IG 法本高管的启发，那些人在整个审判过程中一直在表情茫然地坚持自己的清白，并且在随后数年里还在继续这样做。[9]即便他们即将在兰茨贝格监狱服刑，也丝毫没有动摇他们的信念。根据一份报告，奥托·安布罗斯在接受判决时竟然露出微笑，尽管他的笑容可能意味着解脱；如果是在另外一个法庭由其他法官审判，他能会被判处绞刑。只有卡尔·克劳赫在审判的最后一天显得有些不安，他把自己的律师叫到身边，以确保没有听错对自己的判决。也许他在想，刑满释放后，等待他的将是怎样的生活。克劳赫曾经是德国工业界最显赫的人物，因为其杰出贡献希特勒曾为他亲自颁发骑士铁十字勋章。他一定在怀疑自己是否还能重现辉煌。

他没有等多久答案便揭晓了。[10]克劳赫于 1950 年底获释，此时他服刑还未满两年。到 1951 年 2 月，当第一周结束的时候，IG 法本所有被判入狱的高管都已相继获得了自由。约翰·麦克洛伊是新任美国驻德高级专员，他大大缩短了纽伦堡后续审判部分罪犯的刑期，在所有被定罪的 104 人中有 74 人被提前释放，此外，他还为其中的 10 名死刑犯进行了减刑。虽然他后来坚称，这些决定完全是基于法律依据和假释委员会的建议，但是人们很难不得出这样的结论：这样做也存在政治上的考量。当时，由于共产党在朝鲜取得胜利，美国在欧洲的声望受到了打击，而西方和苏联在德国的对抗也达到了新的顶点。西德政府呼吁对工业家采取宽大政策，认为这是民主自由世界所有人团结一致、并肩作战的时刻。他们在兰茨贝格监狱关押的时间越久——德国国内普遍认为，那些囚犯是无辜的——就越难实现社会的和解，要想建立新的联邦共和国，这种普遍的善意是必要的前提。

于是，IG 法本的被告人以服刑期间表现良好为由得到释放。[11] 他们中没有一个人显得憔悴不堪（兰茨贝格的监狱管理机构并不严厉），也没有丝毫的悔意。当弗里茨·特梅尔走出大门，向着最近的火车站走去时，他对记者说："朝鲜的事情如今让美国人焦头烂额，他们现在变得友好多了。"显然，他的傲慢丝毫也没有消退，他大步流星向前走去，拒绝回答更多的问题。而格奥尔格·冯·施尼茨勒在离开时，一如既往地表现出张扬的个性。一名衣着光鲜的司机开着一辆黑色的豪华奔驰轿车将他从监狱门口接走。一份报纸的报道称，依然美丽的莉莉·冯·施尼茨勒男爵夫人慵懒地斜靠在后座上。①

这些被释放的人很快就适应了监狱外的生活，其中大部分

①　阿尔弗雷德·克虏伯也是获释者之一，同时也归还了他的全部财产。

仍处于工作年龄的人最后也都回到了德国工业界，在企业的董事会中找到了位置。[12]卡尔·克劳赫加入了 IG 法本的后继公司之一许尔斯公司的董事会；赫尔曼·施密茨加入了德国主要银行柏林西部银行（Berlin West）的董事会，并且在退休前担任莱茵钢铁公司的董事长。卡尔·伍斯特成为巴斯夫董事会主席和其他几家公司的董事；他还获得了许多奖项，包括新成立的联邦共和国颁发的杰出贡献十字勋章（Distinguished Service Cross），还被任命为五所德国大学的荣誉理事和德国化学工业联合会（Federation of the German Chemical Industry）主席。曾担任过党卫军名誉一级突击大队长的海因里希·比特菲施成为鲁尔化学公司（Ruhr-Chemie）和其他几家公司的董事会成员；1964 年，他也荣获了杰出贡献十字勋章，此事在德国各地引发了长达 16 天的暴力抗议，最终这项荣誉不得不被撤销。因侵吞和掠夺公私财产而判刑的弗里德里希·耶内成为新的赫希斯特公司董事长；他也被授予了杰出贡献十字勋章。

弗里茨·加耶夫斯基是另一位杰出贡献十字勋章的获得者，他成为诺贝尔炸药股份有限公司、根朔公司（Genschow & Co.）和化学管理股份有限公司（Chemie-Verwaltungs AG）的董事会主席，同时还是另外两家公司的董事会成员。诺贝尔奖获得者海因里希·霍兰回到勒沃库森，加入了新组建的拜耳股份有限公司的董事会，最终，威廉·曼也进入了该董事会。 409
马克斯·伊尔格纳宣称他要把自己的生命奉献给上帝，至少在1948 年他是这样对柯蒂斯·谢克说的，当时他需要盟军的许可，让他的妻子和孩子移居瑞典。谢克在为他出具的信函中写道："无论是才智还是能力，他都优于常人。我认为在给他定罪时，应当考虑纳粹统治时期德国的状况，这才是明智之举……我坚信，他过去的经验将使他更适合从事建设性的工作，让这个世界变得更加安全、更加美好。"[13]伊尔格纳与宗教的关系并没有持续太久：他后来成了一名政界说客。

奥托·安布罗斯的履历丰富，他曾经负责过 IG 奥斯维辛工厂的选址、规划和运营，创建过纳粹德国的秘密化学武器项目，获得过阿道夫·希特勒颁发的骑士铁十字勋章，最终因"奴役和大屠杀"而被判有罪；出狱之后，他的职业生涯依然光芒璀璨，在格兰泰化学集团（Chemie Grünenthal）、平奇-巴马格股份有限公司（Pintsch Bamag AG）、基诺制药股份有限公司（Knoll AG）、德律风根电子有限公司（Telefunken GmbH）、柏林商贸公司（Berliner Handelsgesellschaft）、南德意志氢氨化钙制造厂（Süddeutsche Kalkstickstoffwerke），以及其他众多企业的董事会中担任主席或董事。他还成为美国化学和石棉企业格雷斯公司（W. R. Grace）的咨询顾问，以及定都波恩（Bonn）的联邦德国政府的化学事务"顾问"。

在纽伦堡的被告席上占据主导地位的弗里茨·特梅尔是唯一一个被判决两项罪名成立的人，他跟随霍兰和曼回到了勒沃库森。经历短暂的沉寂之后，他被选为拜耳公司的董事会成员，并于1955 年成为公司董事长，在接下来的八年时间里，他一直担任这一职务。他还曾出任戈德施密特股份有限公司（Th. Goldschmidt AG）董事长、德国商业银行协会（Commerzbank association）副会长，以及于尔丁根车厢制造厂股份有限公司（Waggonfabrik Uerdingen AG）、杜塞尔多夫车厢制造厂股份有限公司（Düsseldorfer Waggonfabrik AG）和联合工业有限公司（United Industrial Enterprises）等多家企业的董事。此外，他还是德国政府在合成燃料方面的顾问。

其他人则回到之前的雇主那里，寻求一个更普通的位置，或者完全离开了这个行业。比如，格奥尔格·冯·施尼茨勒偶尔也会出现在一些更为光鲜的欧洲杂志的社会版上，但是他似乎与大多数之前的同事保持着距离。与此同时，克里斯蒂安·施耐德混迹于欧洲化工行业，扮演着企业顾问的角色并以此为生，将他在高压化学方面的知识传授给任何感兴趣的人。但是无论他们最终在哪里落脚，这些前 IG 法本的被告人似乎都没有因为纽伦堡或兰茨贝格的经历而遭受到身体或者经济上的损失。除了冯·施尼茨勒向美国调查人员做了一些忏悔之外，他们中没有人公开表示过道歉。

1959 年 2 月 6 日，第二次世界大战期间的 IG 法本董事会成员齐聚路德维希港，参加由巴斯夫的卡尔·伍斯特主持的盛大欢聚晚宴——这是最后一次举办这样的活动。[14]虽然当时天气恶劣、受邀者也已年近耄耋，其中一些人还要长途跋涉，但是到场的人仍然很多：克劳赫、特梅尔、加耶夫斯基、安布罗斯、伊尔格纳、施耐德、比特菲施、屈内、耶内和威廉·曼。许多人与他们的妻子一同前来，为了纪念卡尔·博施，他的遗孀也受到了邀请。作为新德国发展最快的企业的董事长，伍斯特坐在宴席的首位，整个晚上他都在与大家分享美酒、友情和欢乐。

但是，当蜡烛燃得越来越短，男人们点燃雪茄，斟满白兰地时，他们会谈些什么呢？他们是否会为从纳粹政权和纽伦堡审判中幸存下来而举杯相庆，或者回忆他们在兰茨贝格的铁窗逸事？他们是否会深情回顾自己曾经主宰的那个强大企业碾压一切商业对手的时光，或者满怀乐观地展望未来的伟大时代？还是说，当他们终于能和朋友们聚在一起，不必再担心他人的窥探时，他们会举杯悼念那成千上万可怜的人呢——那些挨饿、挨打、半死不活，拖着沉重的铁梁穿行在波兰冰天雪地的建筑工地上的人呢？

当然，答案我们永远都无从知道。但不知为何，这种假设似乎并不成立。

附　录

《纽约时报》

2003 年 11 月 12 日，星期三

在第二次世界大战期间，IG 法本是世界上最大的化学公司，也是纳粹工业力量的邪恶象征。本周一，这家在战争期间因生产毒气和奴役劳工而臭名昭著的企业宣布将申请破产。

鉴于 IG 法本公司在 1952 年被盟军解散，它的工厂被拜耳、巴斯夫和其他德国化学企业瓜分，这一消息听起来似乎有些为时过晚……

但是，IG 法本以信托机构的形式被保留了下来——它是一个法律实体，法庭为它指定了企业管理人，该管理人负责出面解决与大屠杀幸存者有关的赔偿问题，大屠杀幸存者认为，该公司所剩不多的资产仍然可以出售，用来支付赔偿金。

如今，由于陷入一桩失败的房地产交易，法本公司的管理人表示，该公司将被解散，所得将用于偿还银行贷款，而不是用于赔偿纳粹时期的受害者或他们的家人。

注　释

序言

1. 我对 IG 法本案开庭几天的描述基于多方面的资料。最重要的是正式
审判记录（这篇序言中泰勒将军的所有引文内容都出于此），载于
《纽伦堡军事法庭根据管治委员会第 10 号令对战犯的审判》（*Trials of
the War Criminals before the Nuremberg Military Tribunals under Control
Council Law No. 10.*）的第 7 卷和第 8 卷。对该来源的引用，在后文中
缩写为 *NMT*。感兴趣的读者可以在网站 www.mazal.org 上找到其中的
部分文件。检控方曾采用过的那些未被收录在 *NMT* 卷宗中的文件，
后以微缩胶卷的形式进行保存，今天可以在美国国家档案文件编组
第 238 T301 号《纽伦堡美国战争罪行首席法律顾问办公室记录》
（*Records of the Office of the United States Chief Counsel for War Crimes,
Nuremberg*）中查找。该资料来源标注为 NI，后面是相应的编组号码。
其他的纽伦堡审判文件在必要时会单独标明。

关于 IG 法本案庭审的亲历描述，内容最生动的，虽然有时候也会让
人困惑的，是乔赛亚·杜波依斯创作的 *The Devil's Chemists*：*24
Conspirators of the International Farben Cartel Who Manufacture Wars*。此
外，我还参阅了当时在场的其他一些人的回忆录，包括检方律师贝
尔·迈耶·泽克（很遗憾，现在她已离世）和坐在公众席上旁听的
大卫·戈登。关于庭审的背景，我参考了特尔福德·泰勒的 *Final
Report to the Secretary of the Army on the Nuremberg War Crimes Trials under
Control Council Law No. 10* 和盟国管制理事会美国代表团财务司
（U. S. Group Control Council, Finance Division）的 *Elimination of German*

Resources for War: Report on the Investigation of IG Farbenindustrie（解

密），1945 年 11 月。其他描述纽伦堡战争罪审判期间生活的有用资 　414

料包括泰勒的 The Anatomy of the Nuremberg Trials: A Personal Memoir；

D. A. 施普雷彻的 Inside the Nuremberg Trial: A Prosecutor's Comprehensive

Account, vols. 1 and 2, 以及 A. Tusa and J. Tusa 的 The Nuremberg Trial。

关于对 IG 法本的审判，在《泰晤士报》（伦敦）和《纽约时报》上

也能找到零星报道。此外，通过对纽伦堡实地走访及认真观看审判的

影像素材，增加了我对当时社会氛围的感受，这些录像现在保存于

Steven Spielberg Film and Video Archive at the United States Holocaust

Memorial Museum 的 War Crimes Trials: IG Farben Case, 新闻报道编号

RG60: 2432/2916/2915/2431/2914, 等等。

第 1 章 从珀金的紫色染料到杜伊斯贝格的药片

1. 围绕工业革命期间和之后化学领域的发展，已经有很多这方面的作品
   和研究成果，但是我认为与本节内容最相关的资料有 Brock, The
   History of Chemistry and The Norton History of Chemistry；Beer, The
   Emergence of the German Dye Industry；Haber, The Chemical Industry
   during the Nineteenth Century；Dorner, Early Dye History and the
   Introduction of Synthetic Dyes before the 1870s；以及 Warner, Landmarks in
   Industrial History。

2. Boulton, "William Henry Perkin"；Chemical Society, The Life and Works of
   Professor William Henry Perkin；Garfield, Mauve: How One Man Invented a
   Colour That Changed the World；以及 Travis, The Rainbow Makers: The
   Origins of the Synthetic Dyestuff Industry in Western Europe。

3. Beer, The Emergence of the German Dye Industry；Haber, The Chemical
   Industry during the Nineteenth Century；Jeffreys, Aspirin: The Remarkable
   Story of a Wonder Drug；以及 Benfey, "August Wilhelm Hofmann: A
   Centennial Tribute"。

4. 关于奎宁更多的资料，请参见 Duran-Reynals, *The Fever Bark Tree*: *The Pageant of Quinine*，以及 Klein, "The Fever Bark Tree"。

5. 关于威廉·珀金的实验以及苯胺紫在商业上的成功开发，请参见 Meth-Cohn and Smith, "What Did W. H. Perkin Actually Make When He Oxidised Aniline to Obtain Mauveine?"; Boulton, *William Henry Perkin*; Garfield, *Mauve*; Beer, *The Emergence of the German Dye Industry*; 以及 Chemical Society, *The Life and Works*。

6. 请参见罗伯特·普拉尔给威廉·珀金的回信，1856 年 6 月 12 日，Kirkpatrick Collection, Museum of Science and Industry, Manchester。另引自 *Journal of the Chemical Society 69*, part 1 (1896)。

7. 请参见 Travis, *The Rainbow Makers*，以及 Leggett, *Ancient and Medieval Dyes*。

8. *Illustrated London News*, 1858 年 1 月 30 日。关于"狂热的淡紫色潮流"及其报道，请参见 Dickens, "Perkin's Purple"; *Gentlewoman's Quarterly*, Sussex, 1859 年 8 月 7 日; 以及 *Punch*, 1858 年 8 月 7 日和 21 日，9 月 18 日和 25 日，以及 11 月 20 日。

9. 请参见 Beer, *The Emergence of the German Dye Industry*; Haber, *The Chemical Industry during the Nineteenth Century*; 以及 Leaback, "What Hofmann Left Behind"。

10. 同上。

11. 关于 1860~1876 年合成染料工厂在德国和欧洲其他地区的分布情况，请参见 Beer, *The Emergence of the German Dye Industry*。

12. 相关人物的生平以及巴斯夫公司的建立，请参见 Schröter, *Friedrich Englehorn. Ein Unternehmer-Porträt des 19 Jahrunderts*; Abelshauser et al., *German Industry and Global Enterprise*; 以及 Meinzer, *125 Jahre BASF: Stationen ihrer Geschichte*。另见 BASF Unternehmensarchiv (UA) der BASG AG Ludwigshafen: A 11/1/6, A 11/1/9, A 12/1/6。

13. Haber, *The Chemical Industry*, *1900 – 1930* 和 *The Chemical Industry*

during the Nineteenth Century；Travis, *The Rainbow Makers*；以及 Abelshauser et al. , *German Industry and Global Enterprise*。

14. 关于卡尔·杜伊斯贝格的早年生活、教育经历和在拜耳公司任职的详细记录，请参见 Duisberg, *Meine Lebenserinnerungen*；Verg, Plumpe, and Schultheis, *Milestones*；Armstrong, "Chemical Industry and Carl Duisberg"；Flechtner, *Carl Duisberg: Vom Chemiker zum Wirtschaftsführer*；以及 Jeffreys, *Aspirin*。

15. 致伦普夫的信，转引自 Duisberg, *Nur ein Sohn*，以及 Verg, Plumpe, and Schultheis, *Milestones*。

16. 发现安替比林和退热冰的过程：请参见 Verg, Plumpe, and Schultheis, *Milestones*；Issekutz, *Die Geschichte der Arzneimittelforschung*；以及 McTavish, *The German Pharmaceutical Industry , 1880-1920: A Case Study of Aspirin*。

17. 拜耳公司药品非那西丁、索佛那和曲砜那的发展过程：请参见 Verg, Plumpe, and Schultheis, *Milestones*；Schadewaldt and Alstaedter, *History of Pharmacological Research at Bayer*；Jeffreys, *Aspirin*；Armstrong, "Chemical Industry and Carl Duisberg"；以及 McTavish, "What's in a Name? Aspirin and the American Medical Association"。

18. 请参见 Verg, Plumpe, and Schultheis, *Milestones*；Schadewaldt and Alstaedter, *History of Pharmacological Research at Bayer*；以及 Mann and Plummer, *The Aspirin Wars*。

19. 请参见 Jeffreys, *Aspirin*；Verg, Plumpe, and Schultheis, *Milestone*；以及 Autographensammlung Duisberg, Bayer Archives, Leverkusen。

20. 关于靛蓝的发展：请参见 Reinhardt and Travis, *Heinrich Caro*；Nagel, *Fuschin , Alizarin , Indigo. Der Beginn eines Weltunternehmens*；以及 Abelshauser et al. , *German Industry and Global Enterprise*。

21. 有关巴斯夫公司的具体成就，收录于 *Badische Anilin-und Soda-Fabrik Ludwigshafen am Rhein*, BASF UA, A/11 （1900）。

22. 关于阿司匹林的发展，请参见 Jeffreys，*Aspirin*。关于霍夫曼、德雷泽和艾兴格林的个人生平，请参见 Jeffreys，*Aspirin*；Verg，Plumpe，and Schultheis，*Milestones*；以 及 Schadewaldt and Alstaedter，*History of Pharmacological Research at Bayer*。此外，阿图尔·艾兴格林的孙子恩斯特也向我提供了相关信息。关于艾兴格林在此事中所扮演的真实角色，请参见他本人的记述："50 Jahre Aspirin"和"Pharmaceutisch-wissenschafliche Abteiling"。

23. 转引自 Schadewaldt and Alstaedter，*History of Pharmacological Research at Bayer*。

24. 请参见霍夫曼、德雷泽和艾兴格林的两篇文章，以及 *Bulletin of Narcotics*，1953 年 4 月。

25. 请参见霍夫曼、德雷泽和艾兴格林的文章，还有 Dreser，"Pharmakologisches über Aspirin-Acetylsalicylsäure"。

26. Brock，*The Norton History of Chemistry*；Beer，*The Emergence of the German Dye Industry*；Haber，*The Chemical Industry during the Nineteenth Century*；以 及 Abelhauser et al.，*German Industry and Global Enterprise*。

27. 引自 *Daily Telegraph*，1906 年 7 月 9 日。

28. 海因里希·布伦克的言论引自 Garfield，*Mauve*；卡尔·杜伊斯贝格的言论引自 *Journal of the Society of Dyers and Colourists*，1906 年 7 月。

第 2 章　黄金岁月

1. 关于阿司匹林早期成功的资料，来自 Witthauer；Wohlgemut 以及 Wohr。另见阿司匹林的广告传单，1899 年，Bayer Archives，Leverkusen。

2. 关于阿司匹林的专利，请参见 U. K. Letters Patent No. 27，088（1898）和 U. S. Patent No. 644，077（Feb. 27，1900）。

3. 关于医学权威机构对商业广告的态度，请参见 McTavish，"What's in a Name?"

4. 杜伊斯贝格的美国之行以及拜耳公司对伦斯勒工厂的并购。

Flechtner, *Carl Duisberg*；Jeffreys, *Aspirin*；以 及 Duisberg, *Meine Lebenserinnerungen*。

5. 请参见 Jeffreys, *Aspirin*。

6. 同上，以及 Flechtner, *Carl Duisberg*。1903 年 5 月 13 日杜伊斯贝格在纽约化学协会的演讲，转载于 *Popular Science Monthly*，1903 年 5 月。

7. 相关备忘录转载自 Duisberg, *Abhandlungen, Vorträge und Reden aus den Jahren 1882–1921*。以及 BASF UA, A16/2/3。

8. 请参见 Duisberg, *Meine Lebenserinnerungen*。

9. 请 参 见 BASF UA, A16/2/15；Duisberg, *Meine Lebenserinnerungen*；Brunck, *Lebenserinnerungen*, 收 录 于 BASF UA, W1 Lothar Brunck；Abelshauser et al., *German Industry and Global Enterprise*；以 及 Verg, Plumpe, and Schultheis, *Milestones*。

10. 请参见 *Farbenfabriken vormals Friedrich Bayer & Co v. Chemische Fabrik von Heyden*。

11. 请参见 *Telegraph*，1907 年 5 月 12 日。

12. 请参见 BASF UA Engere Kommission des AR, 29, Sitzung（April 7, 1908），Sitzung（April 1, 1910）；Reinhardt and Travis, *Heinrich Caro*。

13. 请参见 Ferguson, *The Pity of War*。

14. 威廉·克鲁克斯爵士的演讲，请参见 *Science*, vol. 8, 1898 年 10 月 28 日。关于此次演讲及其影响的更多细节，请参见 Fournier d'Albe, *The Life of Sir William Crookes*，以及 Farber, *The Evolution of Chemistry: A History of Its Ideas, Methods, and Materials*。

15. 转引自 Brock, *The History of Chemistry*。

16. 我发现，该领域最杰出的作品是 Vaclav Smil 的 *Enriching the Earth: Fritz Haber, Carl Bosch, and the Transformation of World Food Production*。

17. 同上。另见 Kiefer, "Chemistry Chronicles: Capturing Nitrogen Out of the Air"。关于巴斯夫与挪威人的关系，请参见 BASF UA Engere Kommission des AR, Sitzung（Dec. 20, 1905）和 BASF UA, C10,

417

Vorstand an Aufsichstrat（Sept. 26, 1911）。

18. 有关弗里茨·哈伯的生平，摘自 Stoltenberg, *Fritz Haber*: *Chemiker*, *Nobelpreisträger*, *Deutscher*, *Jude*; Szöllösi-Janze, *Fritz Haber 1868 – 1934*: *Eine Biographie*; 以及 Cornwell, *Hitler's Scientists*: *Science War*, *and the Devil's Pact*。

19. 同上。以及 Smil, *Enriching the Earth*。

20. 关于卡尔·博施，请参见 Holdermann, *Im Banne der Chemie*: *Carl Bosch*, *Leben und Werke*。

21. 请参见 Stoltenberg, *Fritz Haber*。

22. 请参见 Stoltenberg, *Fritz Haber*; Szöllösi- Janze, *Fritz Haber*; Smil, *Enriching the Earth*; Abelshauser et al., *German Industry*; Holdermann, *Im Banne der Chemie*; Haber, *The Chemical Industry*, *1900–1930*; 以及博施的 1931 年诺贝尔奖讲稿。

23. 对于德国化学品出口情况的评估，转自 Hayes, *Industry and Ideology*: *IG Farben in the Nazi Era*。

24. 关于雇佣合同，请参见 BASF UA, C60。对待员工的平均待遇和态度，请参见 Abelshauser et al., *German Industry*; Verg, Plumpe, and Schultheis, *Milestones*; Hoechst Archiv 112/3, 以及 Hayes, *Industry and Ideology*。

25. 同上。

26. 请参见 BASF UA, C622。

27. 关于政治动荡和罢工的情况请参见 Breunig, *Soziale Verhältnisse der Arbetiterschaft und sozialistische Arbeiterbewegung in Ludwigshafen am Rhein 1868 – 1909*; Abelshauser et al., *German Industry*; Beer, *The Emergence of the German Dye Industry*。

28. 请参见 Evans, *The Coming of the Third Reich*; Falter, "How Likely Were Workers to Vote for the NSDAP?"; 以及 Manchester, *The Arms of Krupp*。

29. Beer, *The Emergence of the German Dye Industry*.

第 3 章　化学家的战争

1. 请参见 Tuchman, *The Guns of August*, 以及 Davies, *Europe*: *A History*。

2. 请参见 Kessler, *Walter Rathenau*: *His Life and Work*。关于拉特瑙对于自己的评价，请参见 Rathenau, "Germany's Provisions for Raw Materials"。另见 Borkin, *The Crime and Punishment of IG Farben*。

3. 关于军方对拉特瑙的态度，请参见 Holdermann, *Im Banne der Chemie*。

4. 同上。另见 Stoltenberg, *Fritz Haber*, 以及 Szöllösi-Janze, *Fritz Haber*。

5. 请参见 Holdermann, *Im Banne der Chemie*, 以及 Szöllösi-Janze, "Losing the War but Gaining Ground"。

6. 与陆军部交易的细节和董事会的报价：收录于 BASF UA Engere Kommission des AR, 42, Sitzung（Oct. 20, 1914）。

7. 请参见 Szöllösi-Janze, "Losing the War", 以及 Rathenau, "Germany's Provisions"。

8. 与其他利益共同体企业的分工合作，请参见 Szöllösi-Janze, "Losing the War", 以及 BASF UA G61101。

9. Lefebure, *The Riddle of the Rhine*.

10. 请参见 Stoltenberg, *Fritz Haber*, 以及 Szöllösi-Janze, *Fritz Haber*。关于《富尔达宣言》，请参见 Gratzer, *The Undergrowth of Science*: *Delusion*, *Self-Deception*, *and Human Frailty*。关于鲍尔所扮演的角色，请参见 Bauer, *Der Grosse Krieg in Feld und Heimat*。另见 Haber, *The Poisonous Cloud*: *Chemical Warfare in the First World War*。

11. 请参见 Haber, *The Poisonous Cloud*, 以及 Harris and Paxman, *A Higher Form of Killing*: *The Secret History of Gas and Germ Warfare*。

12. 《海牙公约》引自斯德哥尔摩国际和平研究所（SIPRI），*The Rise of CB Weapons*。

13. 请参见 Szöllösi-Janze, "Losing the War"；Lefebure, *The Riddle of the Rhine*；以及 Cornwell, *Hitler's Scientists*。

14. 请参见 Lefebure, *The Riddle of the Rhine*。

15. 请参见马克斯·鲍尔的信件，1915 年 3 月 15 日，Bundesarchiv, Koblenz。另引自 Borkin, *The Crime*。

16. 请参见 Martinez, *Der Gaskrieg：1914/18. Entwicklung, Herstellung und Ensatz chemischer Kampstoff*。

17. 约翰·弗伦奇的话引自 Carter, *Chemical and Biological Defence at Porton Down, 1916－2000*。关于英国和法国公众的反应，请参见 Lefebure, *The Riddle of the Rhine*。关于法国空军对路德维希港的空袭，请参见 Abelshauser et al., *German Industry*，以及 *Geschichte der Ammoniaksynthese*，收录于 BASF UA G1101。关于波顿唐的建立，请参见 Carter, *Chemical and Biological*。关于对洛伊纳工厂的补贴（脚注），请参见 BASF UA, C110（1916）。

18. 请参见 Stoltenberg, *Fritz Haber*，以及 Szöllösi-Janze, *Fritz Haber*。

19. 关于英国政府撤销阿司匹林商标一事，请参见 *Lancet*，1915 年 2 月 5 日。关于药品阿斯普罗（Aspro），请参见 Jeffreys, *Aspirin*；Grenville-Smith and Barrie, *Aspro：How a Family Business Grew Up*；以及 Morgan, *Apothecary's Venture：The Scientific Quest of the International Nicholas Organisation*。

20. 请参见 Verg, Plumpe, and Schultheis, *Milestones*，杜伊斯贝格的话转引自马克斯·鲍尔的信件，1915 年 7 月 24 日，Bundesarchiv, Koblenz。

21. 请参见 Verg, Plumpe, and Schultheis, *Milestones*；Abelshauser et al., *German Industry*；Flechtner, *Carl Duisberg*；Plumpe, *Die IG Farbenindustrie AG：Wirtschaft, Technik und Politik 1904－1945*，以及 BASF UA, C10（1914－1916）。

22. 请参见 Flechtner, *Carl Duisberg*；Plumpe, *Die IG Farbenindustrie AG：Wirtschaft, Technik und Politik 1904－1945*，以及 BASF UA, C10（1914－1916）。

23. 同上。

24. 关于对杜伊斯贝格与兴登堡会面的描述，请参见马克斯·鲍尔的信件，1916 年 9 月 10 日，Bundesarchiv。另见 Plumpe, *Die IG Farbenindustrie*。

25. 同上。另见 Borkin, *The Crime*。关于巴斯夫和战俘劳工，请参见 BASF UA Engere Kommission des AR, Sitzung（April 16, 1915; Oct. 25, 1915; May 2, 1916）。

26. 请参见 Feldman, *Arms, Industry, and Labor*。

27. 同上。

28. 请参见 Duisberg, *Meine Lebenserinnerungen and Abhandlungen, Vorträge und Reden aus den Jahren 1882-1921*；以及 Duisberg, *Nur ein Sohn*。

29. 关于 1914 年协约国和美国化学工业发展之落后，以及禁运造成的影响，请参见 Haynes, *American Chemical Industry*, vol. 2。

30. 同上。

31. 请参见 Ambruster, *Treason's Peace: German Dyes and American Dupes*。

32. 请 参 见 Pharmazeutische Konferenz 169/5, vol. 3, Bayer Archives, Leverkusen, 1915 年 4 月 11 日。

33. 请 参 见 Jeffreys, *Aspirin*; Ambruster, *Treason's Peace*; Mann and Plummer, *The Aspirin Wars*。另见 "Aspirin and Espionage", Journal of the American Medical Association, 1919 年 4 月。

34. 同上。另见 Dr. Hugo Schweitzer, entry 195 and entry 199, Records of the Office of Alien Property, Record Group 131, U. S. National Archives, Washington D. C.。

35. 请 参 见 Dyestuffs Committee on Ways and Means, U. S. House of Representatives, 66th Congress, 1919 年 6 月 18 日听证会（U. S. Library of Congress）。另见 Jones, *The German Secret Service in America, 1914-18*。

36. 请参见 *New York World*, 1915 年 8 月 15~19 日。关于托马斯·爱迪生的声明，请参见 Haynes, *American Chemical Industry*。

37. 关于拜耳在掩盖企业资产方面的尝试：请参见 Jeffreys, *Aspirin*, 以及 Ambruster, *Treason's Peace*。

38. 同上。另见 *Aims and Purposes of the Chemical Foundation Inc and Reasons for Its Organisation. As Told by A. Mitchell Palmer*, *United States Attorney General and Former Alien Property Custodian in His Report to Congress*, *and by Francis P. Garvan*, *Alien Property Custodian*, *in an Address to the National Cotton Manufacturers Association*, New York, 1919 年。关于弗朗西斯·加文的更多背景资料，请参见 Jeffreys, *The Bureau: Inside the Modern FBI*。

39. 请参见 Gilbert, *The First World War*, 以及 Hardach, *The First World War, 1914-1918*。

40. 关于《祖国志愿服务法》和随后爆发的罢工潮，详情可参见 Breunig, *Soziale Verhältnisse der Arbeiterschaft*。

41. 请参见 Gilbert, *The First World War*, 以及 Hardach, *The First World War*。关于鲁登道夫对杜伊斯贝格的请求，请参见 Manchester, *The Arms of Krupp*。

第 4 章　巨人的诞生

1. 这段关于 1924 年 11 月在卡尔·杜伊斯贝格家召开会议的叙述基于多份资料，包括 Duisberg, *Nur ein Sohn*; Duisberg, *Meine Lebenserinnerungen*; Mann and Plummer, *The Aspirin Wars*; Verg, Plumpe, and Schultheis, *Milestones*; Haber, *The Chemical Industry, 1900-1930*, 以及勒沃库森拜耳公司档案中的别墅照片。

2. 请参见 Haber, *The Chemical Industry, 1900-1930*。关于巴斯夫公司 1917~1918 年的销售情况，请参见 Abelshauser et al. , *German Industry*。

3. 引自 *New York Times*, 1918 年 12 月 24 日。关于杜伊斯贝格在勒沃库森，请参见 Verg, Plumpe, and Schultheis, *Milestones*。

4. 请参见巴斯夫公司与外交部的通信，收录于 Bundesarchiv, Lichterfelde, R85, 以及 Haber, *The Chemical Industry, 1900-1930*。引用的话转自 Morris, "War Gases in Germany"。

5. 请参见 McConnell, "The Production of Nitrogenous Compounds Synthetically in the U. S. and Germany", 以及 Meinzer, *125 Jahre BASF*。以及 BASF UA, A862/4。

6. 请参见 Kolata, *Flu: The Story of the Great Influenza Pandemic of 1918 and the Search for the Virus That Caused It*, 以及 Collier, *The Plague of the Spanish Lady*。

7. 请参见 Jeffreys, *Aspirin*。

8. 关于战后德国和魏玛共和国的建立：基于多份资料，包括 Evans, *The Coming*; Kolb, *The Weimar Republic*; 以及 Bessel, *Germany after the First World War*。

9. 关于卡普政变：请参见 Bessel, *Germany after the First World War*。关于德国统一共产党的起义和巴斯夫的反应，请参见 BASF UA C113, Engere Kommission des AR, 54, Sitzung 29 – 33, 以及 Streller and Masalsky, *Geschichte des VEB Leuna-Werke*。

10. 关于巴黎和会的筹备情况，请参见 Evans, *The Coming*; Kolb, *The Weimar Republic*; Bessel, *Germany*; Luckau, *The German Delegation at the Paris Peace Conference*; 以及 Temperley, *A History of the Peace Conference of Paris*。

11. 请参见 Holdermann, *Im Banne der Chemie*。

12. 关于扣押拜耳的资产：请参见 Jeffreys, *Aspirin*。

13. 请参见 Bosch, *Geschäftsstelle für die Friedensverhadlungen*。另见 Holdermann, *Im Banne der Chemie*。

14. 同上。以及 Luckau, *The German Delegation*。

15. 关于《凡尔赛和约》：请参见 Temperley, *A History of the Peace Conference of Paris*。

16. Haber, *The Chemical Industry, 1900–1930*.

17. 关于博施与法国人的交易（包括脚注和引文）：请参见 Holdermann, *Im Banne der Chemie*, 以及 Borkin, *The Crime*。

18. 关于比利时的关税，请参见 Michels, *Cartels, Combines, and Trusts in Post-War Germany*。

19. 请参见 Jeffreys, *Aspirin*。

20. 请参见 Records of the Office of Alien Property, 131, U. S. National Archives。关于斯特林产品有限公司以及它对拜耳的收购，参见 Hiebert, *Our Policy Is People, Their Health Our Business*; *Drug and Chemical Markets*, 1918 年 12 月 18 日; Mann and Plummer, *The Aspirin Wars*; 以及 Reimer, "Bayer & Company in the United States: German Dyes, Drugs, and Cartels in the Progressive Era"。关于引文，请见 Document 3310, Department of Justice [DOJ] Central Files, Case 60/21/56, Sterling Products, Inc., Record Group 60, U. S. National Archives（以下简称 DOJ Sterling, 后加文件编号）。

21. 关于伦斯勒工厂出售后的状况，请参见 DOJ Sterling 3257。

22. 请参见 Korthaus, *Pharmazeutische Geschäft in Südamerika währen des Krieges*。默勒与曼之间的通信，收录于 Bayer Leverkusen Archives 9/A. 7, 以及 DOJ Sterling 2495。

23. 请参见 1919 年 9 月 22 日星期一，与威廉·韦斯等人的会议记录，收录于 Bayer Leverkusen Archives。

24. 请参见 Jeffreys, *Aspirin*。

25. 请参见 1920 年 4 月 8 日，与韦斯先生在纽约会谈的报告，收录于 Bayer Leverkusen Archives。

26. 关于韦斯对勒沃库森的首次访问，请参见 DOJ Sterling 1499 和 DOJ Sterling 3795。

27. 同上。

28. 请参见 Farbenfabriken Bayer 和 Winthrop Chemical Company 之间的合同，1923 年 4 月 9 日, Exhibit A, *U. S. v Alba*; Farbenfabriken Bayer 和 the Bayer Company 之间的合同，1923 年 4 月 9 日, Exhibit A, *U. S. v The Bayer Company et al.*（Washington: Trade Cases, 1941）。

29. 同上。

30. 关于杜邦公司与卡尔·博施接洽，请参见美国参议院调查军需工业特别委员会的听证会（*Hearings before Special Committee Investigating the Munitions Industry*），73rd Congress，part 39 and 11。

31. 请参见 *New York Times*，1921 年 2 月 21 日。

32. 请参见 *Hearings before Special Committee Investigating the Munitions Industry*，73rd Congress，part 39。

33. 请参见 Travis，"High Pressure Industrial Chemistry"。

34. 请参见 BASF UA A832/1 和 Explosionsunglück Oppau，BASF UA A382 9/II/5。另见 *Times*，1921 年 9 月 23 日和 24 日，以及 *Manchester Guardian*，1921 年 9 月 25 日。

35. 关于财务方面的影响，请参见 BASF UA，Sitzung des AR，1921 年 10 月 4 日和 1921 年 12 月 13 日。

36. 请参见 Holdermann，*Im Banne der Chemie*。

37. 同上。以及 *New York Times*，1921 年 10 月 31 日。

38. 请参见 Haber，*The Chemical Industry, 1900–1930*，以及 Abelshauser et al.，*German Industry*。

39. 请参见 Hayes，"Carl Bosch and Carl Krauch. Chemistry and the Political Economy of Germany 1925–1945"。

40. 同上。以及 Borkin，*The Crime*。

41. 关于恶性通货膨胀和开始出现赔款违约，请参见 Evans，*The Coming*；Kolb，*The Weimar Republic*；以及 Bessel，*Germany*。

42. 请参见 Holdermann，*Im Banne der Chemie*。

43. 关于法国对博施等人的法律诉讼，请参见 *Frankfurter Zeitung*，1923 年 8 月 12 日。

44. 请参见 Evans，*The Coming*；Kolb，*The Weimar Republic*；以及 Bessel，*Germany*。

45. 关于慕尼黑暴动：同上。以及 Kershaw，*Hitler, 1899–1936*。

46. 请参见 Michels, *Cartels, Combines, and Trusts*。

47. 关于杜伊斯贝格对公司合并一事的态度转变，请参见 Duisberg, *Nur ein Sohn*；Duisberg, *Meine Lebenserinnerungen*；Mann and Plummer, *The Aspirin Wars*；Verg, Plumpe, and Schultheis, *Milestones*；以及 Haber, *The Chemical Industry, 1900-1930*。

48. 请参见 Holdermann, *Im Banne der Chemie*。另见 BASF UA, C10 和 A20 中的通信与备忘录。

49. 关于 IG 法本公司的建立，以及博施和杜伊斯贝格之间的争论：同上。另外请见 Duisberg, *Nur ein Sohn*；Verg, Plumpe, and Schultheis, *Milestones*；Haber, *The Chemical Industry, 1900-1930*；Michels, *Cartels, Combines, and Trusts*；以及 Hayes, *Industry and Ideology：IG Farben in the Nazi Era*。

50. 请参见 Holdermann, *Im Banne der Chemie*。

51. 请参见 IG 法本工业公司合同的签名副本，收录于 BASF UA, A21/2。

第 5 章　博施计划

1. 请参见 IG 法本公司合同，收录于 BASF UA, A21/2。

2. 数据来自 Stocking and Watkins, *Cartels in Action*；Michels, *Cartels, Combines, and Trusts*；Tammen, "Die I. G. Farben Industrie Aktiengesellschaft 1925-1933"；以及 Haber, *The Chemical Industry, 1900-1930*。

3. 请参见弗里茨·特梅尔的书面证词，档案号 NI 5186/38 和 NI 9487/78。有关"工作集群"的更多信息，请参见 Abelshauser, *German Industry*。

4. 请参见恩斯特·施特鲁斯的书面证词，"Die Betriebsgemeinschaften und die Entwicklung der IG Farben"，档案 NI 9487/78；Hayes, *Industry and Ideology*。

5. 同上。以及档案 NI 5169/38 和 NI 10043/82。关于西北第 7 办事处的组建，请参见 K. 克吕格尔的书面证词，*NMT* 卷宗，vol. 7，p. 440；Sasuly, *IG Farben*。

6. 请参见弗里茨·特梅尔的书面证词，档案 NI 5186/38，以及卡尔·克劳赫的书面证词，档案 NI 6120/46。

7. 关于工作委员会的详细情况，请参见弗里茨·特梅尔的书面证词，档案 NI 5184/38。关于中央管理委员会的详细情况，请参见 H. 贝斯勒（H. Bässler）的书面证词，档案 NI 7366/59。还可参见 Hayes, *Industry and Ideology*。

8. 请参见 Ter Meer, *Die IG Farben Industrie Aktiengesellschaft*，以及 Hayes, *Industry and Ideology*。关于股东很难提出反对意见的问题，请参见弗里茨·特梅尔的书面证词，档案 NI 5184/38。关于德国联邦银行和 IG 法本之间的关系，请参见 Tammen, "Die I. G. Farben"，以及 Bower, *Blind Eye to Murder: Britain, America, and the Purging of Nazi Germany*。

9. 对董事会成员情况的概述，以及有关加耶夫斯基、施密茨、冯·施尼茨勒、冯·克尼里姆、霍兰、克劳赫、特米尔和曼等人的详细信息，是从收录于 *NMT* 卷宗的 IG 法本案被告人和证人提交给法庭的个人书面证词中搜集的；其他相关背景资料来自以下作品：Ter Meer, *Die IG Farben*；DuBois, *The Devil's Chemists*；Hayes, *Industry and Ideology*；Duisberg, *Nur ein Sohn*；以及 Holdermann, *Im Banne der Chemie*。

10. 关于卡尔·博施性格中的忧郁和内省，请参见 Holdermann, *Im Banne der Chemie*。关于"分散管理集中制"一词的最早出处，请参见 Haber, *The Chemical Industry, 1900-1930*；Abelshauser et al., *German Industry*；Hayes, *Industry and Ideology*。Hayes 使用了一个绝妙的德语词"Schwerfälligkeit"来描述 IG 法本过度官僚化的结构所带来的后果，这个词大致可翻译为"沉闷"（ponderousness）。

11. 这一讨论在 David Strahan 的著作 *The Last Oil Shock: A Survival Guide to the Imminent Extinction of Petroleum Man* 中得到了最好地概括。

12. 关于英国帝国化学工业公司和美国杜邦公司之间的协议，以及 IG 法本的回应，请参见 Coleman, *IG Farben and ICI, 1925-1953: Strategies for Growth and Survival*。另见 Bayer Leverkusen 4C9. 32, Control Office

（CR 107/2/18）。

13. 请参见 Holdermann, *Im Banne der Chemie*；Stranges, "Germany's Synthetic Fuel Industry"。

14. 关于伯吉乌斯和合成燃料的背景，请参见 Holdermann, *Im Banne der Chemie*，以及 Stranges, "Friedrich Bergius and the Rise of the German Synthetic Fuel Industry"。

15. 数据来自伦敦公共档案局（国家档案馆），"Investment in Large Plant of IG in Millions of RM"，1945 年 8 月 18 日，FO 1031/233，以及达克斯福德（Duxford）帝国战争博物馆，*Economic Study of IG Farbenindustrie AG, Section V, 1945*。另见 Hughes, "Technological Momentum in History：Hydrogenation in Germany, 1898–1933"。

16. 相关例子，请参见卡尔·克劳赫的书面证词，档案 NI 6524/49。

17. "关于将壳牌公司拉入四方协议的一些思考"（Einige Überlegungen angelgentlich der Übertragung des Four Party Agreements auf die Shell）收录于 BASF UA, T75/1。另见 Yergin, *The Prize*，以及 Holdermann, *Im Banne der Chemie*。

18. 请参见 Howard, *Buna Rubber*。

19. 同上。

20. 引自 Wendell, *Cartels：Challenge to a Free World*。

21. 请参见 Howard, *Buna Rubber*。

22. 同上，另见 Holdermann, *Im Banne der Chemie*。

23. 收录于 BASF UA, Ludwigshafen, Hochdruckversuche "Kurzes Referat", Nov 9, 1942；BASF UA, "Produktion und Gestehkosten Leuna", June 27, 1947。另见 Abelshauser et al., *German Industry*。

24. 关于伯吉乌斯与标准石油公司的协议，请参见 Borkin, *The Crime*。另见 *Hearings before the Committee on Patents*, 77th Congress, 2nd Session（1942）。

25. 同上。

26. 请参见卡尔·克劳赫的书面证词，档案 NI 6524/49；Holdermann, *Im Banne der Chemie*。

27. 与标准石油公司的交易：请参见 Control Office, IG Farbenindustrie AG, U. S. Zone, "Activities of IG Farben in the Oil Industry," Jan. 14, 1946；Yergin, *The Prize*；Holdermann, *Im Banne der Chemie*；以及 Hayes, *Industry and Ideology*。关于丁钠橡胶的协议，请参见 Holdermann, *Im Banne der Chemie*；Hayes, *Industry and Ideology*；以及 Borkin, *The Crime*。

28. 数据来自 Stranges, "Germany's Synthetic Fuel Industry"。关于对博施的批评，请参见卡尔·克劳赫的书面证词，档案 NI 6524/49。

第 6 章　讨价还价

1. 关于 IG 法本公司对政治的一般态度，请参见 Flechtner, *Carl Duisberg*；Holdermann, *Im Banne der Chemie*；Tammen, "Die I. G. Farben"；以及 Hayes, *Industry and Ideology*。

2. 有关魏玛共和国政治状况的概述，本书参考了多种资料，其中包括 Evans, *The Coming*；Kolb, *The Weimar Republic*；Bessel, *Germany*；Falter, "How Likely Were Workers to Vote for the NSDAP?"；Eyck, *History of the Weimar Republic*，第 1 卷和第 2 卷；以及 Turner, *German Big Business and the Rise of Hitler*。

3. 请参见 Turner, H. A. *Gustav Stresemann and the Politics of the Weimar Republic*。另见 Borkin, *The Crime*。

4. 请参见 U. S. National Archives Record Group 238, M892, Records of the United States of America v. Carl Krauch et al. （案件 Ⅵ），施密茨的辩护文件，W. F. Kalle 的书面证词，Sept. 8, 1947；以及 Hayes, *Industry and Ideology*。

5. 请参见 Tammen, "Die I. G. Farben"，以及 Turner, *Gustav Stresemann*。关于《欧洲评论》，请参见 Hayes, *Industry and Ideology*。关于《法兰克福

新闻报》还有随后的其他报刊，请参见 Tammen，"Die I. G. Farben"。

6. 关于大萧条的原因及其对德国的影响的概述，本书参考了多份资料，其中包括 Evans, *The Coming*；Kolb, *The Weimar Republic*；Bessel, *Germany*；Eyck, *A History of the Weimar Republic*；以及 Clavin, *The Great Depression in Europe, 1929–1939*。

7. 有关合成氮素价格暴跌造成财务影响的详细介绍，请参见 Abelshauser et al., *German Industry*，以及 Tammen，"Die I. G. Farben"。

8. 关于一般性的裁员，请参见 Tammen，"Die I. G. Farben"，以及 Plumpe, *Die IG Farbenindustrie*。关于路德维希港和奥帕的工厂，请参见 BASF UA, IG TO1, "Umsatzanteil pro Belegschaftsmitglied"（H. Rötger）。关于改善工人困境的尝试，请参见 Abelshauser et al., *German Industry*。

9. 请参见 Schröter, *Deutsche Industrie auf dem Weltmarkt*。

10. 请参见卡尔·克劳赫的书面证词，档案 NI 6524/49；弗里德里希·耶内的书面证词，档案 NI 6765/52。

11. 请参见弗里茨·特梅尔的书面证词，档案 NI 5184/18。

12. 请参见 Holdermann, *Im Banne der Chemie*。

13. 请参见档案 NI 1941/18，1931 年 5 月 18 日，IG 法本中央管理委员会会议。关于杜伊斯贝格对布吕宁的看法，请参见杜伊斯贝格写给基尔多夫（Kirdorf）的信函，June 26, 1931, Bayer Leverkusen Archives。

14. 脚注：请参见 Hayes, *Industry and Ideology*。

15. 关于委托编写第二份洛伊纳报告的决定，请参见档案 NI 1941/18，1931 年 6 月 20 日，IG 法本中央管理委员会会议。

16. 关于高斯的难题，请参见 Abelshauser et al., *German Industry*。

17. W. 高斯写给博施的信函，"Fortführung oder Stillegung der Benzinfabrikation?"，收录于 BASF UA 25。

18. 对比数据转载自 Tammen，"Die I. G. Farben"。

19. 关于德国共产党的反应，请参见 Evans, *The Coming*。

20. 这段关于纳粹崛起的简述参考了各种历史文献中的大量资料。以下资料为我提供了最大的帮助：Evans, *The Coming*；Burleigh, *The Third Reich：A New History*；Kershaw, *Hitler*；*Weimar：Why Did German Democracy Fail?*；Shirer, *The Rise and Fall of the Third Reich：A History of Nazi Germany*；以及 Jones, *German Liberalism and the Dissolution of the Weimar Party System, 1918–1933*。

21. 请参见 *Hitler's Secret Conversations*, 1941–44。

22. 关于革命工会反对派（RGO）的选举情况，请参见 Braun, *Schichtwechsel：Arbeit und Gewerkschaft in der Chemie-Stadt Ludwigshafen*。

23. 关于纳粹党的选举情况，请参见 Braun, *Schichtwechsel*。关于工厂中的政治动荡，请参见 Bayer Archives, Leverkusen, "Politik/Staats-und Parteipolitik 20/11/30"。关于纳粹工人的炸弹阴谋，请参见 BASF UA, CI3, "Direkktionssitzungen Ludwigshafen 1930–1939", 以及 Meinzer, *125 Jahre BASF*。

24. 请参见 Bayer Archives, Leverkusen, 4C9. 25, Gajewski I/4, G. 奥伦多夫（Ollendorff）的书面证词，April 24, 1947。关于莱伊对瓦尔堡的谴责，请参见 *Nordhausener Allgemeine Zeitung*, Sept. 16, 1927, 收录于 Bayer Leverkusen archive。另见 Hans Kühne, *NMT* 卷宗, Vol. 7, p. 634。

25. 加蒂诺写给卡尔·豪斯霍费尔的信函，June 6, 1931, *NMT* 卷宗, 附录。

26. 档案 NI 15237, Gattineau's report, Oct. 12, 1931。刊登在纳粹党机关报《人民观察家报》（*Völkischer Beobachter*）上的报道，Feb. 10, 1932。

27. 请参见加蒂诺的书面证词，档案 NI 4833/35, 以及比特菲施的证词，*NMT* 卷宗, vol. 7, pp. 544–560。

28. 请参见加蒂诺和比特菲施的证词，同上，以及档案 NI 8637/71, 对海因里希·比特菲施的审问，关于博施的引文。脚注中施佩尔的引文出自 Speer, *Inside the Third Reich*。

29. 关于威廉·曼的党员身份，请参见档案 NI 5167/38, 威廉·曼的书面证词。

30. 请参见 Evans, *The Coming*；Burleigh, *The Third Reich*；以及 Kershaw, *Hitler*。

31. 关于受邀与希特勒会面：请参见 *NMT* 卷宗, vol. 7, p. 557。

32. 请参见 Turner, *German Big Business*。

33. 同上，以及 Shirer, *The Rise and Fall of the Third Reich*。

34. 有关杜塞尔多夫聚会的叙述，请参见 Evans, *The Coming*。

35. 请参见格奥尔格·冯·施尼茨勒的书面证词, *NMT* 卷宗, vol. 7, pp. 555–56, 以及古斯塔夫·克虏伯的备忘录, Feb. 23, 1932, *NMT* 卷宗, vol. 7, p. 562。关于克虏伯的德国工业联合会备忘录，请见 *NMT* 卷宗, Case X 诉比洛 (Bülow), "Notes of the Business Management of the National Association of German Industry for the Conference at Reich Minister Göring's on 20 February 1933"。

36. 关于座位的安排，请参见 Manchester, *The Arms of Krupp*。关于当晚杜伊斯贝格在勒沃库森的情况，请参见 Verg, Plumpe, and Schultheis, *Milestones*。杜伊斯贝格对德国工业联合会的话，转引自 Taylor, *Sword and Swastika: Generals and Nazis in the Third Reich*。

37. 请参见格奥尔格·冯·施尼茨勒的书面证词, *NMT* 卷宗, vol. 7, pp. 555–556。

38. 同上。

39. 同上；以及古斯塔夫·克虏伯的备忘录, Feb. 23, 1932, *NMT* 卷宗, vol. 7, p. 562。引文转自一篇对希特勒讲话的报道，收录于 *NMT* 卷宗, vol. 7, pp. 527–552。另见 *NMT* 卷宗, vol. 7, p. 563（对 Hjalmar Schacht 的审讯）。

40. 请参见格奥尔格·冯·施尼茨勒的书面证词，收录于 *NMT* 卷宗, vol. 7, pp. 555–56, 以及 *NMT* 卷宗, vol 7, pp. 561–567。

41. 档案 NI 391, Selck and Bangert to Delbrück, Schickler & Co., 收录于 *NMT* 卷宗, vol. 7, p. 565。另见 Turner, *German Big Business*。

42. 关于希特勒取得绝对权力的最后行动，请参见 Evans, *The Coming*；

Burleigh, *The Third Reich*；以及 Kershaw, *Hitler*。

43. 关于 450 万帝国马克的捐款细节，请参见 Hayes, *Industry and Ideology*，以及 Turner, *German Big Business*。

第 7 章　谅解与合作

1. 请参见 Wilhelm Mann, "Concerning Agitation against German Goods Abroad"，收录于 *NMT* 卷宗，vol. 7, p. 649。

2. 请参见 Evans, *The Coming*；Burleigh, *The Third Reich*；以及 Friedländer, *Nazi Germany and the Jews：The Years of Persecution, 1933–1939*。

3. 关于曼的纳粹党员身份，请参见 "Personalakte Wilhelm Mann", Berlin Document Center（BDC）。

4. 请参见 Klemperer, *I Shall Bear Witness：The Diaries of Victor Klemperer, 1933–1941*。

5. 关于施瓦茨的犹太血统，请参见 Bayer Leverkusen 4C9. 25 Schmitz I/8, K. 霍尔德曼的书面证词，March 6, 1947。

6. 请参见 Evans, *The Coming*；Friedländer, *Nazi Germany and the Jews*；Cornwell, *Hitler's Scientists*。

7. 请参见 Szöllösi-Janze, *Fritz Haber*。哈伯的信件转引自 Stern, *Einstein's German World*。

8. 收录于 BASF UA, WI, Bosch to Kulturministerium, April 26, 1933。

9. 关于博施与希特勒会面的描述以及引文，转自 Holdermann, *Im Banne der Chemie*，并且在 Gattineau, *Durch die Klippen des 20 Jahrehunderts* 中也有记述。

10. 请参见 Borkin, *The Crime*。马克斯·普朗克在 1947 年出版的 *Physikalische Blatter* 上叙述了他与希特勒的这次会面，在 Cornwell, *Hitler's Scientists* 中也有引用。

11. 关于施瓦茨，请参见 Bayer Archives Leverkusen, 4C9. 25 Schmitz I/8, K. 霍尔德曼的书面证词，March 6, 1947。关于彼得科夫斯基，参见

BASF UA, WI, Pietrkowski to Bosch, June 9, 1933。关于哈伯的悼念仪式，请参见 Holdermann, *Im Banne der Chemie*, 以及 Szöllösi-Janze, *Fritz Haber*。

12. 请参见汉斯·屈内的陈述，档案 NI 6960, *NMT* 卷宗，vol. 7, p. 570。关于纳粹在路德维希港组织的五一节集会，请参见 "Der Feiertag der deutschen Arbeit," *IG Farbenindustries AG Ludwigshafen Werkszeitung* 21 (May-June 1933), BASF UA。

13. 沃尔夫的引文由其家人提供。关于 5 月 2 日及之后的事件，请参见 Evans, *The Coming*, 以及 Burleigh, *The Third Reich*。

14. 关于杜伊斯贝格的回忆录，请参见 Duisberg, *Meine Lebenserinnerungen*。关于退休人员的情况，请参见档案 NI 7956-57/66, H. Bässler 的书面证词，July 8, 1947, and July 17, 1947。

15. 收录于 *NMT* 卷宗，vol. 8, p. 1059。

16. 关于汉斯·屈内的纳粹党员身份，请参见 *NMT* 卷宗，vol. 7, pp. 634-636。关于加耶夫斯基和奥托加入纳粹党，同上，以及档案 NI 14105/115。关于穆伦入党，参见 "Personalakte Mühlen", BDC。关于塞尔克入党，参见档案 NI 1941/18 and "Personalakte Erwin Selck", BDC。关于霍兰入党，参见 "Personalakte Heinrich Hörlein", BDC。关于加蒂诺入党，参见 "Personalakte Heinrich Gattineau", BDC。

17. 关于施耐德，请参见 *NMT* 卷宗，vol. 7, p. 622。关于比特菲施入党，参见 *NMT* 卷宗，vol. 8, p. 853。关于纳粹提名施密茨进入帝国议会，参见 U.S. National Archives, RG 239 M892 Schmitz V/92, H. Globke 的书面证词。关于冯·施尼茨勒的选择，参见 Hayes, *Industry and Ideology*, 以及 DuBois, *The Devil's Chemists*。

18. 请参见 Hayes, *Industry and Ideology*, 以及 Tooze, *The Wages of Destruction*。

19. 收录于 *NMT* 卷宗，vol. 7, pp. 616-617。

20. 关于伊尔格纳的背景，请参见档案 NI 6544/50, Max Ilgner 的书面证词，April 20, 1947；另见 Hayes, *Industry and Ideology*；DuBois, *The Devil's Chemists*。

21. 关于经济研究部的建立，请参见档案 NI 4975/36, Anton Reithinger 的书面证词，Feb. 3, 1947，以及 H. Bannert 的书面证词，May 19, 1947。关于经济政策部的成立，请见档案 NI 9569/79，工作委员会会议，Sept. 7, 1932。

22. 收录于 *NMT* 卷宗，vol. 7, p. 440。

23. 关于伊尔格纳的扶轮社会籍，请参见 *NMT* 卷宗，vol. 7, p. 440，以及 DuBois, *The Devil's Chemists*。

24. 收录于 *NMT* 卷宗，vol. 7, pp. 440-446。

25. 关于杜邦公司高管访问 IG 法本，请参见档案 NI 9784/81, Ewing to Swint, July 17, 1933。

26. 关于对戈培尔的建议，请参见 DuBois, *The Devil's Chemists*。引文转自档案 NI 6702/51, Ilgner 的书面证词，April 25, 1947，以及法庭上的证词，收录于 *NMT* 卷宗，vol. 7, pp. 703-745。

27. 请参见 Ilgner 的书面证词和法庭证词，同上。

28. 同上。关于李的脚注，请参见 U. S. Congress, House of Representatives, Special Committee on Un-American Activities, *Investigation of Nazi Propaganda Activities and Investigation of Certain Other Propaganda Activities* (1934)。

29. 引文转载自档案 NI 697/7, Schnitzler to Selck, July 28, 1933。关于拜耳公司在蒙得维的亚受到的压力，收录于档案 NI 9897/82, Montevideo office to Pharma Direktion, July 29, 1933，以及 reply of Aug. 18, 1933。另见 *NMT* 卷宗，vol. 7, pp. 725-726，以及档案 NI 8420, meeting of Bayer directors, Jan. 23, 1934。关于 IG 法本向压力低头，请参见档案 NI 8421-8422, meetings of Bayer directors, Feb. 13, 1934, 和 Feb. 27, 1934。

30. 关于在行纳粹礼和收取党费方面 IG 法本内部相互矛盾的政策，请参见档案 NI 5867 - 68/44，meetings of Hoechst directors，Aug. 14 and 18，1933。

31. 关于莱伊演讲的报道，请参见 BASF UA，"Arbeitsfront und ständischer Aufbau"，*IG Farbenindustrie AG Werke Ludwigshafen*，*Werkszeitung* 21（Nov. 1933）。关于"纳粹化"的意图，请参见 BASF UA，"'Zum Geleit！'"Von Werk zu Werk，Werkszeitung der BASF 23，no. 1（Jan. 1935）。另见 Abelshauser et al.，*German Industry*。

32. 关于防空演习和屈内的反应，请参见档案 NI 8461，conference of plant leaders，June 21，1933，以及 *NMT* 卷宗，vol. 7，p. 1226。

33. 请参见档案 NI 6787/52，Heinrich Hörlein 的书面证词，May 2，1947。

34. 关于利润和就业的改善，请参见档案 NI 10001/82，H. Deichfischer 的书面证词。

35. 通过建设高速公路以增加就业，数据来自 Burleigh，*The Third Reich*。关于 IG 法本的捐款，参见 Turner，*German Big Business*。

36. 关于煤炭生产商以及他们对菲舍尔-特罗普法抱有的希望，请参见 Abelshauser et al.，*German Industry*，以及 Warriner，*Combines and Rationalisation in Germany*，*1924 - 28*。关于交易的细节，请见 Hayes，*Industry and Ideology*。

37. 关于克劳赫的报告，请参见"Die deutsche Treibstoffwirtschaft"，收录于 BASF IG M02/1，以及档案 NI 4718。

38. 关于马克斯·伊尔格纳与托马斯的友谊，请参见 Borkin，*The Crime*。关于托马斯交给上级的备忘录，请参见 *Geschichte der deutschen Wehr und Rüstungwirtschaft*，1918/1943/44，Imperial War Museum，Duxford。关于伊尔格纳了解空军部计划的可能性，请参见档案 NI 4718。

39. 关于米尔希与克劳赫的交易，请参见 Borkin，*The Crime*。关于空军部的回应，请参见档案 NI 6544，Max Ilgner 的书面证词；档案 NI 7123/55，Abschrift，Besprechung im RLM am 15/9/33。关于费德尔和希特勒，请参见 Abelshauser et al.，*German Industry*。

40. 关于 1933 年 12 月 14 日签订的 "汽油合同"，请参见档案 NI 881/9。

41. 检控方的开场陈述，收录于 *NMT* 卷宗，vol. 7，p. 101。

第 8 章　从长刀之夜到四年计划

1. 在这段有关罗姆大清洗事件来龙去脉的叙述中，参考了如下资料：
   Fest, *Hitler*；Frei, *National Socialist Rule in Germany：The Führer State,
   1933–1945*；Taylor, *Sword and Swastika*；Shirer, *The Rise and Fall of the
   Third Reich*；Read, *The Devil's Disciples：The Life and Times of Hitler's
   Inner Circle*；以及 Gisevius, *To the Bitter End*。

2. "希特勒此前只是军中的一名下士"：关于希特勒对罗姆激进主义思
   想的同情和怀疑，请参见 Taylor, *Sword and Swastika*。

3. 关于加蒂诺的经历，请参见档案 NI 4833/35，H. Gattineau 的书面证
   词，March 13, 1947, 以及 Gattineau, *Durch die Klippen des 20
   Jahrehunderts*。关于伊尔格纳的说法，请参见档案 NI 6544，M. Ilgner
   的书面证词，April 20, 1947。关于整个事件的概述，请参见 Hayes,
   Industry and Ideology, 以及 DuBois, *The Devil's Chemists*。

4. 关于博施，请参见 Holdermann, *Im Banne der Chemie*, 以及 Lochner,
   Tycoons and Tyrants：German Industry from Hitler to Adenauer。

5. 关于杜伊斯贝格之死，请参见 Verg, Plumpe, and Schultheis, *Milestones*, 以
   及 Jeffreys, *Aspirin*。

6. 请参见 *Times* 的报道，March 25, 1935, 转载于 *Nature*, June 22, 1935。

7. 兴登堡的电报引自 Taylor, *The Sword and the Swastika*。

8. 在第三帝国的任何一部标准历史书中，都可以找到德国国防军向希特
   勒效忠的誓词。

9. 关于 IG 法本最初的丁钠橡胶计划，最好的记述请参见 Hayes, *Industry
   and Ideology*, 以及 Morris, "The Development of Acetylene Chemistry and
   Synthetic Rubber by IG Farbenindustrie, 1926–1945"。关于德国国防军
   购买轮胎进行测试的情况，请参见 Bundesarchiv, Lichterfelde, R8128/

A1153, IG Farbenindustrie AG Stickstoffabteilung 15/8/33, 以及 *NMT* 卷宗, vol. 7, pp. 752-753。另见档案 NI 6930。

10. 请参见档案 NI 6930。

11. 请参见 Morris, "The Development of Acetylene Chemistry and Synthetic Rubber", 以及 Borkin, *The Crime*。另见档案 NI 5187/10, F. ter Meer 的书面证词。

12. 请参见 *Times* 的报道, Sept. 12, 1935。

13. 关于开普勒与 IG 法本的讨论, 请参见档案 NI 7241/57, Ernst Struss 的书面证词。关于军队的反对意见和 IG 法本的信心不足, 请参见档案 NI 5187/10, F. ter Meer 的书面证词。关于施科保工厂, 请参见 Morris, "The Development of Acetylene Chemistry and Synthetic Rubber", 以及档案 NI 7624, "Grundlegenenden Gesichtspunkte für die Gründung des Werkes Schkopau und den Buna Vertrag", Feb. 17, 1937。

14. 请参见 Holdermann, *Im Banne der Chemie*。

15. 关于施密茨, 请参见档案 NI 6539, H. Schmitz 的书面证词；档案 NI 5092/37, E. Struss 的书面证词, 档案 NI 5092；档案 NI 9761, F. Jaehne 的书面证词；Duisberg, *Nur ein Sohn*；DuBois, *The Devil's Chemists*；Borkin, *The Crime*；以及 Hayes, *Industry and Ideology*。

16. 请参见档案 NI 6768, C. Krauch 的书面证词。另见 Hayes, "Carl Bosch and Carl Krauch"；DuBois, *The Devil's Chemists*；Abelshauser et al., *German Industry*。

17. 关于德国国防军联络办公室的建立, 请参见档案 NI 4702。

18. 请参见档案 NI-2638, Verm. W. to IG Offices, Dec. 31, 1935。

19. 请参见 *NMT* 卷宗, vol. 7, pp. 134-136 和 1046-1048。关于检察官对此的不同看法, 请参见 DuBois, *The Devil's Chemists*。

20. 请参见 *NMT* 卷宗, vol. 7, pp. 1493-1495, 以及档案 NI 4625/34, Verm W. to the Betriebsgemeinschaften。另见 IG Farbenindustrie Aktiengesellschaft, "*Mob-Kalender für das Werk*", Nov. 10, 1936, 收录于 GARF (State Archive of the

Russian Federation, Moscow) 1457-49-4。

21. 关于沙赫特和开普勒之间的冲突及其后果，请参见 Schacht, *Account Settled*，以及 Tooze, *The Wages of Destruction*。

22. 请参见《国际军事法庭对主要战犯的审判》（*Trials of the Major War Criminals before the International Military Tribunal*, Nuremberg, 1947 - 1949）第九卷第 448 页中对戈林的评价。以后提到这次审判，将简称为 *IMT*。

23. 关于克劳赫加入戈林的委员会及博施批准这项任命的原因，请参见档案 NI 9767/2, E. Gritzbach 的书面证词；档案 NI 10386/85, P. Koerner 的书面证词；以及最重要的一份资料，档案 NI 676/7, 对 Carl Krauch 的审讯，April 16, 1947。

24. 请参见档案 NI 676/7。关于冯·施尼茨勒的反对意见，请参见档案 NI 675/7, Schnitzler's statement, April 30, 1947。

25. 请参见 Borkin, *The Crime*。

26. 关于沙赫特的反对意见，请参见 *Nazi Conspiracy and Aggression* (Washington D. C. USGPO 1946) p. 886。

27. 请参见 *New York Times* 的报道，May 3, 1936, 以及 May 4, 1936。

28. 关于希特勒和戈林在上萨尔茨堡的会面及其引文，请参见档案 NI 4955/36。

29. 关于沙赫特的引文，请参见 *IMT* 卷宗, vol. 27, p. 1301。

30. 关于戈林对腓特烈大帝的评论，请参见 Taylor, *The Sword and the Swastika*。关于"四年计划"的设立、对戈林的任命，以及对希特勒言论的引用，请参见 *IMT* 卷宗, vol. 12, p. 446。

31. 关于克劳赫，请参见 *NMT* 卷宗, vol. 7, p. 851。关于埃克尔，请参见档案 NI 8833/3, J. Eckell 的书面证词。另见 *NMT* 卷宗, vol. 7, p. 857, Felix Ehrmann 的法庭证词。

32. 关于"四年计划"投资中 IG 法本所占份额的数据，请参见 U. S. National Archives, RG 238/ M892, Krauch defense papers,

C. Krauch 的书面证词，Dec. 19, 1947，以及 *NMT* 卷宗，vol. 7, p. 851, Carl Krauch 的法庭证词。对此最全面的总结，请参见 Hayes, *Industry and Ideology*。另见 Taylor, *The Sword and the Swastika*。

33. 请参见档案 NI 051/2, 17/12/36。

第9章 备战

1. 相关数据转自档案 NI 10001-03, H. Deichfischer 的书面证词，June 2, 1947，以及 Gross, *Further Facts and Figures Relating to the Deconcentration of the I. G. Farbenindustrie Aktiengesellschaft*。

2. 关于 IG 法本合成替代品的广泛使用，来自纽伦堡法庭上控辩双方的数百份陈述，收录于 *NMT* 卷宗，vols. 7, and 8，以及 the U. S. National Archives RG series of defense documents，如档案 NI 6525/8，C. Krauch 的书面证词。

3. 请参见 *Völkischer Beobachter* 的报道，no. 212, July 31, 1938。

4. 数据源自 Peter Hayes 在 *Industry and Ideology* 中所做的计算。

5. 请参见被告人最终陈述，收录于 *NMT* 卷宗，vol. 8, pp. 1055-79。Georg von Schnitzler 的审讯，Sept. 7, 1945，引自 *Elimination of German Resources for War: Hearings before a Subcommittee of the Committee on Military Affairs*, U. S. Senate, 79th Congress, first session (Dec. 1945), p. 957。

6. 请参见 Fest, *Hitler*; Shirer, *The Rise and Fall of the Third Reich*; Burleigh, *The Third Reich*。

7. 脚注：请参见 *Elimination of German Resources*。

8. 关于薪酬的数据，请参见 RG 238, M892, Krauch 1/87, C. Krauch 的书面证词，Dec. 29, 1947。

9. 请参见档案 NI 7241, Ernst Struss 的书面证词。

10. 请参见档案 NI 10386, P Körner 的书面证词。Peter Hayes 认为，是克尔纳让克劳赫对勒布的估算产生怀疑，而不是反过来。(*Industry and Ideology*, p. 206n) 无论这是否属实，克劳赫后来把勒布估算中不准确的地方指出来，提请克尔纳注意。请参见档案 NI 6768/7，C. Krauch 的书面证词。

11. 关于对会议情况和"克劳赫计划"的描述，请参见档案 NI 10386，P. Körner 的书面证词。关于克劳赫作为全权代表的任命，请参见档案 NI 6768/53，对 Krauch 的审讯。

12. 关于 IG 法本对订单增加的积极回应，请参见 *Elimination of German Resources*（exhibit 15），George von Schnitzler 的声明，节选，p. 984。关于保密问题，请参见档案 NI 14002 中的案例，von Knieriem 的备忘录，Oct. 4, 1935。

13. 关于 IG 法本和 DAG 迪纳米特公司的爆炸物制造厂，请参见 Bayer Archives, Leverkusen, IG Farben Geschaftsbericht 1929；Bayer Archives, Leverkusen 6/14 Vowi Bericht 2803；BIOS FR 534, *Organisation of the German Chemical Industry and Its Development for War Purposes*。关于冯·施尼茨勒的引文，请参见档案 NI 5191/38, G. von Schnitzler 的书面证词，March 4, 1947。

14. 关于芥子气的生产，请参见档案 NI 6788/52, O. Ambros 的书面证词，May 1, 1947；档案 NI 12725/104, E. Ehrmann 的书面证词，Nov. 26, 1947；以及 *NMT* 卷宗，vol. 7, pp. 935–43。

15. 请参见 Harris and Paxman, *A Higher Form of Killing*。关于安布罗斯和代亨富尔特，请参见档案 NI 4989。

16. 关于《德国公司法》，请参见 Mann, "The New German Law and Its Background"。另见档案 NI 100037/38/82。

17. 请参见档案 NI 12042, membership of IG directors in Nazi organizations。关于博施在德意志博物馆的演讲，请参见 BASF W1, "Niederschrift über die 28. Sitzung des Ausschusses des Deutschen Museum am 7. Mai, 1939"。

18. 关于戈林颁布的法令（1938 年 1 月、2 月和 11 月），请参见 Bayer Leverkusen Direktions Abteilung 377 和档案 NI 15171/123。另见

433

Barkai, *From Boycott to Annihilation: The Economic Struggle of German Jews, 1933-1945*。

19. 请参见档案 NI 7957/66, H. Bässler 的书面证词, July 17, 1947, 以及档案 NI 7957, chart of members of Aufsichtsrat。

20. 请参见 RG M892, von Schnitzler 11/214, R. von Szilvinyi 的书面证词, p. 66, 以及 RG M892, Schmitz 4/53, R. Graf von Spreti 的书面证词。另见档案 NI 13678/111, Krauch to Wolff。

21. 关于奥伦多夫和加耶夫斯基的会面, 请参见 *NMT* 卷宗, vol. 7, pp. 6228-6229。

22. 请参见档案 NI 13522/110 以及 *NMT* 卷宗, vol. 7, p. 594。

23. 关于加耶夫斯基后来的行动和奥伦多夫的书面证词, 请参见 *NMT* 卷宗, vol. 7, p. 594。关于鲍曼的命运, 请参见 RGO M892, Bütefisch 9/158, 他的遗孀 A. Baumann 的书面证词。关于皮斯特里茨等三人, 请参见 Pistor, *100 Jahre Griesheim*。关于脚注, 请参见 Hayes, *Industry and Ideology*。

24. 请参见 BASF UA, A865/57。关于接管希尔施酒醋制造公司等企业, 请参见 Keiser, "Die Konzernbewegung 1936-39"。

25. 关于博勒和纳粹党外事部的背景, 请参见 McKale, *The Swastika Outside Germany*。关于商业委员会的引文, 请参见档案 NI 04862/36, Oct. 7, 1937。关于"剩余的少数外国犹太人", 请参见档案 NI 8428, pharmaceuticals sales combine meeting of Feb. 16, 1938。

26. 脚注: 关于 IG 法本的"力量来自欢乐"奖励措施, 其细节来自 Abelshauser et al., *German Industry*。关于女性雇员的数据, 请参见 BASF UA, C621/2。

27. 关于博勒的要求, 请参见 *NMT* 卷宗, vol. 7, pp. 655-657。关于马克斯·沃雅恩, 请参见 U. S. Federal Economic Administration [FEA], Economics Organization Staff, "Sterling, IG, and the Nazi Government" (IV), Record Group 169, U. S. National Archives, pp. 26-28。

28. 请参见 *NMT* 卷宗，vol. 7, pp. 724-730。商业委员会的引文，参见档案 NI 4959, p. 37, meeting of Sept. 10, 1937。关于播放纳粹宣传影片的巡回放映队，请参见 Mann and Plummer, *The Aspirin Wars*。

29. 请参见档案 NI 6702/51, M. Ilgner 的书面证词, April 15, 1947; *Elimination of German Resources*, pp. 949-51; 以及 DuBois, *The Devil's Chemists*。有关中美洲联络员的情况，引自 DuBois 的作品。

30. 关于 IG 法本海外交易的概况，请参见 Glaser-Schmidt, "Foreign Trade Strategies of I. G. Farben after World War I", 以及 Coleman, *IG Farben and ICI*, 1925-53。

31. 关于麦克林托克与施密茨的会面，以及 IG 法本的坚持，请参见 FEA, "Sterling, IG, and the Nazi Government", 以及 Department of Justice Central Files, Case 60/21/56, Sterling Products, Inc., Record Group 60, U. S. National Archives, document 6283。Wilhelm Mann 的引文，收录于 DOJ Sterling 6434。

32. 关于获取四乙基铅，请参见 *NMT* 卷宗，vol. 7, p. 4922; *Elimination of German Resources*, p. 945; 以及 Borkin, *The Crime*。关于它对德国的重要性，请参见 *NMT* 卷宗，vol. 7, p. 1309, memo from von Knieriem to Schmitz。

33. 请参见 *Hearings before a Subcommittee on Military Affairs*, U. S. Senate, 78th Congress, 1st session (1943), p. 939。

34. 请参见 *NMT* 卷宗，vol. 7, p. 1309。

35. Von Knieriem 的引文，收录于 *NMT* 卷宗，vol. 7, p. 1204。关于空军部是真正的买家，请参见 *NMT* 卷宗，vol. 7, p. 1189。

36. 1937 年 3 月 12 日，Verm W. 的备忘录，收录于 *NMT* 卷宗，vol. 7, p. 1275。1937 年 7 月 14 日发出的指令，收录于 *NMT* 卷宗，vol. 7, p. 1275, exhibit 223。

37. 关于丁基橡胶和标准石油公司的法律义务，请参见 Borkin, *The Crime*。

38. 关于《霍斯巴赫备忘录》，包括引文，请参见 *IMT* 卷宗，vol. 25，pp. 402-13。

39. 关于会谈以及之后的信件来往，收录于 *Hearings before the Committee on Patents*，U. S. Senate，77th Congress，2nd session（1942），part 6，pp. 2904-2906。

40. 特梅尔有关丁钠橡胶所做出的热情承诺，请参见 Ter Meer，*Die IG Farben Industrie*。

41. 对于会议的描写及其引文，请参见档案 NI 10455，收录于 *NMT* 卷宗，vol. 7，pp. 1281-84，file note by ter Meer。

42. 收录于 *Hearings before the Committee on Patents*，U. S. Senate，77th Congress 2nd session（1942），part 6，p. 2907。

43. 同上。

44. 同上，pp. 2912-2913。

45. 关于特梅尔访问美国：同上，pp. 2916-2917。

46. 关于 IG 法本对 Skodawerke 的兴趣，请参见 *NMT* 卷宗，vol. 7，pp. 1407-08，minutes of the special meeting of Farben officers concerning Austria，Sept. 10，1937；档案 NI 6070/45，meeting of Commercial Committee concerning Austria，April 19，1938。另见档案 NI 8578，p. 70，H. Gattineau 的书面证词，May 2，1947；档案 NI 8456/70，P. Haefliger 的声明，May 1，1947；Hayes，*Industry and Ideology*；以及 DuBois，*The Devil's Chemists*。关于 Skodawerke 对 IG 法本兴趣的最初回应，请参见档案 NI 7388。

47. 脚注：请参见 *NMT* 卷宗，vol. 7，p. 1209。

48. 关于"新秩序"的文件，请参见 *NMT* 卷宗，vol. 7，p. 149。

49. 关于开普勒的引文，请参见 Haefliger's notes of the meeting，收录于档案 NI 3981/29。关于 IG 法本对 Skodawerke 的收购，请参见 *NMT* 卷宗，vol. 7，pp. 1414-15，NI 9289。关于波拉克的命运，请参见 Hilberg，*Destruction of the European Jews*。

50. 有关苏台德危机的背景，请参见 Fest, *Hitler*；Carr, *Arms, Autarky, and Aggression*；Burleigh, *The Third Reich*；以及 Shirer, *The Rise and Fall of the Third Reich*。

51. 请参见 *Elimination of German Resources*, p. 1007，以及 DuBois, *The Devil's Chemists*。关于 IG 法本对旗下捷克控股企业的雅利安化，请参见 *NMT* 卷宗，vol. 7, pp. 1546–1551。

52. 关于 IG 法本对奥西希联合体的态度，请参见档案 NI 6221 和 NI 5194/38, G. Schnitzler 的书面证词，March 10, 1947。

53. 关于对苏台德地区利益群体的捐助，请参见 *NMT* 卷宗，vol. 7, pp. 591–93，以及档案 NI 2795。关于寻找合适的德裔雇员，请参见 *NMT* 卷宗，vol. 7, pp. 146–151, 1566–1574。

54. 关于任命冯·施尼茨勒、特米尔、伊尔格纳和屈内为特别代表，请参见档案 NI 15080/123, Vorstand meeting of Sept. 16, 1938。

55. 档案 NI 2795, *NMT* 卷宗，vol. 7, p. 591。

56. 关于冯海登化工厂对当局的游说及其引文，请参见 *NMT* 卷宗，vol. 7, pp. 1417–19, NI 9161/76。

57. 与冯海登化工厂的交易，请参见档案 NI 13541/110, IG and Heyden to RWM（Reich Economics Ministry）。关于对奥西希联合体的威胁，请参见 *NMT* 卷宗，vol. 7, p. 43。

58. 关于欧洲局势的恶化，请参见 Shirer, *The Rise and Fall of the Third Reich*，以及 Fest, *Hitler*。

59. 请参见 *NMT* 卷宗，vol. 7, p. 35。另见 *Elimination of German Resources*, p. 949。

60. 关于瓦尔特·杜伊斯贝格的提议，请参见 *Robert Bonnar et al. v. The United States*（Ct. Cl. 1971, no. 293 – 63），Exhibit 155, Office of the Alien Property Custodian, Report of Examiner re：Walter Duisberg, p. 26。关于交易的具体细节，请参见 Borkin, *The Crime*。

61. 请参见 BIOS FR 534, *Organisation of the German Chemical Industry and*

435

Its Development for War Purposes；*Elimination of German Resources*，pp. 986-987；以及 *NMT* 卷宗，vol. 7, pp. 1233, 1335。

62. 关于英国帝国化学工业公司的军事化，请参见 Reader，*Imperial Chemical Industries*。关于德国轰炸机的结构，请参见 Dressel and Griehl，*Bombers of the Luftwaffe*，以及 Kay and Smith，*German Aircraft of World War II*。关于步兵的装备，请参见 *German Infantry, 1938-1945*。

第 10 章　战争与利润

1. 请参见 Shirer，*The Rise and Fall of the Third Reich*。

2. Von Schnitzler 的声明，August 22 and 28, 1945，收录于 *NMT* 卷宗，vol. 7, pp. 1520-1523。

3. 请参见档案 NI 4954，Felix Ehrmann 的书面证词，以及档案 NI 7241，Ernst Struss 的书面证词。另见 DuBois，*The Devil's Chemists*。

4. 请参见 *Elimination of German Resources for War*，pp. 996-997，exhibit 12，对 von Schnitzler 的审讯，July 26, 1945，以及档案 NI 5196, G. von Schnitzler 的书面证词。另见 DuBois，*The Devil's Chemists*。

5. 关于《波兰最重要的化工厂》，请参见 Vowi report 3609 of July 28, 1939，收录于档案 NI 9151。关于 IG 法本的动机，请参见档案 NI 5196, G. von Schnitzler 的书面证词，以及档案 NI-7367, A. Eckert 的书面证词。关于 20% 市场份额的数据，来自 Hayes，*Industry and Ideology*。

6. 请参见档案 NI 8457。

7. Schwab 的法庭证词，收录于 *NMT* 卷宗，vol. 7, p. 75。Von Hanneken 信函的引文，收录于档案 NI 1093。

8. 请参见 *NMT* 卷宗，vol. 8, pp. 1143, 20-23。关于 Wurster 在波兰的旅程，请参见 "Report on the Inspection of Some Chemical Industrial Plants in Poland between October 26 and November 1, 1939"，收录于档案 NI 1149。

9. 出现在本段及后续段落中的 Szpilfogel 的引文，皆出自法庭证词，Oct. 23，1947，收录于 *NMT* 卷宗，mimeographed transcripts，pp. 2629–61。

10. 请参见 *NMT* 卷宗，vol. 8，pp. 25–29；档案 NI 1197，Schnitzler to Winkler；档案 NI 806，Schnitzler to Greifelt；档案 NI 8382，Mahnke to Schnitzler。

11. 脚注：请参见 Vogelsang，*Der Freundeskreis Himmler*，p. 161。

12. 关于卡尔·博施去世，请参见 Holdermann，*Im Banne der Chemie*，以及 Abelshauser et al.，*German Industry*。关于他在德意志博物馆发言的后果，请参见 RG 239 M892，Schmitz I/10 and I/11，J. Zeneck 的书面证词，以及 Bruckmann and Zenneck to Ministerpräsident Siebert，May 8，1939。

13. 关于对克劳赫的任命，请参见档案 NI 6526 和 NI 6120，C. Krauch 的书面证词，以及档案 NI 5184，F. ter Meer 的书面证词。关于报酬的更多细节，请参见 Hayes，*Industry and Ideology*。

14. 请参见 *Elimination of German Resources for War*，p. 1014；Glaser-Schmidt，"Foreign Trade Strategies of I. G. Farben"；DuBois，*The Devil's Chemists*；Plumpe，*Die IG Farbenindustrie*；以及 Hayes，*Industry and Ideology*。具体到《加卢斯协议》，请参见档案 NI 5193，G. von Schnitzler 的书面证词，以及 Holdermann，*Im Banne der Chemie*。

15. 关于数据：请参见 *Elimination of German Resources for War*；Glaser-Schmidt，"Foreign Trade Strategies of I. G. Farben"；DuBois，*The Devil's Chemists*；Plumpe，*Die IG Farbenindustrie*；以及 Hayes，*Industry and Ideology*。关于"新秩序"，请参见 *NMT* 卷宗，vol. 7，pp. 1452–65，以及档案 NI 11252，von Schnitzler to Schlotterer，Aug. 3，1940。

16. 关于施洛特尔的答复，请参见 *NMT* 卷宗，vol. 7，p. 1147。

17. 请参见档案 NI 11252 和 NI 6957，*NMT* 卷宗，vol. 8，p. 133。关于德国占领当局的施压，请参见档案 NI 4894。

18. 请参见 *Elimination of German Resources for War*, p. 1387。关于弗罗萨尔的做法和 IG 法本的回应，请参见 *Elimination*, exhibit 36, von Schnitzler 的声明，Aug. 30, 1945。关于赫门的建议，请参见档案 NI 6839。关于 IG 法本的引文，请参见档案 NI 795；关于 Schnitzler 的引文，请参见 *Elimination*, p. 1013。

19. 请参见 *NMT* 卷宗, vol. 8, p. 113, 档案 NI 14224, Kugler's notes on Paris conferences, Nov. 18, 29, and 30, 1940。另见档案 NI 4886, G. Thesmar 的书面证词，以及档案 NI 4889, René Duchemin 的书面证词。

20. 关于赫门的发言，请参见档案 NI 6727。

21. 关于冯·施尼茨勒的声明，请参见档案 NI 6727。

22. 关于冯·施尼茨勒的发言，请参见档案 NI 6838；关于迪舍曼的回应，请参见档案 NI 4889 和 *Elimination of German Resources for War*, p. 1399，以及档案 NI 3707, memo by Kramer, Dec. 14, 1940。

23. 关于 IG 法本的让步，请参见档案 NI 14224, Kugler's notes on Paris conferences。关于 IG 法本的威胁，请参见档案 NI 4889, René Duchemin 的书面证词。（Raymond Berr 后来还是遭到逮捕，并最终死于奥斯维辛集中营。）关于 Francolor 的公告，请参见 *NMT* 卷宗, vol. 8, p. 1150。关于经济补偿，请参见档案 NI 6845 和 NI 8077, Vorstand meeting of July 10, 1941。

24. 关于特梅尔的涂鸦，请参见 NMT 卷宗, vol. 8, p. 163, ter Meer 的法庭证词。

25. 关于曼对罗纳-普朗公司的计划，请参见档案 NI 6839, Terhaar 备忘录；档案 NI 792, Kugler to Terhaar; 档案 NI-7992, IG report on Rhone；以及 Mann's statements, 收录于档案 NI 7991, NI 14495, and NI 14500。关于曼的威胁和罗纳-普朗公司的回应，请参见档案 NI 7629。关于 IG 法本和罗纳-普朗公司之间的交易，请参见档案 NI 7635。

26. 请参见 Paxton, R. *Vichy France*, 以及 Hayes, *Industry and Ideology*。

27. 关于施洛特尔的指令, 请参见档案 NI 504, Schlotterer to Reichwirtschaftskammer, RGI, 以及 Reichsgruppe Handel, Sept. 9, 1940。另见档案 NI 1473。

28. 关于 IG 法本对荷兰（包括关闭工厂）和比利时化学工业的总体态度, 请参见 Hayes, *Industry and Ideology*。关于特尔特雷工厂, 请参见档案 NI 10164。关于索尔维公司, 请参见档案 NI 5196, G. von Schnitzler 的书面证词。关于向保罗·哈特克提供挪威重水的尝试, 请参见 Bernstein, *Hitler's Uranium Club*: *The Secret Recordings at Farm Hall*。

29. 化学企业之间相互关系的细节, 来自 Coleman, *IG Farben and ICI, 1925-53*。关于 IG 法本将搜集到的帝国化学工业公司的情报转交德国当局, 请参见 *Elimination of German Resources for War*, 以及 DuBois, *The Devil's Chemists*。

30. 脚注: 请参见 Public Record Office, London (National Archives), FO files 371, 66564/U634。

31. 关于动员和原材料的储存计划, 请参见档案 NI 4452, NI 7126, NI 7209, NI 7136, 以及 NI 7212。关于防空措施, 请参见档案 NI 8461。

32. 关于空袭的详细情况, 请参见美国战略轰炸调查 (U. S. Strategic Bombing Survey), Oil Division, "Ludwigshafen-Oppau Works of IG Farbenindustrie AG, Ludwigshafen, Germany," Washington, DC, 1947。

33. 关于总体就业情况, 请参见 Milward, *The German Economy at War*; Overy, *War and Economy in the Third Reich*; 以及 Tooze, *The Wages of Destruction*。关于 4000 名工人, 请参见 Abelshauser et al., *German Industry*。关于路德维希港和奥帕工厂女性劳工数量增长的细节, 请参见 BASF UA, C 621/2, "Der Mensch in BASF"。

34. 关于比利时人、意大利人和斯洛伐克人, 请参见 BASF UA, C13, "Direcktionssitzung in Ludwigshafen am Rhein am 28 Juni 1940"。

35. 同上。

36. 请参见 Plumpe, *Die IG Farbenindustrie*。

37. 关于 1939 年之前韦斯与 IG 法本的关系，请参见 Jeffreys, *Aspirin*。

38. 关于韦斯向 IG 法本的提议，请参见 DOJ Central Files, case 60-21-56 (Sterling Products Ltd), RG 60, U. S. National Archives, documents 6063, 6065, 6066, 6113. 1373, and 1853。另见 Bayer Leverkusen Archives, 9. A. 7, 1955, Mann to Weiss, Nov. 30, 1939。关于阿尔弗雷多·莫尔在布宜诺斯艾利斯的活动，请参见 *Elimination of German Resources for War*。关于 1940 年 2 月 6 日双方在佛罗伦萨签署的协议细节，请参见 DOJ 1172, 2663, 3101, and 3104。关于脚注中 IG 法本在南美地区的情况，请参见 *Elimination of German Resources*, appendix A, 以及 *NMT* 卷宗中的列表, vol. 8, p. 1379。

39. 请参见 *New York Times*, April 10 and 11, 1941, 以及 *New York Herald Tribune*, May 29, 1941。

40. 请参见 DOJ, box 1370, "Sterling Products Inc File Assignments" (A), June 27, 1941。关于韦斯和斯特林公司接受司法部的条件，请参见 DOJ, box 1329, 以及 Thomas G. Corcoran Papers, U. S. Library of Congress, box 525, Weiss to Edward Foley, general counsel, U. S. Treasury, Aug. 15, 1941。关于韦斯给勒沃库森的电报，请参见 Bayer Archives, Leverkusen, 9. A. 7, Weiss to Mann。

41. 关于霍华德在巴黎的处境和拍发的电报，请参见 Howard, *Buna Rubber*。

42. 关于约瑟夫·肯尼迪所提供的帮助，请参见 *New York Times*, April 1, 1942。关于比特菲施获得纳粹当局的许可和引文，请参见 Borkin, *The Crime*。

43. 请参见 Borkin, *The Crime*；Ambruster, *Treason's Peace*；以及 Howard, *Buna Rubber*。

44. 电报的引文，收录于 Borkin, *The Crime*。

45. 请参见 DOJ, case 682 and case 2091, *U. S. v Standard Oil Co*（*N. J.*）。
    关于参议院听证会，请参见 *Hearings before the Committee on Patents*,
    U. S. Senate, 77th Congress, 2nd session（1942）, part I。另见
    Ambruster, *Treason's Peace*, 以及 Howard, *Buna Rubber*。

46. 关于施科保和许尔斯的生产水平，请参见 Hayes, *Industry and
    Ideology*。另见 Morris, "The Development of Acetylene Chemistry and
    Synthetic Rubber"。关于原材料的短缺，请参见 BIOS FR 534,
    *Organisation of the German Chemical Industry and Its Development for War
    Purposes*。

47. 请参见档案 NI－11781, Letter from Reich Ministry of Economics to IG
    Farben, 8/11/40。

48. 关于安布罗斯与克劳赫和特梅尔的会谈，请参见 *NMT* 卷宗, vol. 8,
    pp. 349-351, 档案 NI 11784。

第 11 章　奥斯维辛的合成橡胶

1. 本段内容，包括引文，出自 2004 年 9 月和 2005 年 1 月对丹尼斯·埃
   维的两次采访。他的叙述得到了其他几位前英国战俘的证实，特别是
   John Green、Jack Melville 和 Ronald Redman，他们同样为我讲述了有
   关合成橡胶制造厂工作条件的情况，这些信息极其宝贵。

2. 关于安布罗斯的背景细节，他的成长、职业和人生目标，来自他在审
   判中的陈述和证词，有些部分请参见 *NMT* 卷宗, vol. 7, pp. 268, 425,
   1040, 1260, 以及 vol. 8, pp. 164, 292, 731, 1064; DuBois, *The Devil's
   Chemists*; Ter Meer, *Die IG Farben Industrie*; Plumpe, *Die IG
   Farbenindustrie*; Wagner, *IG Auschwitz*。安布罗斯自己简短的辩解书也值
   得一看（"Gedanken zu meiner Verurteilung durch das Nürnberger Gericht
   am 19/30 Juli 1948", BASF UA, W10），尽管它基本上是安布罗斯在审
   判中的论点再现，难以严肃对待。

3. 关于在拉特维茨的开支，请参见 Morris, *The Development of Acetylene*

Chemistry and Synthetic Rubber。

4. 关于拉特维茨的问题，请参见 Morris, *The Development of Acetylene Chemistry and Synthetic Rubber*。关于西里西亚的潜在优势，请参见 Dwork and van Pelt, *Auschwitz, 1270 to the Present*。

5. 请参见档案 NI 11110, Ambros report on trip to Silesia, Dec. 15 – 18, 1940。

6. 关于石油开采有限公司在当地的打算，请参见 Steinbacher, *Auschwitz: A History*。关于奥斯维辛合适的条件，请参见档案 NI 11110, Ambros report。

7. 请参见 *NMT* 卷宗, vol. 8, pp. 337f., report of conference between representatives of IG Farben and Schlesien-Benzin, Jan. 18, 1941。

8. 请参见档案 NI 11110, Ambros report；档案 NI 111783, memo concerning prospective site for the Buna plants in Silesia, Dec. 10, 1940。

9. 关于希特勒颁布法令的背景，请参见 Burleigh, *The Third Reich*。

10. 有大量关于希姆莱、海德里希和别动队的研究。对于本段内容，以下著作为我提供了极大帮助：Breitman, *The Architect of Genocide: Himmler and the Final Solution*；Read, *The Devil's Disciples*；Aly and Heim, *Architects of Annihilation: Auschwitz and the Logic of Destruction*；以及，特别关于 1939 年 9 月 21 日会议的研究，参见 Gilbert, *The Holocaust: The Jewish Tragedy*。

11. 请参见 Steinbacher, *Auschwitz*；Rees, *Auschwitz: The Nazis and the Final Solution*；另外，关于奥斯维辛在中世纪的历史及其对希姆莱的影响，请参见 Dwork and van Pelt, *Auschwitz*。另见 Höss, *Commandant of Auschwitz*。

12. 请参见 Steinbacher, *Auschwitz*, 以及 Dwork and Van Pelt, *Auschwitz*。

13. 希姆莱最早对这里感兴趣，可以从 1941 年 1 月 8 日召开的一次会议的会议记录中明显看出来。海德里希主持会议，参会者包括党卫军、国防军和帝国巩固德意志种族委员会的代表。作为会议中的一个议题，代表们讨论了有关驱逐奥斯维辛的波兰人和犹太人，为新的"上西里西亚计划"铺平道路的事宜。请参见 Federal Archive（Koblenz）R49, Anhang I, file 34, 8。另见 Dwork and van Pelt, *Auschwitz*。

14. 请参见档案 NI 11782, Kurt Eisfeldt 的备忘录，"Buna project," Feb. 13, 1941, *NMT* 卷宗, vol. 8, p. 353。

15. 对弗勒泽讲话的引用，请参见后续的报告；另见 *NMT* 卷宗, vol. 8, p. 345, memorandum concerning investigation of prospective site for Buna plant in Silesia, Feb. 10, 1941。

16. 请参见 *NMT* 卷宗, vol. 8, p. 350, NI 11113, notes of conference with Krauch and Ambros。相关引文，请参见 Kurt Eisfeldt, "Buna project", 档案 NI 11782。

17. 对克劳赫信件的引用，请参见档案 NI 11983, Krauch to Ambros, Feb. 25, 1941。对戈林信件的引用，请参见档案 NI 1240, Göring to Himmler, Feb. 18, 1941。另见档案 NI 11086, Wirth to Ambros, March 4, 1941。

18. 关于希姆莱给格吕克斯的命令以及对沃尔夫的任命，请参见档案 NI 11086, Wirth to Ambros, March 4, 1941。关于同 IG 法本高管的会面，请参见 Federal Archive（Koblenz）NS 19, file 400。关于对霍斯的指示，请参见档案 NI 034/2, R. Höss 的书面证词, May 20, 1946, 以及 Höss, *Commandant of Auschwitz*。

19. 关于制造燃料和橡胶的决定，请参见 Wagner, *IG Auschwitz*。

20. 关于资金方面的决定，请参见 Borkin, *The Crime*; *Economic Study of IG Farbenindustrie AG Section V*；以及 BIOS FR 534, *Organisation of the German Chemical Industry and Its Development for War Purposes*。

21. 请参见档案 NI 11115, minutes of the first Auschwitz construction conference, March 24, 1941。关于引文，请参见档案 NI 15148, report on conference of Farben representatives with Auschwitz concentration camp officials, March 27, 1941。

22. 请参见档案 NI 15148。

23. 关于购买党卫军沙子和石子的协议，请参见档案 NI 11115，minutes of the first Auschwitz construction conference，March 24，1941。关于购买菲尔斯滕格鲁伯煤矿大部分股权，请参见档案 NI 12011，contract between IG and Fürstliche Plessischen GmbH，Feb. 8，1941。关于 IG 法本对建设速度的强调，请参见档案 NI 11117，minutes of founding meeting of IG Farben-Auschwitz，April 7，1941。

24. 关于驱逐奥斯维辛的犹太人问题，请参见 Steinbacher，*Auschwitz*，以及 Smolen，*The History of KL Auschwitz*。

25. 脚注：请参见 Smolen，*The History of KL Auschwitz*。

26. 请参见档案 NI 11117，minutes of founding meeting of IG Farben-Auschwitz，April 7，1941。

27. 同上。

28. 请参见档案 NI 11118，Ambros to ter Meer and Struss，April 12，1941。

29. 20 世纪 90 年代初，这些蓝图的副本在莫斯科的奥索比档案馆（Osobyi archive）被发现。比如，可参见 Collection 502/5 file 13，blueprint AZ 9926（Oct. 3，1944）。关于施工中遇到的其他难题，另见档案 NI 11130，fourteenth construction conference on IG Auschwitz。

30. 请参见档案 NI 11130。

31. 同上。关于安装铁丝网，请参见档案 NI 11127，twelfth construction conference。关于奥斯维辛（比克瑙）的扩建，请参见档案 NI 11132，sixteenth construction conference。

32. 请参见上一条，特别是档案 NI 11127，twelfth construction conference，以及相关决定，Dürrfeld write to Krauch to inform him of difficulties。

33. 请参见 Vrba and Bestic，*I Cannot Forgive*。

34. 引文出自档案 NI 14543，Auschwitz weekly report no. 11，Aug. 19，1941。

35. 引文出自档案 NI 14566，Auschwitz weekly report no. 30，Dec. 15，1941。

36. 关于去乡间狩猎，可查阅，如 Auschwitz weekly reports nos. 82 and 83，

Dec. 4, 1942。关于 IG 法本代表参加党卫军圣诞晚会，请参见档案 NI 15253, Auschwitz weekly reports nos. 31 and 32, Jan. 4, 1942。

37. 脚注：请参见档案 NI 034, R. Höss 的书面证词，May 20, 1946。

38. 请参见 Beevor, *Stalingrad*, 以及 Grant, *Illustrated History of 20th Century Conflict*。

39. 关于比克瑙的俄罗斯战俘营，请参见 Dwork and van Pelt, *Auschwitz*, 以及 Piper, *Auschwitz Prisoner Labor*。

40. 脚注：请参见 Piper, *Auschwitz Prisoner Labor*。

41. 关于戈林的法令，请参见 Read, *The Devil's Disciples*。

42. 请参见 Gilbert, *The Holocaust*。

43. 关于对希姆莱和 1941 年夏天所做的概述，出自 Breitman, *The Architect of Genocide*；Friedlander, *The Origins of Nazi Genocide*；Gilbert, *The Holocaust*；Hilberg, *Destruction of the European Jews*；以及 Dwork and van Pelt, *Auschwitz*。

44. 请参见 *IMT* 卷宗, vol. 9, pp. 517–520。

45. 相关细节出自 Gilbert, *The Holocaust*, 以及 Hilberg, *Destruction of the European Jews*。

46. 万湖会议的细节，包括所有引文，出自 *IMT* 卷宗, NG 2586 F (6), "Protocol of the Wannsee Conference"。

47. 请参见 Hilberg, *Destruction of the European Jews*。关于希姆莱对格吕克斯的指示，请参见 U. S. National Archives, RG 242 T–580/R 69。

48. 请参见 Watts, *Voices of History*, *1942–1943*, p. 121。

49. 请参见 Hilberg, *Destruction of the European Jews*。

第 12 章　IG 奥斯维辛工厂和最终解决方案

1. 关于情况的暂时好转，请参见档案 NI 15256, Auschwitz weekly report no. 42, Feb. 9, 1942, 和档案 NI 11132, sixteenth Auschwitz construction conference, March 6, 1942。关于情况的恶化，请参见档案 NI 11137,

nineteenth Auschwitz construction conference。关于党卫军利用囚犯建造比克瑙营区，请参见档案 NI 11130。关于 1942 年合成橡胶制造厂的人数，请参见 Auschwitz-Birkenau State Museum Archives（ABSMA），D-Au111－3a，chart of prisoner numbers at Buna subcamp to December 31，1944。

2. 请参见 *NMT* 卷宗，vol. 7，pp. 10f。关于 IG 法本对囚犯工人相对于德国人劳动效率的计算，请参见档案 NI 11115，minutes of the first Auschwitz construction conference，March 24，1941。关于将囚犯搬迁到工地附近，请参见档案 NI 15412，Auschwitz weekly report nos. 56（June 15，1942），和档案 NI 14524，Auschwitz weekly report no. 57，*NMT* 卷宗，vol. 8，p. 436。

3. 请参见档案 NI 14524 以及 *NMT* 卷宗，vol. 7，p. 197。

4. 关于集中营和分营的范围，请参见 Piper，*Auschwitz Prisoner Labor*。关于建造方面的事宜，请参见档案 NI 14524，Auschwitz weekly report no. 57。

5. 请参见 Höss，*Commandant of Auschwitz*。我要对前战俘 John Green 表示感谢，他还记得合成橡胶制造厂的员工在谈论帝国领袖即将来访时的情景。

6. 请参见 Read，*The Devil's Disciples*。

7. 关于希姆莱的军需工业计划，请参见 Piper，*Auschwitz Prisoner Labor*。关于对艾希曼的指示，请参见 *The Trial of Adolf Eichmann：Record of Proceedings in the District Court of Jerusalem*，vol. 4，p. 1474。

8. 脚注：请参见 Speer，*Inside the Third Reich*。

9. 关于早期的大屠杀实验，请参见 *IMT* 卷宗，vol. 10，p. 398，Rudolf Franz Ferdinand Höss 的法庭证词。关于 IG 法本与德格施公司和齐克隆 B 的关系，请参见档案 NI 9098，NI 9150，NI 12073，NI 12075，NI 6363，以及 NI 9540。关于 1941 年 8 月和 9 月首次使用齐克隆 B 作为杀人武器，以及随后在集中营焚尸场使用，请参见 Höss，*Commandant of Auschwitz*。

10. 请参见 Höss, *Commandant of Auschwitz*, 以及 Steinbacher, *Auschwitz*。

11. 同上。

12. 请参见 Höss, *Commandant of Auschwitz*; Vrba and Bestic, *I Cannot Forgive*; 以及 Dwork and van Pelt, *Auschwitz*。

13. 请参见 Vrba and Bestic, *I Cannot Forgive*。

14. 脚注: 请参见 Read, *The Devil's Disciples*。

15. 请参见 Höss, *Commandant of Auschwitz*, 以及 Dwork and van Pelt, *Auschwitz*。

16. 请参见 Höss, *Commandant of Auschwitz*。

17. 请参见档案 NI 14551, Auschwitz weekly report 60-61, July 13-26, 1942。关于结束了工厂参观之后的动向, 请参见 Höss, *Commandant of Auschwitz*。

18. 请参见 Höss, *Commandant of Auschwitz*。

19. 请参见 *NMT* 卷宗, vol. 7, pp. 10 - 81 for overview。另见 Steinbacher, *Auschwitz*; Piper, *Auschwitz Prisoner Labor*; Plumpe, *Die IG Farbenindustrie*; DuBois, *The Devil's Chemists*; 以及 Primo Levi 的亲身经历, 收录于 Levi, *If This Is a Man*; Levi and De Benedetti, *Auschwitz Report*。关于 IG 法本负责提供食品, 请参见档案 NI 11139。

20. 请参见 ABSMA, D-Au111-3a, chart of prisoner numbers。关于流行性斑疹伤寒, 请参见 Piper, *Auschwitz Prisoner Labor*。关于来自布痕瓦尔德的囚犯, 请参见档案 NI 10854, instructions from Office DII of Oct. 12, 1942。关于来自特莱西恩施塔特的囚犯, 以及抵达后的筛选和报价, 请参见 ABSMA, D-Au1-3a, 32, 65 Arbeitseinsatz, DII to Auschwitz concentration camp, Jan. 26, 1943; Schwarz to DII, Feb. 20, 1943。

21. 关于 1942 年 12 月的死亡率和毛雷尔的来访, 请参见档案 NI 15256, Auschwitz weekly reports 90-91, Feb. 8-21, 1943。关于 1943 年 3 月, 妇女儿童的数量以及囚犯的伤病情况, 请参见 Piper, *Auschwitz*

Prisoner Labor。

22. 脚注：请参见档案 NI 11139。

23. 1942 年，标准石油公司对 IG 法本的潜在影响，请参见 Morris, *The Development of Acetylene Chemistry and Synthetic Rubber*，以及 Hayes, *Industry and Ideology*。

24. 关于 1942 年底的施工情况，请参见档案 NI 11139, twenty-first Auschwitz construction conference。

25. 请参见档案 NI 14553, Auschwitz weekly reports nos. 62-63, July 27, 1942；档案 NI 14489 和 NI 14514, Auschwitz weekly reports nos. 70-71, Sept. 20, 1943；以及档案 NI 14549, Auschwitz weekly reports nos. 126-127, Oct. 31, 1943。我非常感谢荷兰"志愿"工人 Gil Heuytens 的家人，他们让我了解到 1942~1943 年合成橡胶制造厂的恶劣条件。

26. 脚注：从莫诺维茨寄出的明信片，引自 Gilbert, *The Holocaust*, p. 506。

27. 关于挪威驱逐犹太人的背景，请参见 Gilbert, *The Holocaust*，以及 Hilberg, *Destruction of the European Jews*。

28. 引自 DuBois, *The Devil's Chemists*。

29. 请参见 Wollheim 的法庭证词，收录于 *NMT* 卷宗，vol. 8, p. 590。

30. 请参见档案 NI 4830, Rudolf Vitek 的书面证词。

31. 请参见档案 NI 7967, Ervin Schulhof 的书面证词；Piper, *Auschwitz Prisoner Labor*；以及 Levi, *If This Is a Man*, Levi 在书中对此做了最生动的描述。关于集中营里的妓院，请参见 Levi, *If This Is a Man*，以及档案 NI 15254, Auschwitz weekly reports nos. 73-74 Oct. 8, 1942。关于睡觉的地方，请参见档案 NI 11696, Charles Coward 的书面证词。

32. 请参见档案 NI 4830, Rudolf Vitek 的书面证词。关于集中营的日常工作（以及脚注），请参见 Levi, *If This Is a Man*，以及 Levi, *Survival in Auschwitz: The Nazi Assault on Humanity*。

33. 请参见档案 NI 4830, Rudolf Vitek 的书面证词；档案 NI 12373, Robert Waitz 的法庭证词；Levi and De Benedetti, *Auschwitz Report*。

34. 请参见 Levi and De Benedetti, *Auschwitz Report*。引文出自档案 NI 12373, Robert Waitz 的法庭证词。

35. 关于购买菲尔斯滕格鲁伯煤矿的股份，请参见档案 NI 12011, contract between IG and Fürstliche Plessischen GmbH, Feb. 8, 1941。关于对雅尼纳煤矿的收购，请参见 Piper, *Auschwitz Prisoner Labor*。关于雅尼纳煤矿的报价和其他细节，请参见 Setkiewicz, "Wybrane problemy z historii IG Werk Auschwitz" (Selected problems in the history of IG Werke Auschwitz), *Zeszyty Oswiecimkie* 22 (ABSMA, 1998)。另见档案 NI 10525, guard unit to management, Aug. 11, 1943。

36. 请参见 Piper, *Auschwitz Prisoner Labor*。

444

37. 关于死亡率，请参见档案 NI 7966, E. Orlik 的书面证词，以及档案 NI 11652, Dr. W. Loebner 的书面证词。

38. 关于扬·拉夫尼茨基的回忆，请参见 ABSMA, *Statements Collection*, vol. 60, p. 100。

39. 请参见 Piper, *Auschwitz Prisoner Labor*, 以及档案 NI 11043, labor camp Janina to SS。关于典型的惩罚措施，请参见档案 NI 11038, IG Auschwitz to SS Oberstürmführer Schoettl, Sept. 11, 1944。

40. 关于迪尔费尔德参与筛选犹太人的情况，请参见档案 NI 12069, G. Herzog 的书面证词，Oct. 21, 1947, *NMT* 卷宗, vol. 8, pp. 489–490, 510–515。关于死亡人数，请参见档案 NI 7967, E. Schulhof 的书面证词，以及档案 NI 12070, S. Budziaszek 的书面证词。

41. 关于 IG 法本在奥斯维辛工作的德国雇员，请参见 Steinbacher, *Auschwitz*。

42. 2004 年 6 月在伦敦对米勒的采访。

43. 请参见档案 NI 838, Burth to Küpper。

44. 关于威胁工人，请参见 Piper, *Auschwitz Prisoner Labor*, 以及 Borkin, *The Crime*。

45. 请参见档案 NI 11696, Charles Coward 的书面证词。

46. 关于文件的销毁（以及脚注中的内容），请参见第 14 章。关于 IG 法本管理层对奥斯维辛的访问，请参见档案 NI 14889, Auschwitz weekly reports nos. 70-71, Sept. 21, 1942；档案 NI 15256, Auschwitz weekly reports nos. 76-77, Nov. 15, 1942；档案 NI 7604, C. Schneider 的书面证词, April 22, 1947；档案 NI 5168, F. Jaehne 的书面证词, May 19, 1947；以及 Borkin, *The Crime*。关于迪尔费尔德与霍斯的交谈，请参见档案 NI 7183, deposition by R. Höss, Jan. 1, 1947。

47. 脚注：请参见档案 NI 10040, letter from Krauch to Himmler, July 27, 1943。

48. 请参见档案 NI-5168, F. Jaehne 的书面证词, May 29, 1947。

49. 请参见 *NMT* 卷宗, trial transcript, pp. 13566-13615。

50. 关于施特鲁斯与特梅尔和安布罗斯的谈话，请参见 *NMT* 卷宗, trial transcript, pp. 13566-13615。关于其他董事会成员，请参见档案 NI 9811, C. Lautenschläger 的书面证词, 档案 NI 7604, C. Schneider 的书面证词, 档案 NI 5197, G. von Schnitzler 的书面证词。

51. 关于 IG 法本与德格施公司和齐克隆 B 的关系，请参见档案 NI 9098, NI 9150, NI 12073, NI 12075, NI 6363, 以及 NI 9540。关于彼得斯，请参见档案 NI 9113, G. Peters 的书面证词。关于特施和毛特豪森集中营的数据，请参见 Hayes, *Industry and Ideology*。关于霍斯的引文，请参见 Höss, *Commandant of Auschwitz*。另引自 Lebor and Boyes, *Surviving Hitler: Choices, Corruption, and Compromise in the Third Reich*。

52. 脚注：请参见档案 NI 9093, 以及 Hilberg, *Destruction of the European Jews*。

53. 关于门格勒的详细情况，请参见 Gilbert, *The Holocaust*。关于莫泽斯双胞胎的实验细节，包括引文，请参见 Mozes Kor, *Echoes from Auschwitz*, 以及 Jeffreys, *Aspirin*。

54. 请参见美国广播公司（ABC）新闻节目《20/20》关于纳粹奴隶劳工计划幸存者考虑集体诉讼的报道（July 11, 1999）。

55. 关于费特尔的实验细节和他的引文，请参见 Cohen，"The Ethics of Using Medical Data from Nazi Experiments"。另见 Lifton，*The Nazi Doctors：Medical Killing and the Psychology of Genocide*。拜耳公司致霍斯的信件，引自 Strzelecki，"Experiments"。

56. 更多细节收录于 *NMT* 卷宗，vols. 1 and 2。关于陶博克的经历，请参见档案 NI 3963，K. Tauboeck 的书面证词，June 18，1947。

57. 请参见 *NMT* 卷宗，vol. 1，p. 9193。

58. 关于施佩尔对这次会议的叙述，请参见 Speer，*Inside the Third Reich*。关于代亨富尔特工厂的建立，请参见档案 NI 6788，O. Ambros 的书面证词，May 1，1947。关于 329 页脚注和其他细节，请参见 Harris and Paxman，*A Higher Form of Killing*，以及 Tucker，*War of Nerves：Chemical Warfare from World War 1 to Al-Qaida*。关于安布罗斯对与希特勒会谈的回忆，请参见档案 NI 1044，Otto Ambros 的法庭证词。

59. 脚注：请参见 USSBS，Oil Division Final Report，1947。

60. 关于对 IG 法本工厂的空袭，请参见 United States Strategic Bombing Survey（USSBS）Oil Division，*Ludwigshafen-Oppau Works of IG Farbenindustrie AG，Ludwigshafen，Germany*，Jan. 1947。关于大爆炸，请参见 BASF UA，C13，"Direktionspostsitzung am 30 Juli 1943"。

61. 请参见 USSBS（United States Strategic Bombing Survey），*Oil Division Final Report*，1947（Washington D. C.，1947）。同上，以及 USSBS，*Physical Damage Division Report no. 64，IG Farbenindustrie AG，Leverkusen，Germany*，1945。

62. 关于"外籍工人"人数的计算，请参见档案 NI 11411，K. Hauptmann 的书面证词，Nov. 17，1947，以及路德维希港-奥帕工厂"外籍工人"的具体数字，请参见 BASF UA，C621/2，"Der Mensch"。另见 Hayes，*Industry and Ideology*，该书认为，到 1944 年，这一数字反而更少一些，约为 83000 人，占 IG 法本所用劳动力的 36%。关于劳动营的条件和纪律，请参见 Abelshauser et al.，*German Industry*。

63. 脚注：关于克虏伯公司，请参见 Manchester, *The Arms of Krupp*。关于其他企业，请参见 Tooze, *The Wages of Destruction*。

64. 关于克劳赫的骑士铁十字勋章，请参见 Borkin, *The Crime*。关于戈林与希姆莱、戈培尔、鲍曼的竞争，请参见 Read, *The Devil's Disciples*。关于克劳赫权威的削弱以及他与施佩尔和凯尔的关系，请参见 Hayes, *Industry and Ideology*。

65. 关于轰炸行动，请参见 USSBS, *Oil Division Final Report*，以及档案 NI 3767。施佩尔的引文，出自 Speer, *Inside the Third Reich*。

66. 请参见 *NMT* 卷宗, vol. 7, p. 1109。

67. 关于更多的空袭，请参见 USSBS, *Oil Division Final Report*，以及 Speer, *Inside the Third Reich*。

第 13 章　诸神黄昏

1. 对于 1944 年初，德国国内战争情绪还有其他不同的观点，请参见 Burleigh, *The Third Reich*，以及 Shirer, *The Rise and Fall of the Third Reich*。

2. 到 1944 年，在奥斯维辛及周边建立工厂的企业还有：the Herman Göring Werke, the Berg und Hüttenwerkgesellschaft Teschen, Friedrich Krupp AG, the Weischel Union Metallwerke, Siemens-Schukert, Oberschlesischen Hüttenwerke, Schlesischen Schuhwerke, Schlesische Feinweberei, 以及 Deutsche Gasrusswerke——此外，在上西里西亚其他地方还有另外一些工厂。它们都使用集中营和战俘劳工，但是都没有达到 IG 法本的规模。更多细节，请参见 Allen, *Hitler's Slave Lords*；Herbert, *Hitler's Foreign Workers: Enforced Foreign Labor in Germany under the Third Reich*；以及 Piper, *Auschwitz Prisoner Labor*。

3. 关于莱因哈德行动死亡集中营的关闭，匈牙利被驱逐的犹太人拥入奥斯维辛，以及脚注，请参见 Hilberg, *Destruction of the European Jews*，以及 Gilbert, *The Holocaust*。

4. 请参见 Levi, *If This Is a Man*。

5. 关于成功生产第一批甲醇和随后的庆祝活动，请参见 Wagner, *IG Auschwitz*，以及 Tooze, *The Wages of Destruction*。

6. 对 Dennis Avey 的采访，2005 年 1 月。

7. 请参见 Gilbert, *Auschwitz and the Allies*；Steinbacher, *Auschwitz*；Wagner, *IG Auschwitz*。关于对美国空军轰炸的看法，请参见 Grant, "Twenty Missions in Hell"。

8. 关于萨洛蒙·科恩的引文，请参见档案 NI 10824, Salomon Kohn 的法庭证词，*NMT* 卷宗，vol. 12, Maurer trial, p. 206。

9. 请参见 Levi, *If This Is a Man*。

10. 对 Dennis Avey 的采访，2005 年 1 月。

11. 关于路德维希港的突击小队，请参见 Abelshauser et al. , *German Industry*。关于党卫军关闭营地的情况，请参见 Strzelecki, *The Evacuation, Dismantling, and Liberation of KL Auschwitz*。关于留下的囚犯，请参见档案 NI 11956, report by Dürrfeld。关于菲尔斯滕格鲁伯煤矿上的囚犯的命运，请参见 Gilbert, *The Holocaust*，以及 Strzelecki, *The Evacuation*。

12. 阿哈龙·贝林的回忆，引自 Gilbert, *The Holocaust*。关于莫诺维茨集中营犹太人的命运，另见 Gilbert 的作品。

13. 关于 IG 法本离开奥斯维辛的情况，请参见档案 NI 11956, report by Dürrfeld，以及 Strzelecki, *The Evacuation*。15 万名工人的数字是我自己估算的，包括所有自愿和被迫的外籍劳工、来自德国本土的 IG 法本雇员、Todt 组织的工人、战俘、波兰人和集中营中的犹太人。他们中的一些人在 1941 年 3 月至 1945 年 1 月的某个时段参与了建造合成橡胶制造厂、莫诺维茨营地、奥斯维辛的 IG 法本雇员住宅、合成橡胶制造厂的火车站和供水设施等工程。另外一些人在奥斯维辛及周边由党卫军管理的碎石厂、水泥厂和砖厂中工作，或者在菲尔斯滕格鲁伯煤矿、雅尼纳煤矿，以及当地其他地方的矿场上工作，这些人为 IG 法本的工程和生产提供了重要的辅助性劳动。我们不可能拥有完全确切的数字，这主要是两方面的原因造成的，首先是因为集中营囚犯的流动性很大，其次是他们的预期寿命平均只有大约两到三个月（1944 年在菲尔斯滕格鲁伯煤矿，囚犯的寿命只有四到六个星期）。不过，如果想要对这个问题有更深入的了解，读者可以进一步阅读以下作品，Setkiewicz，"Wybrane problemy z historii IG Werk Auschwitz"（Selected problems in the history of IG Werke Auschwitz），以及 Piper, *Auschwitz Prisoner Labor*。35000～40000 人的死亡数字是基于档案 NI 7967，也就是囚犯 Ervin Schulhof 的书面证词得出的，他为莫诺维茨的 IG 法本管理层编制了囚犯劳工的索引卡；还有档案 NI 12070，也就是莫诺维茨集中营医生 S. Budziaszek 的书面证词，他自己进行了相关的计算；以及 Franciszek Piper 为作品 *Auschwitz Prisoner Labor* 进行的数据统计。虽然这个数字被普遍接受，但是它并不包括那些 1945 年 1 月离开 IG 法本的莫诺维茨营地之后，在死亡行军途中被党卫军杀害的囚犯，也不包括那些从 IG 法本在莫诺维茨的工作岗位转移到奥斯维辛其他劳动任务中，然后被杀害的人，或者那些直接被运到莫诺维茨为 IG 法本工作，但是在火车站筛选后拒绝劳动的囚犯，他们被党卫军直接带到了比克瑙的毒气室。关于纽伦堡法庭检察官所做的估算，请参见 DuBois, *The Devil's Chemists*。

14. 请参见 Strzelecki, *The Evacuation*，以及 Gilbert, *The Holocaust*。

15. 请参见 Levi, *If This Is a Man*，以及 Strzelecki, *The Evacuation*。

16. 请参见 Levi, *The Truce*。

17. 请参见 Strzelecki, *The Evacuation*，以及 Levi, *The Truce*。

18. 关于盟军对来自奥斯维辛的报告的反应，包括英国广播公司发出的警告，请参见 Swiebocki, *London Has Been Informed：Reports by Auschwitz Escapees*。

19. 关于 1944 年 7 月针对希特勒的刺杀，请参见 Shirer, *The Rise and Fall of the Third Reich*。关于施密茨不断恶化的精神状态，请参见 RG 239

M892，Schmitz V/173，Dr. Singer 的书面证词。关于施密茨使用茶壶保温套的习惯，请参见 Hayes，*Industry and Ideology*。关于施密茨尝试接触杜勒斯，请参见 Lebor and Boyes，*Surviving Hitler*。

20. 关于冯·克尼里姆的备忘录，请参见 BASF UA, IG A. 281, "Aufteilung der IG"。关于威廉·曼对纳粹事业继续保持忠诚，请参见 Duisberg，*Nur ein Sohn*。关于马克斯·伊尔格纳，请参见 DuBois，*The Devil's Chemists*。关于冯·施尼茨勒的动向，请参见 Martin，*All Honourable Men*。关于卡尔·伍斯特，请参见 BASF UA, A. 865, "Kurze Beschreibung der Ereignisse in den letzen Tagen vor der Besetzung von Ludwigshafen am Rhein durch amerikanische Truppen," June 4, 1947。关于比特菲施，请参见 BIOS FR 1698, *Interrogation of Dr Bütefisch*, *January 1946*。关于安布罗斯，请参见 PRO（Public Record Office），WO 219/1986 and PRO WO 208/2182。关于冯·克尼里姆、曼和霍兰的行动，请参见 DuBois，*The Devil's Chemists*。关于文件被销毁，请参见 *NMT* 卷宗，vol. 7, p. 467, Dr. Struss 的书面证词，以及 *Elimination of German Resources for War*, p. 980, 对 Dr. Struss 的审讯，July 21, 1945。

21. 恩斯特·施特鲁斯的回忆，引自 DuBois，*The Devil's Chemists*。

22. 请参见 Ellis，*The Defeat in Germany*，以及 Pohlenz，"Leverkusen und das Bayer-Werke in den Jahren 1944–46"。关于枪械，请参见 Bayer Leverkusen Archives 12/13/1, "Entwurf zur Niederschrift der TC in Leverkusen am 14 April 1945"。关于 4 月 14 日美军占领工厂，请参见 Pohlenz，"Leverkusen und das Bayer-Werke"。

23. 脚注：请参见 CIOS XX111–25, *Miscellaneous Chemicals*: *IG Farbenindustrie AG Elberfeld and Leverkusen*, 27 April 1945, 以及 USSBS（United States Strategic Bombing Survey），*Oil Division Final Report*。

24. 关于赫希斯特，请参见 CIOS ER 31, *IG Farben-Hoechst*。关于路德维希港工厂，请参见 USSBS, Oil Division, *Ludwigshafen-Oppau Works of IG Farbenindustrie AG*, *Ludwigshafen*, *Germany*。关于东部工厂的命运，

请参见 Tooze, *The Wages of Destruction*, 以及 Abelshauser et al., *German Industry*。

25. 关于"回形针计划"（和脚注），请参见 Bar-Zohar, *The Hunt for German Scientists, 1944-60*, 以及 Lasby, *Project Paperclip*。

26. 关于 3 月 25 日盟军对路德维希港的访问以及相关引文，请参见 CIOS evaluation report 27, May 27, 1945。关于拆除相关设备，请参见 CIOS, *Report on Investigations by Fuels and Lubricants Teams at the IG Farbenindustrie AG Works at Ludwigshafen and Oppau*。脚注（关于文件的命运），请参见 PRO BT 11/2578, PROBT 211/11, 和 PRO, BT 211/17。关于洛伊纳的合成燃料科学家，请参见 U. S. Archives RG260 OMGUS HQ AG 1945/6 231.2。关于比特菲施（包括脚注），请参见 BIOS FR 1698, *Interrogation of Dr Bütefisch*, *January 1946*。

27. 关于塔尔寻找施拉德尔和安布罗斯，请参见 PRO WO 219/1986 和 PRO WO 208/2182。

28. 关于在根多夫的安布罗斯，请参见 PRO WO 208/2182, 以及 DuBois, *The Devil's Chemists*。

29. 同上。另见 PRO WO 219/1986 和 PRO WO 208/2182; BIOS, Final Report FR 138, *Interrogation of German Chemical Warfare Personnel, 1945*。关于转移安布罗斯，请参见 PRO BT 211/25。

30. 请参见 PRO BT 211/25。

31. 脚注：请参见 Harris and Paxman, *A Higher Form of Killing*, 以及 Tucker, *War of Nerves*。

32. 关于战后德国情况的最佳概述，请参见 Botting, *In the Ruins of the Reich*。涂鸦文字引自 Beevor, *Berlin: The Downfall, 1945*。

33. 关于监视名单以及执行监视行动时遇到的困难，请参阅 Bower, *Blind Eye to Murder: Britain, America, and the Purging of Nazi Germany. A Pledge Betrayed*。关于美国调查员的早期结论，请参见 Bernard Bernstein 上校于 1945 年 11 月为 *Elimination of German Resources for*

War 所写的前言，他是美军占领当局 Division of Investigation of Cartel and External Assets 部门的主任，曾担任过美国财政部的首席法律顾问助理。

34. 脚注：请参见 Bower, *Blind Eye to Murder*。

35. 关于尼克松和马丁到达 IG 法本法兰克福总部的情况，请参见 Martin, *All Honorable Men*，以及 DuBois, *The Devil's Chemists*。

36. 脚注：请参见 Martin, *All Honorable Men*，以及 DuBois, *The Devil's Chemists*。

37. 关于同施尼茨勒的会面，请参见 Martin, *All Honorable Men*，以及 SHAEF report in PRO FO 371 66564/U. 634。

38. 脚注：请参见 PRO FO 371 66564/U. 634。

39. 请参见 SHAEF report in PRO FO 371 66564/U. 634。

40. 引文和描述引自 DuBois, *The Devil's Chemists*。

41. 关于波茨坦会议，请参见 Donnison, *Civil Affairs and Military Government*, *North-West Europe*。

42. 请参见 U. S. National Archives, RG 238, *United States Group Control Council*, *Report on the Investigation of IG Farbenindustrie*, Sept. 12, 1945, 以及 PRO FO 236, Allied Control Council, Nov. 30, 1945。

43. 关于美国的公告，请参见 *New York Times*, Oct. 21, 1945。关于拆分成四十七个独立单位，请参见 *New York Times*, June 18, 1947。

44. 关于在盟军占领下的德国的经济问题，请参见 Donnison, *Civil Affairs and Military Government*，以及 Botting, *In the Ruins of the Reich*。

第 14 章　案件调查

1. 感谢前检方律师 Belle Mayer Zeck 告诉我，泰勒将军在审判前不久参观了曾经的纽伦堡纳粹阅兵场。但是在今天，我们不可能再知道他在那里到底做了什么，或者想过什么。泰勒的副手之一 Benjamin Ferencz 打趣似的对我说，这位将军可能只是想去附近的美军网球场。

尽管如此，我还是在开头的段落中对这一情节进行了小说化处理，以更好地唤起审判前的气氛。关于战争罪审判期间纽伦堡的生活（以及关于城市的破坏），可以在下列作品中做进一步的了解：Tusa and Tusa, *The Nuremberg Trial*；Davis, *Come as a Conqueror: The U. S. Army's Occupation of Germany, 1945-49*；DuBois, *The Devil's Chemists*；Botting, *In the Ruins of the Reich*；以及 Telford Taylor 本人写的 *The Anatomy of the Nuremberg Trials*，尽管它所述及的范围相对有限。关于 1933 年纽伦堡 250 名犹太人的命运，请参见 Gilbert, *The Holocaust*。

2. 有关国际军事法庭的记载有很多，但是泰勒的 *The Anatomy of the Nuremberg Trials*，还有 Ann and John Tusa 的 *The Nuremberg Trial* 这两本书最具可读性和权威性。要了解案件的详细情况，请参见 Sprecher, *Inside the Nuremberg Trial*。Sprecher 在 IMT 审判和 IG 法本案中担任检方律师。

3. NMT 系列审判由 12 个案件组成，它们分别是：军医审判、米尔希审判、纳粹法官审判、波尔（Pohl）审判、人质案件审判、纳粹种族和移民局（RuSHA）审判、弗里克审判、克虏伯审判、IG 法本审判、纳粹特别行动队审判、纳粹政府各部审判，以及最高统帅部审判。关于弗里克审判，请参见 *NMT* 卷宗, vol. 6。关于克虏伯审判，请参见 *NMT* 卷宗, vol. 9。

4. 脚注：请参见 Taylor, *Final Report to the Secretary of the Army*。

5. 关于第 8 号管制法令出台的背景，请参见 Peterson, *The American Occupation of Germany*。

6. 脚注：同上；另见 Botting, *In the Ruins of the Reich*。

7. 关于英方对该指令的疑虑，请参见 PRO FO 371 46801/C8985。在这份文件中，英国外交部的一位高级官员 Con O'Neill 写道："这是一个系统性且十分细致的绝佳范例……我希望我们不要抱有幻想，这就是一条极其疯狂的政策。"

8. 关于某些英国官员能力不足以及对 IG 法本的抱怨，请参见 Bower,

Blind Eye to Murder。关于对许尔斯进行调查的结果，请参见 PRO FO 938/73, Dec. 10, 1946。虽然进行了投诉，但是前纳粹分子的数量还在增加，请参见 PRO FO 938/73, March 17, 1947。

9. 脚注：请参见 PRO FO 371 57587/U7918，其中包括一份 26 名德国工业界领袖和银行家的名单，Elwyn Jones 认为有明显证据可以证明他们的罪行。其他英国官员决心把审判商人这一困难而敏感的任务留给美国。这样一来，正如外交部高级官员 Patrick Dean 在给一位同事的备忘录中明确表示的那样："如果审判出了什么差错，工业家得以脱身，主要的政治批评将落在美国人的肩上，而不是我们的。"（请参见 PRO FO 371 57586/U7295。）

10. 关于一些美国律师认为 IG 法本应该被起诉的观点，请参见 *Elimination of German Resources for War*。关于选举给美国法律团队带来的潜在问题，请参见 PRO FO 371 57587/U8088。

11. 有关特尔福德·泰勒的传记细节和引文，引自 Taylor, *The Anatomy of the Nuremberg Trials*。另见 Ferencz, "Telford Taylor"。

12. 请参见 Taylor, *The Anatomy of the Nuremberg Trials*。相关引文，请参阅 *NMT* 卷宗，vol. 7, prosecution opening statement。

13. 关于工作中的困难，请参见 Taylor, letter to General Clay, RG 260 OMGUS HQ 1945-46 000518.2.46，以及 PRO FO 371 57587/U8088。关于对法官的担心，请参见 Taylor, *Final Report to the Secretary of the Army*。

14. 结果是，在 IG 法本案开始之前，NMT 系列审判中只有两个案件（军医案和米尔希案）结束。有几个案件的审理时间比 IG 法本案短，只持续了几个月，有些案件开始和结束的时间较晚，还有一些案件并非一直在审理，但是在 1947 年 10 月至 11 月期间，泰勒一度曾同时承担了 7 项重大战争罪审判的公诉责任。关于杜波依斯的传记细节，请参见他的 *The Devil's Chemists*，以及 Borkin, *The Crime*。在那些曾经协助过 IMT 早期审判的律师中，Drexel Sprecher 是最出色的。请参见 Sprecher, *Inside the Nuremberg Trial*。

15. 关于前期调查工作和收集资料的困难，请参见 DuBois 在 *The Devil's Chemists* 中的描述。我还从 Belle Mayer 的回忆中受益良多——她在审判后与 IG 法本案诉讼团队的另一位成员 William Zeck 结婚，变成了 Belle Mayer Zeck。（作为战时在美国财政部工作的律师，Belle Mayer 曾在战后对 IG 法本的首次调查中帮助过财政部首席法律顾问助理 Bernard Bernstein。请参见 *Elimination of German Resources for War*。）

16. 请参见 DuBois, *The Devil's Chemists*。

17. 同上。另见 Belle Mayer Zeck 的回忆录。

18. 关于代号和销毁文件，请参见 *NMT* 卷宗, vol. 7, p. 446, 以及 PRO FO 312 81141。

19. 请参见 DuBois, *The Devil's Chemists*。

20. 同上，另见 Belle Mayer Zeck 的回忆录。

21. 美国公诉团队的成员之一 Morris Amchan 通过伦敦的英国陆军部（War Office）与 Avey 和其他战俘取得了联系（2005 年对 Avey 和 John Melville 的采访）。这些口头的和书面的证词都可以在下列档案中查看：the Record Group 238 T301 section of the U. S. National Archives。

22. 关于 DuBois 的担忧，请参见他的 *The Devil's Chemists*。

23. 关于早期审讯中的问题，请参见 Taylor, *Final Report to the Secretary of the Army*。关于辩护律师的影响，对比克劳赫在 1945 年 9 月（a）对审讯者所作的关于德国战争意图的陈述（参见 *Elimination of German Resources for War*, exhibit 33, Dr. Krauch 的审讯, Sept. 27, 1945）和（b）在审判中关于同一主题的法庭证词（*NMT* 卷宗, vol. 7, p. 1130）。

24. 请参见 *NMT* 卷宗, vol. 7, p. 1514。

25. 冯·施尼茨勒最早也是最有说服力的证词是他在 1945 年 5 月至 9

期间做出的，当时调查人员在法兰克福一幢过去的德国国家银行大楼里对他进行审问，这位男爵被关押在该市的 Preungesheim 监狱，每天都会被从牢房带到审问地点。后来，由于牢房不足，他经常被转移到其他地方，有时被囚禁在 Oberursel，有时被关在法兰克福地区的各个监狱。由于时间紧迫，调查人员需要收集数百名证人的口供，往往要同时进行数十次审讯，于是，冯·施尼茨勒经常会与弗里茨·特梅尔等法本公司董事会中的前同事关押在一起。关于这种情况对他的影响，请参见 *NMT* 卷宗，vol 7，p. 1502。

26. 同上。

27. 请参见 DuBois, *The Devil's Chemists*。

28. 所有细节和引文均取自下列起诉书，U. S. v. Carl Krauch 等案，收录于 *NMT* 卷宗，vol. 7，pp. 10-80。

29. 关于乔治·A. 唐德罗的语录，请参见 Congressional Record, July 9, 1947, p. 8564。

30. 同上，另见 DuBois, *The Devil's Chemists*。

31. 关于法官的背景和杜波依斯对《星条旗报》报道的反应，请参见 DuBois, *The Devil's Chemists*, 以及 Borkin, *The Crime*。

32. 请参见 DuBois, *The Devil's Chemists*; Belle Mayer Zeck; 以及 Taylor, *Final Report to the Secretary of the Army*。

第 15 章　审判

1. Telford Taylor 的引文出自 *NMT* 卷宗，vol. 7，pp. 99-116。Belle Mayer 的引文出自 DuBois, *The Devil's Chemists*。

2. 关于庭审中的图表，请参见档案 NI 10042, "organization chart of the IG Farbenindustrie Aktiengesellschaft"。

3. 请参见 DuBois, *The Devil's Chemists*, p. 82。

4. 关于本案的大致情况，请参见 *NMT* 卷宗，vol. 7，pp. 745-1209。关于冯·施尼茨勒在审判之前所作的陈述，请参见 *NMT* 卷宗，vol. 7，

p. 1514；von Schnitzler 的书面证词，收录于档案 NI 5197，NI 5193，NI 5196，和 NI 5467；以及 *Elimination of German Resources for War*，exhibit 36，von Schnitzler 的法庭陈述，Aug. 30，1945。关于柯蒂斯·谢克对冯·施尼茨勒的看法，请参见 DuBois，*The Devil's Chemists*，p. 78。

5. 关于兰金的讲话，请参见 *Congressional Record*，Nov. 28，1947，p. 10938。关于法官对公诉方中有犹太人的问题，请参见 DuBois，*The Devil's Chemists*，pp. 182，193。关于 Drexel Sprecher，请参见 Bower，*Blind Eye to Murder*。关于莫里斯夫人和被告人的妻子们，请参见 Bower，*Blind Eye to Murder*，以及 Belle Mayer。

6. 关于 Morris 在这一段中的前后两句话，请参见 DuBois，*The Devil's Chemists*，93，95。

7. 关于 Szpilfogel 的法庭证词，请参见 *NMT* 卷宗，mimeographed trial transcript，pp. 2629-2661。

8. 请参见 "German Industrialists Tribunal"，*Times*，Dec. 9，1947，以及 DuBois，*The Devil's Chemists*。

9. 请参见 DeBois，*The Devil's Chemists*，以及与 David Gordon 的交谈。

10. 请参见 DuBois，*The Devil's Chemists*，以及 Belle Mayer。关于特梅尔，请参见 DuBois，*The Devil's Chemists*，p. 85，以及 *NMT* 卷宗，vol. 7，p. 859。

11. 关于特梅尔离开监狱并与施特鲁斯会面，请参见 DuBois，*The Devil's Chemists*。

12. 关于 Minskoff 的引文和 DuBois 的回应，请参见 *The Devil's Chemists*，p. 99。

13. 关于 Feinberg 的法庭证词，请参见 *NMT* 卷宗，mimeographed trial transcript，pp. 3810-15。

14. 请参见 *NMT* 卷宗，trial transcript，pp. 3600-11。

15. 请参见 DuBois，*The Devil's Chemists*，p. 224。

16. 关于 Vitek 的法庭证词，请参见 *NMT* 卷宗，trial transcript，pp. 3957-85。

17. 请参见 *NMT* 卷宗, trial transcript, pp. 3692-3699, 3920-3927, 3845-3853；以及 3815-3827。

18. 请参见 U. S. National Archives RG 238 T301 2059, 43-44。

19. 请参见 *NMT* 卷宗, trial transcript, pp. 13566-615。

20. 对 David Gordon 的采访。

21. 关于 Gerhard Dietrich 的法庭证词和盘问，请参见 *NMT* 卷宗, trial transcript, pp. 13752-71。

22. 请参见 DuBois, *The Devil's Chemists*, p. 230。

23. 关于比特菲施，请参见 *NMT* 卷宗, vol. 7, pp. 768f。

24. 关于对温伯格的保护，请参见档案 NI 13678 and U. S. National Archives RG M892, Schmitz 4/53, Rudolf Graf von Spreti 的书面证词。关于奥伦多夫，请参见档案 NI 13522 和 *NMT* 卷宗, vol. 7, pp. 628-629。

25. 关于曼，请参见 *NMT* 卷宗, vol. 8, p. 1164。

26. 关于克劳赫的辩护，请参见 *NMT* 卷宗, vol. 7, p. 719。

27. 请参见 DuBois, *The Devil's Chemists*, p. 338。

28. 有一节装载二甲醚（dimethyl ether）的火车车厢发生破裂并引发爆炸。请参见 Abelshauser et al., *German Industry*。关于谢克的发言，请参见 *NMT* 卷宗, vol. 8, p. 1081。

29. 关于 7 月 29 日至 30 日法院的裁定和判决，请参见 *NMT* 卷宗, vol. 8, pp. 1082-1196。

30. 关于宣判，请参见 *NMT* 卷宗, vol. 8, p. 1205。

31. 关于赫伯特，请参见 *NMT* 卷宗, vol. 8, p. 1204。

32. 请参见 DuBois, *The Devil's Chemists*, p. 339。有关特尔福德·泰勒对整个审判的失败明显感到沮丧，请参见 Taylor, *Final Report to the Secretary of the Army*。

33. 关于泰勒，请参见 *News Chronicle* (London), Aug. 1, 1948。关于戴利法官的发言，请参见 *NMT* 卷宗, vol. 9, 和 *NMT* 卷宗, trial transcript, pp. 13231-13402。

34. 关于杜波依斯回国，他在船上与赫伯特法官的谈话，以及引文，请参见 *The Devil's Chemists*。

35. 同上。

36. 关于赫伯特的反对意见，请参见 *NMT* 卷宗，vol. 8, pp. 1205–1325。

尾声

1. 关于拜耳、巴斯夫和赫希斯特在 1951 年的重建，请参见 *New York Times*，Dec. 27, 1951。关于早期和持续复苏的报道，请参见 *Time*，July 7, 1952, and October 17, 1960; *Business*，February 1970; 以及 *Fortune*，August 1977。

2. 关于今天的拜耳，请参见 www. bayer. com。

3. 请参见 www. corporate. basf. com。

4. 请参见 www. sanofi – aventis. com，或者赫希斯特已经归档的网站：www. archive. hoechst. com。

5. 关于沃尔海姆起诉 IG 法本的背景，请参见 Ferencz, *Less Than Slaves*。

6. 同上。另见 *Wollheim v. IG Farben in Liquidation*，Frankfurt District Court, June 10, 1953，档案号 file 2/3/0406/51。

7. 请参见 Ferencz, *Less Than Slaves*。

8. 关于后继公司在责任和赔偿方面的立场，请参见 Ferencz, *Less Than Slaves*，以及上述这些公司的网站。

9. 关于被告人的反应，或者是无动于衷，请参见 *Times*，Aug. 3, 1948。

10. 关于麦克洛伊施放 IG 法本被告人和其他人的决定，以及政治后果，请参见 Bower, *Blind Eye to Murder*。

11. 兰茨贝格监狱宽松的监管条件，可以从克虏伯案被定罪的被告人之一弗里茨·冯·比洛的一句话中做出判断。他将自己在监狱的时光描述为"一个漫长的、阳光明媚的假期"。关于这段引文和有关克虏伯获释的脚注，请参见 Manchester, *The Arms of Krupp*。弗里茨·特梅尔在获释时对美国人的评论，引自 Hilberg, *Destruction of the European*

Jews, p. 697。关于格奥尔格·冯·施尼茨勒获释，请参见 *Time*，Jan. 2，1950。关于他妻子当时也在场的报道，请参见 *News Chronicle*，Jan. 8，1950。

12. 关于 IG 法本被告人出狱后的职业生涯，详细资料来自 Borkin, *The Crime*（该书依据拜耳和赫希斯特公司 20 世纪 50 年代的年度报告撰写）；Abelshauser et al. , *German Industry*；Fortune, August 1977；Mann and Plummer, *The Aspirin Wars*；Ter Meer, *Die IG Farben Industrie*；Verg, Plumpe, and Schultheis, *Milestones*；www. dr-rath-foundation. org/pharmaceutical _ business；Stokes, Divide and Prosper：*The Heirs of I. G. Farben under Allied Authority*；Meinzer, *125 Jahre BASF*；以及上述后继公司的网站。

13. 请参见 DuBois，*The Devil's Chemists*，p. 356。

14. 请参见座次图，收录于 BASF UA, W 1/2/8，"Die Herren Mitglieder des Vorstandes der ehemaligen IG Farbenindustrie"，Feb. 6, 1959。

参考书目

Abelshauser, W., W. von Hippel, J. Johnson and R. Stokes. *German Industry and Global Enterprise: BASF: The History of a Company.* Cambridge, 2004.

Aims and Purposes of the Chemical Foundation Incorporated and the Reasons for Its Organisation. As told by A. Mitchell Palmer, United States Attorney General and Former Alien Property Custodian, in His Report to Congress, and by Francis P. Garvan, Alien Property Custodian, in an Address to the National Cotton Manufacturers Association. New York, 1919.

Allen, M. T. *Hitler's Slave Lords: The Business of Forced Labor in Occupied Europe.* Chapel Hill, 2004.

Aly, G., and S. Heim. *Architects of Annihilation: Auschwitz and the Logic of Destruction.* London, 2002.

Ambruster, H. W. *Treason's Peace: German Dyes and American Dupes.* New York, 1947.

Angress, W. *Stillborn Revolution: The Communist Bid for Power in Germany 1921–1923.* Princeton, 1963.

Armstrong, H. 'Chemical Industry and Carl Duisberg'. *Nature,* 22 June 1935.

Auschwitz-Birkenau State Museum, ed. *KL Auschwitz Seen by the SS.* Oswiecim, 1997.

Balderston, T. *The Origins and Course of the German Economic Crisis, 1923–1932.* Berlin, 1993.

Barkai, A. *From Boycott to Annihilation: The Economic Struggle of German Jews, 1933–1945.* Hanover, 1989.

Bar-Zohar, M. *The Hunt for German Scientists, 1944–60.* London, 1966.

Bauer, M. *Der Grosse Krieg in Feld und Heimat.* Tübingen, 1921.

Bäumler, E. *A Century of Chemistry.* Düsseldorf, 1968.

Beer, J. *The Emergence of the German Dye Industry.* Illinois Studies in Social Sciences, Urbana, 1959.

Beevor, A. *Berlin: The Downfall, 1945.* London, 2002.

Benfey, T. 'August Wilhelm Hofmann: A Centennial Tribute'. *Education in Chemistry,* 1992.

Bennett, E. W. *German Rearmament and the West, 1932–1933.* Princeton, 1979.

Bernstein, J. *Hitler's Uranium Club: The Secret Recordings at Farm Hall.* New York, 2001.

Bernstein, V. *Final Judgement: The Story of Nuremberg.* London, 1947.

Bessel, R. *Germany after the First World War.* Oxford, 1993.

Beyerchen, A. D. *Scientists under Hitler: Politics and the Physics Community in the Third Reich.* New Haven, 1977.

BIOS (British Intelligence Objectives Subcommittee) Final Report FR 138. *Interrogation of German Chemical Warfare Personnel, 1945.* Imperial War Museum, Duxford.

BIOS FR 534. *Organisation of the German Chemical Industry and Its Development for War Purposes.* IWM, Duxford.

BIOS FR 1697. *Synthetic Oil Production in Germany.* IWM, Duxford.

BIOS FR 1698. *Interrogation of Dr Bütefisch, January 1946.* IWM, Duxford.

Boemeke, M. F., et al., eds. *The Treaty of Versailles: A Reassessment after 75 Years.* Washington, DC, 1998.

Borkin, J. *The Crime and Punishment of IG Farben.* New York, 1978.

Bosch, C. *Geschäftsstelle für die Friedensverhandlungen.* Berlin, 1919.

Botting, D. *In the Ruins of the Reich.* London, 1985.

Boulton, J. 'William Henry Perkin'. *Journal of the Society of Dyers and Colourists,* March 1957.

Bower, T. *Blind Eye to Murder: Britain, America, and the Purging of Nazi Germany – A Pledge Betrayed.* London, 1981.

Braun, G., *Schichtwechsel. Arbeit und Gewerkschaft in der Chemie-Stadt Ludwigshafen.* Ludwigshafen, 1999.

Breitman, R. *The Architect of Genocide: Himmler and the Final Solution.* New York, 1991.

Breunig, W. *Soziale Verhältnisse der Arbeiterschaft und sozialistische Arbeiterbewegung in Ludwigshafen am Rhein, 1868–1909.* Ludwigshafen, 1990.

Brock, W. H. *The History of Chemistry.* London, 1992.

— *The Norton History of Chemistry.* New York, 1993.

Brustein, W. *The Logic of Evil: The Social Origins of the Nazi Party, 1925–1933.* New Haven, 1996.

Burleigh, M. *The Third Reich: A New History.* London, 2000.

Carr, W. *Arms, Autarky and Aggression: A Study in German Foreign Policy, 1933–1939.* New York, 1972.

Carter, G. *Chemical and Biological Defence at Porton Down, 1916–2000.* London, 2000.

Chemical Society. *The Life and Works of Professor William Henry Perkin.* London, 1932.

CIOS (Combined Intelligence Objectives Subcommittee). *Report on Investigations by Fuels and Lubricants Teams at the IG Farbenindustrie AG Works at Ludwigshafen and Oppau, 1945.* Imperial War Museum, Duxford.

CIOS ER 27. *IG Farben–Frankfurt.* IWM, Duxford.

CIOS ER 31. *IG Farben–Hoechst.* IWM, Duxford.

CIOS ER 33. *IG Farben–Leverkusen.* IWM, Duxford.

CIOS XX111-7. *A New Group of War Gases.* IWM, Duxford.

CIOS XX111-25. *Miscellaneous Chemicals: IG Farbenindustrie AG Elberfeld and Leverkusen, 27 April 1945.* IWM, Duxford.

Clavin, P. *The Great Depression in Europe, 1929–1939.* London, 2000.

Clay, L. D. *Decision in Germany.* London, 1950.

Cohen, B. C. 'The Ethics of Using Medical Data from Nazi Experiments'. www.jlaw.com/Articles/NaziMedEx.html.

Coleman, K. *IG Farben and ICI, 1925–53: Strategies for Growth and Survival.* London, 2006.

Collier, R. *The Plague of the Spanish Lady.* New York, 1974.

Cornwell, J. *Hitler's Scientists: Science, War and the Devil's Pact.* London, 2003.

Davies, N. *Europe: A History.* London 1997.

Davis, F. M. *Come as a Conqueror: The US Army's Occupation of Germany, 1945–49.* New York, 1967.

Dickens, C. 'Perkin's Purple'. *All the Year Round,* September 1859.

Donnison, F. S. V. *Civil Affairs and Military Government, North-West Europe.* London, 1961.

Dorner, M. 'Early Dye History and the Introduction of Synthetic Dyes before the 1870s'. www.smith.edu./hsc/silk/papers/dorner.html.

Dreser, H. 'Pharmakologisches über Aspirin-Acetylsalicylsäure'. *Archiv für die Gesammte Physiologie,* 1899.

Dressel, J., and M. Griehl. *Bombers of the Luftwaffe.* London, 1994.

DuBois, J. E. Jr, *The Devil's Chemists: 24 Conspirators of the International Farben Cartel Who Manufacture Wars.* Boston, 1952.

Duisberg, Carl. *Meine Lebenserinnerungen.* Leipzig, 1933.

— *Abhandlungen, Vorträge und Reden aus den Jahren 1882–1921.* Berlin, 1923.

Duisberg, Curt. *Nur ein Sohn.* Stuttgart, 1981.

Duran-Reynals, M. I. *The Fever Bark Tree: The Pageant of Quinine.* New York, 1946.

Dwork, D., and R. van Pelt. *Auschwitz, 1270 to the Present.* New York, 1996.

Economic Study of IG Farbenindustrie AG, Section V, 1945. Imperial War Museum, Duxford.

Eichengrün, A. 'Pharmaceutisch-wissenschaftliche Abteilung': *Geschichte und Entwicklung der Farbenfabriken vorm Friedr Bayer & Co., Elberfeld, in den ersten 50 Jahren.* Munich, 1918.

— '50 Jahre Aspirin'. *Pharmazie,* 1949.

Eksteins, M. *The Limits of Reason: The German Democratic Press and the Collapse of Weimar Democracy.* Oxford, 1975.

Ellis, L. *Victory in the West,* vol. 2, *The Defeat in Germany.* London, 1968.

Elimination of German Resources for War: Hearings before a Subcommittee of the Committee on Military Affairs, United States Senate, 79th Congress, first session, December 1945.

Evans, R. J. *The Coming of the Third Reich.* London, 2003.

Eyck, E. *A History of the Weimar Republic,* vols 1 and 2. Cambridge, 1953.

Falter, J. W. 'How Likely Were Workers to Vote for the NSDAP?' *The Rise of National Socialism and the Working Classes in Weimar Germany.* Oxford, 1996.

Farbenfabriken vormals Friedrich Bayer & Co. v. Chemische Fabrik Von Heyden. Reports of Patent, Design and Trade Mark Cases, 1905.

Farber, E. *The Evolution of Chemistry: A History of its Ideas, Methods and Materials.* London, 1959.

Feldman, G. D. *Arms, Industry and Labor in Germany, 1914–1918.* Princeton, 1966.

Ferencz, B. 'Telford Taylor'. *Columbia Journal of Transnational Law,* 1999.

— *Less Than Slaves: Jewish Forced Labor and the Quest for Compensation.* Bloomington, 2001.

Ferguson, N. *The Pity of War.* London, 1998.

Fest, J. C. *The Face of the Third Reich.* London, 1970.

— *Hitler.* London, 1974.

Fitzgibbon, C. *Denazification*. London, 1969.
Flechtner, H. *Carl Duisberg: Vom Chemiker zum Wirtschaftsführer*. Düsseldorf, 1959.
Foster, M. H. 'IG Farben and the Road to Auschwitz: Failed Ethics in an Early High-Technology Enterprise'. Master's thesis, University of North Dakota, 1994.
Fournier d'Albe, E. E. *The Life of Sir William Crookes OM FRS*. London, 1923.
Frei, N. *National Socialist Rule in Germany: The Führer State, 1933-1945*. Oxford, 1993.
Friedlander, H. *The Origins of Nazi Genocide: From Euthanasia to the Final Solution*. Chapel Hill, 1995.
Friedländer, S. *Nazi Germany and the Jews: The Years of Persecution, 1933-1939*. London, 1997.
Fritzsche, P. *Germans into Nazis*. Cambridge, 1998.
Garfield, S. *Mauve: How One Man Invented a Colour that Changed the World*. London, 2000.
Gattineau, H. *Durch die Klippen des 20 Jahrhunderts*. Stuttgart, 1983.
Gellately, R. *Backing Hitler: Consent and Coercion in Nazi Germany*. Oxford, 2001.
'German Infantry 1938-45', unattributed pamphlet at the Imperial War Museum. London, 1973.
Gilbert, M. *Auschwitz and the Allies*. London, 1981.
— *The Holocaust: The Jewish Tragedy*. London, 1986.
— *The First World War*. London, 1994.
Gisevius, H. B. *To the Bitter End*. Westport, 1975.
Glaser-Schmidt, E. 'Foreign Trade Strategies of I.G. Farben after World War I'. *Business and Economic History*, 1994.
Goldhagen, D. *Hitler's Willing Executioners: Ordinary Germans and the Holocaust*. New York, 1996.
Grant, N. *Illustrated History of 20th Century Conflict*. London, 1992.
Grant, R. 'Twenty Missions in Hell'. *Journal of the Air Force Association*, 2007.
Gratzer, W. *The Undergrowth of Science: Delusion, Self-Deception, and Human Frailty*. Oxford, 2000.
Grenville-Smith, R., and A. Barrie. *Aspro: How a Family Business Grew Up*. Melbourne, 1976.
Gross, H. *Further Facts and Figures Relating to the De-concentration of the I.G. Farbenindustrie Aktiengesellschaft*. Kiel, 1951.
Grunberger, R. *A Social History of the Third Reich*. London, 1974.
Haber, L. F. *The Chemical Industry during the Nineteenth Century*. Oxford, 1956.
— *The Poisonous Cloud: Chemical Warfare in the First World War*. Oxford, 1958.
— *The Chemical Industry, 1900-1930: International Growth and Technological Change*. Oxford, 1971.
Hardach, G. *The First World War, 1914-1918*. Harmondsworth, 1987.
Harris, R., and J. Paxman. *A Higher Form of Killing: The Secret History of Gas and Germ Warfare*. London, 1982.
Hayes, P. *Industry and Ideology: IG Farben in the Nazi Era*. Cambridge, 1987.
— 'Carl Bosch and Carl Krauch. Chemistry and the Political Economy of Germany 1925-1945'. *Journal of Economic History*, 1987.
Haynes, W. *American Chemical Industry: The World War I Period, 1912-1922*, vol. 2. New York, 1945.
Herbert, U. *Hitler's Foreign Workers: Enforced Foreign Labor in Germany under the Third Reich*. Cambridge, 1997.
Hiebert, J. *Our Policy Is People, Their Health Our Business: The Story of Sterling Drug, Inc*. New York, 1963.
Hilberg, R. *Destruction of the European Jews*. New Haven, 2003.
Hitler's Secret Conversations, 1941-44. New York, 1953.
Holdermann, K. *Im Banne der Chemie: Carl Bosch, Leben und Werke*. Düsseldorf, 1953.
Höss, R. *Commandant of Auschwitz*. London, 1959.
Howard, F. *Buna Rubber*. New York, 1947.
Hughes, T. P. 'Technological Momentum in History: Hydrogenation in Germany 1898-1933'. *Past and Present*, 1969.
I.G. Farben, Auschwitz, Massenmord: I.G. Farben Auschwitz Experimente. Berlin, 1965.
Issekutz, B. *Die Geschichte der Arzneimittelforschung*. Budapest, 1971.
Jeffreys, D. *The Bureau: Inside the Modern FBI*. London, 1994.
— *Aspirin: The Remarkable Story of a Wonder Drug*. London, 2004.
Johnson, J. A. *The Kaiser's Chemists: Science and Modernization in Imperial Germany*. Chapel Hill, 1990.
Jones, J. P. *The German Secret Service in America, 1914-18*. Toronto, 1918.
Jones, L. E. *German Liberalism and the Dissolution of the Weimar Party System, 1918-1933*. Chapel Hill, 1988.
Kapralık, C. *Reclaiming the Nazi Loot*. London, 1962.

Kay, A., and J. Smith. *German Aircraft of World War II*. London, 2002.

Keiser, G. 'Die Konzernbewegung 1936–39'. *Wirtschaftkurve*, vol. 19, 1939.

Kershaw, I., ed. *Weimar: Why Did German Democracy Fail?* London, 1990.

— *Hitler, 1899–1936*. London, 1998.

Kessler, H. *Walter Rathenau: His Life and Work*. New York, 1930.

Kiefer, D. M. 'Chemistry Chronicles: Capturing Nitrogen Out of the Air'. *Today's Chemist*, February 2001.

Kimmel, G. *Zum Beispiel: Tötungsverbrechen in nationalsozialistischen Konzentrationslagern*. Karlsruhe, 1971.

Klein, I. 'The Fever Bark Tree'. *Natural History*, April, 1976.

Klemperer, V. *I Shall Bear Witness: The Diaries of Victor Klemperer, 1933–41*. London, 1998.

Knieriem, A. von. *The Nuremberg Trials*. Chicago, 1959.

Kolata, G. *Flu: The Story of the Great Influenza Pandemic of 1918 and the Search for the Virus That Caused It*. New York, 1999.

Kolb, E. *The Weimar Republic*. London, 1988.

Kopper, C. *Bankiers unterm Hakenkreuz*. Munich, 2005.

Korthaus, W. *Pharmazeutische Geschäft in Südamerika währen des Krieges*. Werksarchiv der Bayer AG (Bayer Leverkusen Archives).

Lagnado, L. M., and S. Cohn Dekel. *Children of the Flames: Dr Josef Mengele and the Untold Story of the Twins of Auschwitz*. London, 1991.

Lasby, C. G. *Project Paperclip*. London, 1971.

Leaback, D. 'What Hofmann Left Behind'. *Chemistry and Industry*, May 1992.

Lebor, A., and R. Boyes. *Surviving Hitler: Choices, Corruption and Compromise in the Third Reich*. London, 2000.

LeFebure, V. *The Riddle of the Rhine: Chemical Strategy in Peace and War*. London, 1923.

Leggett, W. F. *Ancient and Medieval Dyes*. New York, 1944.

Lesch, J. E. *The German Chemical Industry in the Twentieth Century*. Dordrecht, 2000.

Levi, P. *Survival in Auschwitz: The Nazi Assault on Humanity*. New York, 1959.

— *If This Is a Man*. London, 1960.

— *The Truce*. London, 1965.

— and L. De Benedetti. *Auschwitz Report*. Trans. Judith Woolf. London, 2006.

Lifton, R. *The Nazi Doctors: Medical Killing and the Psychology of Genocide*. London, 1986.

Lochner, L. P. *Tycoons and Tyrants: German Industry from Hitler to Adenauer*. Chicago, 1954.

Luckau, A. M. *The German Delegation at the Paris Peace Conference*. New York, 1941.

Manchester, W. *The Arms of Krupp*. London, 1969.

Mann, C., and M. Plummer. *The Aspirin Wars: Money, Medicine and 100 Years of Rampant Competition*. New York, 1991.

Mann, F. 'The New German Law and Its Background'. *Journal of Comparative Legislation and International Law*, 1937.

Martin, J. *All Honorable Men*. New York, 1950.

Martinez, D. *Der Gaskrieg, 1914–18: Entwicklung, Herstellung and Einsatz chemischer Kampstoff*. Bonn, 1996.

Maser, W. *Nuremberg: A Nation on Trial*. London, 1979.

McConnell, E. 'The Production of Nitrogenous Compounds Synthetically in US and Germany'. *Journal of Industrial Chemistry*, 1919.

McKale, D. *The Swastika Outside Germany*. Kent State University Press, 1977.

McTavish, J. 'The German Pharmaceutical Industry, 1880–1920: A Case Study of Aspirin'. Master's thesis, University of Minnesota, 1986.

— 'Aspirin in Germany: The Pharmaceutical Industry and the Pharmaceutical Profession'. *Pharmacy in History*, 1987.

— 'What's in a Name? Aspirin and the American Medical Association'. *Bulletin of History of Medicine*, 1987.

Meinzer, L. *125 Jahre BASF: Stationen ihrer Geschichte*. Ludwigshafen, 1990.

Meth-Cohn, O., and M. Smith. 'What Did W. H. Perkin Actually Make When He Oxidised Aniline To Obtain Mauveine?' *Journal of the Chemical Society*, 1994.

Michels, R. *Cartels, Combines and Trusts in Post-War Germany*. New York, 1928.

Milward, A. *The German Economy at War*. London, 1965.

Morgan, B. *Apothecary's Venture: The Scientific Quest of the International Nicholas Organisation*. Melbourne, 1959.

Morris, J. 'War Gases in Germany'. *Journal of Industrial Chemistry*, 1919.

Morris, P. 'The Development of Acetylene Chemistry and Synthetic Rubber by IG Farbenindustrie, 1926–1945'. Doctoral thesis, Oxford University, 1992.

Mozes Kor, E. *Echoes from Auschwitz: Dr Mengele's Twins, The Story of Eva and Miriam Mozes.* Terre Haute, 1999.

Nazi Conspiracy and Aggression. Washington, DC, USGPO 1946.

Nagel, A. von. *Fuschin, Alizarin, Indigo. Der Beginn eines Weltunternehmens.* Ludwigshafen, 1968.

Overy, R. J. 'Mobilisation for Total War in Germany, 1939–1941.' *English Historical Review*, 1988.

— *War and Economy in the Third Reich.* Oxford, 1994.

Paxton, R. *Vichy France.* London, 1972.

Peterson, E. N. *The American Occupation of Germany.* Detroit, 1977.

Piper, F. *Auschwitz Prisoner Labor: The Organisation and Exploitation of Auschwitz Concentration Camp Prisoners as Laborers.* Trans. W. Brand. Oswiecim, 2002.

Pistor, G. *100 Jahre Griesheim.* Tegernsee, 1959.

Pitt, B. *Revenge at Sea.* London, 1965.

Plumpe, G. *Die IG Farbenindustrie AG: Wirtschaft, Technik und Politik, 1904–1945.* Berlin, 1990.

Poole, J. S. *Who Financed Hitler?* London, 1978.

Pohlenz, M. 'Leverkusen und das Bayer-Werke in den Jahren 1944–1946'. Master's thesis, University of Cologne, 1991.

Rathenau, W. 'Germany's Provisions for War Materials'. *Economic and Social History of the World War.* Ed. J. Shotwell. New Haven, 1924.

Read, A. *The Devil's Disciples: The Life and Times of Hitler's Inner Circle.* London, 2003.

Reader, W. J. *Imperial Chemical Industries: A History*, vols 1 and 2. London, 1970 and 1975.

Rees, L. *Auschwitz: The Nazis and the Final Solution.* London, 2005.

Reimer, T. N. 'Bayer & Company in the United States: German Dyes, Drugs, and Cartels in the Progressive Era'. Ph.D. dissertation, Syracuse University, 1996.

Reinhardt, C. and A. S. Travis. *Heinrich Caro and the Creation of Modern Chemical Industry.* Dordrecht, 2000.

Rowe, F. M. *The Development of the Chemistry of Commercial Synthetic Dyes.* London, 1938.

Sasuly, R. *IG Farben.* New York, 1947.

Schacht, H. *Account Settled.* London, 1949.

Schadewaldt, H., and R. Alstaedter. *History of Pharmacological Research at Bayer.* Leverkusen, 1991.

Schmidt, A. *Die industrielle Chemie in ihrer Bedeutung im Weltbild und Erinnerungen an ihren Aufbau.* Berlin, 1934.

Schnabel, R. *Macht ohne Moral: Eine Dokumentation über die SS.* Frankfurt, 1957.

Schneider, M. *A Brief History of the German Trade Unions.* Bonn, 1991.

Schröter, H. *Deutsche Industrie auf dem Weltmarkt.* Bochum, 1985.

— *Friedrich Engelhorn: Ein Unternehmer-Porträt des 19 Jahrunderts.* Landau, 1991.

Schwartz, W. *Rückerstattung nach den Gesetzen der Allierte Mächte.* Munich, 1974.

Sebag-Montefiore, H. *Enigma: The Battle for the Code.* London, 2000.

Setkiewicz, P. 'Wybrane problemy z historii IG Werk Auschwitz' [Selected problems in the history of IG Werke Auschwitz]. *Zeszyty Oswiecimkie*, 1998.

Sharp, A. *The Versailles Settlement: Peacemaking in Paris, 1919.* London, 1991.

Shirer, W. L. *The Rise and Fall of the Third Reich: A History of Nazi Germany.* New York, 1960.

SIPRI, *The Problems of Chemical and Biological Warfare*, vol. 1. *The Rise of CB Weapons.* Stockholm, 1971.

Smil, V. *Enriching the Earth: Fritz Haber, Carl Bosch and the Transformation of World Food Production.* Cambridge, 2001.

Smolen, K., ed. *The History of KL Auschwitz.* Krakow, 1967.

Speer, A. *Inside the Third Reich.* New York, 1970.

Sprecher, D. A. *Inside the Nuremberg Trial: A Prosecutor's Comprehensive Account*, vols 1 and 2. Lanham, 1999.

Steinbacher, S. *Auschwitz: A History.* Munich, 2004.

Stenger, E. *100 Jahre Photographie und der Agfa.* Berlin, 1939.

Stern, F. *Einstein's German World.* London, 2000.

Stocking, G., and M. Watkins. *Cartels in Action.* New York, 1947.

Stokes, R. *Divide and Prosper: The Heirs of I.G. Farben under Allied Authority.* Berkeley, 1988.

Stoltenberg, D. *Fritz Haber: Chemiker, Nobelpreisträger, Deutscher, Jude; Eine Biographie.* Weinheim, 1998.

Stone, E. 'An Account of the Success of the Bark of the Willow in the Cure of Agues.' *Philosophical Transactions.* Royal Society of London, 1763.

Strahan, D. *The Last Oil Shock: A Survival Guide to the Imminent Extinction of Petroleum Man.* London, 2007.

Stranges, A. 'Friedrich Bergius and the Rise of the German Synthetic Fuel Industry'. *Isis,* 1984.

— 'Standard Oil and the IG Farben Cartel'. *American Business History,* 1987.

— 'Germany's Synthetic Fuel Industry 1930–1945'. *The German Chemical Industry in the Twentieth Century.* Ed. J. E. Lesch. Dordrecht, 2000.

Streller K., and E. Masalsky. *Geschichte des VEB Leuna-Werke 'Walter Ubricht' 1916 bis 1945.* Leipzig, 1989.

Strzelecki, A. 'Experiments'. *Auschwitz, 1940–45: Central Issues in the History of the Camp,* vol. 2. Oswiecim, 2000.

— *The Evacuation, Dismantling and Liberation of KL Auschwitz.* Oswiecim, 2001.

Swiebocki, H., ed. *London Has Been Informed: Reports by Auschwitz Escapees.* Oswiecim, 2002.

Szöllösi-Janze, M. *Fritz Haber, 1868–1934: Eine Biographie.* Munich, 1998.

— 'Losing the War but Gaining Ground: The German Chemical Industry during World War I'. *The German Chemical Industry in the Twentieth Century.* Ed. J. E. Lesch. Dordrecht, 2000.

Tammen, H. 'Die I.G. Farben Industrie Aktiengesellschaft, 1925–1933'. Doctoral thesis, Free University of Berlin, 1978.

Taylor, T. *Final Report to the Secretary of the Army on the Nuremberg War Crimes Trial under Control Council Law No. 10.* Washington, DC, 1949.

— *Sword and Swastika: Generals and Nazis in the Third Reich.* New York, 1952.

— *The Anatomy of the Nuremberg Trials: A Personal Memoir.* New York, 1992.

Temperley, H., ed. *A History of the Peace Conference.* London, 1924.

Ter Meer, F. *Die IG Farben Industrie Aktiengesellschaft.* Düsseldorf, 1953.

Tooze, A. *The Wages of Destruction: The Making and Breaking of the Nazi Economy.* London, 2006.

Travis, A. S. *The Rainbow Makers: The Origins of the Synthetic Dyestuff Industry in Western Europe.* Bethlehem, 1983.

— 'High Pressure Industrial Chemistry. The First Steps, 1909–1913, and the Impact'. *Determinants in the Evolution of the European Chemical Industry, 1900–1939.* Ed. Travis et al. Dordrecht, 1998.

Trevor-Roper, H. R. *The Last Days of Hitler.* London, 1947.

The Trial of Adolf Eichmann: Record of Proceedings in the District Court of Jerusalem. Jerusalem, 1993.

Trials of the Major War Criminals before the International Military Tribunal. Nuremberg, 1947–9.

Trials of the War Criminals before the Nuremberg Military Tribunals under Control Council Law 10. Washington, DC, 1949.

Tuchman, B. *The Guns of August.* London, 1962.

Tucker, J. *War of Nerves: Chemical Warfare from World War I to al-Qaida.* New York, 2006.

Turner, H. A. *Gustav Stresemann and the Politics of the Weimar Republic.* Princeton, 1965.

— *German Big Business and the Rise of Hitler.* New York, 1985.

Tusa, A., and J. Tusa. *The Nuremberg Trial.* London, 1983.

USSBS. *Physical Damage Division Report No. 64: IG Farbenindustrie AG, Leverkusen, Germany.* Washington, DC, 1945.

USSBS. *Oil Division Final Report.* Washington, DC, 1947.

USSBS Oil Division. *Ludwigshafen-Oppau Works of IG Farbenindustrie AG, Ludwigshafen, Germany.* Washington, DC, 1947.

Van Pelt, R. 'A Site in Search of a Mission'. *Auschwitz: Anatomy of a Concentration Camp.* Eds Y. Gutman and M. Berenbaum. Bloomington, 1994.

Verg, E., G. Plumpe and H. Schultheis. *Milestones.* Leverkusen, 1988.

Vogelsang, R. *Der Freundeskreis Himmler.* Göttingen, 1972.

Vrba, R., and A. Bestic. *I Cannot Forgive.* London, 1963.

Wagner, B.C. *IG Auschwitz: Zwangsarbeit und Vernichtung von Häftlingen des Lagers Monowitz, 1941–1945.* Munich, 2000.

Warner, T. *Landmarks in Industrial History.* London, 1909.

Warriner, D. *Combines and Rationalisation in Germany, 1924–28.* London, 1931.

Watts, F., ed. *Voices of History, 1942–43.* New York, 1943.

Wendell, B. *Cartels: Challenge to a Free World.* Washington, DC, 1944.

Witthauer, K. 'Ein neues Salicylpräpat'. *Die Heilkunde,* 1899.

Wohlgemut, J. 'Über Aspirin: Acetylsalicylsäure'. *Therapeutische Monatshefte,* 1899.

Wohr, F. 'Observations of Three Hundred'. *Medical Bulletin* (Philadelphia), 1902.

Yergin, D. *The Prize.* New York, 1991.

Zink, H. *American Military Government in Germany.* New York, 1947.

致　谢

　　我很高兴能够有机会在此表达我的谢意，如果没有众人的帮助、支持和鼓励，我不可能完成这部作品。

　　首先，我想对下列机构的工作人员致以由衷的感谢：奥斯维辛－比克瑙国家博物馆档案馆、巴斯夫公司企业档案馆、拜耳公司企业历史档案馆、德国联邦档案馆、柏林文献中心、大英图书馆、卡尔·博施博物馆、南达科他大学切斯特·弗里茨图书馆、赫希斯特企业档案馆、帝国战争博物馆（达克斯福德）、伦敦市立图书馆、曼彻斯特科学与工业博物馆、国家新闻图书馆、俄罗斯联邦国家档案馆、联合王国国家档案馆（前公共档案局）、南安普顿大学图书馆、苏塞克斯大学图书馆、美国国会图书馆、美国国家档案馆、美国大屠杀纪念馆和维康医学历史及文献图书馆。无论是档案员还是图书管理员，这些机构的所有工作人员都是那么随和而周到，他们耐心地回应我的各种请求，而且有时候还要面对我在语言方面的明显不足，他们所给予的帮助和建议远远超出了我的期待。拜耳公司的汉斯·赫尔曼·波加雷尔（Hans Hermann Pogarell）和巴斯夫公司的苏珊·贝克尔（Susan Becker）博士在语言上给予我特别的帮助，我非常感谢他们。同样地，我还要感谢马克·纳什（Mark Nash），他协助我在美国寻找和搜集相关的资料，感谢卡尔·豪泽（Karl Hause）和索尼娅·雷默（Sonia Remer），他们为我在德国也做了同样的工作，并且在翻译方面提供了非常必要的帮助，感谢尼尔·高尔（Neil Gower），是他为我绘制了出色的图表和地图。

同样，我要在此向许多学养深厚的历史学家致敬，他们的洞见和博学使我对德国工业和纳粹国家之间的关系、IG 法本公司的性质和规模，以及奥斯威辛的悲剧有了更深刻的理解。这些学者的数量非常之多，此处无法一一具名，但是不管怎样，在本书的参考书目中可以找到相关书籍和论文的完整列表，与此同时，以下作者的作品为我提供了特别巨大的帮助：迈克尔·伯利（Michael Burleigh）、理查德·埃文斯（Richard Evans）、彼得·海斯、戈特弗里德·普林佩（Gottfried Plumpe）、马丁·吉尔伯特（Martin Gilbert）、亚当·图兹（Adam Tooze）、弗朗齐歇克·皮珀（Franciszek Piper）、德博拉·德沃克（Deborah Dwork）和罗伯特·简·范佩尔特（Robert Jan Van Pelt）。此外，我还应该提到已故的普利莫·莱维，他在作品中描写了他在合成橡胶制造厂的可怕经历，这些故事一直是我的灵感源泉。

我还非常感谢全国前战俘协会（National Ex-Prisoner of War Association），他们帮助我找到了当年在奥斯威辛集中营的英国战俘，同时感谢丹尼斯·埃维、罗纳德·雷德曼（Ronald Redman）、杰克·格林（Jack Green）、约翰·梅尔维尔-怀特（John Melville-White）、西里尔·F. 奎特梅因（Cyril F. Quartermaine），以及其他一些不希望披露自己姓名的战俘幸存者和他们的家人，感谢他们通过信件和交谈与我分享了那些令他们难以忘怀的痛苦回忆。关于他们的故事，我在这本书中只是略有提及，虽然在某种程度上这些故事被影响更大的大屠杀悲剧掩盖了，但是它们仍然值得被后人牢记，我希望有一天，有一个比我更擅长讲故事的人能够完全真实地讲述这些经历。在此，我还要对贝尔·迈耶·泽克（Belle Mayer Zeck）、德雷克塞尔·施普雷彻（很遗憾，他们两人都已离世）和本杰明·费伦茨致以由衷的谢意，感谢他们对纽伦堡审判的回忆；感谢恩斯特·艾兴格林（Ernst Eichengrün）对阿图尔·艾兴格林在拜耳公司工作经历的详细介绍；感谢已故的赫尔曼·米勒，以及沃尔夫（Wolff）、戈登（Gordon）和霍滕斯（Heuytens）的家人，感谢他们为我抽出时间，回顾过去；还要感谢很多人，其中包括要求隐匿姓名的 IG 法本前雇员的后人，感谢他们为我提供的帮助。

还有才华横溢的编辑萨拉·波西特尔（Sara Bershtel），她总是有办法把堆在办公桌上的烦琐叙述整理得条理清晰，她为我纠正了最严重的错误，而且随时给我建议和鼓励。她的同事里瓦·霍切尔曼（Riva Hocherman）提供了相关的宝贵资料和富有创造性的建议。这本书中所有出色的段落都要归功于她们，以及罗斯林·施洛斯（Roslyn Schloss），她以非凡的敏锐和细致完成了手稿的编辑工作。我非常感谢大都会图书公司（Metropolitan Books）参与编辑出版本书的每一个人，感谢他们专业的态度、卓越的工作能力以及耐心。同样要感谢布鲁姆斯伯里出版公司（Bloomsbury）的比尔·斯温森（Bill Swainson），他提供了慷慨的支持、明智的建议，以及富有洞察力和建设性的批评。我也很高兴能够感谢作家协会（Society of Authors）和作家基金会（Authors Foundation），特别是安东尼娅·弗雷泽（Antonia Fraser）、丹尼尔·约翰逊（Daniel Johnson）、约翰·莫尔（John Mole）、斯特拉·蒂利亚德

（Stella Tillyard）和埃里卡·瓦格纳（Erica Wagner），他们在关键时刻给予了我物质上的帮助，还有伊琳·梅塞尔（Ileen Maisel），她始终相信这本书的价值，并且在困难时刻慷慨地为我提供了午餐和鼓励。

我的经纪人和挚友安东尼·谢尔（Anthony Sheil）再次让我惊讶，他愿意阅读本书手稿的早期草稿并提出精辟的评论，他总是毫不犹豫地给予我善意和支持，每当事情变得艰难时，他都会为我带来美酒、同情和合理的建议。一如既往，我非常感谢他，此外还有利亚·米德尔顿（Leah Middleton）、莎莉·赖利（Sally Riley），以及艾特肯·亚历山大协会（Aitken Alexander Associates）的每一个人，感谢他们精心处理我的所有事务。

最后，但同样重要的是，我要感谢我的父母、家人和朋友，感谢他们的爱和理解，感谢他们让我长久地专注于这项工作，这项工作所花费的时间远远超出了所有人的预期。幸运的是，帕斯蒂（Pasty）、劳拉（Laura）和乔（Joe），他们每天都要面对这一切，他们从未让我忘记什么才是真正重要的东西。他们知道，我对他们心怀感激，这一切都应该归功于他们。

索 引

译后记

　　正如本书作者迪尔米德·杰弗里斯所写的那样，对今天的很多读者而言，IG 法本是一个相当陌生的名字。2016 年春天，在维尔茨堡市中心的 Hugen-Dubel 书店，当我第一次拿起这本书的时候，我对这个名字也只有一个非常模糊的印象，这个印象来自各种二战史书和纪录片中的只言片语。IG 法本到底是什么？带着这个疑问，我翻开了这本书，开始探索这个名字背后的那段历史。

　　虽然本书的标题把 IG 法本公司与希特勒的战争联系在了一起，但是从根本上看，这本书更像一部以德国化学工业崛起作为切入点的德国近现代史，尽管这个切口非常狭小。作者以 IG 法本的发展为脉络，勾画出德意志作为一个国家，从 19 世纪晚期一直到二战结束长达半个多世纪的兴衰史。

　　法国社会学家雷蒙·阿隆曾经说过，20 世纪本来很可能是德国人的世纪。在第一次世界大战之前的 30 年中，德国通过它在物质和文化上所取得的明显优势，取得了欧洲大陆的主导权。无论是从哪一个方面来看——经济、政治、科技或者文化——德国都是一个由实干家和革新者领导的崭新国家。像爱因斯坦、普朗克、弗里茨·哈伯、马克斯·韦伯和卡尔·博施这样的一大批具有开拓意义的伟大人物先后涌现——后来，这个时期也被人们誉为是继 18 世纪末德意志文化复兴运动之后德国的第二个天才时代（Geniezeit）。

在这个时期，对科技和理性的崇尚成为德国的民族信仰，特别是19世纪德国在化学工业领域的巨大进步以及人工合成染料的发明，让德国人对科学的力量充满信心，并由此相信人最终可以控制自然以及全体人类的未来。在这种颇具浪漫情调的思想氛围下，德国社会精英各阶层联合到了一起——无论是容克贵族还是资产阶级——他们都把自己视为新生的德意志国家的重要捍卫者。工业大亨和金融巨头与知识分子紧密合作，紧紧抓住第二次工业革命（化学工业在其中占有重要的地位）的良机，将这个刚刚统一的国家一举推到了世界政治的舞台中央。1910年，在德国威廉皇帝学会的成立大会上，著名化学家埃米尔·费舍尔（Emil Fischer）就宣称，未来并不依赖于对殖民地帝国的征服，而在于"化学及其应用，或者更广义地说，所有的自然科学才是我们未来的无限机遇所在"。这也成了1914年由93位德国知识精英共同签署的《福尔达宣言》诞生的历史背景。

在当时的德国，人们把军事力量和科技进步视为德国之所以伟大的两大支柱。1910年成立的威廉皇帝学会正是这种观念的具体体现。在威廉二世皇帝本人、德国政府、科学界和工业家的共同参与下，一系列独立的研究机构建立起来。其中，哈伯在1911年成为威廉皇帝学会物理化学研究所的所长，爱因斯坦和普朗克也都在威廉皇帝学会下属的其他研究机构任职。于是，一种将科学、工业和政治力量结合在一起的联合体诞生了，这成为德国在此后数十年中不断集聚实力的基础，而IG法本公司则是这种联合体的最终形态：在工业界的资助下，科学家不断在科技前沿取得突破——不只哈伯获得过巴斯夫公司的赞助，爱克发公司也曾经为爱因斯坦的研究提供经费；这些最新的科学成果，又在国家的支持下，被不断转化为新的生产力和工业产品；这些产品具有极高的战略价值，成为实现国家意志不可或缺的物质保障。这就是 20 世纪初德国崛起的故事，同时也是 IG 法本的故事。

除了帮助我们理解那个时代，《致命卡特尔》这本书还为我们研究纳粹德国提供了一个新的角度。二战之后，对这场大战的解释一直都处在充满矛盾的状态，德国历史学界长期以来存在着一种声音，就是将国家社会主义解释为德国历史的一种失常。与之相反，大众媒体则更愿意把国家社会主义视作德国历史发展的必然巅峰。虽然从 1950 年代开始，西方历史学界就致力于重新审视国家社会主义在德国历史中的位置，并在此后的半个世纪中取得了非凡的成就，但是在公众心目中，那些武断而简单的评判似乎更符合他们的口味。而《致命卡特尔》这本书，似乎能让我们更客观公允地看待这段历史，洞察战争爆发的来龙去脉。这本书提供了一种非意识形态的解释，以克制的第三人称视角，客观地将纳粹德国的兴衰立体地呈现出来。

在 IG 法本的故事里，既有造福人类的理想，也有攫取财富的狂想，还有称霸世界的妄想，这本书描绘了人性中屡见不鲜的伟大梦想与贪婪欲望，大量人物不再是单薄的历史符号，他们复杂的人性书写出了这段人类历史上恐怖而悲痛的过往。我认为，让 IG 法本的众多关键人物变得有血有肉，通过他们的思想行为去感受那个特定的时代，正是这本书的价值所在。

IG 法本离我们远吗？站在法兰克福大学职工食堂的露台

上向南望去，穿过茵茵绿草和泛着波光的喷水池，映入眼帘的是那座气势宏伟的大学主楼，六栋建筑连为一体，仿佛是一堵横亘于地表之上的高墙，遮断了眺望远方的目光。这座九层高的建筑就像是一座纪念碑，德国在过去百年经历的风风雨雨都在它的身上留有痕迹。这座大厦始建于1928年，是当时全球最大的办公大楼，由德国著名建筑师汉斯·珀尔齐格（Hans Poelzig）设计，是早期现代主义建筑的重要代表。二战之后，它是美国欧洲司令部的所在地和中央情报局在德总部，艾森豪威尔将军曾经在此运筹帷幄，影响了此后长达40年的欧洲冷战格局。再往前追溯，这里曾是IG法本公司的全球总部，直至今日，它仍被称为"IG法本大厦"（IG-Farben-Haus）。

其实，IG法本从未远去。它只不过是改了名称，换了面目。

在翻译本书的过程中，众多师友给予了我慷慨的帮助。因此，我想在这里对他们表示郑重的谢意。首先要感谢我的导师、特里尔大学的洛伊佩丁格（Martin Loiperdinger）教授，每次我们在法兰克福的咖啡馆碰面，在交谈中他总会不经意地提起自己所经历过的那些往事，他生动的叙述让我这个异乡人真切地感受到德国这个国家的历史，并不断勾起我走出去，跨过德意志的山川河谷、市镇乡村，探索这些历史背后故事的冲动。他说："留心观察，历史就在你我身边。"

此外，我要感谢我的好友，莱比锡大学的菲利皮亚克（Kai Philipiak）博士和京都大学的王涛教授，他们对德国近现代史的深刻认识让我多年以来都受益匪浅。在本书的翻译中，要特别感谢维尔茨堡大学的高世强博士和清华大学的欧阳楚可学弟，他们在生物学和化学方面的丰厚学养，帮助我化解了大量专业术语翻译中所遭遇的挑战。本书在内容上还涉及大量法律方面的术语和知识，为此要特别感谢我的好友薛冰律师，从芝加哥归来的他对美国的司法实践有着深入的了解，弥补了我对该领域的无知。

本书的翻译初稿完成之后，我的好友傅振乐先生和蔡兆先生在百忙之中通读了大部分章节，提出了非常细致和宝贵的修改意见，为本书的译稿大大增色。知名德企资深法务庄瑾女士特别审阅了本书的最后一部分译稿，亲手对法律相关内容进行了修改，不仅修正了译稿中的若干疏漏，还让原本生涩的译文变得通顺流畅，在此致以特别的感谢！

此外，要感谢清华大学工业工程系的李彦夫教授，我们曾经就德国的工业崛起进行过深入的探讨，他对这种崛起背后机制的批判性观察，也印证了本书引进出版的价值。

最后，本书的编辑张骋先生为本书付出了大量心血，正是他的不懈坚持和一再努力，本书才最终被引入国内并得以付梓。而且，正是他的耐心与宽容，让我最终完成了本书的翻译工作。在此，对他致以由衷的感谢。

谢谢所有在本书出版过程中帮助过我的人。

宋公仆

图书在版编目（CIP）数据

致命卡特尔：纳粹德国的化学工业巨兽／（英）迪尔米德·杰弗里斯（Diarmuid Jeffreys）著；宋公仆译 . --北京：社会科学文献出版社，2023.4

书名原文：Hell's Cartel：IG Farben and the Making of Hitler's War Machine

ISBN 978-7-5228-1334-9

Ⅰ.①致… Ⅱ.①迪… ②宋… Ⅲ.①化学工业-工业史-德国-1933-1945 Ⅳ.①F451.667

中国版本图书馆 CIP 数据核字（2022）第 255997 号

致命卡特尔：纳粹德国的化学工业巨兽

著　　者／〔英〕迪尔米德·杰弗里斯（Diarmuid Jeffreys）
译　　者／宋公仆

出 版 人／王利民
责任编辑／张　骋
责任印制／王京美

出　　版／社会科学文献出版社·甲骨文工作室（分社）（010）59366527
　　　　　　地址：北京市北三环中路甲 29 号院华龙大厦　邮编：100029
　　　　　　网址：www.ssap.com.cn
发　　行／社会科学文献出版社（010）59367028
印　　装／三河市东方印刷有限公司

规　　格／开　本：889mm×1194mm　1/32
　　　　　　印　张：19　插　页：0.5　字　数：435 千字
版　　次／2023 年 4 月第 1 版　2023 年 4 月第 1 次印刷
书　　号／ISBN 978-7-5228-1334-9
著作权合同
登 记 号／图字 01-2023-0965 号
定　　价／108.00 元

读者服务电话：4008918866